Heinz Fassmann
Helga Matuschek
Elisabeth Menasse
(Hg.)

abgrenzen ausgrenzen aufnehmen

Empirische Befunde zu Fremdenfeindlichkeit und Integration

DRAVA bm:wv

Band 1 der Publikationsreihe
des Bundesministeriums für Wissenschaft und Verkehr
zum Forschungsschwerpunkt Fremdenfeindlichkeit

Die Deutsche Bibliothek – CIP-Einheitsaufnahme:

Abgrenzen, ausgrenzen, aufnehmen : Empirische Befunde zu Fremdenfeindlichkeit und Integration / [Hrsg.: Bundesministerium für Wissenschaft und Verkehr, Abteilung Gesellschaftswissenschaften]. Hrsg.: Heinz Fassmann ... – Klagenfurt : Drava-Verl., 1999
(Publikationsreihe des Bundesministeriums für Wissenschaft und Verkehr zum Forschungsschwerpunkt Fremdenfeindlichkeit ; Bd. 1)
ISBN 3-85435-316-2

2. unveränderte Auflage 2000
Drava Verlag, Klagenfurt/Celovec 1999

Herausgeber: Bundesministerium für Wissenschaft und Verkehr,
Abteilung Gesellschaftswissenschaften
Lektorat: Karin Jahn, Georg Ladstätter
Umschlag und Gesamtgestaltung: Neuwirth & Steinborn
Satz und Druck: Druckerei Drava, Klagenfurt/Celovec
ISBN 3-85435-316-2

Inhalt

////

Vorwort

In ihrer Begegnung mit dem Fremden erleben Menschen ambivalente Gefühle – einerseits Neugier und Interesse, andererseits Angst und Abwehr. Im Zuge der Entwicklungen des letzten Dezenniums wurden vor allem die Ängste thematisiert, und es wird mit ihnen auf äußerst emotionale Weise operiert. Die für derartige Ängste maßgeblichen Gründe zu verstehen und Gegenstrategien zu entwickeln ist von eminentem gesellschaftlichen und politischen Interesse.

Fremdes auszugrenzen bedeutet langfristig eine Verengung der eigenen Perspektive und somit eine Beschneidung der eigenen Entwicklungsmöglichkeiten. Für die Fremden selbst bedeutet Ausgrenzung zunächst Diskriminierung auf verschiedenen Ebenen und in der radikalsten Form schließlich Vertreibung und Vernichtung.

In Europa waren in den letzten Jahren zwei gegenläufige Tendenzen zu verzeichnen: die Öffnung des Eisernen Vorhangs und verbunden damit das Zusammenwachsen von West- und Osteuropa und die Vereinigung der westeuropäischen Staaten zur Europäischen Union auf der einen Seite und ein Anwachsen von Separatismus, Nationalismus, Rassismus und Fremdenfeindlichkeit auf der anderen Seite.

Die Bruchlinien gehen quer durch die Gesellschaft. An der Jahrtausendwende sind wir in globale Zusammenhänge eingebettet, die tendenziell undurchschaubarer, schwerer zu begreifen, zu beeinflussen und zu kontrollieren sind. Der freie Verkehr von Menschen und Gütern führt zu steigender Konkurrenz, zur Angst, den Arbeitsplatz zu verlieren, aber auch zu diffusen Ängsten, mit Fremdem überschüttet, »überfremdet« zu werden.

Wo aber beginnen diese Ängste zu kippen und in Fremdenfeindlichkeit umzuschlagen? Wie äußert sich Fremdenfeindlichkeit? Welche Strategien der Ausgrenzung gibt es, wo werden die Grenzen zwischen dem Eigenen und dem Fremden gezogen? Was sind die ökonomischen, sozialen, politischen und psychischen Ursachen von Fremdenfeindlichkeit? Sind geschlechts- und generationsspezifische Ausprägungen von Fremdenfeindlichkeit nachweisbar?

Um diesen und weiterführenden Fragen nachzugehen, wurde 1993 auf Initiative von Erhard Busek im Wissenschaftsministerium ein Forschungsschwerpunkt zum Thema »Fremdenfeindlichkeit – Erforschung, Erklärung, Gegenstrategien« eingerichtet. Ziel des Schwerpunktes war es, sozialwissenschaftliche Forschung zu diesem Thema zu stimulieren und zu konzentrieren und sie in einen programmatischen Zusammenhang zu stellen. Das bedeutete, die einzelnen Forschungsprojekte nicht isoliert voneinander abzuwickeln, sondern aufeinander abzustimmen und miteinander zu vernetzen. Als besonderes Anliegen wurde die Entwicklung praxisrelevanter Strategien gegen Fremdenfeindlichkeit formuliert.

Nach einer öffentlichen Ausschreibung im Jahr 1995 und einem mehrstufigen Begutachtungsverfahren wurden 30 Forschungsprojekte ausgewählt und finanziell gefördert. Die Projektarbeiten, die zumeist von jungen Wissenschaftlern durchgeführt wurden, sind nun größtenteils abgeschlossen. Die Forschungsergebnisse werden in drei Sammelbänden publiziert.

Ich freue mich, hier den ersten Band der Öffentlichkeit zur Diskussion übergeben zu können. Das Thema hat seit der Installierung des Schwerpunktes an Aktualität hinzugewonnen. Es bleibt zu hoffen, dass die Politik die Forschungsergebnisse in ihrer Bedeutung wahrnimmt und sie für politische Strategien gegen Fremdenfeindlichkeit nutzen wird können.

Wien, im Juni 1999
Dr. Caspar Einem
Bundesminister für Wissenschaft und Verkehr

Einleitung

Abgrenzen – Ausgrenzen – Aufnehmen
Empirische Befunde zu Fremdenfeindlichkeit und Integration

Dieser Sammelband eröffnet eine Publikationsreihe, mit der die theoretischen und empirischen Ergebnisse des Forschungsschwerpunktes »Fremdenfeindlichkeit – Erforschung, Erklärung, Gegenstragien« der Öffentlichkeit vorgestellt werden. Der Forschungsschwerpunkt wurde 1993 im Bundesministerium für Wissenschaft und Forschung auf Anregung des damaligen Ministers Erhard Busek eingerichtet. Der Fall des Eisernen Vorhangs und die politische Neuordnung Europas schürten damals Ängste und Befürchtungen vor dem Fremden und Neuen in weiten Kreisen der österreichischen Bevölkerung. Die Angst vor einer verstärkten Zuwanderung förderte bei vielen das Bedürfnis nach Ab- und Ausgrenzung. Fremdenfeindlichkeit, latent schon immer vorhanden, wurde manifest. Eine Welle xenophober und minderheitenfeindlicher Ausschreitungen wurde in Österreich ausgelöst. Der Tod von vier jungen Roma in Oberwart und die Explosion von mehreren Briefbomben – erste Symptome einer neuen Qualität von Fremdenfeindlichkeit in Österreich nach 1945 – signalisierten Handlungsbedarf.

Mit der Konstituierung des Forschungsschwerpunktes war die Absicht verbunden, das Phänomen Fremdenfeindlichkeit mithilfe von Projektförderungen systematisch zu erforschen. Interdisziplinarität und Methodenvielfalt wurden dabei als Notwendigkeit gesehen, um sich der Komplexität von Fremdenfeindlichkeit adäquat und umfassend nähern zu können. Konsens wurde auch darüber erzielt, dass – nach einer Phase der Durchsicht vorhandener Forschungsprojekte und -ergebnisse und der Definition von Forschungslücken – nur jene Projekte zu fördern waren, die aufeinander abgestimmt und bestimmten Themenschwerpunkten zuzuordnen waren. Das Ziel des Schwerpunktes bestand nicht bloß darin, akademisches Wissen zu vermehren, sondern auch handlungsrelevante Gegenstrategien zu entwickeln und zu formulieren.

Die Themenschwerpunkte wurden Mitte 1995 in großen österreichischen Tageszeitungen öffentlich bekannt gemacht. In einer offenen Ideensammlung wurden zunächst Projektskizzen eingeholt und nach einer ersten Sichtung und Auswahl definitive Projektanträge erbeten. Diese wurden in weiterer Folge einem standardisierten Begutachtungsverfahren mit internationaler Beteiligung unterzogen. Am Ende dieses mehrstufigen Verfahrens wurde beschlossen, 30 der eingereichten Forschungsprojekte zu finanzieren. Im Rahmen des Schwerpunktes wurden auch drei große Symposien mit internationaler Beteiligung organisiert, zahlreiche Workshops abgehalten, eine Vortragsreihe initiiert, ein Symposiumsband veröffentlicht[1] und die Publikation der Vorträge und Forschungsergebnisse in drei Sammelbänden vorbereitet.[2]

Über 70 meist jüngere Wissenschaftlerinnen und Wissenschaftler waren in die Forschungsprojekte eingebunden und konnten sich in diesem Zusammenhang weiter qualifizieren. Insgesamt wurden für den Schwerpunkt in den vergangenen Jahren fast 30 Mio. Schilling aufgewendet. Ein interdisziplinär zusammengesetztes Expertengremium[3] sorgte für wissenschaftliche Qualität und Ausgewogenheit der Fragestellungen.

Die ausgewählten Forschungsprojekte decken ein breites Themenspektrum ab: Ausmaß und Formen von Fremdenfeindlichkeit in der österreichischen Gesellschaft; deren soziale Verankerung oder die Rolle von Eliten wurden genauso thematisiert wie die Ausformungen von Fremdenfeindlichkeit in verschiedenen historischen Epochen, der Zusammenhang zwischen eigener Emigrationserfahrung und Fremdenfeindlichkeit, von Geschlechtszugehörigkeit und Fremdenfeindlichkeit oder der Stellenwert von fremdenfeindlichen Haltungen bei Identitätsbildungsprozessen.

Eine entsprechende Vielfalt an Projekten kennzeichnet auch den ersten zusammenfassenden Band zum Forschungsschwerpunkt. Das Spektrum reicht von der empirischen Messung und Analyse von Fremdenfeindlichkeit über die Darstellung der politischen und rechtlichen Instrumente der Integration bis hin zu theoretischen Erörterungen über das Verhältnis von Mehr- und Minderheitsbevölkerungen in den Städten. Trotz dieser Vielfalt verbindet eine Botschaft alle Beiträge: Wer für den gleichberechtigten Zugang zu materiellen und immateriellen Ressourcen in der Gesellschaft sorgt, der entzieht der Fremdenfeindlichkeit weitgehend ihre Basis. Wenn Zuwanderern auf dem Arbeitsmarkt, in der Schule, im städtischen Raum und in der politischen Sphäre eine gleichberechtigte Teilhabe zugestanden wird und Zuwanderer damit die ihnen zugeschriebene Position in der Gesellschaft – je nach individueller Leistungsfähigkeit – verlassen können, dann verliert Ethnizität als gruppenbildendes Merkmal deutlich an Gewicht.

Dahinter steht die in den Sozialwissenschaften vorherrschende Meinung, dass Fremdenfeindlichkeit nicht als eine angeborene Eigenschaft des Menschen interpretiert werden kann, sondern als soziales Konstrukt anzusehen ist. Die Definition des »Fremden« ist gesellschaftlich bedingt, wobei der Akzent auf unterschiedlichen Merkmalen liegen kann – etwa auf Staatsbürgerschaft, Hautfarbe oder Religionszugehörigkeit –, und wird vor allem bei der Verteilung von knappen Gütern virulent. Wenn Wohnraum knapp ist, wenn die Zahl der Arbeitssuchenden die der Arbeitsplätze übersteigt, dann kann das Kriterium »Fremdsein« für die Verteilung der Ressourcen entscheidend sein. Fremdenfeindlichkeit ist daher Ausdruck eines – oft auch nur vermeintlichen – Konkurrenzkampfes. Wer seinen Arbeitsplatz verloren hat und bemerkt, dass ausländische Arbeitskräfte die gleiche oder eine ähnliche Arbeit finden, der fühlt sich von den »Fremden« verdrängt. Wer wenig verdient und in der Wohnnachbarschaft viele kinderreiche ausländische Familien beobachtet, der geht sehr rasch davon aus, dass mit seinen Sozialabgaben das Haushaltseinkommen der anderen finanziert wird.

Fremdenfeindlichkeit hat immer einen spezifischen sozialen Hintergrund. Wer meint, fremdenfeindlich seien alle gleichermaßen, Alte und Junge, Männer und Frauen, Angehörige aller Schichten, der übersieht – bewusst oder unbewusst – die empirische Realität. Denn es zeigt sich sehr deutlich, dass es einen Zusammenhang zwischen Fremdenfeindlichkeit, Alter und sozialer Positionierung gibt. Wer alt ist, wenig verdient, eine geringe Schulbildung aufweist und vermeintlich oder real Gefahr läuft, sozialen Status an die zugewanderte Bevölkerung abgeben zu müssen, der ist eher anfällig für Fremdenfeindlichkeit. Fremdenfeindlichkeit zielt daher nicht auf jene AusländerInnen, die aufgrund des Einkommens, der Qualifikation oder des mitgebrachten Status »konkurrenzlos« sind, sondern auf jene, die an der gesellschaftlichen Basis mit statusbedrohten InländerInnen um Arbeitsplätze, Wohnungen und Sozialleistungen konkurrieren.

Diese und weiterführende empirische Befunde werden von den beiden einleitenden Beiträgen dargestellt. Lebhart und Münz präsentieren die Ergebnisse einer empirischen Studie, die das Wissen und die Einstellungen zu Migration, ausländischer Bevölkerung und Ausländerpolitik der ÖsterreicherInnen reflektiert. Wallace untersucht Ausmaß und Formen der Fremdenfeindlichkeit in 11 ost- und ostmitteleropäischen Staaten und zieht Vergleiche zu Österreich.

Im zweiten Teil des Bandes wird die Integration von Einwanderern in verschiedenen gesellschaftlichen Sektoren und auf verschiedenen sozialstrukturellen Ebenen untersucht. Wie Recht und Gesetzgebung die Integration von ImmigrantInnen fördern oder hemmen können, zeigt der Beitrag von Cinar, Davy und Waldrauch. Mit einem eigens entwickelten Messinstrumentarium wird die rechtliche Situation von Einwanderern in verschiedenen westeuropäischen Ländern verglichen und bewertet.

Die Integration am Arbeitsmarkt untersuchen zwei Beiträge aus völlig unterschiedlicher Perspektive: Haberfellner und Böse beschreiben die Entwicklung ethnischer Ökonomien und die Situation von selbständigen MigrantInnen in der Wiener Gürtelregion. Fassmann, Münz und Seifert vergleichen die Arbeitsmigration in Österreich und Deutschland und analysieren die Ursachen für die deutlich besseren Aufstiegschancen der zweiten Generation in Deutschland.

Mit der Frage der Integration auf dem Wohnungssektor und den Vor- und Nachteilen einer gleichmäßigen räumlichen Verteilung der ImmigrantInnen gegenüber den Konzepten der Konzentration und Segregation beschäftigen sich zwei regionale empirische Studien: Dornmayr vergleicht zwei Linzer Stadtteile mit etwa gleich großen AusländerInnenanteilen, von denen jedoch nur einer als AusländerInnenviertel wahrgenommen wird. Kohlbacher und Reeger untersuchen den Zusammenhang von Fremdenfeindlichkeit und Kontakthäufigkeit bzw. Kontaktqualität zwischen In- und AusländerInnen in Wien.

Aus einer rein theoretischen Perspektive setzt sich Häußermann mit der Frage der städtischen (Wohnungs-)Politik auseinander. Er vergleicht die beiden klassischen theoretischen Konzepte der Aufnahme von Zuwanderern in der Großstadt: die auf radikale Separierung des einzelnen Zuwanderers von seiner Herkunftskultur und nachfolgende Integration durch den Arbeitsmarkt abzielende Theorie Simmels und den auf Segregation und die Herausbildung von Ethnic Communities ausgerichteten Ansatz von Park. Über Stadtpolitik referiert auch der Beitrag von Perchinig. Anhand eines Vergleichs der politischen Maßnahmen in Birmingham und Hamburg wird der städtische Handlungsspielraum im Bereich der Migrations- und Integrationspolitik ausgelotet und vor dem Hintergrund nationalstaatlicher Einwanderungspolitik analysiert.

Welch bedeutende Rolle ethnische Netzwerke und Organisationen bei der Integration von MigrantInnen spielen, weist Thränhardt in seiner empirischen Untersuchung der verschiedenen Einwandererkulturen in Deutschland nach.

Im letzten Beitrag beschäftigt sich Kröll mit den rechtlichen Rahmenbedingungen und dem Integrationspotential des Islamunterrichts an österreichischen Schulen und geht der Frage nach, in welchem Verhältnis soziale Integration und religiöse bzw. kulturelle Autonomie zueinander stehen.

Internationale Wanderungen und ethnischer Pluralismus zählen zur neuen Normalität moderner Gesellschaften. Dies zu negieren löst die Frage des Umgangs der Mehrheits- mit der Minderheitsbevölkerung ebensowenig wie der bloße Versuch, Grenzen dicht zu machen und auf der Basis existierender fremdenfeindlicher Stimmungen eine restriktive Einwanderungspolitik zu betreiben. Im Interesse einer funktionierenden Demokratie und einer humanen Gesellschaft müssen Mittel und Wege gefunden werden, ein friktionsfreies Neben- und Miteinander der eingesessenen und der zugewanderten Bevölkerung zu ermöglichen. Der vorliegende Band versucht dazu und zum Abbau von Fremdenfeindlichkeit jenen Beitrag zu leisten, den die Wissenschaft zu leisten imstande ist: das konsequente Hinterfragen und sachliche Analysieren von Phänomenen und eine offene Darstellung der Erkenntnisse – unabdingbare Voraussetzungen für eine Versachlichung der stark emotionalisierten Diskussion.

Allen Personen, die am Zustandekommen des Forschungsschwerpunktes und der Publikation beteiligt waren, ist zu danken. Namentlich anzuführen sind die Bundesminister Erhard Busek, Rudolf Scholten und Caspar Einem, die den Forschungsschwerpunkt initiiert, gefördert und unterstützt haben. Der Schwerpunkt wurde von der Abteilung für Gesellschaftswissenschaften koordiniert und verwaltet. In einem hohen Ausmaß haben die AbteilungsleiterInnen Günter Burkert, Gerhard Pfeisinger und Ilse König diesen Schwerpunkt als den ihren betrachtet und den Fortschritten der Projekte große Aufmerksamkeit geschenkt. An der Vorbereitung des Schwerpunktes waren Clarissa Guzei und ein Beratungsgremium, dem führende österreichische SozialwissenschaftlerInnen dieses

Forschungsgebietes angehörten, maßgeblich beteiligt. Wichtige Aufgaben bei der Koordination der Projekte und der Organisation von Tagungen wurden von Michaela Hudler wahrgenommen. Das Lektorat besorgten Karin Jahn und Georg Ladstätter, die graphische Gestaltung des Einbandes oblag Neuwirth&Steinborn. Ihnen allen gilt unser Dank.

Heinz Fassmann
Helga Matuschek
Elisabeth Menasse-Wiesbauer

Anmerkungen

1 BMWV (Hg.) (1995). Fremdenfeindlichkeit – Konflikte um die groben Unterschiede. Wien.

2 Außer diesem Band sind zwei weitere Bände zu folgenden Themenbereichen geplant: »Identitäten – Gruppenphantasien und Unbewusstes« sowie »Diskurs und Wahrnehmung von Fremden«.

3 Rainer Bauböck, Politologe (Institut für Höhere Studien Wien), Heinz Fassmann, Humangeograph (Technische Universität München), Helga Matuschek, Soziologin (Universität Wien), Klaus Ottomeyer, Psychologe (Universität Klagenfurt), Heinz Steinert, Soziologe (Universität Frankfurt).

Die Österreicher und ihre »Fremden«

Meinungen und Einstellungen zu Migration, ausländischer Bevölkerung und Ausländerpolitik

Gustav Lebhart
Rainer Münz

Einleitung[1]

Soziale Kontakte und wechselseitige kulturelle Bereicherungen, aber auch Spannungen und Konflikte prägen die Beziehungen zwischen »Einheimischen« und »Fremden« in Österreich. Regelmäßig berichten die Medien von Umfragen, die Vorbehalte und ablehnende Haltungen der österreichischen Bevölkerung gegenüber schon im Land lebenden Ausländern und Neu-Zuwanderern belegen. Auf den Leserbriefseiten der Zeitungen und Nachrichtenmagazine werden Ängste vor drohender »Überfremdung« und entsprechende Handlungsempfehlungen artikuliert. Die stärkste Aufmerksamkeit ziehen fremdenfeindliche Gewalttaten auf sich – nicht zuletzt deshalb, weil es sich dabei im deutschen Sprachraum um ein relativ junges Phänomen handelt. In Deutschland brannten zu Beginn der 90er Jahre Unterkünfte von Asylbewerbern, Wohnungen von Ausländern und Jugendtreffs für junge Migranten. Etliche Menschen kamen dabei ums Leben. In Österreich wurden Briefbomben versandt. 1995 starben in Oberwart vier Roma. Manifeste fremdenfeindliche Gewalt mit mehr oder weniger eindeutigem rechtsextremen Hintergrund verstellt jedoch leicht den Blick auf die subtilen Formen alltäglicher Ausgrenzung und Diskriminierung gegenüber »Fremden«. Sie lässt uns freilich auch übersehen, dass es in Teilen der Bevölkerung eine Tradition der Hilfsbereitschaft insbesondere gegenüber Flüchtlingen gibt. Charakteristisch für die Gegenwart ist somit ein widersprüchliches Bild. Es ist durch den Wunsch nach Abschottung, aber auch nach Humanität im Einzelfall geprägt.

Datengrundlage

Die hier kurz referierte Studie entstand im Rahmen des Schwerpunkts »Fremdenfeindlichkeit« des Bundesministeriums für Wissenschaft und Verkehr. Sie analysiert Wissen, Einstellungen und Vorurteile der Österreicher zu internationaler Wanderung, ausländischer Bevölkerung und staatlicher Migrationspolitik. Die empirische Grundlage bildete eine repräsentative Erhebung aus dem Jahr 1998. Darin wurden auch Themen und Fragestellungen einer Erhebung des Instituts für Demographie aus dem Jahr 1992[2] sowie des deutschen ALLBUS[3] 1996 wieder aufgegriffen. Befragt wurde eine repräsentative Auswahl von 2.000 Personen mit österreichischer Staatsbürgerschaft im Alter zwischen 15 und 75 Jahren (siehe auch Anmerkungen).

Empirische Ergebnisse

Zuwanderungsbegrenzung oder Zuwanderungsstopp

Angesichts der starken Zunahme der ausländischen Bevölkerung seit Mitte der 80er Jahre (1986: 360.000 Personen, 1998: 750.000 Personen) ist die Frage nach der Begrenzung der Zuwanderung fester Bestandteil öffentlicher Diskussionen und innenpolitischer Kontroversen. Seit dem Inkrafttreten des Aufenthaltsgesetzes und des restriktiveren Asylgesetzes von 1992 setzte die österreichische Migrationspolitik deutliche Schritte in Richtung Beschränkung des Zuwanderungsstroms und strengerer Auswahl zukünftiger Zuwanderer.

Die Meinung der österreichischen Bevölkerung zur Begrenzung der Zahl ausländischer Neuzuwanderer hat sich zwischen 1992 und 1998 nicht wesentlich geändert. Die Daten liefern somit einen Hinweis auf die Akzeptanz der seit den frühen 90er Jahren praktizierten Migrationspolitik. Sechs von zehn Österreichern stimmen einer zahlenmäßigen Begrenzung der Zuwanderung vorbehaltlos zu (1998: 56 %; 1992: 61 %). Ein Drittel (1998: 31 %; 1992: 29 %) votiert zumindest teilweise für eine Begrenzung, und nur eine Minderheit der Befragten lehnt Maßnahmen zur Begrenzung der Zuwanderung entschieden (1998: 3 %; 1992: 2 %) bzw. eher (1998: 8 %; 1992: 5 %) ab.

Mehr als ein Drittel der österreichischen Bevölkerung ist nicht bloß für eine Begrenzung der Zuwanderung, sondern für einen generellen Einwanderungsstopp. Der Aussage, »Österreich sollte gar keine Ausländer mehr ins Land lassen«, stimmten 37 % der Befragten (1998) uneingeschränkt bzw. eher schon zu (1992: 34 %). Ein Drittel (1998: 32 %; 1992: 29 %) stimmt dieser Aussage eher nicht zu. Und ein Viertel der österreichischen Bevölkerung (1998: 27 %; 1992: 30 %) lehnt einen Zuzugsstopp völlig ab.

Fast die Hälfte derer, die für politische Maßnahmen zur Begrenzung neu ins Land kommender Ausländer eintreten, unterscheidet zwischen »echten Flüchtlingen« und anderen Zuwanderern. Hatten sich bei der Erhebung im Jahr 1992 immerhin vier von zehn Befragten (39 %) für mehr Großzügigkeit gegenüber Flüchtlingen und Asylwerbern ausgesprochen, so trat im Jahr 1998 sogar mehr als die Hälfte (53 %) der österreichischen Bevölkerung dafür ein (stimme völlig zu: 22 %; stimme eher schon zu: 31 %).

Gleichzeitig lehnten vier von zehn Österreichern (1998: 39 %; 1992: 56 %) eine großzügigere Aufnahme von Flüchtlingen ab. Somit fand die Aufnahme von politisch Verfolgten und Kriegsopfern Ende der 90er Jahre eine etwas breitere Akzeptanz in der österreichischen Bevölkerung als zu

Beginn der 90er Jahre. Möglicherweise steht ein größerer Teil der Befragten nur unter dem Eindruck der gewaltsamen Auseinandersetzungen und der Vertreibungen in Bosnien, Kroatien und dem Kosovo.

Zugleich geben die Informationen über soziostrukturelle, demographische und politisch-ideologische Korrelate erste Hinweise auf gesellschaftliche Verortung der Konfliktpotentiale und damit auf mögliche Ursachen und Bedingungen der Entstehung von Fremdenfeindlichkeit. Die überwiegende Mehrzahl jener Österreicher, die keine Ausländer mehr ins Land lassen möchten bzw. sich gegen eine großzügige Asylpolitik einsetzen, nimmt einerseits mit dem Alter der Befragten zu und ist in niedrigeren Bildungsschichten sowie in unteren Berufs- und Einkommensschichten deutlich stärker ausgeprägt als in höheren Bildungs- und Berufsschichten.

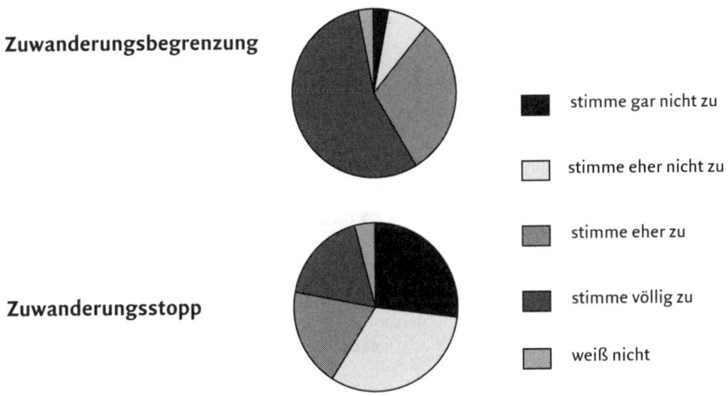

Analysiert man die Haltung zu verschiedenen Aspekten von Zuwanderungspolitik, so lassen sich vier Einstellungstypen identifizieren. Diese unterscheiden sich sowohl hinsichtlich der migrationspolitischen Orientierung als auch hinsichtlich der grundsätzlichen Aufnahmebereitschaft gegenüber Flüchtlingen:

- Nur eine Minderheit ist gegen jede Zuwanderungsbegrenzung (1998: 10 %; 1992: 7 %).
- Drei von zehn Befragten (1998: 29 %) sind für eine Begrenzung der Zuwanderung, fordern jedoch gleichzeitig mehr Großzügigkeit gegenüber politisch Verfolgten (1992: 26 %).
- Zurückgegangen ist der Anteil jener, die sich für eine Zuwanderungsbegrenzung ohne Rücksichtnahme auf Flüchtlinge aussprechen (1998: 17 %; 1992: 27 %).
- Fast vier von zehn befragten Österreichern sind nicht bloß für eine Begrenzung der Zuwanderung, sondern für einen generellen Zuwanderungsstopp (1998: 37 %; 1992: 34 %).

Mit Blick auf Eigenschaften und Herkunft zukünftiger potentieller Migranten wurde erhoben, wie der Zuzug von Asylsuchenden, von EU-Bürgern und von Personen aus den Nicht-EU-Ländern zukünftig geregelt werden sollte. Einerseits akzeptiert etwas mehr als ein Viertel der Österreicher einen uneingeschränkten Zuzug für EU-Bürger (28 %), ein Fünftel spricht sich für eine uneingeschränkte Aufnahme von Flüchtlingen aus (22 %). Nur eine Minderheit der österreichischen Bevölkerung kann sich »offene Grenzen« auch für Personen aus Drittstaaten (5 %) vorstellen. Bei der Zuwanderungspräferenz der Österreicher zeigt sich deutlich, dass Personen aus dem Balkan und Osteuropa mit größeren Vorbehalten akzeptiert werden.[4]

Österreicher zur zukünftigen Zuwanderung (in Prozent)

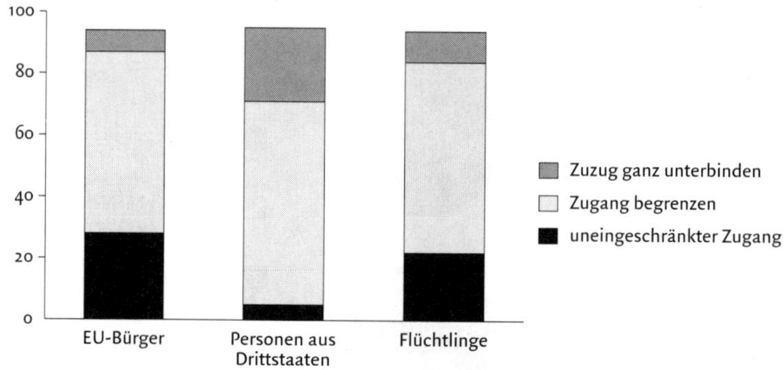

Anmerkung: Differenz auf 100 % = weiß nicht bzw. keine Angaben

Die Ergebnisse machen deutlich, dass Zuwanderung nach Österreich nach wie vor ein politisches Konfliktfeld darstellt. Dieses Konfliktfeld ist Ende der 90er Jahre jedoch vor dem Hintergrund neuer Entwicklungen zu sehen: Es geht nun auch um die zukünftige Einwanderung, die sich durch die Öffnung der Grenzen innerhalb der Europäischen Union und gegenüber den ostmitteleuropäischen Staaten ergibt.

Einstellungen zur ökonomischen, gesellschaftlichen und politischen Integration

Das Modell eines kontinuierlichen Prozesses, der die Migranten über mehrere Schritte hin zur Assimilation führt, wie Park[5] es am Beispiel der Einwanderung in die Vereinigten Staaten postulierte, kann für Österreich nicht ohne weiteres übernommen werden. Denn ein solcher Prozess, bei dem die Zuwanderer in den »Schmelztiegeln« der aufnehmenden Gesellschaft zu Inländern werden, ist in Österreich derzeit nicht zu beobachten. Viel eher führte die Zuwanderung seit den 60er Jahren zu einer ethnisch gespaltenen Gesellschaft, in der Ausländer aus dem östlichen Mittelmeerraum auf dem Arbeits- und Wohnungsmarkt zu einem marginalisierten Bevölkerungsteil wurden.

Die Akzeptanz von Zuwanderung durch die Einheimischen konzentriert sich auf verschiedene Dimensionen, die von der Aufnahmebereitschaft der Zielgesellschaft, von den persönlichen Einstellungen der Einheimischen, der politischen Offenheit und der wirtschaftlichen Situation des Landes abhängen. Die Bedingungen der Integration, aber auch die Fremdenfeindlichkeit resultieren daraus. Die Integrationsbereitschaft der Österreicher kann auf drei Ebenen des Migrationsprozesses analysiert werden:

- Die erste Dimension betrifft die »ökonomische Integration« bzw. die Stellung, die von den Aktoren innerhalb des Arbeitsmarkts eingenommen wird. Dabei geht es um die Frage, ob die neuen Zuwanderer und ihre Kinder am unteren Ende beruflicher und sozialer Hierarchien verbleiben, also eine neue Unterschicht bilden, oder ob für sie beruflicher und sozialer Aufstieg möglich ist.
- Die zweite Dimension des Migrationsprozesses bezieht sich auf die »gesellschaftliche Integration«. Dabei geht es um jenen Prozess, der die kulturelle und soziale Distanz zwischen Einheimischen und Zuwanderern sowie deren Verringerung prägt. Auf dieser Ebene soll das Verhältnis der Einheimischen zu den »Fremden« dargestellt werden, wie sie sich in der Entwicklung von Einstellungen, Vorurteilen und Kontakten manifestiert.
- Die dritte Dimension kann als »politische Integration« bezeichnet werden. Im weitesten Sinne betrifft es die Formen der institutionellen Partizipation, des Zugangs zu Rechten und Pflichten von Ausländern. Diese Ebene des Integrationssprozesses ist eng verknüpft mit Geschichte und Selbstverständnis, politischen Traditionen und den rechtlichen Rahmenbedingungen.

Ökonomische Integration

Zuwanderung von Ausländern bedeutet für die Aufnahmegesellschaft, dass es neben einer Vergrößerung des Arbeitskräfteangebots auch zu einer Veränderung der Konkurrenzsituation, zur Ausdifferenzierung zwischen schlechtbezahlten und zugleich unsicheren Arbeitsplätzen einerseits und gesicherten Arbeitsplätzen andererseits kommt. Dies bedeutet sowohl Unterschichtung als auch neue Aufstiegschancen für bestimmte Bevölkerungsgruppen. Geringes Wirtschaftswachstum und Arbeitslosigkeit im Zusammenspiel mit der Immigration von Ausländern spielt zur Erklärung fremdenfeindlicher Einstellungen eine bedeutende Rolle. Die Arbeitsmigration nach Österreich in den 60er Jahren entstand durch spezifische Engpässe auf dem österreichischen Arbeitsmarkt. Heute sind ausländische Arbeitnehmer immer noch in bestimmten Berufen und Wirtschaftszweigen konzentriert, die für die inländische Bevölkerung weniger attraktiv sind.

Der Strukturwandel der österreichischen Wirtschaft und der Übergang von der temporären Gastarbeiterbeschäftigung zur De-facto-Einwanderung von Arbeitskräften war und ist von einer Mobilität der ausländischen unselbständig Beschäftigten vom Primär- und Sekundärsektor auf Branchen des Dienstleistungsbereiches begleitet. Innerhalb der drei Sektoren entwickelte sich eine deutliche Konzentration der Ausländerbeschäftigung auf einzelne Branchen (Industrie und Gewerbe, Bauwesen, Beherbergungs- und Gaststättenwesen, persönliche Dienstleistungen).[6] In manchen dieser Arbeitsmarktsegmente war im Jahr 1998 bereits jede/r vierte oder fünfte Beschäftigte ausländischer Herkunft.[7] Wie unsere Ergebnisse zeigen, rief gerade diese Ausländerkonzentration Missgunst und Ängste beim ökonomisch weniger erfolgreichen Teil der einheimischen Bevölkerung hervor. Das bestehende Gefälle zwischen In- und Ausländern hat negative Auswirkungen auf die Integrationschancen der ausländischen Bevölkerung, dies um so mehr, als sich die ökonomische Marginalisierung auch in der zweiten Generation fortzusetzen droht, wie sich anhand der sozioökonomischen Position in Österreich geborener Kinder von Arbeitsmigranten über Schulbildung nachweisen lässt.

In- und ausländische Schüler an öffentlichen und privaten Schulen in Österreich

	Absolut 1996/97		**Ausländeranteil in %**		**Verteilung der ausländischen Schüler/innen nach Staatengruppen 1996/97**			
	Inländer	Ausländer	96/97	89/90	ehem. Jugoslawien	Türkei	Osteuropa	EU
Volksschulen	341.356	42.342	11,0	5,0	51,5	29,7	9,4	1,8
Hauptschulen	235.782	27.899	10,6	5,7	52,7	32,1	8,4	1,7
Sonderschulen	13.410	4.247	24,1	15,1	48,7	42,6	3,7	1,0
Polytechnikum	16.669	2.296	12,1	5,3	54,7	30,2	4,7	2,0
AHS	174.895	8.085	4,4	2,6	33,5	9,2	25,2	16,3
BHS	106.183	4.875	4,4	–	34,4	17,7	26,7	12,0

Anmerkung: Rest auf 100 % = andere Staaten und staatenlose Kinder sowie Kinder mit unbekannter oder ungeklärter Staatsbürgerschaft. Quelle: ÖSTAT: Das Schulwesen in Österreich 1989/90 und 1996/97.

Analog dazu belegt auch die Schulstatistik den geringen Anteil ausländischer Kinder in weiterführenden Schulen. Mit Blick auf die derzeitige Situation zeigt sich die Gefahr, dass sprachlich nicht ausreichend assimilierte ausländische Kinder und jugendliche Zuwanderer (»Quereinsteiger«) in Bildungssackgassen (insbesondere in der Sonderschule) enden. Deshalb müssen zusätzliche Vorkehrungen getroffen werden, um ausländische Kinder besser zu integrieren. Das österreichische Schulsystem bietet dafür im Prinzip gute Voraussetzungen. Es kennt den Einsatz sozial integrativer Lehrpläne und Unterrichtsformen. Dies wird von der Mehrheit der österreichischen Bevölkerung auch unterstützt. Zwei Drittel der befragten Österreicher (1998: 68 %; 1992: 65 %) befürworten eine schulische Integration für Kinder ausländischer Eltern in den normalen Unterricht. Dabei geht es um Deutschkurse, gezielte Nachhilfe und den Einsatz zusätzlicher Lehrkräfte. Etwa ein Viertel der Bevölkerung (1998: 25 %; 1992: 31 %) lehnt solche schulischen Integrationsmaßnahmen ab. Jede/r zehnte Befragte (1998: 10 %; 1992: 23 %) ist gegen einen gemeinsamen Unterricht von österreichischen und ausländischen Schülern. Im Vergleich zu 1992 (8 %) befürworteten im Jahr 1998 fast doppelt so viele zwar gemischte Klassen von in- und ausländischen Kindern (14 %), lehnten aber gleichzeitig spezifische Maßnahmen zur Förderung von ausländischen Schülern ab.

Die Diskriminierung der Ausländer beruht u. a. auf der Unterstellung, sie würden eine Belastung für den Staat darstellen. In den seit Beginn der 90er Jahre periodisch geführten »Sozialschmarotzerdebatten« wurden Probleme der Finanzierung sozialer Leistungen zum Teil mit der Anwesenheit von Ausländern in Verbindung gebracht. Darin lässt sich auch ein Indiz für die sozialpolitische Instrumentalisierung fremdenfeindlicher Vorurteile erkennen. Tatsächlich dürften Ausländer in Summe mehr Beiträge zum System der Sozialversicherung entrichten, als sie in der laufenden Periode an Leistungen beziehen.[8] Eindeutig negativ ist die Transferbilanz für die öffentliche Hand nur bei Asylbewerbern, neu anerkannten Flüchtlingen und den wenigen bislang nicht integrierten bosnischen Kriegsflüchtlingen.[9] Trotz allem glaubt fast die Hälfte der österreichischen Bevölkerung (47 %), dass der Sozialstaat durch die in Österreich lebenden Ausländer belastet wird. Nicht ganz so hoch ist der Anteil derer (31 %), die das soziale Netz durch die Anwesenheit von Ausländern nicht belastet sehen.

Die Ergebnisse unserer Untersuchung zeigen, dass wirtschaftliche Probleme und Arbeitslosigkeit auch bei denjenigen Ängste auslösen, die heute davon nicht unmittelbar betroffen sind. Aber sie befürchten dies in Zukunft für sich selbst oder für andere Bevölkerungsgruppen, mit denen sie sich solidarisieren. Enttäuschte Erwartungen hinsichtlich des Wohlfahrtsstaates und der eigenen Chancen in der Marktwirtschaft spielen ebenfalls eine Rolle. In einer solchen Situation wird der erhebliche Zustrom von Drittausländern und Asylbewerbern, aber auch von Bürgern anderer EU-Staaten von vielen als unmittelbare Konkurrenz und Bedrohung wahrgenommen, aber auch jenseits eigener und unmittelbarer Konkurrenzängste als ungerechtfertigte »Unterwanderung« oder »Überfremdung« interpretiert. Vorstellungen von »Verteilungs-Ungerechtigkeiten« und einer als illegitim wahrgenommenen »Privilegierung«[10] ausländischer Bevölkerungsgruppen spielen in Kombination mit relativer Deprivation eine wichtige Rolle. Je älter die Befragten sind und je niedriger ihr Bildungsniveau ist, desto entschiedener ist ihre ablehnende Haltung gegenüber im Land lebenden Ausländern und potentiellen Zuwanderern. Zum einen werden hier der Mangel an objektiven Informationen, zum anderen auch die Auswirkungen der eigenen sozioökonomischen Lage deutlich. Die »drohende« Konkurrenz zwischen In- und Ausländern auf dem Arbeitsmarkt und im Sozialbereich (z. B. der Zugang zu geförderten Wohnungen) befürchten vor allem ältere Arbeitnehmer und Personen unterer Bildungs-, Einkommens- und Berufsschichten. Die Aussicht auf erfolgreiche Integration der Migranten erweckt Neidgefühle und Ängste beim weniger erfolgreichen Teil der einheimischen Bevölkerung und verhindert in einem bestimmten Maße eine erfolgreiche Integration von ausländischen Mitbürgern.

Einstellung der Österreicher zu Ausländern in Österreich[1]

in ... % der Befragten	Zustimmung		Ablehnung	
	1998	1992	1998	1992
Gastarbeiter sind für die Wirtschaft nötig, weil sie Arbeiten verrichten, die die Österreicher nicht machen wollen.	62,1	77,9	22,2	19,9
Ausländer nehmen den Österreichern die Arbeitsplätze weg.	42,1	43,7	37,0	22,1
Bei wirtschaftlichen Schwierigkeiten sollten zuerst die Ausländer entlassen werden.	48,8	59,4	28,3	32,4
Ausländer sind eine Belastung für unseren Sozialstaat.	47,3	**	31,1	**
Die Anwesenheit von Ausländern in Österreich führt zu Problemen auf dem Wohnungsmarkt.	45,7	**	32,2	**

N = 2.000 1) Rest auf 100 %: neutral bzw. keine Angaben ** 1992 nicht erhoben

Gesellschaftliche Integration

Räumliche und soziale Mobilität verringern traditionelle Identitäten.[11] Dies bedeutet jedoch keineswegs mehr Offenheit für Neues. Angst vor »fremder Kultur« ist eng mit dem drohenden Bedeutungsverlust traditioneller Milieus und sozialer Gruppen verbunden. Dennoch kann Integration keine Einbahnstraße sein – auch wenn die Mehrheit der befragten Österreicher von den hier lebenden Ausländern eine Anpassung an die Lebensformen der Aufnahmegesellschaft fordert, ohne selbst Integrationsleistungen erbringen zu wollen.

Abgrenzung dient auch der Identitätsbildung und der Stabilisierung von »Wir-Gruppen«. Die eigenen Wertvorstellungen, Denk- und Verhaltensmuster werden zum Maßstab gemacht, an dem sich das Verhalten von Fremden messen lassen muss. Zugleich ermöglicht dies den Einheimischen die Distanzierung von den »Fremden«. Die Forderung nach mehr Lebensstilanpassung wird dementsprechend von der Mehrheit der österreichischen Bevölkerung (77 %) geteilt. Die Ergebnisse unserer Erhebung belegen eine deutliche Ablehnung separater Lebensformen von Zuwanderern. Zugleich finden drei Viertel der Einheimischen, dass sich der Lebensstil zwischen Österreichern und den in Österreich lebenden Ausländern (sehr) stark unterscheidet (75 %).

Einstellung zur kulturellen und sozialen Integration von Ausländern nach Kontakthäufigkeit der Befragten 1998

Zustimmung in ... % der Befragten	**regelmäßig Kontakt**	**kaum Kontakt**	**kein Kontakt**	**Gesamt**
Die Ausländer bereichern unsere Kultur.	45,7	29,5	15,0	**31,1**
Die Anwesenheit von Ausländern ist gut, weil wir dadurch bei uns auch anderen Kulturen begegnen.	47,7	29,8	20,4	**35,2**
Ausländer sollen die gleichen Sozialleistungen bekommen wie die Österreicher.	56,0	40,4	31,2	**43,2**
Durch die vielen Ausländer in Österreich fühlt man sich zunehmend als Fremder im eigenen Land.	32,0	40,0	49,3	**39,8**
Die Zunahme der Ausländer führt zu einem Anstieg der Kriminalität, da sie häufiger Straftaten begehen.	45,2	58,8	74,8	**58,6**
Die in Österreich lebenden Ausländer sollten ihren Lebensstil besser an den der Österreicher anpassen.	67,5	81,0	82,3	**76,7**
Ausländer sollten ihren Ehepartner unter ihren eigenen Landsleuten suchen.	14,1	22,6	37,3	**23,7**

N = 2.000

Ausländer werden einerseits über ihre Staatsbürgerschaft, andererseits aber auch durch ihre »fremde Kultur« und »andere Religion« definiert. Die kulturelle Distanz steht ohne Zweifel im Zentrum der Auseinandersetzung um das Zusammenleben von In- und Ausländern. Ein Drittel der befragten Österreicher (31 %) meint, dass durch die Anwesenheit der Ausländer die heimische Kultur bereichert werde. Ebensoviele (35 %) bewerten die Möglichkeit des Kontaktes mit anderen Kulturen im eigenen Land als positiv. Beides wird am stärksten von jenen betont, die selbst Kontakt zu Ausländern in Österreich haben (46 % bzw. 48 %). Aber vier von zehn Befragten (40 %) fühlen sich durch die in Österreich lebenden Ausländer als »Fremde im eigenen Land«. Unsere Ergebnisse zeigen, dass die Anwesenheit von Ausländern vor allem jene Österreicher irritiert, die selbst keine Kontakte zu im Land lebenden Ausländern haben. Etwa die Hälfte von ihnen (49 %) fühlt sich aufgrund der Zuwanderung als »Fremde im eigenen Land«. Auch vier von zehn Befragten, die nur selten mit Ausländern zusammentreffen (40 %), empfinden so. Dagegen sieht sich nur etwa ein Drittel (32 %) jener Österreicher mit regelmäßigen Kontakten zu Ausländern als »Fremde im eigenen Land«. Das Gefühl der »Überfremdung« ist in Österreich dort am größten, wo In- und Ausländer einander tatsächlich fremd sind und bleiben.

Die Ergebnisse unserer Studie belegen somit eines: Vorurteile und negative Einstellungen der befragten Österreicher gegenüber Ausländern sind um so geringer, je mehr Kontakte zu und konkrete Erfahrungen mit hier lebenden Ausländern bestehen. Bestehende oder fehlende Interaktion und Erfahrungen zwischen In- und Ausländern geben erste Hinweise auf mögliche Ursachen und Bedingungen der Entstehung von Fremdenfeindlichkeit. Die Ergebnisse unserer Studie legen den Schluss nahe, dass xenophobe Einstellungen durch seltene bzw. fehlende Kontakte zu Ausländern verstärkt werden. Zugleich ist zu vermuten, dass Personen mit xenophoben Einstellungsmustern von sich aus den Kontakt zu Ausländern eher meiden. Eben dies verhindert positive Lernprozesse.

Politische Integration

In einigen Bereichen besteht eine rechtliche Gleichstellung zwischen Inländern und legal niedergelassenen Ausländern. In anderen bleiben Inländer privilegiert. Dies reicht vom aktiven und passiven Wahlrecht über den Zugang zum öffentlichen Dienst bis zum Anspruch auf eine Kommunalwohnung. Schließlich bleibt als gravierendster Unterschied: Ausländern kann unter Umständen die Aufenthaltsberechtigung entzogen werden. Nur Bürger anderer EU-Staaten können sich auf Freizügigkeit bei der Niederlassung sowie auf ein generelles Diskriminierungsverbot auf dem Arbeitsmarkt berufen. Doch auch dies bedeutet weder das Wahlrecht bei Nationalrats- und Landtagswahlen noch den Zugang zu wesentlichen Bereichen des öffentlichen Dienstes.

Österreichs Migrations- und Ausländerpolitik verfolgt das Ziel, die Integration bereits anwesender Ausländer zu fördern. Dazu würde neben der Integration in den österreichischen Arbeitsmarkt und in das österreichische Bildungssystem im Prinzip auch die Möglichkeit einer politischen Partizipation gehören. Ein Wahlrecht für Ausländer bei allgemeinen Wahlen, dessen Einführung in der Politik nur vereinzelt Fürsprecher findet, gibt es in Österreich nicht.[12] Ausnahmen gibt es für niedergelassene

Bürger anderer EU-Staaten, die bei Kommunal- und Europawahlen stimmberechtigt sind. Darüber hinaus verfügen ausländische Arbeitnehmer sowohl bei Betriebsratswahlen als auch bei Arbeiterkammerwahlen über das aktive Wahlrecht. Sie können jedoch weder zu Betriebsräten noch zu Kammerräten gewählt werden (kein passives Wahlrecht). Von Einfluss auf die weitere Entwicklung der politischen und sozialen Rechte von Ausländern ist zweifellos das Meinungsklima in dieser Frage. Auch wenn daraus keine direkt integrationsrelevanten Schlüsse zu ziehen sind, dokumentieren die vorliegenden Ergebnisse unserer Erhebung relevante Einstellungen von Österreichern zur rechtlichen Gleichstellung bzw. Ungleichbehandlung von ausländischen Mitbürgern.

Etwa die Hälfte der Österreicher (49 %) plädiert dafür, dass die Rechte der Ausländer so bleiben sollen, wie sie sind. Ein Drittel der Befragten (35 %) vertritt sogar die Meinung, Ausländer hätten derzeit zu viele Rechte und diese sollten folglich eingeschränkt werden. Ferner stimmten 42 % der Forderung zu, den hierzulande ansässigen Ausländern jede politische Betätigung zu untersagen. Aber ein Drittel der österreichischen Bevölkerung (29 %) würde es befürworten, den in Österreich lebenden Ausländern das Wahlrecht auf Gemeindeebene zuzugestehen.

Einstellung der Österreicher zur politischen Integration von Ausländern 1998

in ... % der Befragten	**Zustimmung**	**Neutral**	**Ablehnung**
Ausländer sollen das Recht bekommen, bei Gemeinderatswahlen ihre Stimme abzugeben.	28,8	12,7	53,7
Den in Österreich lebenden Ausländern sollte jede politische Betätigung untersagt werden.	41,8	21,6	35,5
Doppelstaatsbürgerschaft sollte möglich sein.	21,0	12,6	60,4
Wenn Sie an die Ausländer denken, die in Österreich leben: Meinen Sie, sollten ihre Rechte ...[1]	*9,0	**49,3	***34,7

* ausgeweitet werden, ** so bleiben, wie sie sind, ***eingeschränkt werden N = 2.000

Politische und soziale Rechte sind wohl die zentralen Strukturmerkmale demokratischer Systeme. Sicherer Aufenthaltsstatus, politisches Mitspracherecht sowie soziale und rechtliche Gleichstellung können nur durch den Erwerb der österreichischen Staatsbürgerschaft gewährleistet werden. Die Zahl der Einbürgerungen stieg in Österreich zwischen Mitte der 80er

Jahre und den 90er Jahren beträchtlich. Wurden im Jahr 1987 nur etwas über 6.000 Personen eingebürgert, so erhielten 1998 über 16.000 Ausländer die österreichische Staatsbürgerschaft. Bezieht man die Einbürgerungen auf die Gesamtzahl der im Lande anwesenden Ausländer, dann zeigt sich keine so starke Veränderung. 1987 wurden 1,9 % und 1997 fast 2,2 % der ausländischen Wohnbevölkerung Österreichs eingebürgert. Unsere Untersuchung belegt, dass die Mehrheit der österreichischen Bevölkerung (60 %) die Möglichkeit einer doppelten Staatsbürgerschaft ablehnt. Von den insgesamt acht analysierten Einbürgerungskriterien scheinen den Österreichern die Fähigkeit, den eigenen Lebensunterhalt bestreiten zu können (92 %), ein guter Leumund (92 %), die Beherrschung der deutschen Sprache (91 %) und die Bereitschaft, seinen Lebensstil anzupassen (85 %), als wesentliche Voraussetzungen für den Erwerb der österreichischen Staatsbürgerschaft zu sein.

Fremdenfeindlichkeit in Österreich

Fremdenfeindlichkeit und verwandte Konzepte wie Ethnozentrismus und Rassismus waren im Rahmen unserer Erhebung nicht direkt beobachtbar oder messbar. Für sie mussten Indikatoren gefunden werden, mit deren Hilfe auf diese Grundeinstellung geschlossen werden konnte. In der Regel handelt es sich bei diesen Indikatoren um Äußerungen, abfragbare Einstellungen oder um berichtete Verhaltensweisen, die sich als Hinweise auf eine eventuell bestehende Fremdenfeindlichkeit interpretieren lassen.

Um solche Einstellungen zu messen, wurden den Befragten vereinheitlichte Items vorgelegt. In der vorliegenden empirischen Untersuchung wurden dabei Formulierungen der Allgemeinen Bevölkerungsumfrage der Sozialwissenschaften (ALLBUS) übernommen, um das Ausmaß der Ausländerablehnung in Österreich abzuschätzen. Auf der Grundlage der zustimmenden oder ablehnenden Antworten auf vier vorgegebene Fragen wurden Indikatoren negativer und tendenziell diskriminierender Einstellungen gegenüber »Ausländern« gewonnen. Analysiert wurde die Beurteilung folgender vier Forderungen:[13]

- Die in Österreich lebenden Ausländer sollten ihre Ehepartner unter ihren eigenen Landsleuten suchen.
- Den in Österreich lebenden Ausländern sollte jede politische Betätigung untersagt werden.
- Die in Österreich lebenden Ausländer sollten nach Hause geschickt werden, wenn Arbeitsplätze knapp werden.
- Die in Österreich lebenden Ausländer sollten ihren Lebensstil besser an den der Österreicher anpassen.

Drei dieser vier »Ausländerablehnungsfragen« zielen auf Forderungen, deren diskriminierender Inhalt offensichtlich ist. Mit Ausnahme der Forderung nach »mehr Lebensstilanpassung« beinhalten sie die klare Forderung nach Einschränkungen der Arbeits- und Erwerbsmöglichkeiten, der politischen Beteiligung und öffentlichen Meinungsäußerung sowie der Partnerwahl und des Familienlebens von Ausländern. Als Rechtfertigung dient jeweils die fremde Staatsbürgerschaft. Dies lässt sich auch als Diskriminierung aufgrund ethnischer Grenzziehungen verstehen.[14] Zur Beurteilung wurde jeweils eine siebenstufige Skala der Zustimmung bzw. Ablehnung vorgegeben. Bei allen drei Fragen ergaben die Antworten ein komplexes Bild. Es lassen sich drei unterschiedliche Gruppen erkennen. Zwischen den zwei deutlich ausgeprägteren Positionen von Ethnozentrismus[15] einerseits und Ausländerfreundlichkeit andererseits stehen jene Befragten, die keine klare Positionen beziehen. Es darf aber nicht übersehen werden, dass eine ablehnende bzw. reservierte Haltung gegenüber Ausländern weit verbreitet ist. Diese Position ist durchaus mehrheitsfähig, wenngleich unsere Erhebung zeigt, dass über ein Drittel der österreichischen Bevölkerung den hier lebenden Ausländern politische Aktivitäten (36 %) gestattet, fast ebensoviel sich gegen restriktive arbeitsmarktpolitische Maßnahmen aussprechen (33 %) und vier von zehn Österreichern (47 %) gemischt-nationale Ehen akzeptieren.

Ausprägung der Ausländerablehnung in Österreich 1998 (in Prozent)

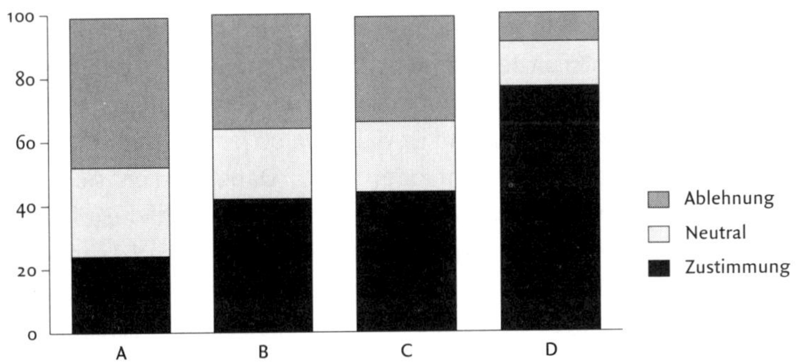

A: Die in Österreich lebenden Ausländer sollten ihre Ehepartner unter ihren eigenen Landsleuten suchen.

B: Den in Österreich lebenden Ausländern sollte jede politische Betätigung untersagt werden.

C: Die in Österreich lebenden Ausländer sollten nach Hause geschickt werden, wenn Arbeitsplätze knapp werden.

D: Die in Österreich lebenden Ausländer sollten ihren Lebensstil besser an den der Österreicher anpassen.

Insgesamt zeigt beinahe jede/r zweite Befragte in Österreich (45 %) ein Einstellungsmuster, das sich – aufgrund der Antworten und Haltungen zu einzelnen Fragen und Themen, die die ausländische Bevölkerung betreffen – als mehr oder weniger »ausländerfeindlich« charakterisieren lässt. Die Bezeichnung »ausländerfeindlich« im engeren Sinn dürfte dabei lediglich auf etwa ein Drittel aller Befragten zutreffen. Bei einem Sechstel der Bevölkerung sind die »ausländerfeindlichen Einstellungen« schwächer ausgeprägt. Beide Gruppen zusammen werden in der weiteren Analyse als »tendenziell ausländerfeindlich« bezeichnet. Auf etwas mehr als die Hälfte der Österreicher (55 %) trifft dies nicht zu, wobei auch in diesem Fall nur ein Teil dieser Bevölkerungsgruppe als dezidiert »ausländerfreundlich« gelten kann.

Die bivariate Analyse der Tendenz zur Ausländerfeindlichkeit nach demographischen und regionalen Merkmalen der Befragten zeigt: Frauen (46 %) neigen etwas häufiger als Männer (44 %) zu fremdenfeindlichen Einstellungen. Ausländerfeindlichkeit nimmt mit dem Alter deutlich zu (15 bis 29 Jahre: 34 %; 60 Jahre und älter: 60 %). Und sie ist in Klein- und Mittelstädten (2.001 bis 5.000 bzw. 5.001 bis 50.000 Einwohner: je 52 %) sowie bei der Landbevölkerung (46 %) häufiger auszumachen als bei Bewohnern der größeren Städte (über 50.000 Einwohner: 38 %; Wien: 34 %).

Auch in Abhängigkeit von der sozioökonomischen Position der Befragten zeigt sich: In höheren Bildungs- und Berufsschichten ist Ausländerfeindlichkeit deutlich seltener verbreitet (Matura/FHS/Universität: 26 %; mittlere/höhere Angestellte und Beamte: 32 %) als etwa bei jenen, die nur die Pflichtschule bzw. eine Lehre abgeschlossen haben (54 %) bzw. als Arbeiter (ungelernte/angelernte Arbeiter: 58 %; Fach- und Vorarbeiter: 57 %) oder als Landwirte (70 %) tätig sind.

Nach ihrer religiösen Orientierung unterscheiden sich die Österreicher in ihrer Einstellung zu Ausländern kaum. Wesentlich ist dagegen die eigene politische Positionierung der Befragten, aber auch die politisch-ideologische Orientierung, die in ihrer Jugendzeit im Elternhaus dominierte.

Der Ausländeranteil in der unmittelbaren Wohnumgebung der Befragten allein hat keinen eindeutigen Einfluss auf deren Einstellung zur ausländischen Bevölkerung. Entscheidend ist vielmehr, ob jemand auch tatsächlich Kontakt mit Ausländern hat oder nicht. Dabei wirken sich der persönliche Kontakt und die Kontakthäufigkeit generell positiv auf die Einstellung zur ausländischen Bevölkerung aus. Während etwa sechs von zehn Befragten (58 %), die weder in der Nachbarschaft, am Arbeitsplatz, in ihrem Freundes- und Bekanntenkreis noch in der eigenen Familie persönliche Kontakte mit Ausländern haben, mehr oder weniger »ausländerfeindlich« eingestellt sind, beträgt der entsprechende Anteil bei jenen, die häufig bzw. regelmäßig Kontakt mit Ausländern haben, nur ein Drittel (33 %).

Die Analyse der Daten nach statistischer Signifikanz und Stärke des Zusammenhanges zwischen sozio-demographischen, regionalen und sozio-strukturellen Merkmalen der Befragten und Ausländerablehnung zeigt, dass mit Ausnahme des Geschlechts und der religiösen Orientierung der Befragten ein hochsignifikanter Zusammenhang zwischen den einzelnen Variablen und der Tendenz zur Ausländerfeindlichkeit besteht. Am deutlichsten ist der Einfluss der sozialen Merkmale (Berufsschichtzugehörigkeit und Bildungsniveau) sowie des Alters der Befragten. Bei der sozialräumlichen Einflussgröße zeigt sich: Es ist nicht in erster Linie die Größe des Wohnortes und die regionale Zugehörigkeit nach Bundesländern der Befragten, auch nicht so sehr der Ausländeranteil in der unmittelbaren Wohnumgebung, sondern der tatsächliche Kontakt mit Ausländern, welcher den entscheidenden Unterschied im Ausmaß der Ausländerfeindlichkeit erklärt. Neben dem Alter und den sozialen Merkmalen sowie der Kontakthäufigkeit der Befragten mit Ausländern ist es vor allem deren politische Orientierung (Parteipräferenz, Links-Rechts-Positionierung), die am stärksten mit der Ausländerfeindlichkeit zusammenhängt.

Hinter mehr oder weniger xenophoben Einstellungen verbergen sich unterschiedliche, teils sogar widersprüchliche Einstellungen. Unklar ist z. B., was von der Forderung nach mehr Anpassung der im Inland lebenden Ausländer zu halten ist. Denn gerade die Aussicht auf eine mögliche erfolgreiche Integration der Migranten vermag Abwehr auszulösen und Konkurrenzängste beim weniger erfolgreichen Teil der österreichischen Bevölkerung hervorzurufen. Auch dies erklärt bei manchen den Wunsch nach Diskriminierung einer als unfair oder bedrohlich empfundenen Konkurrenz. In diesem Zusammenhang wird deutlich, dass es sich bei der Entstehung von »Fremdenfeindlichkeit« nicht bloß um Vorurteile[16], sondern um den Ausdruck eines gesellschaftlichen Konflikts handelt.

Fazit

Die 1998 durchgeführte Befragung analysiert die ambivalente, sowohl durch humanitäre Ansprüche wie auch durch Vorurteile geprägte Haltung der einheimischen Bevölkerung gegenüber Ausländern in Österreich sowie gegenüber potentiellen Zuwanderern. Daraus ergeben sich auch widersprüchliche Erwartungen an staatliche Politik. Gefordert werden mehr Großzügigkeit im Detail und striktere Abschottung im Ganzen. Problematisch erscheint dabei Folgendes: Es besteht in Österreich keinerlei Konsens darüber, dass Zuwanderer nach einer gewissen Zeit in unserer Gesellschaft gleichberechtigte Mitglieder werden sollen. Und vielen Zuwanderern gelingt dies auch nicht. Die Integration vor allem der aus dem ehemaligen Jugoslawien und der Türkei zugewanderten Arbeitsmigranten, ihrer Ehepartner und ihrer in Österreich geborenen Kinder ist unzureichend. Viele bleiben wirtschaftlich und sozial marginalisiert. Zu einem guten Teil ist die Diskriminierung der Zuwanderer und ihrer Kinder das Resultat eines gespaltenen Arbeits- und Wohnungsmarktes. Sowohl im Beschäftigungssystem als auch im Bereich des sozialen Wohnbaus werden Inländer durch rechtliche Regelungen und informelle Mechanismen eindeutig bevorzugt. Problematisch ist auch die politische Marginalisierung. Eine raschere Naturalisierung könnte dem entgegen wirken. Aber Jahr für Jahr werden nur 2 % aller im Lande lebenden Ausländer eingebürgert. Und selbst jene, die österreichische Staatsbürger werden, bleiben für die Mehrzahl der Einheimischen eigentlich »Fremde«. Diese ungelösten Widersprüche erzeugen kein grundlegend integrationsfreundliches Klima, sondern vielmehr mentale Reservationen auf beiden Seiten, also auch bei vielen in Österreich lebenden Zuwanderern.

Das Meinungsklima gegenüber Ausländern hat sich zwischen 1992 und 1998 im allgemeinen keineswegs verschlechtert. In einigen integrations- und sozialpolitischen Bereichen ist die Haltung der Inländer Ende der 90er Jahre sogar aufgeschlossener als zu Beginn der Dekade. Schließlich belegen unsere Ergebnisse in bestimmten Bevölkerungsschichten weiterhin negative und potentiell diskriminierende Einstellungen zu Ausländern. Insgesamt ist die Einstellung der Österreicher – sowohl hinsichtlich ihres Wissens als auch ihrer Wahrnehmung – in Bezug auf die ausländische Bevölkerung zu heterogen, als dass sie pauschal als fremdenfeindlich gelten könnte. Wir haben es vielmehr mit einer Mischung von unterschiedlichen Einstellungen zu tun: Neben eindeutig politisch motivierten Urteilen spielen sicherlich Proteste gegen »fremde Konkurrenz« eine wichtige Rolle. Schließlich geht es um die Möglichkeit, eigene Identität durch Abgrenzung von den »Fremden« zu bestimmen.

Die Anwesenheit von 750.000 Ausländern und der mögliche Zustrom weiterer Zuwanderer werden entweder als reale oder mögliche Bedrohung des eigenen Status oder der eigenen Aufstiegschancen wahrgenommen, wenn nicht sogar als ungerechtfertigt interpretiert. In Zeiten erhöhter Arbeitslosigkeit geht es auch um Konkurrenz auf dem Arbeitsmarkt und um drohenden oder imaginierten Statusverlust. Dabei spielen Gefühle einer Benachteiligung durch den Staat sowie fehlendes Vertrauen in die Problemlösungskapazität von Politik eine Rolle. Artikuliert wird häufig das Gefühl, mit dem Problem der »Zuwanderung von Fremden« allein gelassen bzw. sogar zu »Fremden im eigenen Land« geworden zu sein. Negative Einstellungen gegenüber Ausländern lassen sich nur zum Teil auf reale oder befürchtete Konkurrenzsituationen zurückführen. Dennoch zeigt die stärkere Konzentration solcher Einstellungen unter Personen mit niedriger Bildung und geringer beruflicher Qualifikation, dass solche reale – oder häufiger noch: imaginierte – Konkurrenzsituationen eine zentrale Bedeutung haben.

Xenophobie findet sich in Österreich deutlich häufiger in ländlichen als in städtischen Regionen. Und sie ist bei jenen Österreichern stärker ausgeprägt, die sich selbst politisch als »eher rechts« oder »deutlich rechts« einstufen. Bedeutsam ist schließlich zweierlei: Xenophobe Einstellungen sind unter den Älteren wesentlich weiter verbreitet als unter den Jüngeren. Und sie prägen das Weltbild vor allem jener Österreicher, die selbst keinerlei persönliche oder berufliche Kontakte zu Ausländern haben. Interkulturelle Kontakte sind somit bis zu einem gewissen Grad in der Lage, bestehende Vorurteile abzubauen und Stereotypen[17] zu verändern.

Anmerkungen

Die Interviews zu dieser Studie wurden vom Institut für Empirische Sozialforschung (IFES) in den Monaten Mai bis Juni 1998 durchgeführt. Die Verkodung und demographische Gewichtung nach Alter, Geschlecht und Bundesland der Daten, die Datenbereinigung und Plausibilitätskontrolle erfolgten ebenfalls durch das IFES. Die Ziehung der Stichprobe erfolgte unter Anwendung der

Methode der mehrfach gestuften Zufallsauswahl (Stratified-Multistage-Clustered-Random-Methode). In dem dreistufig geschichteten Verfahren wurden in der ersten Stufe nach dem Zufallsprinzip die Befragungsgemeinden gezogen. (Städte mit mehr als 50.000 Einwohnern wurden prinzipiell erfasst.)
In einem zweiten Schritt erfolgte eine Zufallsauswahl der Adressen innerhalb der Befragungsgemeinden. Die dritte Stufe der Zufallsauswahl, die die Zielperson definierte, wurde schließlich von den Interviewern selbst durchgeführt.
Die Randauszählung vor der Gewichtung zeigt, dass die Übereinstimmung mit den demographischen Grunddaten des Mikrozensus vom Juni 1996 im wesentlichen gegeben ist. Die Überprüfung der Daten ergab einen Überhang von Frauen, insbesondere in der Altersgruppe der 30- bis 40-Jährigen. Gleichzeitig waren Männer, v. a. in dieser Altersgruppe, unterrepräsentiert. Zum Ausgleich dieser systematischen Verzerrungen wurde die Stichprobe nach Alter, Geschlecht und Bundesland disproportional geschichtet, um auch in den kleineren Bundesländern die Datenanalyse für bestimmte Bevölkerungsgruppen zu ermöglichen. Insgesamt konnten 1.998 auswertbare Interviews durchgeführt werden.

Regionale Schichtung der Nettostichprobe

	Brutto-stich-probe	**propor-tionale Schichtung**	**disproportionale Schichtung**		**Ausschöp-fungsrate in %**
			geplant	**realisiert**	
Wien	893	398	380	386	49
Niederösterreich	410	379	380	380	95
Burgenland	128	69	100	114	90
Steiermark	407	298	300	317	81
Kärnten	174	140	140	131	78
Oberösterreich	459	340	320	315	73
Salzburg	139	127	120	113	84
Tirol	264	164	160	154	62
Vorarlberg	117	85	100	88	76
Österreich	**2.991**	**2.000**	**2.000**	**1.998**	**71**

1 Die Autoren ersuchen alle Leserinnen, sich in gleicher Weise angesprochen zu fühlen, auch wenn auf doppelte oder kombinierte Anführungen der beiden Geschlechter verzichtet wurde. Dies stellt keine geschlechtsspezifische Diskriminierung dar.

2 Diese repräsentative Untersuchung von 1992 wurde am Institut für Demographie der Österreichischen Akademie der Wissenschaften im Rahmen des internationalen Forschungsprojektes »Population and Welfare: A Comparative Survey on the Acceptance of Population Related Policies in Europe« (PPA) durchgeführt. Grundgesamtheit der damaligen Studie waren alle 20- bis 54-jährigen Personen mit österreichischer Staatsbürgerschaft und Wohnsitz in Österreich. Die Stichprobengröße betrug 1.500 Personen.

3 Als Datenbasis für den Vergleich mit der deutschen Bevölkerung dient die Allgemeine Bevölkerungsumfrage der Sozialwissenschaften des Mannheimer Zentrums für Umfragen, Methoden und Analysen.

4 Präferenz für Zuwanderer aus dem ehem. Jugoslawien: 10 %, aus osteuropäischen Ländern: 5 %, aus der Türkei: 1 %

5 Vgl. Park 1950.

6 vgl. Beitrag von Fassmann/Münz/Seifert in diesem Buch.

7 WIFO 1998, Sopemi Report on Labour Migration.

8 Vgl. Biffl/Guger/Lutz/Marterbauer, AMS-Forschungsbericht 10.

9 Derzeit gilt dies nur noch für eine Minderheit der ursprünglich etwa 73.000 aufgenommenen Kriegsflüchtlinge.

10 Z. B.: 10 % der Befragten meinten, dass Ausländer bei österreichischen Behörden besser behandelt werden als Einheimische.

11 Traditionelle Identitäten sind u. a. gekennzeichnet durch soziokulturelle Gemeinsamkeiten von Menschen, deren Mitglieder ein spezifisches soziales und kulturelles Erbe teilen, das von Generation zu Generation weitergegeben wird (vgl. auch Esser 1988, Rose 1974; Weber 1972).

12 Bereits 1989 wurde auf einem Wiener Landesparteitag der SPÖ die Einführung des aktiven Wahlrechts für Ausländer bei Gemeinderatswahlen beschlossen, politisch jedoch noch nicht umgesetzt. Das LIF tritt für ein aktives Ausländerwahlrecht auf Gemeindeebene ein und hält die Beteiligung von Ausländern an der kommunalen Selbstverwaltung für ein wichtiges Instrument der Gleichstellung. Die Grünen fordern zur Sicherstellung der politischen und sozialen Gleichberechtigung eine Wohnbürgerschaft (d. h.: Zulassung der Doppelstaatsbürgerschaft; kommunales Wahlrecht; passives Wahlrecht bei Wahlen zu gesetzlichen Interessenvertretungen).

13 Die Ergebnisse unserer faktorenanalytischen Untersuchung zeigte, dass die vier Items ohne »Ausreißer« auf einen Faktor laden. Dies ist ein Hinweis dafür, dass die vier Items tatsächlich die gleiche Einstellungsdimension erfassen.

14 Mit ethnischer Differenzierung sind Formen der Grenzziehung und Distanzierung gemeint, die im Kern auf Selbst- und/oder Fremdzuschreibungen kollektiver Zugehörigkeiten und Eigenschaften beruhen (vgl. Banton 1997, Dittrich/Lentz 1994, Esser 1996, Ganter 1995).

15 Der Begriff Ethnozentrismus bezeichnet eine einseitige Einstellungs- und Verhaltensorientierung zugunsten der Eigengruppe, die mit Distanz, Antipathie und Diskriminierung gegenüber den »Fremden« verbunden ist (vgl. Fuchs/Gerhards/Roller 1993).

16 Der Begriff des Vorurteils bezeichnet Einstellungen, die sich auf alle bzw. auf die meisten Personen beziehen, die einer Gruppe oder Kategorie zugeordnet werden. Charakteristische Merkmale von Vorurteilen sind (a) mit Bewertung verbundene Überzeugungen und Meinungen über die Eigenschaften und Merkmale bestimmter Personengruppe, (b) emotionale Reaktionen in der Beziehung zu bestimmten Personengruppen und (c) daran orientierte Verhaltensdispositionen (z. B. Vermeidung von Kontakten zu Ausländern) (vgl. Zick 1997, Esser/Ganter 1998).

17 Stereotype werden allgemein definiert als Überzeugungen oder Annahmen über die Eigenschaften und Merkmale einer Gruppe von Personen. Entscheidend ist dabei der Aspekt der Generalisierung, die Verallgemeinerung bestimmter Meinungen über Zusammenhänge zwischen Personen und deren Eigenschaften auf alle bzw. auf die meisten Personen, die einer bestimmten Gruppe zugeordnet werden (vgl. Hilton/von Hippel 1996, Ganter/Esser 1998).

Xenophobie in Zentral- und Osteuropa

Claire Wallace

Vorbemerkung

Es zählt zu den wenig hinterfragten Annahmen, dass Fremdenfeindlichkeit in Zentral- und Osteuropa im Steigen begriffen ist. Tatsächlich gibt es jedoch wenige Studien, die dies in einer systematischen oder vergleichenden Weise bestätigen können, und wir haben keinerlei Informationen darüber, wie es vor 1989 war, weil Fremdenfeindlichkeit unter den früheren Regimen offiziell nicht existierte.[1] Dennoch ist die These von der steigenden Fremdenfeindlichkeit plausibel, denn die Rahmenbedingungen, die in der Regel Fremdenfeindlichkeit verursachen, haben sich in charakteristischer Weise verändert. Vier Punkte sind anzuführen:

1. In fast allen zentral- und osteuropäischen Ländern ging die Wirtschaftsleistung deutlich zurück, so dass mehr als die Hälfte der Menschen heute in schlechteren Verhältnissen leben als vor 1989 (Wallace, 1999).[2] Eine ungünstige wirtschaftliche Entwicklung gilt in der Regel als Ursache für Fremdenfeindlichkeit, weil der Wettbewerb auf dem Arbeitsmarkt schärfer wird und mehr Menschen am Social Overhead partizipieren.[3]

2. Die Öffnung der Grenzen hat zu einer neuen Einwanderung geführt, auf die diese Länder in keiner Weise vorbereitet waren. Dieser Faktor konnte in anderen Teilen Europas als Auslöser von Fremdenfeindlichkeit identifiziert werden.[4] Die Immigranten kommen sowohl aus den angrenzenden Ländern als auch von weiter her – China, Pakistan etc. Einige bleiben in Zentraleuropa, andere versuchen weiter in den Westen zu kommen. Die Grenzöffnung hat auch zu einer Öffnung für internationale Kriminalität mit Drogen-, Waffen- und Menschenschmuggel geführt.

3. Die Bevölkerung in diesen Ländern wurde sehr rasch einer kulturellen Globalisierung unterworfen. Die Einführung von »Hollywood, Hip-Hop und Hamburgern« wird als Gefahr für einheimische Kulturen und Traditionen gesehen, die unter den früheren Regimen bewahrt und gefördert worden waren.[5] Sehr leicht kann diese erzwungene Akkulturation umschlagen und zu einer Ablehnung alles Fremden führen.

4. In einigen der untersuchten Staaten findet derzeit eine verspätete Nationwerdung statt. Als eines ihrer Instrumente dient ein bewusst herbeigeführter Nationalismus, der eine Abgrenzung gegenüber allen anderen mit einschließt. Xenophobie wurde durch die rechten und nationalistischen Bewegungen und politischen Parteien bewusst gefördert.[6] Eine Zivilgesellschaft, die dieser Entwicklung Widerstand leisten würde, ist noch wenig entwickelt.

Fragestellung und Datengrundlage

Wie es tatsächlich um die Fremdenfeindlichkeit in den ehemals kommunistischen Staaten bestellt ist, blieb jedoch empirisch offen. Bis dato existierte keine vergleichende Studie, die Fremdenfeindlichkeit in allen Untersuchungsstaaten mit einem Erhebungsinstrument erfasst hätte. Die hier vorgestellte ist die erste dieser Art.

Im Frühjahr 1998 wurden 12.310 persönliche Interviews in elf ehemals kommunistischen Staaten durchgeführt. In jedem Staat wurden mindestens 1.000 Personen befragt, so dass überall eine repräsentative Stichprobe vorliegt. Diese empirische Erhebung über Fremdenfeindlichkeit ist Teil des Neuen Demokratiebarometers, der als NDB V (das Survey wurde zum 5. Mal durchgeführt) zitiert wird.[7] Die Staaten, in denen unsere Befragungen stattfanden, umfassten die reicheren Länder Zentraleuropas (Polen, Ungarn, Tschechische Republik, Slowakische Republik und Slowenien), die instabileren südeuropäischen Länder (Bulgarien, Rumänien, Jugoslawien und Kroatien) sowie zwei Nachfolgestaaten der ehemaligen Sowjetunion (Weißrussland und Ukraine).

Im Zentrum der Untersuchung stand die Frage nach dem Ausmaß und den verursachenden Faktoren von Fremdenfeindlichkeit. Frühere Untersuchungen belegen die Tatsache, dass Fremdenfeindlichkeit nicht gleichmäßig verteilt ist, sondern spezifische Häufungen in ausgewählten sozialen Gruppen aufweist. Junge Männer mit niedriger Bildung zeichnen sich beispielsweise durch besonders hohe Fremdenfeindlichkeit aus. Sie sind die »Verlierer« der Modernisierung und damit auch bereit, »Schuldige« für ihr persönliches Schicksal zu suchen.[8] Dazu kommt die große Zahl von Zuwanderern, die mit den schlecht ausgebildeten jungen Männern am Arbeitsmarkt konkurrieren.

In der Befragung wurde Fremdenfeindlichkeit durch Fragen nach den Einstellungen zu Ausländern sowie nach der sozialen Distanz zu Gruppen wie Juden, Zigeunern, Russen, Deutschen, Österreichern und Arabern/Chinesen operationalisiert.[9] Daraus wurde in weiterer Folge ein »Fremdenfeindlichkeitsindex« gebildet, der als abhängige und zu erklärende Variable zu betrachten ist.[10]

Ergebnisse

Fremdenfeindlichkeit in Zentral- und Osteuropa

Eine Auszählung des Fremdenfeindlichkeitsindex in den einzelnen Staaten zeigt ein überraschendes Resultat: In den zentraleuropäischen Ländern – Ungarn, Polen, Tschechische Republik – ist die Ablehnung einer »fremden« Bevölkerung am größten. Die Nachfolgestaaten der ehemaligen Sowjetunion sind dagegen am fremdenfreundlichsten.

Tabelle 1: Xenophobie nach Land

Land	am wenigsten fremdenfeindlich	weniger fremdenfeindlich	fremdenfeindlicher	am fremdenfeindlichsten
Ungarn	13	22	20	45
Polen	25	17	18	41
Tschechien	11	20	31	38
Kroatien	18	19	29	34
Weißrussland	22	24	28	27
Rumänien	24	29	24	24
Ukraine	23	28	26	23
Slowakei	12	32	36	20

Quelle: NDB V, 1998. Einige Länder (Bulgarien, FRY, Slowenien) fehlen, weil die Fragen leicht abgeändert gestellt wurden, so dass sie nicht in die selbe Skala aufgenommen werden konnten.

Erklärungszusammenhänge

In der folgenden Analyse wird versucht, anhand von objektiven Indikatoren wie Sozialstruktur, wirtschaftliche Leistung und Ausmaß der Einwanderung sowie subjektiven Indikatoren wie politische Einstellungen der Befragten, Nationalstolz sowie Vorstellungen von nationaler Sicherheit, persönlicher Sicherheit und von Bürgerrechten dieses überraschende Resultat zu begründen.

Fremdenfeindlichkeit, Alter und Sozialstruktur

Aufgrund früherer empirischer Ergebnisse wurde vermutet, dass junge Männer am fremdenfeindlichsten sein würden. In der vorliegenden Untersuchung war dies nicht der Fall. Das Geschlecht machte für fremdenfeindliche Einstellungen keinen Unterschied.[11]

Am fremdenfeindlichsten waren nicht die jungen Männer, sondern die ältere Bevölkerung. 32 % der über 60-Jährigen waren in der Kategorie der Fremdenfeindlichsten, verglichen mit nur 22 % der 20–29-Jährigen und 27 % der 18–19-Jährigen. Möglicherweise sind Teenager fremdenfeindlicher als andere Gruppen junger Menschen, aber sie sind nicht so fremdenfeindlich wie die Älteren, was nahelegt, dass es sich um ein Generationenproblem handelt.

Bewahrheitet hat sich dagegen der Zusammenhang von Fremdenfeindlichkeit mit niedriger Bildung. Fremdenfeindlichkeit sinkt mit steigendem Bildungsniveau.

Tabelle 2: Xenophobie nach Alter und Bildungsniveau

	am wenigsten fremdenfeindlich	weniger fremdenfeindlich	fremdenfeindlicher	am fremdenfeindlichsten
Geschlecht				
Männlich	26	26	24	25
Weiblich	25	24	24	27
Alter				
18–19	28	24	21	27
20–29	29	26	23	22
30–39	27	27	26	22
40–49	25	25	25	25
50–59	24	25	25	26
60+	22	23	23	32
Bildung				
Pflichtschule	25	23	22	29
Lehre	23	25	24	28
Sekundarstufe	25	26	26	23
Universität	31	27	24	18

Die nächste Frage zielte darauf ab, zu klären, ob ökonomische Marginalisierung zu Fremdenfeindlichkeit führt. Tatsächlich findet sich eine leichte Tendenz zu mehr Fremdenfeindlichkeit im unteren Einkommensquartil (27 % von den Fremdenfeindlichsten gegenüber 24 % der am wenigsten Fremdenfeindlichen). Im oberen Einkommensquartil ergab sich jedoch keine konsistente Tendenz, und der Eta-Wert war sehr niedrig.[12] Mit einem anderen Maß für soziale Marginalisierung fanden wir einen leicht stärkeren Zusammenhang für Menschen, die das Gefühl hatten, dass sich ihre Situation im Vergleich zu früher verschlechtert hat.

Arbeitslose sind zwar tendenziell, aber in geringem Ausmaß fremdenfeindlicher (Eta .054). Von den Erwerbstätigen waren 25 % in der Gruppe der Fremdenfeindlichsten, während es bei den Arbeitslosen mit staatlicher Unterstützung 29 % und in der Gruppe der Arbeitslosen ohne staatliche Unterstützung 26 % waren. Von den Pensionisten andererseits waren 35 % in der Kategorie der Fremdenfeindlichsten. Zusammenfassend kann man daher sagen, dass in Zentral- und Osteuropa zwischen sozialer Marginalisierung und Xenophobie kein ausschlaggebender

Zusammenhang besteht. Die einzigen Variablen, die einen starken Zusammenhang mit Fremdenfeindlichkeit zeigten, waren Alter (Fremdenfeindlichkeit steigt mit dem Alter) und Bildung (Fremdenfeindlichkeit sinkt mit höherer Bildung).

Fremdenfeindlichkeit und wirtschaftliche Entwicklung

Fremdenfeindlichkeit kann durch personenbezogene Merkmale erklärt werden, aber auch durch Kontextmerkmale wie die allgemeine wirtschaftliche Entwicklung des Staates. Es könnte sein, dass Ausländer und verschiedene Bevölkerungsgruppen als Bedrohung angesehen werden, wenn die Wirtschaftslage allgemein schlecht ist und die Arbeitslosenquote steigt. Das hätte dann weniger mit individuellen Merkmalen zu tun als mit dem Zustand der Wirtschaft insgesamt.

Die wirtschaftlichen Rahmenbedingungen wurden mit den Indikatoren BIP pro Kopf und Arbeitslosenquote erfasst. Dabei zeigt sich, dass die in der Untersuchung eingeschlossenen Staaten in drei unterschiedliche Gruppen eingeteilt werden können.[13] In der ersten Gruppe befinden sich die zentraleuropäischen Länder (Tschechien, Polen, Ungarn, Slowakei und Slowenien), in denen es seit Mitte der 90er Jahre eine leichte wirtschaftliche Erholung gegeben hat. Die Arbeitslosenquote liegt dennoch zwischen 12 % und 18 %. Das BIP pro Kopf hat in einigen Staaten bereits EU-Niveau erreicht. So gibt es in Slowenien ein jährliches Pro-Kopf-Einkommen von $US 11.290 und in Tschechien von $US 11.319, was im Vergleich zum Durchschnitt der EU von $US 13.189 bereits sehr hoch ist.[14]

Die zweite Ländergruppe umfasst südeuropäische Länder: Rumänien, Bulgarien, Kroatien und Jugoslawien. Auch diese Länder würden gerne in Zukunft der Europäischen Union beitreten. In diesen Ländern waren die Wirtschaftsleistung uneinheitlich, die Reform langsamer als in Zentraleuropa und die politischen sowie ökonomischen Transformationen durch Kriege in einigen Gebieten gefährdet. Die Arbeitslosenquote ist mit ca. 18 % sehr hoch, das Pro-Kopf-BIP beträgt lediglich ein Drittel des tschechischen.

Die dritte Ländergruppe wird von Nachfolgestaaten der ehemaligen Sowjetunion gebildet (Weißrussland und Ukraine). Das Pro-Kopf-BIP ist sehr niedrig (lediglich 20 % des tschechischen BIPs) und in den vergangenen Jahren gefallen. Die offizielle Arbeitslosenquote ist zwar niedrig (2,7 % in der Ukraine), die reale Arbeitslosigkeit jedoch sehr hoch. In diesen Staaten sind politische und wirtschaftliche Reformen weit weniger sichtbar. Es gibt hier nur geringe Ambitionen, der Europäischen Union beizutreten, im Gegenteil, es herrscht eine Tendenz vor, die Verbindung zu Russland zu verstärken.

Kombiniert man nun diese Kontextmerkmale mit der Fremdenfeindlichkeit, dann zeigt sich das überraschende Resultat, dass die Bevölkerung in den Staaten mit einer ungünstigen wirtschaftlichen Situation relativ selten fremdenfeindliche Einstellungen artikuliert.[15] Umgekehrt kann belegt werden, dass die reichsten Staaten die höchste und die am wenigsten wohlhabenden Länder, Rumänien und die Ukraine, die geringste Fremdenfeindlichkeit aufweisen.

Fremdenfeindlichkeit und Zuwanderung

Ein weiterer Faktor, von dem angenommen werden kann, dass er Fremdenfeindlichkeit verstärkt, ist die Zuwanderung. In all den untersuchten Staaten ist es zu einem Anstieg der Zuwanderung gekommen, wenn auch die meisten Zuwanderer in die Staaten der zentraleuropäischen »Pufferzone«[16] gekommen sind. Diese Länder fungieren als Transit für jene, die nach Westeuropa einzureisen versuchen, aber auf Grund von bilateralen Vereinbarungen in das Land ihres letzten Aufenthaltes zurückgeschickt werden können. Als Westeuropa nach 1992 die Pforten für Asylbewerber und Flüchtlinge schloss, wanderten viele in der Pufferzone ein, obwohl sie sich nicht offiziell als Flüchtlinge meldeten. Zusätzlich wurden diese Länder selbst zum Zielland für viele verschiedene Arten von Migranten, oft nur für kurze Zeit. Darunter befanden sich Händler aus dem Osten, Facharbeiter aus dem Westen, die in neuen Unternehmen oder multinationalen Konzernen tätig sind, Arbeitsmigranten aus dem Osten sowie Unternehmer aus anderen Teilen Osteuropas und Chinas.[17] Obwohl die Zahlen im Vergleich zu Deutschland oder Österreich immer noch gering sind, sind sie in den vergangenen Jahrzehnten exorbitant gestiegen. Sie bereiten dort viele Sorgen, besonders weil viele in ihrer Vorstellung Einwanderer mit einem Anstieg der Verbrechensrate verbinden. Für die zentraleuropäischen Länder, die sich selbst als »ethnisch rein« sehen, verursacht dieser multikulturelle Einbruch so etwas wie einen Schock.

Auch wenn die Migrationsdaten unvollständig sind[18], können Größenordnungen abgeschätzt werden. Ungarn, Polen und Tschechien sind zu den Zielländern einer neuen Einwanderungswelle geworden. Die Nachfolgestaaten des früheren Jugoslawien weisen zwar auch hohe Migrationszahlen auf, doch dabei handelt es sich meist um Flüchtlinge aus den anderen Republiken.

Fremdenfeindlichkeit und Zuwanderung ergeben eine positive Korrelation. Jene Staaten mit den höchsten Migrationszahlen sind auch die fremdenfeindlichsten. Auch wenn die Kausalität nicht so einfach ist, muss die Rolle der Politik und der Medien im Umgang mit der Zuwanderung beachtet werden. Die Migranten können dabei als Problem oder als Hilfe für das Land dargestellt werden. Dies steht gerade in Polen zur Diskussion, wo Einwanderungsbeschränkungen als Teil der Beitrittsvoraussetzungen zur Europäischen Union verhandelt werden. Für Polen würde dies die Einführung der Visumspflicht für Besucher aus dem benachbarten Osten bedeuten. Gerade diese Besucher kommen aber, um Güter zu kaufen, und sind eine große wirtschaftliche Hilfe für Polen, indem sie einen signifikanten Teil des polnischen Außenhandels ausmachen.

Fremdenfeindlichkeit und subjektive Einstellungen zu Nation, Politik, Sicherheit

Es wird allgemein angenommen, dass Fremdenfeindlichkeit mit dem Nationalismus ansteigt. Nationalismus wurde mit Hilfe von zwei Fragen operationalisiert: Wie stolz sind Sie auf Ihr Land bzw. Ihre Nationalität? Xenophobie korreliert tatsächlich mit dem Nationalstolz (Eta .267). In der Gruppe der Fremdenfeindlichsten waren 58 % sehr stolz auf ihre Nationalität, verglichen mit 37 % der am wenigsten Fremdenfeindlichen. Je größer der Stolz auf die eigene Nationalität oder das eigene Land, desto wahrscheinlicher ist Fremdenfeindlichkeit.

Fremdenfeindlichkeit hängt auch mit sehr spezifischen politischen Einstellungen zusammen. So tendieren die fremdenfeindlichsten Befragten dazu, dem Parlament, den Beamten oder der Regierung zu misstrauen. Sie sind auch eher prokommunistisch eingestellt, befürworteten eine Rückkehr zu kommunistischer Herrschaft und stehen dem gegenwärtigen Regime kritisch gegenüber. 39 % derer, die eine Rückkehr zum Kommunismus befürworteten, waren in der Gruppe der Fremdenfeindlichsten, verglichen mit 18 % in der Gruppe der am wenigsten Fremdenfeindlichen.

Es wurde auch nach Alternativen zur Demokratie gefragt, und hier waren die Fremdenfeindlichsten eher für eine Regierungsübernahme durch das Militär (Eta .073). Zwischen Xenophobie und dem Wunsch nach einem starken Führer ergab sich ein sehr starker positiver Zusammenhang. 41 % derjenigen, die das Gefühl hatten, ein starker Führer wäre besser, waren in der fremdenfeindlichsten Gruppe, während nur 16 % in der Gruppe der am wenigsten Fremdenfeindlichen waren.

Fremdenfeindlichkeit erweist sich auch als eine generelle Abwehr gegenüber allen Einflüssen von außen. Die fremdenfeindlichsten Befragten waren gleichzeitig diejenigen, die am meisten gegen einen Beitritt zur Europäischen Union eingestellt waren (Eta .214).[19] 37 % derjenigen, die einen EU-Beitritt als »sehr schlecht« beurteilten, waren auch bei den Fremdenfeindlichsten, nur 12 % unter den am wenigsten Fremdenfeindlichen. Opposition zu den internationalen Institutionen geht parallel mit Xenophobie einher.

In diesem Zusammenhang ist zu erwähnen, dass Fremdenfeindlichkeit vor allem bei Menschen auftrat, die sich stark bedroht und unsicher fühlten. Die Fremdenfeindlichsten waren gleichzeitig diejenigen, die alles als bedrohlich wahrnahmen. Am stärksten war das Gefühl, von Russland bedroht zu werden, gefolgt von dem Gefühl der Bedrohung durch Nachbarstaaten, dann durch Deutschland und die USA (in dieser Reihenfolge). Fremdenfeindliche Menschen fühlten sich nicht nur durch internationale Organisationen, sondern auch durch internationale Mächte gefährdet.

Fremdenfeinde hatten auch das Gefühl der persönlichen Unsicherheit. Die Fragen zu persönlicher Unsicherheit wurden nur in Polen, Ungarn und Tschechien gestellt. Hier ergab sich ein Zusammenhang zwischen

Xenophobie und einer schlechten emotionalen und mentalen Verfassung (Eta .095), einem Gefühl mangelnder Kontrolle über sein eigenes Leben (Eta .076), dem Gefühl von Resignation (Eta .118) und dem Gefühl, unfair behandelt zu werden. Schließlich hatten Fremdenfeinde eher das Gefühl, dass es nachts für sie auf der Straße gefährlich sei (Eta .131). Somit korreliert Xenophobie mit unterschiedlichen Formen der individuellen und kollektiven Bedrohung und Unsicherheit.

Schließlich wurde noch der Zusammenhang von Fremdenfeindlichkeit, Toleranz zu Minderheiten und Einstellung zur Staatsbürgerschaft erfragt. Im Fragebogen wurden dabei die zwei unterschiedlichen Modelle der Staatsbürgerschaft (das Ius Soli und das Ius Sanguinis) abgefragt. Interessanterweise bevorzugt die Mehrheit der Befragten das republikanische Staatsbürgerschaftsmodell (71 %), nur 28 % das ethnisch ausgerichtete Ius Sanguinis. In Abhängigkeit zum Fremdenfeindlichkeitsindex ergibt sich ein starker positiver Zusammenhang zwischen Xenophobie und dem ethnischen Staatsbürgerschaftsmodell (Eta .199) und ein negativer Zusammenhang zwischen Fremdenfeindlichkeit und dem republikanischen Modell (Eta .134). 44 % der Befragten, die damit einverstanden waren, dass Staatsbürgerschaft auf ethnischer Herkunft beruhen soll, gehörten zur Kerngruppe der Fremdenfeinde, verglichen mit nur 13 % der am wenigsten Fremdenfeindlichen. Man kann somit für Zentral- und Osteuropa feststellen, dass die Idee eines ethnischen Staatsbürgerschaftsmodells bei fremdenfeindlichen Menschen auf fruchtbaren Boden fällt.

Andererseits konnte unter den fremdenfeindlichen Befragten in Zentral- und Osteuropa auch die Tendenz beobachtet werden, Minderheiten assimilieren zu wollen, anstatt ihnen eine eigene Identität und Kultur zuzugestehen. Es gab aber zwischen den Ländern eine große Variationsbreite. In Slowenien und Rumänien befürworteten mehr als 70 % der Befragten Assimilation und in Ungarn und der Ukraine weniger als 30 %. Wahrscheinlich hängen diese unterschiedlichen Einstellungen von der historischen Entwicklung der jeweiligen Länder ab.

Zusammenfassung

Die Untersuchung in elf zentral- und osteuropäischen Ländern ergibt eine Reihe von Zusammenhängen. Einige Tendenzen, die sich in Westeuropa bereits gezeigt haben, werden bestätigt, andere jedoch widerlegt. Generell wird angenommen, dass die Fremdenfeindlichkeit in Zentral- und Osteuropa seit dem Zusammenbruch des Kommunismus zugenommen hat. Unsere Daten aus früheren NDB Surveys, zugegebenermaßen mit weniger und nicht so detaillierten Fragen zu Xenophobie, legen einen Trend in die umgekehrte Richtung nahe. Die Menschen sehen 1996 und 1998 Migranten und Minderheiten weniger als Bedrohung an als 1992. Dies spiegelt möglicherweise ein wachsendes Gefühl der inneren und äußeren Sicherheit in diesen Staaten wider.[20] Es gibt jedoch erhebliche Unterschiede zwischen den untersuchten Staaten.

Fremdenfeindlichkeit lässt sich nicht nur bei jungen Männern nachweisen, wie dies in Deutschland hauptsächlich der Fall zu sein scheint. Im Gegenteil, es zeigt sich ein Ansteigen der Fremdenfeindlichkeit mit dem Alter. Besonders fremdenfeindlich sind die über 60-Jährigen, wobei das Geschlecht keine signifikante Rolle spielt.

Empirisch nachweisen lässt sich ferner, dass weniger gebildete Menschen fremdenfeindlicher sind als gebildete. Dies bestätigt die Ergebnisse anderer Studien. Der Besuch von Universitäten reduziert die Wahrscheinlichkeit, fremdenfeindlich zu sein, signifikant. Fremdenfeindliche Menschen sind nicht unbedingt diejenigen, die durch wirtschaftliche Restrukturierung ökonomisch marginalisiert wurden. Xenophobie hängt nur schwach mit Arbeitslosigkeit zusammen und nicht in konsistenter Weise mit Armut oder Wohlstand. Fremdenfeindliche Menschen schätzen ihre heutige Lage jedoch schlechter ein als die zur Zeit des Kommunismus – eine Einstellung, die vor allem ältere Menschen teilen.

Xenophobie hängt auch nicht mit der allgemeinen wirtschaftlichen Entwicklung des Staates zusammen. Die Länder mit dem höchsten Anteil an Fremdenfeinden sind die wohlhabendsten und im Umstrukturierungsprozess die erfolgreichsten. Damit korreliert wiederum die Zuwanderung, die zusätzlich Bedrohungsgefühle erweckt. Die reichsten Staaten – Polen, Ungarn und Tschechien – sind gleichzeitig die Staaten mit der stärksten Zuwanderung und den höchsten Anteilen an Fremdenfeinden. Dabei könnte auch der Einfluss der Medien eine Rolle spielen. Auf der politischen Ebene werden die Einwanderungszahlen – auch wenn sie absolut gesehen immer noch niedrig sind – als problematisch angesehen.

Von den subjektiven Einstellungen übt Nationalstolz einen besonderen Einfluss auf Fremdenfeindlichkeit aus. Dies korreliert wiederum mit der Unterstützung kommunistischer Parteien, mit der Skepsis gegenüber dem momentanen Regime und dem Wunsch nach dem starken Mann. Fremdenfeindliche Menschen sind also tendenziell antidemokratisch.

Xenophobie hängt auch stark mit einem Gefühl kollektiver und persönlicher Unsicherheit zusammen. Internationale Organisationen wie die EU werden besonders von den Fremdenfeindlichen abgelehnt. Schließlich gibt es einen starken Zusammenhang zwischen Xenophobie und einem ethnischen Staatsbürgerschaftsmodell, einem Modell, das im Gegensatz zum republikanischen Modell all jene als »Ausländer« definiert, die nicht Teil der vorherrschenden Ethnizität sind.

Anmerkungen

1 Regelmäßige Untersuchungen wurden in Ungarn durchgeführt, die einen stetigen Anstieg der Fremdenfeindlichkeit beobachteten (Csepeli/Sik 1995). Es gibt aber auch Hinweise, dass Fremdenfeindlichkeit abnimmt (Haerpfer/Wallace 1998).

2 Wallace 1999.

3 Heitmeyer 1992, Wimmer 1997.

4 Stefania 1997, Campani 1993, Coulon 1997.
5 Wievorka 1991, Shore 1997.
6 Watts 1996, Hockenos 1993.
7 Wallace 1999.
8 Willems 1995, Hopf 1994, Frindte/Funke/Waldzus 1996, Heitmeyer 1992, Butz/Boehnke 1997.
9 Diese Gruppen wurden gewählt, weil sie den BürgerInnen Ost- und Zentraleuropas bekannt sind. Juden und Zigeuner waren in der Geschichte verfolgte Minderheiten in dieser Region, während Deutsche, Österreicher und Russen Mächte repräsentieren, gegen die sich viele der zentral- und osteuropäischen Länder gewehrt haben. Araber und Chinesen sind neue ethnische Gruppen, die in der Region unbekannt sind, die aber sehr verschiedene Zivilisationsformen und Kulturen als Hintergrund haben und manchmal als andere »Rasse« wahrgenommen werden.
10 Als Maß für die Stärke des Zusammenhangs zwischen den Variablen wurde Eta-Koeffizient verwendet. Eta stellt ein bivariates Zusammenhangsmaß dar, bei dem die abhängige Variable intervallskaliert ist (in diesem Fall der Fremdenfeindlichkeitsindex) und die unabhängige Variable jede Skalierung aufweisen kann. Der Eta-Koeffizient ist somit robust genug, um für eine Reihe typisch soziologischer Daten verwendet zu werden. Der maximale Wert, den Eta annehmen kann, ist 1, das Minimum ist 0. Je größer der Eta-Wert ist, desto stärker ist der Zusammenhang.
11 Das Konfidenzintervall beträgt plus-minus rund 3 %. Prozentunterschiede von weniger als 6 % sind daher nicht signifikant.
12 Tatsächlich wurde eine Reihe von Variablen, die soziale Marginalisierung zusätzlich zum persönlichen Einkommen messen, berechnet, aber keine zeigte konsistente Tendenzen.
13 Wallace/Haerpfer 1998.
14 Alle makroökonomischen Daten entstammen dem WIIW (Wiener Institut für Wirtschaftsvergleiche, 1998). Das Pro-Kopf-BIP basiert auf Maßen der Kaufkraftparität, die vom WIIW berechnet wird.
15 Einige Länder fehlen in diesem Index, weil manche Fragen dort nicht in exakt gleicher Weise gestellt wurden. Die Länder sind aber im zusammengefassten Datensatz enthalten.
16 Wallace/Sidorenko/Chmouliar 1996.
17 Iglicka/Sword 1998, Wallace/Stola 2000.
18 Internationale Organisation für Migration, ICMPD, OECD.
19 Die EU-Frage wurde in Polen, Tschechien, Ungarn, in der Slowakei, Jugoslawien, Slowenien, Kroatien, Weißrussland und in der Ukraine gestellt.
20 Haerpfer/Wallace 1998, Haerpfer/Milosinski/Wallace 1999.

Rechtliche Instrumente der Integration von Einwanderern im europäischen Vergleich

Dilek Çinar
Ulrike Davy
Harald Waldrauch

Einleitung

Die Integration von Einwanderern steht insbesondere seit den frühen 90er Jahren – unter verschiedenen Blickwinkeln – im Mittelpunkt der Aufmerksamkeit. Staatliche Instanzen, internationale Organisationen, europäische Institutionen ebenso wie politische Parteien, NGOs und Einwanderer-Organisationen befassen sich verstärkt mit der Frage, ob und welche integrationspolitischen Maßnahmen in den unterschiedlichen gesellschaftlichen Bereichen (Arbeitsmarkt, Wohnungsmarkt, Bildungssystem, Medien etc.) ergriffen werden sollten. Damit ist nicht zuletzt die Erwartung verbunden, dass die Verbesserung der sozialen und ökonomischen Lebensumstände von Einwanderern und ihren Nachkommen einen wesentlichen Beitrag zum Abbau von Xenophobie und Rassismus leisten würde. In diesem Zusammenhang spielen die rechtlichen Rahmenbedingungen der Integration von Einwanderern und ihren Nachkommen eine besondere Rolle. Mit diesen haben sich in den letzten Jahren auch europäische Institutionen – vor allem die Europäische Kommission und das Europäische Parlament – in verstärktem Ausmaß auseinandergesetzt. Die Frage der rechtlichen Integration von Drittstaatsangehörigen, die sich in den 15 EU-Mitgliedstaaten legal aufhalten, gewann überdies mit dem Vertrag von Amsterdam eine neue Dimension. Nach dem Inkrafttreten des Vertrags von Amsterdam sollen die asyl- und einwanderungspolitischen Kompetenzen der Mitgliedstaaten schrittweise vergemeinschaftet werden. Die Gemeinschaft wird dann dafür zuständig sein, die aufenthaltsrechtliche Stellung von bereits ansässigen Drittstaatsangehörigen und deren Mobilität innerhalb des Hoheitsgebiets der Europäischen Union zu regeln.[1]

In den einzelnen Mitgliedstaaten wird sich eine allfällige Harmonisierung der relevanten nationalen Rechtsvorschriften in unterschiedlichem Ausmaß auswirken. In der Europäischen Union leben schätzungsweise etwa 17, 5 Millionen ausländische Staatsangehörige. Mehr als zwei Drittel davon sind Angehörige von sogenannten Drittstaaten. Allerdings ist der Anteil von Drittstaatsangehörigen pro Land höchst unterschiedlich. So sind etwa in Luxemburg nur 11 %, in Belgien 39 %, in Großbritannien knapp 60 %, in Deutschland 74 % und in Österreich etwa 88 % der ausländischen Wohnbevölkerung Angehörige von Drittstaaten.[2] Dem Projekt einer »Europäisierung« integrationspolitisch bedeutsamer Rechtsvorschriften kommt daher für Österreich ein besonderes Gewicht zu. Vor diesem Hintergrund befasst sich der vorliegende Beitrag mit den rechtlichen Rahmenbedingungen der Integration von Einwanderern in ausgewählten europäischen Aufnahmeländern. Im folgenden werden die wichtigsten Untersuchungsergebnisse eines vergleichenden und interdisziplinären Forschungsprojektes zusammengefasst. Zunächst werden der Untersuchungsgegenstand und die inhaltliche Konzeption der Studie näher präzisiert. Darauf folgt die Darstellung der Ergebnisse. Die Ausführungen setzen auf drei Ebenen an: Erstens wird auf internationale Bemühungen eingegangen, die jene Benachteiligungen abwenden sollen, die mit dem Besitz einer fremden Staatsangehörigkeit für ausländische Arbeitskräfte und ihre Familienangehörigen stets verbunden sind. Zweitens werden die Entwicklungen erläutert, die sich im Zuge des europäischen Einigungsprozesses mit Blick auf die rechtliche Integration von Drittstaatsangehörigen herauskristallisiert haben. Drittens geht es um die Frage, in welchem Ausmaß nationale Rechtsordnungen um die rechtliche Integration von ausländischen Staatsangehörigen bemüht sind. Die Untersuchungsergebnisse der nationalen Ebene werden anhand eines Index dargestellt, der mit dem Ziel entwickelt wurde, die relative Durchlässigkeit nationaler Rechtsordnungen gegenüber zugewanderten Bevölkerungsgruppen zu standardisieren. Abschließend werden einige Schlussfolgerungen erörtert, die sich aus der vergleichenden Studie vor allem mit Blick auf integrationspolitische Gemeinsamkeiten und Unterschiede zwischen westeuropäischen Aufnahmeländern ergeben.

Gegenstand und Konzeption der Untersuchung

Das Stichwort Integration verweist auf ein breites Assoziationsfeld, das sich von der kulturellen Assimilation bis hin zur Anerkennung von Einwanderer-Gruppen als neue »ethnische Minderheiten« erstreckt. In rechtlicher Hinsicht bedeutet der Integrationsprozess – darüber lässt sich wohl rasch Einigkeit erzielen – eine »legale Statuspassage«[3], mit der die anfänglichen Unsicherheiten und Einschränkungen im Bereich des Aufenthalts, der Ausübung einer Erwerbstätigkeit, des Zugangs zu Sozialleistungen etc. schrittweise abgebaut werden. Die vollständige rechtliche Gleichstellung ausländischer Staatsangehöriger erfolgt in der Regel mit der Verleihung der Staatsbürgerschaft. Dieser Prozess der schrittweisen Verbesserung des Rechtsstatus von Einwanderern wurde unter mehreren Blickwinkeln und für verschiedene Gruppen von ausländischen Staatsangehörigen nachgezeichnet. Die Untersuchung wurde auf jene Aufnahmeländer eingeschränkt, die auf einen nahezu seit vier Jahrzehnten anhaltenden Zuwanderungsprozess zurückblicken und im Laufe der Zeit Regelungen geschaffen haben, die bestimmte rechtliche Integrationskarrieren für ausländische Staatsangehörige vorsehen, nämlich auf Belgien, Deutschland,

Frankreich, Großbritannien, die Niederlande, Österreich und die Schweiz. Wichtig war auch, dass in diesen Ländern der Anteil der ausländischen Staatsangehörigen an der Gesamtbevölkerung mit 5 bis 9 % deutlich höher als im Vergleich zu anderen europäischen Ländern ist und – mit der Ausnahme Belgiens – Drittstaatsangehörige jeweils mehr als die Hälfte der gesamten ausländischen Wohnbevölkerung ausmachen.

Inhaltlich befasste sich die Untersuchung erstens mit einschlägigen internationalen Abkommen, die im Hinblick auf den Rechtsstatus von ausländischen Staatsangehörigen – in unterschiedlichem Ausmaß – verbindliche Richtlinien vorgeben. Zweitens wurden die Entwicklungen bezüglich der Harmonisierung des Rechtsstatus von Drittstaatsangehörigen, die sich auf Dauer in den Mitgliedstaaten der Europäischen Union aufhalten, dokumentiert. Drittens wurden nationale Vorschriften erhoben und analysiert, die in den erwähnten Aufnahmeländern auf Drittstaatsangehörige Anwendung finden. Hier standen Rechtsbereiche im Vordergrund, die unter integrationspolitischen Gesichtspunkten besonders relevant sind. Dazu zählen das Aufenthaltsrecht, das Beschäftigungsrecht, sozialrechtliche Regelungen, zivile Rechte, das Wahlrecht auf betrieblicher sowie auf lokaler bzw. regionaler und nationaler Ebene, der Zugang zum öffentlichen Dienst und das Staatsangehörigkeitsrecht. Spezifische Regelungen aufgrund von bilateralen Abkommen wurden für die jeweils zahlenmäßig größten Gruppen ausländischer Staatsangehöriger berücksichtigt. Schließlich wurden zu Vergleichszwecken die gemeinschaftlichen Regelungen untersucht, die Angehörigen von EU-Mitgliedstaaten über nationale Grenzen hinweg einen besonderen Status einräumen.

Die Untersuchung konzentrierte sich auf folgende Personengruppen: (1) ausländische unselbständig Erwerbstätige, (2) ausländische Staatsangehörige, die sich unter dem Titel des »Familiennachzugs« im Zuwanderungsland aufhalten, (3) ausländische Staatsangehörige, die familiäre Bindungen zu den Staatsangehörigen des Aufenthaltslandes haben, (4) ausländische Staatsangehörige, die im Zuwanderungsland ihrer Eltern geboren werden und aufwachsen.

Methodische Vorgangsweise

In methodischer Hinsicht beruhen die Untersuchungsergebnisse auf zwei »Säulen«: Zum einen wurde eine umfassende Erhebung und detaillierte rechtswissenschaftliche Auswertung der einschlägigen Rechtsquellen vorgenommen. Zum anderen wurde ein Index entwickelt, um die Liberalität bzw. Restriktivität des Ausländerrechts in den betrachteten Staaten abzubilden.[4] Gegenstand des Index waren allerdings die gesetzlichen Regelungen selbst und nicht die Praxis ihrer Anwendung. Dabei ging es um die Identifikation von rechtlichen *Integrationsbarrieren*, die immer wieder wirksam werden können, solange die rechtliche Gleichstellung durch Einbürgerung – aus welchen Gründen auch immer – nicht erfolgt (ist). Der Fokus richtete sich – mit der Ausnahme der Schweiz – auf Drittstaatsangehörige, denen bereits ein legaler Aufenthalt und der Zugang zum Arbeitsmarkt gewährt worden ist.[5] Das zu konstruierende Messinstrument[6] sollte der *Komplexität* des Themenbereichs gerecht werden. Daher wurden im Index erstens alle eingangs erwähnten Dimensionen der rechtlichen Integration (Aufenthaltsrecht, Beschäftigungsrecht, Zugang zu Sozialleistungen etc.) abgebildet. Zweitens wurde berücksichtigt, dass die ausländische Wohnbevölkerung in den untersuchten Staaten nicht nur zum Zwecke der Arbeitsaufnahme zugewanderte Personen umfasst (kurz: »Erstpersonen«). Zur ausländischen Wohnbevölkerung gehören auch nachgezogene EhepartnerInnen und Kinder, ausländische Familienangehörige von inländischen Staatsangehörigen und in der Regel auch die im Inland geborenen Kinder ausländischer Staatsangehöriger. Für diese Personengruppen wurden in den Bereichen des Aufenthalts-, des Beschäftigungs- und des Staatsangehörigkeitsrechts eigene Indexwerte berechnet.

Für alle untersuchten Rechtsbereiche wurden die *Zugangsbedingungen* zu den jeweiligen Rechten bzw. Rechtspositionen abgefragt (z. B. Wartefristen, Unterhaltsnachweis, Unbescholtenheit etc.). Für befristete Rechtspositionen waren auch die *Verlängerungsbedingungen* einzubeziehen. Im Bereich des Aufenthalts und des Arbeitsmarktes wurden zusätzlich *Beschränkungen*[7] (z. B. räumliche Begrenzung von Rechtstiteln, Befristungen etc.) des zu erwerbenden Titels sowie Gründe, die zum *Verlust* eines erworbenen Titels bzw. Rechtsstatus führen können, berücksichtigt.

Da im Aufenthalts- und Arbeitsmarktrecht ausländischen Staatsangehörigen in der Regel mit der Zeit »bessere«, mit einem höheren Ausmaß an Rechtssicherheit verbundene Positionen zugänglich sind, wurde überprüft, wie der erste, in der Regel befristete Aufenthalts- oder Beschäftigungstitel ausgestaltet ist, unter welchen Bedingungen dieser verlängert und wie ein Recht auf dauernden Aufenthalt bzw. auf freien Zugang zum Arbeitsmarkt erworben werden kann. Im Aufenthaltsrecht wurde zudem ermittelt, ob es eine titelunabhängige, ausschließlich von der Aufenthaltsdauer bestimmte *Aufenthaltsverfestigung* gibt, so dass nach einer gewissen rechtlich festgelegten Aufenthaltsdauer bestimmte Gründe für den Verlust des Aufenthaltsrechtes (z. B. Arbeitslosigkeit, Inanspruchnahme von Sozialleistungen etc.) nicht mehr in Frage kommen.[8]

Grundsätzlich wurden zwei Arten von Indikatoren verwendet, um rechtliche Integrationsbarrieren zu standardisieren: Einerseits solche, die das *Vorhandensein* (1) bzw. das *Nicht-Vorhandensein* (0) bestimmter Regelungen im jeweils betrachteten Land messen; andererseits Zeitindikatoren, die Wartefristen, Altersgrenzen, Beschäftigungszeiten etc. erheben. Die zentralen Indikatoren in praktisch allen Rechtsbereichen waren zum einen *Mindestwartefristen*, zum anderen die Frage, ob die jeweilige Rechtsposition mit einem *Rechtsanspruch* erworben werden kann. Bei der Auswahl der Zugangsbedingungen und der Gründe, die zum Verlust eines Titels bzw. einer Rechtsposition führen können, wurden folgende Schwerpunkte gesetzt: Ausmaß der Integration in den Arbeitsmarkt, Nachweis eines gesicherten Lebensunterhaltes, Wohnbedingungen sowie Kriterien der Unbescholtenheit. Je nach Rechtsbereich kamen dazu auch noch spezifische Zugangsbedingungen.[9]

Die Skala des Index reicht von 0 bis 1, und ihre Pole repräsentieren die Absenz (0) bzw. ein außergewöhnlich hohes Maß an rechtlichen Integrationsbarrieren (1). Von der Berechnung eines einzigen Wertes für die untersuchten Länder wurde allerdings Abstand genommen. Die höchste Aggregationsebene ist jene eines Rechtsbereiches (Aufenthalt, Arbeitsmarkt etc.) für die verschiedenen Personengruppen (Erstpersonen, EhepartnerInnen etc.). Die Aggregation erfolgte dabei additiv und stufenweise über eine oder zwei Subdimension(en). Nicht alle Items in der Liste der Indikatoren sind aber gleich bedeutsam für den Zugang zu bzw. die Beibehaltung einer Rechtsposition. Daher mussten die Indikatoren und Subdimensionen gegeneinander gewichtet werden.

Auf der Ebene der einzelnen *Items* wurde grundsätzlich von einer Gleichgewichtung ausgegangen. Ausgenommen davon waren einerseits (1) Mindestwartefristen und (2) Rechtsansprüche, denen (je nach Zahl der sonstigen Indikatoren) von vornherein jeweils 10 % bis 20 % der zu vergebenden Gewichte zugewiesen wurden. Dies deshalb, da Wartefristen anderen Zugangsbedingungen gewissermaßen vorangehen und darüber bestimmen, ob der Zugang zu einem besseren Rechtsstatus überhaupt bereits in Frage kommt; und Rechtsansprüche entscheiden darüber, ob ein Rechtstitel – wie etwa eine unbefristeter Aufenthalts- oder Beschäftigungstitel – zu erteilen ist oder aufgrund behördlichen Ermessens verweigert werden kann, auch wenn die jeweils erforderlichen Voraussetzungen erfüllt sind.[10] Die Relation der *Gewichte für die Subdimensionen* – Zugangsbedingungen, Beschränkungen und Gründe für den Verlust von Rechtstiteln bzw. Rechtspositionen – wurde nicht immer stabil gehalten, da vor allem die Relevanz der Verlustgründe in den unterschiedlichen Rechtsbereichen stark variiert.[11] Bei der Gewichtung der unterschiedlichen *aufenthalts- und beschäftigungsrechtlichen Integrationsstufen* schließlich wurde folgendermaßen vorgegangen: Den Regelungen bezüglich der sichereren, weniger beschränkten Rechtspositionen (Niederlassungsbewilligung[12], Aufenthaltsverfestigung bzw. relative und vollständige Freizügigkeit am Arbeitsmarkt) wurden zusammengenommen jeweils zwei Drittel des Gesamtgewichtes zugewiesen, da sie unter der Annahme des dauerhaften Aufenthaltes im Aufnahmeland einen weitaus größeren Teil der Lebenszeit abdecken.

Ergebnisse

Internationale Aspekte staatlicher Integrationspolitik

Migrationspolitik gilt seit jeher als eines der Kernelemente nationalstaatlicher Souveränität. Doch der Handlungsspielraum einzelner Staaten wird nicht (mehr) ausschließlich von nationalen Eigeninteressen abgesteckt. Die Europäische Konvention zum Schutze der Menschenrechte und Grundfreiheiten sowie internationale Abkommen beschränken in unterschiedlichem Ausmaß die staatliche Dispositionsfreiheit. Das betrifft nicht nur die spezifischen völkerrechtlichen Verpflichtungen gegenüber politisch verfolgten Personen. Auch die Rechtsstellung von ausländischen Staatsangehörigen, die sich auf Dauer in westeuropäischen Ländern aufhalten bzw. hier geboren werden und aufwachsen, ist vielfach Gegenstand internationaler Abkommen.

Das Entstehen internationaler Abkommen steht in engem Zusammenhang mit der ökonomisch bedingten Arbeitsmigration, die nach dem Ende des Zweiten Weltkriegs einsetzte – eine Entwicklung, die auf lange Sicht zur Entstehung einer stabilen nordwesteuropäischen »Kernzone« internationaler Migration geführt hat.[13] Frankreich, Belgien und die Schweiz waren die ersten europäischen Staaten, die unmittelbar nach Kriegsende ausländische Arbeitskräfte – vor allem aus Italien, Spanien, Portugal und Griechenland – einsetzten. Vor allem für Frankreich und Großbritannien, aber auch für die Niederlande und Belgien spielte darüber hinaus die Zuwanderung aus den Kolonien eine bedeutsame Rolle. In den späten 50er und 60er Jahren traten dann auch Deutschland, Österreich, die Niederlande und Schweden als Anwerbestaaten auf; zugleich erweiterte sich der Kreis der Entsendeländer auf das ehemalige Jugoslawien, die Türkei, Algerien, Marokko und Tunesien.[14] Schon in dieser frühen Phase der Arbeitsmigration aus südeuropäischen Staaten und dem Mittelmeerraum entstanden die ersten Bemühungen, diesbezügliche international anerkannte Mindestnormen zu etablieren.

Zu erwähnen ist hier etwa die Konvention Nr. 97 der International Labour Organization (ILO) aus dem Jahr 1949, die darauf abzielt, die rechtliche und soziale Diskriminierung von ausländischen Arbeitskräften einzuschränken.[15] Darin werden die Staaten zum einen aufgefordert, mit Blick auf internationale Wanderungsbewegungen – das betrifft sowohl die Auswanderung wie die Zuwanderung – allfällige »irreführende« Propagandaaktivitäten zu verhindern.[16] Zum anderen geht es um die rechtliche Gleichbehandlung ausländischer Arbeitskräfte im Hinblick auf die Arbeitsbedingungen und die Entlohnung, die Mitgliedschaft in Gewerkschaften, die Wohnbedingungen und die soziale Sicherheit.[17] Auch wird eingemahnt, dass ausländische Staatsangehörige und ihre Familienangehörigen – spätestens nach einem Aufenthalt von fünf Jahren – nicht ausgewiesen werden sollten, wenn die Ausübung einer Erwerbstätigkeit aus gesundheitlichen Gründen nicht (mehr) in Frage kommt.[18] Während sich diese Pflicht ausdrücklich nur auf jene Personen bezieht, deren Aufenthalt auf Dauer angelegt ist, geht die Konvention Nr. 143 aus dem Jahr 1977 einen Schritt weiter: Sie gibt allgemein vor, dass ein allfälliger Arbeitsplatzverlust nicht zum Entzug des Aufenthalts- oder Beschäftigungsrechts führen soll, wenn ausländische Staatsangehörige zum Zweck der unselbständigen Erwerbstätigkeit rechtmäßig zugewandert sind. Außerdem werden die Aufnahmeländer dazu angehalten, die Menschenrechte aller ausländischen Beschäftigten zu respektieren und dafür Sorge zu tragen, dass eine umfassende Gleichbehandlung von ausländischen Arbeitskräften und ihren Familienangehörigen gewährleistet ist:

»*Each Member for which the Convention is in force undertakes to declare and pursue a national policy designed to promote and to guarantee, by methods appropriate to national conditions and practice equality of opportunity and treatment in respect of employment and occupation, of social security, of trade union and cultural rights and of individual and collective freeedoms for persons who as migrant workers or as members of their families are lawfully within its territorry.*«[19]

Mit Fragen der rechtlichen Integration befassen sich weiters mehrere Abkommen, die ab den frühen 50er Jahren im Rahmen des Europarats entstanden sind.[20] Dabei geht es zum einen um die Bewältigung der sozialrechtlichen Probleme, die die Beschäftigung ausländischer Arbeitskräfte aufwirft, nämlich die Einbindung ausländischer Beschäftigter in die nationalen Systeme der sozialen Sicherheit und die grenzüberschreitende »Mobilität« sozialrechtlicher Ansprüche. Zum anderen beschäftigen sich die Abkommen – vor allem ab den 60er und 70er Jahren – mit Fragen des Nachzugs von Familienangehörigen und der Konsolidierung des aufenthalts- und beschäftigungsrechtlichen Status. Der Schutz ausländischer Arbeitskräfte und ihrer Familienangehörigen vor rechtlicher Diskriminierung ist schließlich auch noch Gegenstand einer umfangreichen Konvention der Vereinten Nationen zum Schutz der Rechte aller ausländischen Arbeitskräfte und ihrer Familienangehörigen, deren Text von der Generalversammlung am 18. Dezember 1990 angenommen wurde. Darin werden nicht nur Fragen der Aufenthaltssicherheit, der beschäftigungsrechtlichen Freizügigkeit, der sozialrechtlichen Gleichstellung, des Schutzes vor Ausbeutung am Wohnungsmarkt und des Familiennachzugs angesprochen, sondern auch die Einbindung ausländischer Arbeitskräfte und ihrer Familienangehörigen in politische Entscheidungsprozesse auf lokaler Ebene.[21] Die Wirksamkeit und die Reichweite internationaler Bemühungen um rechtliche Integration sind indes beschränkt. Aus den zahlreichen Abkommen ergeben sich erstens nur im Falle eines Beitritts verbindliche integrationspolitische Verpflichtungen. Insoweit gibt letztlich die Beitrittswilligkeit der einzelnen Staaten den Ausschlag. Im Falle der von den Vereinten Nationen erarbeiteten Konvention zum Schutz der Rechte aller ausländischen Arbeitskräfte und ihrer Familienangehörigen etwa hielt sich diese Bereitschaft bisher in Grenzen. Die Konvention ist mangels der erforderlichen Anzahl von 20 beitrittswilligen Staaten bisher nicht in Kraft getreten.

Zweitens: Die im Rahmen des Europarates ab den 50er Jahren entstandenen und heute noch gültigen Abkommen erstrecken sich nicht auf alle ausländischen Staatsangehörigen, sondern jeweils auf die Angehörigen der Vertragsstaaten. Dazu gehört etwa die umfassende Europäische Konvention über die Rechtsstellung ausländischer ArbeitnehmerInnen aus dem Jahr 1977, die bloß von acht Staaten ratifiziert worden ist.[22] Sieht man von den Angehörigen der EU-Mitgliedstaaten ab – in diesen Fällen sehen ja die gemeinschaftsrechtlichen Regelungen in der Regel einen höheren Standard an rechtlicher Gleichbehandlung vor –, spielt diese Konvention nur mehr im Falle der Staatsangehörigen der Türkei eine Rolle. Andere traditionelle Entsendeländer sind nämlich nicht Vertragsstaaten.

Drittens: Sobald die delikate Frage der nationalen Souveränität berührt wird, werden auch die Grenzen internationaler Vorgaben im Bereich der rechtlichen Integration von Einwanderern sichtbar. So bleibt es regelmäßig den Staaten überlassen, den international vorgegebenen Ausweisungsschutz aus Gründen der nationalen Sicherheit oder der öffentlichen Ordnung außer Kraft zu setzen.

Viertens: In der aus der Sicht der nationalen Souveränität überaus sensiblen Frage der politischen Beteiligungsrechte für ausländische Staatsangehörige und der Regulierung des Zugangs zur Staatsbürgerschaft waren die Bestrebungen für die Schaffung internationaler Mindestnormen bisher außerordentlich zaghaft.

Dazu kommt fünftens, dass die vertraglich vereinbarten Standards im allgemeinen gerichtlich nicht durchsetzbar sind.

Dies verleiht der Europäischen Menschenrechtskonvention eine besondere Bedeutung. Aus der Europäischen Menschenrechtskonvention ergibt sich für die westeuropäischen Staaten zwar keine umfassende Verpflichtung zur rechtlichen Integration von Einwanderern, wohl aber die Pflicht zur Achtung des Familien- und des Privatlebens. Mit Blick auf die Einleitung aufenthaltsbeendender Maßnahmen und die für den Nachzug von Familienangehörigen maßgeblichen nationalen Regelungen unterliegt die Staatenpraxis immerhin der Kontrolle durch den Europäischen Gerichtshof für Menschenrechte.[23]

»Europäische« Leitlinien der rechtlichen Integration von Drittstaatsangehörigen

Auf der Ebene der Europäischen Union konzentrierten sich die Bestrebungen bisher wohl vorrangig auf die Koordination nationaler Vorschriften im Bereich der Asylpolitik und der Einwanderungspolitik. Im Jahr 1991 griff aber die Europäische Kommission in einer Mitteilung an den Rat und das Europäische Parlament die Frage der Integration von Drittstaatsangehörigen auf, die sich rechtmäßig und auf Dauer in den EU-Mitgliedstaaten aufhalten. Da es keine Alternative zur Integration gebe, sei die Schaffung einer Rechts- und Verwaltungsordnung erforderlich, die »eine Gleichstellung der Einwanderer mit den Staatsangehörigen des jeweiligen

Landes ermöglicht«.[24] Gleichzeitig sei zu berücksichtigen, dass sich »Diskriminierungen ergeben würden, wenn eine Reihe der neuen Rechte ausschließlich den Bürgern der Gemeinschaft vorbehalten blieben und nicht auf die rechtmäßig in den Mitgliedstaaten ansässigen Zuwanderer ausgedehnt würden«[25].

In einer weiteren Mitteilung zum Thema Einwanderungs- und Asylpolitik – und wohl im Zusammenhang mit der Einschränkung der mit dem Maastricht-Vertrag eingeführten Unionsbürgerschaft auf EU-Angehörige – unterbreitete die Kommission im Jahr 1994 ausführlichere Vorschläge für eine gemeinschaftliche Integrationspolitik.[26] Die Vorschläge sehen als einen ersten und wesentlichsten Schritt die Gewährleistung von Aufenthaltssicherheit als Grundvoraussetzung für den Integrationsprozess vor. Speziell erwähnt werden als Familienangehörige nachgezogene Personen, denen nach einer gewissen Zeit ein unabhängiges Aufenthaltsrecht eingeräumt werden soll. Auch soll im Inland geborenen Kindern, sofern sie nicht die Staatsangehörigkeit des Geburtslandes erhalten, spätestens im Schulalter ein sicherer Aufenthaltsstatus zuwachsen. Weiters müsse die Gleichbehandlung mit Blick auf Arbeitsbedingungen, Entlohnung und soziale Sicherheit angestrebt werden. Darüber hinaus könne Drittstaatsangehörigen im Hoheitsgebiet der Union Reisefreiheit gewährt und die Aufnahme einer Erwerbstätigkeit in einem anderen EU-Mitgliedstaat ermöglicht werden. Schließlich wies die Kommission darauf hin, dass die – weiter oben erwähnte – internationale Konvention der Vereinten Nationen aus dem Jahr 1990 von den Mitgliedstaaten angenommen werden könnte:

»Ratification of this Convention by the Member States would constitute the expression of the value attached by the Union to improving the position of migrant workers and their families resident in the Union and ensure that the rights accorded to them correspond to the highest international norms.«[27]

Vom Europäischen Parlament wurde in den letzten Jahren die Verbesserung der Rechtsstellung von Drittstaatsangehörigen weitaus nachdrücklicher eingemahnt. Ab den späten achtziger Jahren wurde dieser Aspekt vielfach als unerlässlicher Schritt im Kampf gegen Rassismus und Fremdenfeindlichkeit bezeichnet. In diesem Kontext forderte das Parlament wiederholt die Erweiterung der Unionsbürgerschaft auf Drittstaatsangehörige mit Wohnsitz in der Union.[28]

Die vom Rat der Europäischen Union im Jahr 1996 angenommene Entschließung über die Rechtsstellung von Drittstaatsangehörigen blieb allerdings beträchtlich hinter den Vorschlägen der Kommission und des Parlaments zurück.[29] Danach sollen Drittstaatsangehörige spätestens nach einem Aufenthalt von zehn Jahren als »auf Dauer aufhältige Einwohner« anerkannt werden. Eine solche Anerkennung soll erstens mit der Erteilung eines mindestens zehn Jahre gültigen oder zeitlich unbefristeten Aufenthaltstitels einher gehen. Zweitens soll diese Gruppe von Drittstaatsangehörigen gegenüber den Staatsangehörigen des Aufnahmelandes in Hinblick auf die Arbeitsbedingungen, die Mitgliedschaft bei gewerkschaftlichen Organisationen, den öffentlichen Wohnungssektor, die Sozialversicherung, die ärztliche Soforthilfe und die Schulpflicht nicht benachteiligt werden. Drittens soll – nach Maßgabe der nationalen Rechtsvorschriften – der Zugang zu beitragsfreien Sozialleistungen ermöglicht werden. Viertens soll im Falle einer Ausweisung die Dauer des rechtmäßigen Aufenthaltes berücksichtigt und eine Ausweisung aus Gründen der öffentlichen Ordnung nur bei Vorliegen einer schweren Gefährdung der Sicherheit des Landes verfügt werden. Schließlich sollen die in einem Mitgliedstaat auf Dauer aufhältigen Drittstaatsangehörigen eine Genehmigung zur Ausübung einer Erwerbstätigkeit erlangen können.

Der Rat der Europäischen Union vertritt zwar die Auffassung, dass die Berücksichtigung dieser Grundsätze seitens der Mitgliedstaaten dazu beitragen würde, »Fortschritte« bei der Integration von Drittstaatsangehörigen zu erzielen, doch die Grundsätze sind erstens allzu vage, um einen wirksamen Schritt für eine gemeinsame Integrationspolitik darzustellen.[30] Zweitens ist die Entschließung des Rates über den Status von Drittstaatsangehörigen rechtlich nicht bindend.[31] Dieser Umstand veranlasste die Kommission im Sommer 1997 zur Vorlage eines Entwurfs für ein Einwanderungsübereinkommen, das sich auch mit der rechtlichen Integration von Drittstaatsangehörigen befasst. Die Notwendigkeit verbindlicher und einheitlicher Regelungen in Bezug auf Drittstaatsangehörige, die sich schon längere Zeit in den Mitgliedstaaten aufhalten, begründet die Kommission folgendermaßen:

»The Union must encourage the integration of legally resident migrants. Guaranteeing their security of residence is a vital prerequisite ... The integration of migrants is an imperative dictated by the democratic and humanitarian tradition of the Member states and constitutes a fundamental aspect of any immigration policy.«[32]

Daher sollen Drittstaatsangehörige, sobald sie den Status als »long-term residents« erwerben, besondere Rechte genießen. Die Anerkennung als »long-term resident« soll von zwei Bedingungen abhängen: einem rechtmäßigen Aufenthalt von fünf Jahren und dem Besitz eines Aufenthaltstitels, der ab dem Zeitpunkt der Einreise zu einem Aufenthalt von mindestens zehn Jahren berechtigt.[33] Die Begünstigungen, die mit diesem Status verbunden sind, betreffen die Aufhebung allfälliger Einschränkungen des Aufenthaltszwecks, einen erhöhten Schutz vor Ausweisung, die Gleichbehandlung mit EU-Angehörigen unter anderem beim Zugang zur Erwerbstätigkeit, zu Ausbildungsmaßnahmen sowie im Bereich des Wohnens und das Recht auf den Zugang zum Arbeitsmarkt in einem anderen Mitgliedstaat. Nach einem zweijährigen Aufenthalt sollen die Rechte von »long-term residents« auch in dem neuen Aufenthaltsstaat zugänglich sein.[34]

Der Vorschlag der Kommission, nationale Einwanderungs- und Integrationspolitiken der EU-Mitgliedstaten mittels eines rechtlich verbindlichen Übereinkommens zu vereinheitlichen, wurde bisher nicht angenommen.[35] Auf welche Mindestnormen sich die Mitgliedstaaten im

Umgang mit Drittstaatsangehörigen künftig einigen werden, bleibt also noch abzuwarten. Bis auf weiteres hängt der Verlauf des rechtlichen Integrationsprozesses von nationalen Rechtsvorschriften der Staaten ab.

Rechtsstellung ausländischer Staatsangehöriger in ausgewählten westeuropäischen Staaten

Welchen nationalen Rechtsvorschriften unterliegt die Integration von ausländischen Arbeitskräften und ihren Familienangehörigen in Österreich sowie in anderen westeuropäischen Aufnahmeländern? In welchem Ausmaß unterscheidet sich die Rechtsstellung von Drittstaatsangehörigen in den EU-Mitgliedstaaten vom Status der EU-Angehörigen? Das sei hier für den Bereich der aufenthalts-, beschäftigungs- und sozialrechtlichen Regelungen, des Zugangs zu sozialen, zivilen und politischen Rechten und des Zugangs zur Staatsbürgerschaft zusammengefasst.[36]

Aufenthalt und Niederlassung von Erstpersonen

Die Rechtsordnungen der untersuchten Staaten sehen ohne Unterschied einen rechtlich regulierten *Niederlassungsprozess* vor. Das bedeutet nicht nur, dass nach einer gewissen Aufenthaltsdauer der Erwerb eines zeitlich unbegrenzten Aufenthaltsrechtes möglich ist, sondern in der Regel auch ein höherer Schutz vor dem Verlust des Aufenthaltsrechtes besteht. Wie die Ergebnisse unseres quantifizierten Rechtsvergleiches jedoch deutlich machen, variieren die Zugangs- bzw. Verlängerungsbedingungen, die Beschränkungen und die Gründe für den Verlust des sicheren Aufenthaltsrechts beträchtlich.

Der Zugang zu einer Niederlassungsbewilligung ist dabei in Belgien an die bei weitem geringsten Anforderungen geknüpft (Indexwert 0,11), während der Erwerb einer solchen Bewilligung im Vereinigten Königreich (0,74) – trotz einer Mindestwartefrist von nur 4 Jahren – an besonders restriktive Bedingungen geknüpft ist. In dieser Hinsicht bilden also nicht jene Länder, für welche die sogenannte »Gastarbeiter«-Politik charakteristisch war – nämlich Deutschland, Österreich oder die Schweiz –, das Schlusslicht, auch wenn diese drei Staaten im Vergleich zu Belgien, Frankreich und den Niederlanden doch weit zurückbleiben. Der relativ positive Wert für die Schweiz resultiert dabei vor allem daraus, dass die Schweiz mit vielen Herkunftsstaaten, die ca. 60 % der ausländischen Wohnbevölkerung abdecken, bilaterale Abkommen abgeschlossen hat; und diese Abkommen erleichtern den Zugang zu einer unbefristeten Niederlassungsbewilligung erheblich.

Bei den Beschränkungen einer Niederlassungsbewilligung sowie den Gründen, die zum Verlust dieses Aufenthaltsrechts führen können, ergibt sich aber eine teilweise ganz andere Hierarchie. Belgien ist in diesem Fall das relativ restriktivste Land, da es Drittstaatsangehörigen lediglich Genehmigungen mit einer 5-jährigen Laufzeit (auch wenn die Bewilligung ohne weitere Bedingungen verlängerbar ist) ausstellt. Die Schweiz und Frankreich schneiden nach Belgien – relativ gesehen – am schlechtesten ab: In der Schweiz ist die Niederlassungsbewilligung stets regional beschränkt, während in Frankreich die »Carte de résident« lediglich eine Laufzeit von 10 Jahren hat. Deutschland sieht für die unbefristete Aufenthaltserlaubnis die Möglichkeit einer regionalen Beschränkung vor, was bei der Aufenthaltsberechtigung – diese ist frühestens nach acht Jahren zugänglich – nicht mehr der Fall ist. Im Gegensatz dazu sehen die Niederlande, Österreich und das Vereinigte Königreich weder Beschränkungen der zeitlichen noch der regionalen Gültigkeit einer Niederlassungsbewilligung vor.

Betrachtet man noch die Gründe, die zum Verlust des Niederlassungsrechts (durch Entzug der Niederlassungsbewilligung oder durch Ausweisung) führen können, dann wird zweierlei klar: Einerseits zeigt ein Vergleich mit den einer Niederlassungsbewilligung vorangehenden Aufenthaltstiteln, dass die aufenthaltsrechtliche Sicherheit mit der Niederlassung in der Regel beträchtlich ansteigt. Mit dem Erwerb einer Niederlassungsbewilligung ist zumeist ein höherer Schutz vor dem Verlust des Aufenthaltsrechts verbunden. In den Niederlanden und im Vereinigten Königreich ist das durch den Erwerb einer Niederlassungsbewilligung bedingte Plus an Aufenthaltssicherheit am stärksten. In Belgien und, auf etwas weniger liberalem Niveau, in der Schweiz ist das in vergleichsweise geringerem Ausmaß der Fall. Die letzte Position Österreichs – allerdings nur mit Blick auf die unbefristete Niederlassungsbewilligung und nicht allgemein – resultiert daraus, dass es das einzige Land ist, in dem eine unbefristete Niederlassungsbewilligung *per se* noch nicht dazu führt, dass Mittellosigkeit, Sozialhilfebezug oder Arbeitslosigkeit als Gründe für die Ausweisung entfallen.[37] In Deutschland sind diese Sachverhalte auf der ersten Stufe der aufenthaltsrechtlichen Integration, die mit einer unbefristeten Aufenthalts*erlaubnis* erreicht wird, teilweise zwar auch noch mögliche Ausweisungsgründe, mit dem Erwerb einer Aufenthalts*berechtigung* ist das aber nicht mehr der Fall. In der Schweiz kann mit Blick auf unterhalts- und unterkunftsspezifische Gründe nur längerfristiger Sozialhilfebezug, egal in welchem Stadium, zu Problemen für den weiteren Aufenthalt führen, wenn auch dazu gesagt werden muss, dass befristete Arbeitstitel stets nur für den Zweck der Beschäftigung an einem konkreten Arbeitsplatz gültig seind.

In Österreich nimmt das Ausmaß der Aufenthaltssicherheit nach einem fünf-, acht- bzw. zehnjährigen Aufenthalt schrittweise zu, und zwar unabhängig davon, ob die Betroffenen eine befristete oder unbefristete Niederlassungsbewilligung besitzen.[38] Dieser Umstand wirkt sich auch deutlich positiv auf den Gesamtwert für Österreich (0, 45) aus: Insgesamt hat sich Österreich mit der fremdenrechtlichen Novelle des Jahres 1997 vor allem von Deutschland (0,62) und der Schweiz (0,63) erstaunlich weit abgesetzt. Österreich liegt mit seinem Gesamtwert viel näher am Vereinigten Königreich (0,49) bzw. Belgien (0,42).[39] Die Spitze bilden jedoch Frankreich (0,27) und die Niederlande (0,31).

Tabelle 1: Aufenthalt – Erstpersonen[53]

	Gew.	B	D	F	NL	Ö	CH	UK	EU
Gesamt		**0,42**	**0,62**	**0,27**	**0,31**	**0,45**	**0,63**	**0,49**	**0,19**
Allg. Regelungen	**0,15**	0,93	0,87	0,20	0,33	0,20	0,99	0,80	0,50
Aufenthaltstitel	**0,85**	0,33	0,58	0,28	0,30	0,49	0,57	0,44	0,14
Erster Titel	**0,15**	0,40	0,63	0,42	0,60	0,85	0,59	0,59	0,07
Zugangsbedingungen	x	x	x	x	x	x	x	x	x
Beschränkungen	**0,42**	0,60	0,78	0,65	0,71	0,65	0,90	0,45	0,00
Verlustgründe	**0,58**	0,25	0,53	0,25	0,51	1,00	0,38	0,68	0,12
Verlängerung befristeter Titel	**0,20**	0,38	0,57	0,43	0,55	0,59	0,62	0,69	0,04
Verl.-bedingungen	**0,40**	0,37	0,53	0,45	0,50	0,33	0,65	0,85	0,03
Beschränkungen	**0,25**	0,60	0,68	0,65	0,71	0,55	0,90	0,45	0,00
Verlustgründe	**0,35**	0,23	0,53	0,25	0,49	0,92	0,38	0,68	0,09
Niederlassungs-bewilligung	**0,45**	0,31	0,38	0,20	0,15	0,43	0,35	0,33	0,23
Zugangsbedingungen	**0,40**	0,11	0,57	0,28	0,27	0,51	0,39	0,74	0,32
Beschränkungen	**0,25**	0,75	0,06	0,25	0,00	0,00	0,25	0,00	0,25
Verlustgründe	**0,35**	0,23	0,39	0,09	0,13	0,64	0,38	0,10	0,12
Titelunabh. Aufenthaltsverfestigung	**0,20**	0,26	1,00	0,18	0,18	0,25	1,00	0,32	0,07
Zugangsbedingungen	**0,53**	0,32	1,00	0,32	0,30	0,24	1,00	0,57	0,05
Beschränkungen	x	x	x	x	x	x	x	x	x
Verlustgründe	**0,47**	0,18	1,00	0,02	0,04	0,27	1,00	0,02	0,09

Abkürzungen: Gew. = Gewicht der jeweiligen Subdimension; B = Belgien; D = Deutschland; F = Frankreich; NL = Niederlande; Ö = Österreich; CH = Schweiz; UK = Vereinigtes Königreich; EU = Europäische Union (Rechtsstellung von EU-Angehörigen, basierend auf Gemeinschaftsrecht).

Skala: 0 = vollkommene Liberalität, keine rechtlichen Integrationshindernisse, 1 = stark ausgeprägte Restriktivität, hohes Ausmaß rechtlicher Integrationshindernisse.

Allgemeine Regelungen: a) Mindestzahl der Befristungen vor unbefristetem Titel; b) jede Aufenthaltsbeendigung zieht Wiedereinreiseverbot nach sich.

Auf ein letztes Ergebnis sei in diesem Zusammenhang verwiesen. Tabelle 1 enthält auch Werte für die EU, die auf den gemeinschaftsrechtlichen Regelungen basieren. Es zeigt sich zwar eindeutig, dass das Gemeinschaftsrecht EU-Angehörigen, die sich in anderen Mitgliedstaaten als Arbeitskräfte aufhalten, eine sehr gute rechtliche Position einräumt – zumindest in aufenthaltsrechtlicher Hinsicht ist die Stellung von EU-Angehörigen aber noch immer Beschränkungen unterworfen. Dies äußert sich vor allem in zweierlei Hinsicht: Zum einen ist bereits der erste aufenthaltsrechtliche Status nach der Zuwanderung mit weitreichenden Rechten ausgestattet, und das Aufenthaltsrecht ist im Prinzip von Beginn an unbefristet, wenn auch das Dokument, das dieses Recht bestätigt, befristet ist. Die gemeinschaftsrechtlichen Regeln geben jedoch nicht vor, ob, wann und unter welchen Bedingungen ein unbefristeter Aufenthaltstitel zugänglich sein sollte – die Gewährung eines solchen Titels hängt von den nationalen Vorschriften der Mitgliedstaaten ab. Zum anderen bleibt das gemeinschaftsrechtlich begründete Aufenthaltsrecht zum Zweck der Erwerbstätigkeit grundsätzlich auf Dauer daran gebunden, dass EU-Angehörige die Arbeitnehmereigenschaft erfüllen. Diese geht zwar nicht verloren, wenn EU-Angehörige über einige Zeit unfreiwillig arbeitslos werden oder Sozialhilfe beziehen, doch die Frage, ob die Betroffenen in den Arbeitsmarkt integriert oder zumindest um einen neuen Arbeitsplatz bemüht sind, ist im Hinblick auf den weiteren Aufenthalt niemals völlig bedeutungslos. In einigen Staaten ist das nationale Recht, das den Aufenthalt von Drittstaatsangehörigen bestimmt, in dieser Hinsicht liberaler.

Arbeitsmarktzugang von Erstpersonen

Die Aufnahme einer unselbständigen Erwerbstätigkeit ist für ausländische Staatsangehörige – abgesehen von EU-Angehörigen – grundsätzlich überall an einen Beschäftigungstitel gebunden. Doch auch auf dem Gebiet des Beschäftigungsrechts sehen alle betrachteten Staaten in der einen oder anderen Form eine Statusverbesserung vor; und wieder kommt es dabei zu teils erheblichen Unterschieden bei den Zugangs-/Verlängerungsbedingungen, den Beschränkungen sowie den Gründen für den Verlust eines einmal erworbenen Status. Im Bereich der beschäftigungsrechtlichen Regelungen wurde einerseits überprüft, ob der jeweilige Titel/Status zeitlich befristet ist, und andererseits, ob seine Gültigkeit auf einen Arbeitsplatz, eine Branche oder eine Region begrenzt ist. Als spezifische Gründe, die zum Entzug des Beschäftigungstitels führen können, wurden die Verletzung arbeitsrechtlicher Normen, eine Prüfung der Arbeitsmarktlage während der Laufzeit des Titels und die Nichtbeachtung einer dem Titel beigefügten Bedingung betrachtet.

Tabelle 2: Arbeitsmarktzugang – Erstpersonen

	Gew.	B	D	F	NL	Ö	CH	UK	EU
Gesamt		**0,25**	**0,26**	**0,25**	**0,22**	**0,51**	**0,37**	**0,33**	**0,00**
Quoten	**0,15**	**0,00**	**0,00**	**0,00**	**0,00**	**0,88**	**0,00**	**0,00**	**0,00**
Beschäftigungstitel Entfall der Bewilligungspflicht	**0,85**	**0,30**	**0,30**	**0,29**	**0,25**	**0,45**	**0,44**	**0,39**	**0,00**
Erster Titel	**0,15**	0,65	0,60	0,44	0,66	0,97	0,76	0,66	0,00
Zugangsbedingungen	x	x	x	x	x	x	x	x	x
Beschränkungen	**0,70**	0,75	0,60	0,64	0,85	0,95	0,95	0,85	0,00
Verlustgründe	**0,30**	0,40	0,60	0,00	0,20	1,00	0,30	0,20	0,00
Verlängerung befristeter Titel	**0,20**	0,49	0,52	0,46	0,42	0,27	0,73	0,55	0,00
Zugangsbedingungen	**0,50**	0,37	0,48	0,48	0,19	0,09	0,71	0,45	0,00
Beschränkungen	**0,35**	0,71	0,58	0,63	0,85	0,54	0,95	0,85	0,00
Verlustgründe	**0,15**	0,40	0,55	0,00	0,20	0,25	0,30	0,20	0,00
Verbesserte Titel	**0,20**	0,21	0,20	0,21	0,14	0,22	0,29	0,28	0,00
Zugangsbedingungen	**0,50**	0,23	0,28	0,41	0,23	0,18	0,51	0,54	0,00
Beschränkungen	**0,35**	0,16	0,10	0,02	0,06	0,36	0,10	0,01	0,00
Verlustgründe	**0,15**	0,24	0,16	0,00	0,01	0,00	0,00	0,00	0,00
Bester Titel / Status	**0,45**	0,13	0,15	0,20	0,10	0,46	0,26	0,28	0,00
Zugangsbedingungen	**0,50**	0,26	0,30	0,40	0,20	0,22	0,52	0,56	0,00
Beschränkungen	**0,35**	0,00	0,00	0,00	0,00	1,00	0,00	0,00	0,00
Verlustgründe	**0,15**	0,00	0,00	0,00	0,00	0,00	0,00	0,00	0,00

Abkürzungen und Skala: siehe Tabelle 1
Quoten: a) Bestandsquote auf dem Arbeitsmarkt; b) Branchen- oder Betriebsquoten.

Insgesamt gesehen ist auffällig, dass Österreich im Gegensatz zum Aufenthaltsrecht im Bereich des Arbeitsmarktzuganges eine sehr viel schlechtere Position einnimmt und abgeschlagen an letzter Stelle liegt. Die schlechte Position Österreichs resultiert aus mehreren Sonderregelungen: Österreich ist das einzige Land, das (neben der Möglichkeit der Verhängung von Branchen- oder Betriebsquoten) so etwas wie eine Bestandsquote am Arbeitsmarkt kennt, die eine Obergrenze des Anteils ausländischer Arbeitskräfte an der Gesamtzahl aller Beschäftigten festlegt. Dadurch bleiben Drittstaatsangehörige in Österreich auf Dauer besonderen beschäftigungsrechtlichen Vorschriften unterworfen. Der »beste« beschäftigungsrechtliche Titel in Österreich, der Befreiungsschein, ist jeweils für fünf Jahre gültig und kann nur verlängert werden, wenn die Betroffenen innerhalb der letzten fünf Jahre mindestens zweieinhalb Jahre beschäftigt waren.[40] Außerdem ist zu erwähnen, dass der erste Beschäftigungstitel in Österreich, die Beschäftigungsbewilligung, im Vergleich zu den Beschäftigungstiteln in anderen Ländern den Betroffenen eine auffallend unsichere Position einräumt: Die Beschäftigungsbewilligung ist auf höchstens ein Jahr befristet, auf einen konkreten Arbeitsplatz beschränkt, und es bestehen weitreichende behördliche Entzugsmöglichkeiten. Diese »Strenge« des österreichischen Rechts wird aber zum Teil dadurch aufgewogen, dass relativ früh – nach einem Jahr ununterbrochener Beschäftigung – eine Arbeitserlaubnis erworben werden kann. Die Arbeitserlaubnis ist höchstens für zwei Jahre gültig und ist nicht mehr auf den Arbeitsplatz beschränkt. Auch sind die Zugangs- bzw. Verlängerungsbedingungen für die Arbeitserlaubnis und den Befreiungsschein vergleichsweise liberal gestaltet.

Die unter dem Blickwinkel des Beschäftigungsrechts liberalsten Regelungen finden sich in den Niederlanden. Nach drei Jahren Aufenthalt kann in den Niederlanden ohne weitere Bedingungen die Ausnahme von der Titelpflicht nach dem Ausländerbeschäftigungsrecht beantragt werden; und selbst wenn dies nicht geschieht, entfällt die Titelpflicht mit dem Erwerb einer Niederlassungsbewilligung nach einem Aufenthalt von mindestens fünf Jahren. Auch in Belgien, Deutschland, Frankreich, in der Schweiz und im Vereinigten Königreich erfolgt die Ausnahme vom Geltungsbereich der jeweiligen ausländerbeschäftigungsrechtlichen Regelungen, sobald die betreffenden Personen eine Niederlassungsbewilligung erhalten.

Im Unterschied zu den ausländischen Arbeitskräften aus Drittstaaten ist das Recht auf Arbeitsmarktzugang für EU-Angehörige in anderen EU-Staaten vollkommen jenem der dortigen Staatsangehörigen angeglichen. Dass unter Umständen das Recht auf Aufenthalt verloren gehen kann, wurde weiter oben erwähnt. Aus dem Beschäftigungsrecht selbst hingegen resultieren keine wie auch immer gearteten Zugangsbedingungen, Beschränkungen oder Gründe für den Verlust des Rechts auf Arbeitsmarktzugang: Sofern ein Arbeitsplatz gefunden wird, gibt es für die Behörden keine Möglichkeiten, diese Beschäftigung in irgendeiner Weise zu verhindern, zu beschränken oder zu beenden.

Soziale Rechte

Bei der Bewertung der staatlichen Regelungen im Bereich des Sozialversicherungsrechts (Arbeitslosigkeit, Krankheit, Unfall, Alter) standen vor allem zwei Aspekte im Vordergrund: die Möglichkeit der Anrechenbarkeit von ausländischen Versicherungszeiten und die Transferierbarkeit von Leistungen ins Ausland.[41] Weiters wurde überprüft, ob Sozialhilfe- sowie wohn- und familienspezifische Leistungen für ausländische Staatsangehörige überhaupt oder nur beschränkt zugänglich sind und/oder von einer Niederlassungsbewilligung abhängen und ob ihr Bezug eventuelle aufenthaltsrechtliche Konsequenzen (Ausweisung, Verweigerung der Verlängerung des Titels, Entzug des Titels) auslöst.

Soziale Rechte sind jener Bereich, in dem die rechtliche Position von Drittstaatsangehörigen am stärksten von bilateralen Abkommen abhängig ist. Für die meisten Länder war aber eine vollständige Erhebung aller zwischenstaalichen Abkommen nicht möglich, daher wurden neben den allgemeinen gesetzlichen Regeln nur die Abkommen mit den drei wichtigsten (Nicht-EU-)Herkunftsländern, aus denen in den jeweils untersuchten Staaten die größten Gruppen ausländischer Staatsangehöriger kommen, betrachtet. Die sozialrechtlichen Regelungen, die somit auf unterschiedlichen Rechtsquellen beruhen (nationale sozialversicherungsrechtliche Vorschriften plus drei Abkommen mit den wichtigsten Entsendestaaten), wurden dann gemäß der Größe der jeweils betroffenen Herkunftsgruppen gewichtet. Diese aggregierten Ergebnisse sowie jene, die sich nur auf Basis der allgemeinen gesetzlichen Regelungen ergeben, sind in Tabelle 3 zusammengefasst.

Erwartungsgemäß sind auch in diesem Bereich die gemeinschaftsrechtlichen Regelungen für die EU-Angehörigen am günstigsten. Doch aufgrund der Tatsache, dass die Transferierbarkeit von Arbeitslosenversicherungsleistungen ins Ausland auf drei Monate begrenzt ist und der Export von Leistungen aus der Kranken- und Unfallversicherung keineswegs automatisch möglich ist, sondern von der Zustimmung der Sozialversicherungsträger abhängig gemacht werden kann, erreichen die gemeinschaftsrechtlichen Regelungen nicht in allen Bereichen die Bestwerte.

Die günstigsten Rechtspositionen gewähren auch hier die Niederlande. Dort existieren vergleichsweise sehr günstige nationale Regelungen im Bereich der Sozialversicherung und der Sozialleistungen – zwischenstaatliche Abkommen bringen daher nur mehr im Hinblick auf die Anrechnung von Arbeitslosenversicherungszeiten sowie auf die Mitversicherung im Ausland lebender Familienangehöriger in der Krankenversicherung Vorteile. Andere Länder, vor allem Belgien, Deutschland und auch Frankreich, verbessern die Rechtsposition für die größten Herkunftsgruppen und damit für die ausländische Wohnbevölkerung insgesamt im Abkommensweg erheblich, wobei sich die Verbesserungen primär auf den Bereich der Sozialversicherung beziehen. Auch in der Schweiz, die mit einer Fülle von Herkunftsländern bilaterale Abkommen abgeschlossen hat, kommt es durch zwischenstaatliche Abkommen zu einer Besserstellung für die Einwanderer aus den wichtigsten Herkunftsstaaten. Dennoch bleibt die Schweiz um einiges hinter den zuvor genannten Ländern zurück.

Tabelle 3: Soziale Rechte

	Gew.	B	D	F	NL	Ö	CH	UK	EU
Gesamt inkl. bilaterale Abkommen		**0,39**	**0,39**	**0,39**	**0,20**	**0,67**	**0,56**	**0,86**	**0,10**
Arbeitslosenvers.	**0,14**	0,58	0,86	0,45	0,28	0,84	0,49	1,00	0,05
Krankenvers.	**0,14**	0,40	0,23	0,81	0,23	0,70	0,93	0,92	0,17
Unfallversicherung	**0,14**	0,55	0,33	0,63	0,00	0,59	0,70	1,00	0,50
Alterspensionsvers.	**0,14**	0,41	0,21	0,07	0,25	0,61	0,40	0,67	0,00
Einkommensersatz (Sozialhilfe)	**0,14**	0,33	0,83	0,33	0,37	0,67	0,33	0,93	0,00
Wohnspezifische Leistungen	**0,14**	0,00	0,00	0,00	0,00	0,75	0,50	0,50	0,00
Kinder-/Familien-spez. Leistungen	**0,14**	0,41	0,27	0,44	0,31	0,56	0,59	1,00	0,00
Allgemeine Regeln – gesamt		**0,66**	**0,55**	**0,50**	**0,26**	**0,79**	**0,71**	**0,86**	**0,10**
Arbeitslosenvers.	**0,14**	0,89	0,95	0,45	0,55	0,95	0,50	1,00	0,05
Krankenvers.	**0,14**	1,00	0,54	1,00	0,33	0,79	1,00	0,92	0,17
Unfallversicherung	**0,14**	1,00	0,50	1,00	0,00	0,88	1,00	1,00	0,50
Alterspensionsvers.	**0,14**	0,75	0,65	0,25	0,25	0,95	0,88	0,67	0,00
Einkommensersatz (Sozialhilfe)	**0,14**	0,33	0,83	0,33	0,37	0,67	0,33	0,93	0,00
Wohnspezifische Leistungen	**0,14**	0,00	0,00	0,00	0,00	0,75	0,50	0,50	0,00
Kinder-/Familien-spez. Leistungen	**0,14**	0,63	0,38	0,50	0,31	0,56	0,75	1,00	0,00

Abkürzungen und Skala: siehe Tabelle 1

Österreich hat – und das ist ein besonderer Fall – 1996 die Sozialhilfeabkommen mit den wichtigsten Entsendestaaten gekündigt. Für im Ausland lebende Kinder ausländischer Staatsangehöriger sollte keine Kinderbeihilfe mehr bezahlt werden. Durch diesen Schritt wurden auch anderweitige sozialversicherungsrechtliche Besserstellungen rechtlich obsolet. Zwar wird von Seiten Österreichs beteuert, dass die diesbezüglichen Regelungen weiterhin angewendet werden; eine rechtliche Sicherheit für die Betroffenen gibt es aber nicht, da die zuständigen Stellen aufgrund fehlender rechtlicher Grundlagen nicht zur Anwendung der Regelungen gezwungen sind. In der Zwischenzeit wurden zwar mit den – im Hinblick auf ihren Anteil an der ausländischen Wohnbevölkerung – »kleineren« Nachfolgestaaten des ehemaligen Jugoslawien (Kroatien, Mazedonien, Slowenien) neue Abkommen abgeschlossen, nicht jedoch mit den Hauptentsendeländern Türkei und der Bundesrepublik Jugoslawien.

Schließlich ist noch auf den Sonderfall des Vereinigten Königreichs aufmerksam zu machen, wo mit den wichtigsten Herkunftsstaaten entweder überhaupt keine Abkommen existieren (Indien, Pakistan) oder diese Abkommen keine entscheidenden Verbesserungen bringen (USA). Dadurch bleibt das Vereinigte Königreich beim Abbau der Nachteile, die sich für ausländische Staatsangehörige im Bereich der sozialen Rechte ergeben, weit abgeschlagen an letzter Stelle.

Zivile und politische Rechte

Für die Zwecke des Index wurden die Bereiche zivile und politische Rechte zusammengefasst. Als Indikatoren für die zivilen Rechte wurden folgende Fragen gewählt: Ist der Grundrechtskatalog staatsangehörigkeitsneutral formuliert? Und wenn das der Fall ist: Sind die Rechte von AusländerInnen dennoch in besonderem Maße beschränkt? Und ist auch der allgemeine Gleichheitsgrundsatz staatsangehörigkeitsneutral formuliert? Unter dem Titel politische Rechte wurde der Zugang zum aktiven und passiven Wahlrecht zu allgemeinen Vertretungskörpern (national, regional und lokal) sowie zur betrieblichen Arbeitnehmervertretung (Betriebsräte) überprüft. Darüber hinaus wurde eine Subdimension inkludiert, die die Offenheit des öffentlichen Dienstes für ausländische Staatsangehörige abbilden soll: Gibt es einen allgemeinen Staatsbürgervorbehalt? Sind zumindest Ausnahmen im Einzelfall möglich, oder sind bestimmte Dienstverhältnisse für Nicht-Staatsangehörige grundsätzlich frei zugänglich?

Ein Grundrechtskatalog, der zwischen Staatsangehörigen und AusländerInnen überhaupt nicht unterscheidet, bildet in unserem Sample eher die Ausnahme. In Deutschland, in den Niederlanden, in Österreich und in der Schweiz sind einige der Grundrechte noch immer prinzipiell den eigenen Staatsangehörigen vorbehalten. Der allgemeine Gleichheitsgrundsatz ist hingegen nur in der Schweiz auf Staatsangehörige beschränkt, wenn auch in diesem Fall durch das allgemeine Willkürverbot die Bedeutung dieser Beschränkung gemildert wird. In allen Ländern (nicht aber im Gemeinschaftsrecht) können zudem die Rechte ausländischer Staatsangehöriger – und das auch trotz neutral formulierter Grundrechte – in besonderem Maße beschränkt werden.

Vom aktiven und passiven Wahlrecht bei den Wahlen zu den allgemeinen Vertretungskörpern sind Drittstaatsangehörige in vier der sieben Länder auf allen Ebenen ausgeschlossen. Sieht man von den Kantonen Jura (aktives Wahlrecht auf regionaler, aktives und passives Wahlrecht auf lokaler Ebene nach jeweils zehnjährigem Aufenthalt), Neuenburg (Wahlrecht auf lokaler Ebene nach fünf bis zehn Jahren) und Appenzell-Außerrhoden (Wahlrecht auf lokaler Ebene nach zehn Jahren möglich) ab – in diesen drei Kantonen leben lediglich rund 4 % aller ausländischen Staatsangehörigen[42] –, dann sind es sogar fünf von sieben Staaten. In den Niederlanden erhalten ausländische Staatsangehörige nach fünfjährigem Aufenthalt immerhin das aktive und passive Wahlrecht auf lokaler Ebene. Eine Sonderstellung nimmt in dieser Frage das Vereinigte Königreich ein, das Staatsangehörigen aus allen Ländern des Commonwealth (und auch aus Irland) das volle Wahlrecht auf allen Ebenen gewährt. Ca. 60 % aller ausländischen Staatsangehörigen aus Nicht-EU-Staaten sind daher im Vereinigten Königreich mit Blick auf die politischen Beteiligungsrechte britischen Staatsangehörigen vollkommen gleichgestellt. Und das Vereinigte Königreich geht damit auch weit über das für die EU-Angehörigen geltende Gemeinschaftsrecht hinaus. Dieses sieht lediglich das Wahlrecht auf lokaler Ebene vor; und selbst dieses Recht dürfen die Mitgliedstaaten beschränken, wenn es um die Wahl des Leiters, seines Stellvertreters oder von Mitgliedern des Exekutivorgans geht oder wenn es sich um Wahlen zu einer lokalen Vertretung mit legislativen Kompetenzen handelt.

Tabelle 4: Zivile und politische Rechte

	Gew.	B	D	F	NL	Ö	CH	UK	EU
Gesamt		**0,56**	**0,57**	**0,55**	**0,37**	**0,69**	**0,68**	**0,32**	**0,28**
Zivile Rechte	**0,50**	**0,33**	**0,50**	**0,33**	**0,42**	**0,50**	**0,67**	**0,33**	**0,00**
Politische Rechte: Wahlen	**0,25**	**0,67**	**0,67**	**0,67**	**0,50**	**0,83**	**0,66**	**0,27**	**0,50**
Allgemeine Vertretungskörper	**0,67**	1,00	1,00	1,00	0,75	1,00	1,00	0,40	0,75
Nationale Ebene	**0,17**	1,00	1,00	1,00	1,00	1,00	1,00	0,40	1,00
Regionale Ebene	**0,33**	1,00	1,00	1,00	1,00	1,00	1,00	0,40	1,00
Lokale Ebene	**0,50**	1,00	1,00	1,00	0,50	1,00	0,99	0,40	0,50
Betriebliche Arbeitnehmervertretung	**0,33**	0,00	0,00	0,00	0,00	0,50	0,00	0,00	0,00
Zugang zum öffentlichen Dienst	**0,25**	**0,93**	**0,60**	**0,85**	**0,15**	**0,93**	**0,73**	**0,34**	**0,60**

Abkürzungen und Skala: siehe Tabelle 1

Österreich hebt sich im Bereich der politischen Rechte von allen anderen Ländern dadurch ab, dass es als einziges Land ausländischen Staatsangehörigen aus Nicht-EU-Ländern auf der betrieblichen Ebene lediglich das aktive Wahlrecht zugesteht, sie jedoch von der Möglichkeit ausschließt, selbst in den Betriebsrat gewählt zu werden.

Zuletzt sei noch auf das Recht auf Zugang zum öffentlichen Dienst verwiesen. Mit Ausnahme der Niederlande sowie der ausländischen Staatsangehörigen im Vereinigten Königreich, die aus Commonwealth-Staaten stammen, gibt es in dieser Hinsicht in allen Staaten einen generellen Staatsbürgervorbehalt. Selbst das Europäische Gemeinschaftsrecht akzeptiert diesen Grundsatz. Frankreich und – mit Einschränkungen – Belgien sehen lediglich Ausnahmen vom Vorbehalt in Einzelfällen vor, während in Österreich solche Ausnahmen nur mit einem privatrechtlichen Vertrag (Vertragsbedienstete) möglich sind. Für Nicht-Commonwealth-Citizens im Vereinigten Königreich gibt es überhaupt keine Ausnahmen im Einzelfall. Deutschland und einige Kantone in der Schweiz hingegen öffnen bestimmte Tätigkeiten im öffentlichen Dienst generell für Nicht-Staatsangehörige. Und auch das Europäische Gemeinschaftsrecht geht einen ähnlichen Weg, indem es vorgibt, dass zumindest Jobs in der Daseinsvorsorge, im Gesundheitswesen, im Bildungs- und im Verkehrsbereich für EU-Angehörige zugänglich sein müssen.

Zugang zur Staatsbürgerschaft

Bei der rechtlichen Integration von ausländischen Staatsangehörigen schwankt die Liberalität bzw. Restriktivität westeuropäischer Länder nicht nur mit dem jeweils betrachteten Rechtsbereich, sie variiert auch innerhalb der einzelnen Integrationsdimensionen für unterschiedliche Personengruppen: ausländische ArbeitnehmerInnen, Familienangehörige von AusländerInnen oder von Staatsangehörigen sowie im Inland geborene Kinder mit ausländischer Staatsangehörigkeit stoßen jeweils in unterschiedlichem Ausmaß auf rechtliche Integrationsbarrieren. Die sich dadurch ergebenden Unterschiede sollen abschließend für den Bereich des Zugangs zur Staatsbürgerschaft demonstriert werden; die Werte für die unterschiedlichen Personengruppen sind in Tabelle 5 zusammengefasst. Anstatt des korrekten juridischen Begriffs »Erwerb der Staatsangehörigkeit« wurde der gebräuchliche Begriff »Einbürgerung« verwendet.

Die Eintragungen für zugewanderte Kinder und die zweite Generation in der *Schweiz* basieren auf Regeln des Kantons Zürich, da das Schweizer Bundesrecht diesbezüglich keine speziellen Regelungen vorsieht.

Zunächst ist eine methodische Anmerkung bezüglich der Vergleichbarkeit der berechneten Werte für die betrachteten Gruppen ausländischer Staatsangehöriger erforderlich: Bestimmte Zugangsvoraussetzungen sind für alle Gruppen bedeutsam (Sicherung des Lebensunterhalts, Unbescholtenheit, Sprachkenntnisse, die Möglichkeit der Doppelstaatsbürgerschaft etc.).

Tabelle 5: Erwerb der Staatsbürgerschaft – verschiedene Personengruppen[54]

	Gew.	B	D	F	NL	Ö	CH	UK
Erstpersonen		**0,43**	**0,52**	**0,45**	**0,40**	**0,64**	**0,63**	**0,60**
Zugangsbedingungen	**0,85**	**0,48**	**0,62**	**0,44**	**0,44**	**0,69**	**0,75**	**0,63**
Verlustgründe	**0,15**	**0,11**	**0,00**	**0,45**	**0,20**	**0,40**	**0,00**	**0,45**
Zugewanderte Kinder		**0,30**	**0,44**	**0,17**	**0,30**	**0,42**	**0,42**	**0,37**
Allgemeines	**0,15**	**1,00**	**0,67**	**0,39**	**0,67**	**0,44**	**0,56**	**0,67**
Zugangsbedingungen	**0,85**	**0,18**	**0,40**	**0,14**	**0,24**	**0,41**	**0,39**	**0,31**
Eigenständige Einbürgerung	0,50	0,31	0,37	0,22	0,33	0,50	0,35	0,34
Allgemeine Bedingungen	0,75	0,38	0,41	0,20	0,44	0,67	0,38	0,39
Spezielle Bedingungen	0,25	0,08	0,26	0,30	0,00	0,00	0,29	0,19
Miteinbürgerung	0,50	0,05	0,42	0,05	0,14	0,33	0,35	0,29
Allgemeine Bedingungen	0,75	0,00	0,46	0,00	0,03	0,34	0,38	0,27
Spezielle Bedingungen	0,25	0,19	0,29	0,19	0,48	0,29	0,29	0,37
Zweite Generation		**0,26**	**0,42**	**0,17**	**0,32**	**0,45**	**0,37**	**0,23**
Allgemeines	**0,15**	**0,67**	**0,67**	**0,39**	**0,67**	**0,44**	**0,56**	**0,67**
Zugangsbedingungen	**0,85**	**0,19**	**0,37**	**0,14**	**0,25**	**0,45**	**0,34**	**0,15**
Eigenständige Einbürgerung	0,67	0,27	0,36	0,19	0,33	0,53	0,38	0,20
Allgemeine Bedingungen	0,75	0,30	0,41	0,17	0,32	0,70	0,45	0,18
Spezielle Bedingungen	0,25	0,15	0,20	0,25	0,35	0,00	0,15	0,23
Miteinbürgerung	0,33	0,03	0,39	0,03	0,10	0,30	0,26	0,07
Allgemeine Bedingungen	0,75	0,00	0,46	0,00	0,03	0,34	0,28	0,00
Spezielle Bedingungen	0,25	0,13	0,19	0,13	0,32	0,19	0,19	0,30
EhepartnerInnen – Miteinbürgerung		**0,44**	**0,56**	**0,41**	**0,46**	**0,42**	**0,68**	**0,60**
Allgemeine Bedingungen	**0,80**	**0,51**	**0,56**	**0,47**	**0,45**	**0,39**	**0,65**	**0,63**
Spezielle Bedingungen	**0,20**	**0,17**	**0,56**	**0,17**	**0,50**	**0,56**	**0,83**	**0,50**
EhepartnerInnen Staatsangehöriger		**0,25**	**0,29**	**0,18**	**0,37**	**0,47**	**0,55**	**0,46**
Allgemeine Bedingungen	**0,85**	**0,28**	**0,27**	**0,20**	**0,35**	**0,39**	**0,56**	**0,54**
Spezielle Bedingungen	**0,15**	**0,08**	**0,42**	**0,06**	**0,50**	**0,94**	**0,50**	**0,00**

Abkürzungen und Skala: siehe Tabelle 1

Allgemeines

Kinder, 2. Generation:	a) Einbürgerung ohne Eltern während Minderjährigkeit möglich; b) Zustimmung der Eltern nötig bis x Jahre des Kindes; c) Zustimmung des Kindes nötig ab x Jahren.
Allgemeine Bedingungen:	Bedingungen, die auch bei Erstpersonen abgefragt werden;
Spezielle Bedingungen:	Sonderregelungen, je nach Personengruppe verschieden (Ehebestandsdauer, Dauer des Schulbesuches im Inland u. ä.).
Eigenständige Einbürgerung:	Einbürgerung ohne Eltern (bei Geburt im Inland oder danach).
Miteinbürgerung:	Einbürgerung gleichzeitig mit den Eltern bzw. dem/r EhepartnerIn.

Manche nationale Einbürgerungsvoraussetzungen sind aber nicht verallgemeinerungsfähig. So spielt beispielsweise eine Ehebestandsfrist nur bei einer begünstigten (Mit-)Einbürgerung von EhepartnerInnen eine Rolle. Ähnlich kommt die Bedingung einer gewissen im Inland absolvierten Schulzeit nur bei der Einbürgerung von Jugendlichen zum Tragen. Um dennoch die Vergleichbarkeit zu ermöglichen, wurden diese Sonderbestimmungen als »spezielle Bedingungen« und jene Zugangsvoraussetzungen, die generell erfüllt sein müssen, unter dem Titel »allgemeine Bedingungen« getrennt zusammengefasst.

Bezüglich der Einbürgerungsbedingungen für »Erstpersonen«, d. h. also Einbürgerungswillige, die in der Regel die allgemeinen Voraussetzungen erfüllen müssen, sind Deutschland, Österreich und die Schweiz ganz eindeutig jene Länder, die die höchsten Anforderungen stellen. Innerhalb dieser Gruppe sind die Werte jedoch für Deutschland günstiger, da es dort nach einem Aufenthalt von 15 Jahren einen Rechtsanspruch auf den Erwerb der deutschen Staatsangehörigkeit gibt. Die Voraussetzungen für diese Anspruchseinbürgerung sind zudem weniger streng: Die Betroffenen müssen keine Sprachkenntnisse nachweisen und auch nicht, dass sie »kulturell integriert« sind.[43] Zwar gibt es seit Jänner 1999 auch in Österreich einen Rechtsanspruch auf die Einbürgerung nach einem Aufenthalt von 15 Jahren. Im Unterschied zu Deutschland müssen Einbürgerungswillige jedoch nachweisen, dass sie in beruflicher und persönlicher Hinsicht »nachhaltig integriert« sind.[44] Erst nach einem Aufenthalt von 30 Jahren – auch dann gibt es einen Einbürgerungsanspruch – reicht es aus, wenn die allgemeinen Einbürgerungsvoraussetzungen vorliegen.

Es mag überraschen, dass der Indexwert für den Zugang zur britischen Staatsangehörigkeit nahezu gleich hoch ausfällt wie der Wert für Deutschland, obwohl im Vereinigten Königreich die Einbürgerung nach einem fünfjährigen Aufenthalt erfolgen kann. Das ist darauf zurückzuführen, dass weitere Einbürgerungsvoraussetzungen die Bedeutung der vergleichsweise kurzen Wartefrist deutlich relativieren. So setzt die Verleihung der britischen Staatsbürgerschaft etwa den Besitz eines unbefristeten Aufenthaltsrechts voraus; außerdem müssen die Betroffenen einen »guten Charakter« haben – eine Eigenschaft, die zwar nicht näher präzisiert wird, jedenfalls aber mehr als nur Straffreiheit voraussetzt.[45]

Betrachtet man die Gesamtwerte für die Einbürgerung von Erstpersonen – einschließlich allfälliger Gründe, die für Eingebürgerte nachträglich zum Entzug der Staatsbürgerschaft führen können[46] –, so hebt sich Deutschland von Großbritannien und vor allem auch noch von Österreich ab. In Deutschland gibt es nämlich keine Regelungen, die – spezifisch für eingebürgerte Personen – den Entzug der deutschen Staatsangehörigkeit vorsehen (z. B. Gefährdung der nationalen Sicherheit oder fehlender Nachweis der Entlassung aus der früheren Staatsangehörigkeit). Die besten Gesamtwerte für die Einbürgerung dieser Personengruppe schließlich haben die Niederlande, Belgien und Frankreich, doch auch sie sind relativ hoch (zwischen 0,40 und 0,45). Dieses Resultat ist bedingt durch das Fehlen eines Rechtsanspruchs auf die Verleihung der jeweiligen Staatsbürgerschaft.

Wenn man die Regelungen für die Einbürgerung zugewanderter Kinder analysiert, bleiben die Positionen der Länder in etwa die gleichen. Dabei rücken Deutschland, Österreich, die Schweiz und das Vereinigte Königreich näher an Belgien und die Niederlande heran, umgekehrt setzt sich Frankreich mit den liberalsten Einbürgerungsregelungen für zugewanderte Kinder eindeutig von Belgien und den Niederlanden ab. Bei den im Ausland geborenen und später zugewanderten Kindern wurde zwischen zwei Möglichkeiten des Zugangs zur Staatsbürgerschaft differenziert. Im ersten Fall geht es um die eigenständige, d. h. von der Einbürgerung der Eltern unabhängige Verleihung der Staatsbürgerschaft. Mit Ausnahme der Niederlande erfolgt die eigenständige Einbürgerung von zugewanderten Kindern unter erleichterten Bedingungen. Freilich kommen aber in den Niederlanden bei Erreichen der Volljährigkeit die allgemeinen und durchaus liberalen Einbürgerungsregelungen zum Tragen. Daher nehmen bei der eigenständigen Einbürgerung von zugewanderten Kindern insgesamt wieder Deutschland, Österreich, die Schweiz und das Vereinigte Königreich die letzten vier Positionen ein. Im zweiten Fall geht es um die Miteinbürgerung von Kindern gemeinsam mit zumindest einem Elternteil. Die Indexwerte für die Mit- bzw. Erstreckungseinbürgerung von zugewanderten Kindern trennen Belgien, Frankreich und die Niederlande (Werte zwischen 0,05 bis 0,14) ganz klar von den restlichen untersuchten Ländern (0,29 bis 0,42).

Eine bemerkenswerte Verschiebung ergibt sich aber, wenn man die Regelungen bezüglich im Inland geborener Kinder betrachtet (der sog. zweiten Generation). Durch die Anwendung von Elementen des *Ius Soli* – wenn auch jeweils in unterschiedlicher Form – weisen der Reihe nach Frankreich, das Vereinigte Königreich und Belgien die niedrigsten Indexwerte auf. In diesen Ländern sind die rechtlichen Barrieren beim Zugang zur Staatsbürgerschaft für die zweite Generation besonders niedrig. Die Abstände in den Gesamtwerten ergeben sich vor allem durch unterschiedliche Altersgrenzen für die Zustimmung zur Einbürgerung (im Staatsangehörigkeitsrecht werden Jugendliche in Frankreich bereits mit 16 handlungsfähig, im Vereinigten Königreich und in Belgien erst mit 18) und für Belgien auch noch durch zusätzliche ökonomische Bedingungen sowie striktere Unbescholtenheitskriterien für die Optionseinbürgerung zwischen dem 18. und 24. Lebensjahr. Deutschland, Österreich und die Schweiz schließlich liegen als jene Länder, in denen sich Ideen des *Ius Soli* am wenigsten bzw. gar nicht durchgesetzt haben, insgesamt am schlechtesten.

Dass die rechtlichen Barrieren beim Zugang zur Staatsbürgerschaft unterschiedlich sind, je nachdem welche Personengruppe man im Auge hat, wird abschließend auch noch durch einen Blick auf die Einbürgerungsregelungen für die EhepartnerInnen von ausländischen und eigenen Staatsangehörigen bestätigt. Zwar sind für Frankreich in beiden Fällen die Werte wiederum am günstigsten. Doch nehmen Deutschland und Österreich jeweils für eine der beiden Personengruppen unerwartete Positionen ein: Österreich setzt sich bei der Miteinbürgerung der EhepartnerInnen von der Schweiz, Deutschland und dem Vereinigten Königreich dadurch klar ab, dass es bei der Erfüllung der – sonst allerdings unveränderten allgemeinen – Bedingungen wie kein anderes Land einen Rechtsanspruch auf die Erstreckung der Einbürgerung vorsieht. Und Deutschland verbessert seine Position gegenüber Österreich und der Schweiz, weil die Einbürgerung für die ausländischen EhepartnerInnen deutscher Staatsangehöriger an weniger Voraussetzungen gebunden ist, und gegenüber der Schweiz auch noch dadurch, dass in diesem Fall ein Rechtsanspruch auf den Erwerb der deutschen Staatsangehörigkeit besteht.

Schlussfolgerungen

Der von uns untersuchte Themenbereich stand in den letzten Jahren immer wieder im Mittelpunkt akademischer Kontroversen. Manche ExpertInnen vertreten dabei die Meinung, dass die westeuropäischen Länder mit Blick auf die jeweiligen »Vorlieben« bei der rechtlichen Integration von Einwanderern eindeutig in mehrere Gruppen eingeteilt werden können. So argumentieren beispielsweise Stephen Castles und Mark Miller, dass ein Teil der von uns untersuchten Staaten eine »exklusionistische« Politik (Belgien, Deutschland, die Schweiz) verfolgen. Diese Politik zeichne sich durch die Verweigerung von Aufenthaltssicherheit und eine restriktive Vorgangsweise bezüglich des Familiennachzugs und der Verleihung der Staatsbürgerschaft aus. Vor allem herrsche aber die Überzeugung vor, kein Einwanderungsland zu sein.[47] Vielmehr werde das traditionelle »Gastarbeiterregime« fortgeschrieben. Häufig wird auch Österreich als ein Aufnahmeland betrachtet, für das der exklusionistische Ansatz kennzeichnend sei.

Ein zweiter Ansatz im Umgang mit der dauerhaften Anwesenheit ausländischer Staatsangehöriger ergibt sich nach Castles und Miller aus einer Mischung von imperialen und republikanischen Traditionen. Früher auch für Großbritannien und die Niederlande charakteristisch, verfolge mittlerweile nur noch Frankreich den »republikanischen« Ansatz: Einwanderer – und vor allem ihre Nachkommen – werden von Beginn an als potentielle neue BürgerInnen betrachtet. Dafür sei aber die Erwartung der kulturellen Assimilation stark ausgeprägt.[48]

Die dritte Gruppe von Staaten zeichne schließlich die rasche rechtliche Integration durch die Verleihung der Staatsbürgerschaft aus, ohne dass die Einwanderer-Gruppen in weiterer Folge ihre kulturellen Bindungen aufgeben müssten. Diesem Modell einer »multikulturellen« Integrationspolitik sind nach Castles/Miller vor allem die »klassischen« Einwanderungsländer Kanada und Australien sowie Schweden und die Niederlande verpflichtet.

Im Gegensatz dazu vertreten andere MigrationsforscherInnen die Ansicht, dass die rechtliche Unterscheidung zwischen AusländerInnen und InländerInnen in westeuropäischen Aufnahmeländern kaum mehr eine Rolle spielt. Seit den 70er Jahren hätten sich – so etwa Saskia Sassen – nicht nur die einwanderungspolitischen Bestimmungen, sondern auch die staatlichen Reaktionen auf die dauerhafte Niederlassung von ausländischen Arbeitskräften und ihrer Familienangehörigen immer mehr angeglichen:

»Fast alle Länder haben mittlerweile die gesetzlichen Rechte der eingewanderten Bevölkerung erweitert und Mittel für Unterkünfte und Ausbildung bereitgestellt, die ihre Integration fördern sollen. Dieser Angleichungsprozess erfolgte trotz aller nationalen Unterschiede bei der Einwanderungs- und Kolonialgeschichte, der Asylpolitik und der Haltung gegenüber verschiedenen Teilen der Immigranten- und Flüchtlingspopulationen«.[49]

Noch ausdrücklicher wird dieser Blickwinkel von Yasemin Soysal vertreten. Ihrer Ansicht nach hinkt die soziologische Migrationsforschung den realen Entwicklungen hinterher, zumal nationalstaatliche Grenzziehungen zwischen Zugehörigen und »Fremden«, die sich in rechtlichen Unterscheidungen manifestieren, kaum mehr eine Rolle spielen würden.[50] Vielmehr sei eine neue Form der Zugehörigkeit entstanden, die als »post-national membership« bezeichnet wird. Im Gegensatz zum traditionellen Prinzip der nationalen Mitgliedschaft, deren Ausdruck nicht zuletzt der Besitz einer bestimmten Staatsbürgerschaft und der damit verbundenen »Privilegien« ist, gibt heute – so Soysal – bei der Verteilung von Bürgerrechten die Zugehörigkeit zum »universal personhood« den Ausschlag. Globale Diskurse über die Menschenrechte zum einen und internationale Konventionen zum anderen hätten schließlich dazu geführt, dass ausländische Staatsangehörige nur noch in symbolischer Hinsicht »Fremde« sind, nicht jedoch mit Blick auf ihre Rechtsstellung. Kurz: Nicht der Besitz einer Staatsbürgerschaft, sondern der Wohnsitz entscheidet in dieser Perspektive über den Zugang zu Bürgerrechten.

In welchen Argumentationsstrang reihen sich nun die »Befunde« unserer Studie ein? Vor allem ist hier festzuhalten, dass unsere Forschungsergebnisse nur teilweise im Einklang mit den hier in aller Kürze dargestellten, einander widersprechenden Behauptungen stehen. Das betrifft die Positionierung der westeuropäischen Aufnahmeländer auf einem Kontinuum, an dessen einem Ende das traditionelle Rotationsprinzip und am anderen Ende das Prinzip des sogenannten Multikulturalismus steht. Das gilt aber auch für das post-nationale Paradigma, dem zufolge westeuropäische Aufnahmeländer nicht länger und nicht in nennenswertem Ausmaß zwischen in- und ausländischen Staatsangehörigen unterscheiden. Die Übereinstimmungen und Abweichungen unserer Forschungsergebnisse mit diesen beiden Argumentationssträngen sollen abschließend erläutert werden:

1. Für alle sieben untersuchten Staaten bestätigt unser Vergleich die Existenz eines relativ sicheren und mit weitreichenden Rechten ausgestatteten Rechtsstatus ausländischer Staatsangehöriger, für den Tomas Hammar den Begriff »denizenship« geprägt hat.[51] Für den Erwerb dieses Status wird der Wohnsitz im Inland – im Gegensatz zum Kriterium der Staatsangehörigkeit – als maßgebliches Kriterium betrachtet. In der Regel hängt der Erwerb eines solchen Status allerdings nicht bloß davon ab, dass eine längere Dauer des Aufenthaltes vorliegt. Ausländische Staatsangehörige müssen darüber hinaus eine Reihe von weiteren Bedingungen erfüllen (Nachweis eines gesicherten Unterhalts, Nachweis von Wohnraum, ausreichende Beschäftigungszeiten etc.). Gleichzeitig verdeutlichen aber unsere Untersuchungsergebnisse, die hier anhand des Index präsentiert wurden, dass die Zugangsbedingungen zu einem sicheren Rechtsstatus, die »Qualität« dieses Status und dessen Dauerhaftigkeit – vor allem gemessen an dem Risiko, das Recht auf weiteren Aufenthalt zu verlieren – sehr unterschiedlich beschaffen sind.

2. Der Rechtsvergleich bestätigt aber auch nur bedingt den bereits weiter oben angesprochenen Versuch der Typologisierung europäischer Staaten im Hinblick auf ihre Politik gegenüber Einwanderern. In der Regel werden Deutschland, Österreich und die Schweiz als ausschließende Systeme im Hinblick auf die Gewährung von Rechten an zugewanderte Bevölkerungsgruppen charakterisiert. Unsere Untersuchungsergebnisse zeigen, dass dieses Gruppierung der Länder nicht in allen Rechtsbereichen gilt. Allgemeiner gesagt: Die Rangreihe der Liberalität bzw. Restriktivität der betrachteten (de facto) Einwanderungsländer variiert, je nachdem, welcher Bereich der rechtlichen Integration betrachtet wird. So ist die Mehrheit der untersuchten Länder bezüglich der Gewährung von politischen Beteiligungsrechten an ausländische Staatsangehörige in vergleichbarem Ausmaß ausschließend. Umgekehrt ist die Annahme, dass Österreich, Deutschland und die Schweiz bei der rechtlichen Integration von Einwanderern im selben Ausmaß restriktiv sind, zumindest teilweise zu relativieren: Das in Österreich im Jänner 1998 in Kraft getretene Fremdengesetz 1997 trägt – das wird auch im europäischen Vergleich deutlich – dem Prinzip der Integration in rechtlicher Hinsicht Rechnung. Das Ausmaß der Aufenthaltssicherheit nimmt nach einem achtjährigen Aufenthalt beträchtlich zu, und Angehörige der zweiten Generation sind mittlerwei-

le vor Ausweisung besonders geschützt. Im Bereich des Aufenthaltsrechts kann für Österreich also nicht ohne weiteres von einer Fortsetzung der sogenannten Gastarbeiterpolitik gesprochen werden. Doch in allen anderen Bereichen hinken die rechtlichen Vorschriften integrationspolitischen Grundsätzen nach, die sich nicht zuletzt aus den einschlägigen internationalen Konventionen ableiten lassen. Das gilt für beschäftigungsrechtliche Regelungen ebenso wie für alle anderen untersuchten Rechtsbereiche. Für Deutschland lässt sich umgekehrt festhalten, dass die beschäftigungs- und sozialrechtlichen Integrationsbarrieren sowohl im Vergleich zu Österreich als auch der Schweiz vergleichsweise niedriger sind. Dessen ungeachtet verbindet diese drei Staaten eines: Mit Blick auf die rechtliche Gleichstellung von Einwanderern und ihren Nachkommen durch Einbürgerung verfolgen Österreich, Deutschland und die Schweiz im Vergleich zu den anderen untersuchten Ländern durchaus einen restriktiven Ansatz.

3. Ein nicht zu vernachlässigender Faktor bei der Bewertung der Länder mit Blick auf die rechtliche Integration ist auch, dass einige Länder – ganz abgesehen von dem in den sechs EU-Ländern geltenden Gemeinschaftsrecht – für bestimmte Herkunftsgruppen, vielfach für solche Länder, mit denen historisch-koloniale Beziehungen bestehen, Sonderregelungen erlassen haben. Das gilt etwa für das Vereinigte Königreich im Bereich der Gewährleistung uneingeschränkter politischer Beteiligungsrechte für Angehörige von Commonwealth-Staaten. In anderen Fällen ergeben sich rechtliche »Privilegien« aus bilateralen Vereinbarungen mit bestimmten Entsendeländern. Es kann dann dazu kommen, dass für einen großen oder zumindest nicht unerheblichen Teil der ausländischen Wohnbevölkerung günstigere Rechtsregeln gelten als für den Rest. So setzt etwa der Erwerb einer Niederlassungsbewilligung in der Schweiz zwar generell einen zehnjährigen Aufenthalt voraus – und diese Wartefrist ist doppelt so lang wie in der Mehrheit der untersuchten Länder –, doch eine Reihe von zwischenstaatlichen Niederlassungsvereinbarungen reduzieren diese Wartefrist auf fünf Jahre.[52] Und wenn man die Größe der jeweiligen Herkunftsgruppen, für die jeweils Sonderregelungen gelten, in die Bewertung mit einfließen lässt, wie dies im Zuge der Berechnung der Indexwerte geschehen ist, dann kann sich die Positionierung des betreffenden Landes im Verhältnis zu anderen Ländern oftmals beträchtlich verändern.

Mit Blick auf die Gemeinsamkeiten und Unterschiede bei der rechtlichen Integration von Einwanderern in westeuropäischen Staaten lässt sich zusammenfassend festhalten: Die nationalen Rechtsordnungen der untersuchten Staaten sehen für ausländische Staatsangehörige mit längerem Aufenthalt mittlerweile ohne Ausnahme eine Verbesserung des Rechtsstatus vor. Insoweit lässt sich im Bereich der rechtlichen Integration ein gemeinsames Muster identifizieren. Das bedeutet allerdings nicht, dass die integrationspolitischen Unterschiede zwischen westeuropäischen Aufnahmeländern gänzlich verschwunden wären. Die Untersuchungsergebnisse verdeutlichen vielmehr, dass westeuropäische Aufnahmeländer in unterschiedlichem Ausmaß bereit sind, aufenthalts-, beschäftigungs- und sozialrechtliche Integrationsbarrieren zu beseitigen. In Österreich hält sich diese Bereitschaft, abgesehen vom Bereich des Aufenthaltsrechts, in deutlichen Grenzen. Mit Blick auf den Zugang zur Staatsbürgerschaft trifft das auch auf Deutschland und die Schweiz zu. Darin unterscheiden sich die ehemaligen »Gastarbeiter-Länder« von den restlichen untersuchten Staaten nach wie vor.

Schließlich zeigt der »privilegierte« Rechtsstatus von EU-Angehörigen, dass das »post-nationale« Zeitalter, in dem die Staatsangehörigkeit keine Rolle spielen sollte, noch in einiger Entfernung liegt. Bisher wurde nicht einmal durch das Gemeinschaftsrecht die rechtliche Stellung von EU-Angehörigen vollkommen jener der Staatsangehörigen angeglichen, selbst in jenem Bereich nicht, in dem man dies stark vermutet hätte, nämlich im Bereich des Aufenthaltsrechtes. Dessen ungeachtet steht fest, dass sich EU-Angehörige, die sich in einem anderen Mitgliedstaat als Arbeitskräfte aufhalten, im Vergleich zu Drittstaatsangehörigen im selben Land in einer beträchtlich günstigeren Position befinden. Ob es künftig zu einer Gleichstellung dauerhaft niedergelassener Drittstaatsangehöriger mit EU-Angehörigen kommen wird, wird sich erst nach dem Inkrafttreten des Vertrags von Amsterdam zeigen.

Anmerkungen

Der Beitrag beruht auf den Zwischenergebnissen eines Forschungsprojektes, das in Zusammenarbeit zwischen dem Europäischen Zentrum für Wohlfahrtspolitik und Sozialforschung sowie dem Institut für Höhere Studien durchgeführt wird. Die endgültigen Ergebnisse werden in Buchform im Campus-Verlag publiziert. Abgesehen von den VerfasserInnen dieses Beitrags haben an dem Forschungsprojekt folgende Personen mitgearbeitet: Rainer Bauböck, Christoph Hofinger, Peter Slominski sowie Kees Groenendijk von der Universität Nijmegen.

1 Vgl. Artikel 63 (ex-Artikel 73k) EG-Vertrag in der Fassung des Amsterdamer Vertrags; vgl. auch Thun-Hohenstein 1997, 34.
2 Vgl. Klein 1998, 25; OECD 1998, 32.
3 Vgl. Hoffman/Even 1984, 93.
4 Es sei an dieser Stelle auch einigen Fachleuten gedankt, die im Zuge der Entwicklung des Index – mehr oder weniger ausführlich – wertvolle Ratschläge und Kritiken gegeben haben: Prof. Kees Groenendijk (University of Nijmegen), Prof. Arend Lijphart (University of California, San Diego), Prof. Dietrich Thränhardt (Universität Münster) sowie einem anonymen Autor eines Artikels, der in der Nummer 1/1997 der Zeitschrift New Community erschienen ist (Waldrauch/Hofinger 1997) und eine frühere Version des Index beschreibt.
5 Bis auf die Frage des Familiennachzugs wurde die Regulierung der Neuzuwanderung ausgeklammert.
6 Wichtige methodische Fragen müssen im Folgenden ausgespart bleiben: die temporale und geographische Offenheit des Index; die Frage der genauen Struktur der einzelnen betrachteten Rechtsbereiche; die Standardisierung der gemessenen Zeitindikatoren sowie die spezifischen Überlegungen bezüglich der Auswahl und Gewichtung der Indikatoren.

7 Nur im Staatsbürgerschaftsrecht wurden solche Beschränkungen (z. B. eingeschränkte soziale oder politische Rechte nach der Einbürgerung) außer Acht gelassen, da sie einerseits sehr selten vorkommen und andererseits für die meisten Eingebürgerten irrelevante Fragen betreffen (z. B. das Verbot, für das Präsidentenamt zu kandidieren).

8 Die titelunabhängige Aufenthaltsverfestigung besteht auch darin, dass die jeweils maßgeblichen Gesetze Kriterien vorgeben (wie z. B. die Aufenthaltsdauer der betreffenden Person, ihre familiären Bindungen, die Integration in den Arbeitsmarkt u. a.), die die vollziehenden Behörden bei etwaigen aufenthaltsbeendenden Maßnahmen im Rahmen ihres Ermessens *jederzeit* zu berücksichtigen haben. Die Behörde kann aber hierbei noch immer zum Schluss kommen, dass eine Aufenthaltsbeendigung möglich ist, während durch die Festlegung von Zeitgrenzen das behördliche Ermessen ausgeschaltet wird.

9 Hier ein paar Beispiele (Rechtsbereich in Klammern): das Nicht-Vorhandensein bevorzugter Arbeitskräfte bei der Besetzung eines Arbeitsplatzes (Arbeitsmarktzugang), Sprachkenntnisse und sonstige »kulturelle« Integrationsleistungen (Einbürgerung), Ehebestandsfristen (Familiennachzug, Einbürgerung aufgrund der Ehe mit Staatsangehörigen) oder Altersgrenzen, die für minderjährige Kinder in vielen Bereichen eine Rolle spielen.

10 Alle übrigen Indikatoren bekamen zunächst als Standardgewicht den gleichen Anteil am Rest der zu vergebenden Gewichte. Indikatoren, die direkt (Altersgrenzen, Ehedauer, Beschäftigungs- oder Schulbesuchszeiten u. ä.) oder indirekt (Niederlassungsbewilligung als Zugangsbedingung) die Wirkung von Wartefristen haben, wurden in einem nächsten Schritt höher gewichtet. Tendenziell schwächer dagegen wurden Indikatoren gewichtet, die den Nichtverstoß gegen Gesetze, vor allem gegen strafrechtliche Regeln, verlangen. Im Einzelfall hing die Vergabe der Gewichte aber davon ab, in welcher Kombination die jeweiligen Indikatoren auftraten.

11 Am schlagendsten wird das Risiko, einen erworbenen Status zu verlieren, im Bereich des Aufenthaltsrechts, während es im Beschäftigungs- und im Staatsbürgerschaftsrecht weit weniger Gründe für den Verlust erworbener Rechtspositionen gibt.

12 Wenn in diesem Artikel von einer Niederlassungsbewilligung die Rede ist, dann ist hiermit jener Titel gemeint, den die Staaten als besten Status für bereits seit längerem ansässige ausländische Staatsangehörige vorsehen.

13 Vgl. Körner 1990, 64. Zur historischen Entwicklung der Arbeitsmigration in und nach Europa vgl. auch Castles/Miller 1993; Collinson 1993; Fassmann/Münz 1996; Sassen 1997.

14 Vgl. Castles/Miller 1993, 68; Fassmann/Münz 1996, 22.

15 Vgl. Migration for Employment Convention (Revised), 1949 (im folgenden: ILO C97).

16 Vgl. Artikel 3 ILO C97.

17 Vgl. Artikel 6 ILO C97.

18 Vgl. Artikel 8 ILO C97.

19 Vgl. Artikel 10 ILO C143.

20 Vgl. dazu das Europäische Fürsorgeabkommen 1953, das Europäische Niederlassungsabkommen 1955, die Europäische Sozialcharta 1961, das Europäische Abkommen über soziale Sicherheit, das Europäische Wanderarbeitnehmerabkommen 1977.

21 Vgl. Artikel 42 (2) und (3) der International Convention on the Protection of the Rights of All Migrant Workers and Members of Their Families, Resolution 45/158.

22 Vgl. Artikel 1 der European Convention on the Legal Status of Migrant Workers 1977. Lediglich Frankreich, Italien, die Niederlande, Norwegen, Portugal, Schweden, Spanien und die Türkei haben die Konvention ratifiziert.

23 Vgl. Davy, 1996.
24 Vgl. Mitteilung der Kommission an den Rat und das Europäische Parlament zum Thema Einwanderung, SEK (91) 1855.
25 Ebenda.
26 Vgl. Communication from the Commission to the Council and the European Parliament, COM(94) 23.
27 Ebenda, Punkt 132.
28 Vgl. etwa die Entschließung des Europäischen Parlaments vom 27. Oktober 1994 zu Rassismus, Ausländerfeindlichkeit und Antisemitismus, in: Amtsblatt der Europäischen Gemeinschaften C 323/1994.
Für weitere Entschließungen des Europäischen Parlaments zum selben Themenbereich vgl. Europäische Kommission (1997).
29 Vgl. die Entschließung des Rates vom 4. März 1996 über die Rechtsstellung von Staatsangehörigen dritter Länder, die im Hoheitsgebiet der Mitgliedstaaten auf Dauer aufhältig sind, in: Amtsblatt der Europäischen Gemeinschaften C 80/1996.
30 Vgl. Peers 1998, 151.
31 Ebenda.
32 Convention on Rules for the Admission of Third-Country Nationals to the Member States of the European Union, COM(97) 387 endg., Punkt I (im folgenden: Convention on Admission).
33 Vgl. Artikel 30 Convention on Admission.
34 Voraussetzung dafür ist, dass der betreffende Arbeitsplatz weder durch EU-Angehörige noch durch Drittstaatsangehörige, die sich in dem jeweiligen Mitgliedstaat legal aufhalten, besetzt werden kann.
Vgl. Artikel 31 und 7 Convention on Admission.
35 Vgl. Migration News Sheet 1998, 2.
36 Die Ergebnisse für die Rechtsbereiche Familiennachzug sowie Aufenthalt und Arbeitsmarktzugang von Familienangehörigen werden ausgespart.
37 Ob dies tatsächlich im Einzelfall zulässig ist, ist eine andere Frage, da im Rahmen des behördlichen Ermessens, wie bereits weiter oben angesprochen, in der Regel auf die persönlichen und familiären Bindungen, die bisherige Aufenthaltsdauer u. ä. Rücksicht zu nehmen ist. Was hier zählt, ist die Frage, ob die behördliche Ermessensausübung ausgeschaltet wird, weil bestimmte Tatbestände für Personen mit einer Niederlassungsbewilligung mit Blick auf den Verlust des Rechts auf den weiteren Aufenthalt ausscheiden.
38 Vgl. Rath-Kathrein 1997.
39 Dabei ist immer zu beachten, dass die Endwerte auf sehr unterschiedliche Weise zustande kommen, was auch an den Detailergebnissen sichtbar wird (vgl. Tabelle 1).
40 Vgl. Schnorr 1998, 126.
41 Bei den sozialen Rechten geht es nicht nur um die bloße Gleichstellung ausländischer Staatsangehöriger, sondern auch darum, ob auf die speziellen Probleme und Bedürfnisse von Einwanderern als Personen mit Interessen in mehreren Staaten Rücksicht genommen wird, wie vor allem die Anrechnung von im Ausland erworbenen Sozialversicherungszeiten, die Möglichkeit des Exports von Versicherungsleistungen und die Berücksichtigung im Ausland lebender Familienangehöriger bei der Gewährung von Sozialleistungen (z. B. Kindergeld, Familienzuschläge etc.). Diese Überlegung ist auch im Staatsbürgerschaftsrecht von Bedeutung, nämlich bezüglich der Möglichkeit des Beibehaltens der bisherigen Staatsbürgerschaft.
42 Vgl. Die Ausländer in der Schweiz. Statistischer Bericht 2A, herausgegeben vom Bundesamt für Ausländerfragen, Dezember 1997.
43 Vgl. Hailbronner/Renner 1998, 505 ff.

44 Vgl. § 12 Abs. 1b Bundesgesetz, mit dem das Staatsbürgerschaftsgesetz 1985 geändert wird, BGBl. I 124/1998.
45 Vgl. Macdonald/Blake 1995, 139 f.
46 Für alle anderen Personengruppen wurden allfällige Gründe, die nachträglich zum Entzug der Staatsbürgerschaft führen können, aus der Analyse ausgespart.
47 Vgl. Castles/Miller 1993, 223.
48 Ebenda, 224.
49 Vgl. Sassen 1997, 134.
50 Vgl. Soysal 1994.
51 Vgl. Hammar 1990.
52 Vgl. Gutzwiller/Baumgartner 1997, 28 f.
53 In allen Tabellen umfasst die Bezeichnung »Verlustgründe« den Entzug, das automatische Außerkrafttreten oder das Erlöschen eines Titels. Die Ausweisung, die nur mittelbar zum Verlust des Rechts auf weiteren rechtmäßigen Aufenthalt führt, wird in der Tabelle 1 ebenfalls als ein Verlustgrund bezeichnet.
54 Für das Vereinigte Königreich wurden lediglich die jeweils allgemeinen gesetzlichen Regeln herangezogen und die diversen Sonderregelungen für Staatsangehörige aus ehemaligen Kolonien ausgespart. Der Grund dafür war, dass nicht nachvollzogen werden konnte, wie groß der Personenkreis ist, der von den jeweiligen Regelungen profitieren könnte. Zudem war es nicht möglich, diese Bestimmungen aufgrund ihrer Spezifität mit denen in anderen Ländern auf einer allgemeinen Ebene vergleichbar zu machen.

»Ethnische« Ökonomien

Integration versus Segregation im Kontext der wirtschaftlichen Selbständigkeit von MigrantInnen

Regina Haberfellner
Martina Böse

Die Geschichte des Herrn Kemer, Unternehmer in Wien[1]

In der Nähe des Brunnenmarktes im 16. Wiener Bezirk betreibt Herr Kemer seit Beginn der 90er Jahre ein kleines Lokal. Nach 17 Jahren Hilfs- und Lagerarbeit in verschiedenen Fabriken hatte er, 35 Jahre alt, erste gesundheitliche Probleme bekommen. Mit Sorge hatte er die Entwicklungen am Arbeitsmarkt beobachtet und musste befürchten, in absehbarer Zeit nicht mehr konkurrenzfähig zu sein. Seine Arbeitssituation würde er wohl kaum noch verbessern können, Aufstiegschancen hatten sich in all den Jahren nicht ergeben. Dabei hatte er doch für eine Familie zu sorgen.

Ein Freund hatte Herrn Kemer schließlich dazu ermuntert, ein eigenes Geschäft aufzumachen, und als sein Schwager sich auch daran interessiert zeigte, war der Entschluss rasch gefasst. Stellte sich nur noch die Frage des »Wie« und des »Wo«. Letzteres ergab sich zufällig: In der Nähe seiner Wohnung stand ein Geschäft leer, das zu vermieten war. Ein türkisches Kaffeehaus sollte es werden, denn sein Schwager hatte bereits mehrfach in der Gastronomie ausgeholfen und somit Erfahrung. Außerdem hatte Herr Kemer einen großen Bekanntenkreis und auch bemerkt, dass immer mehr türkische Landsleute in der Gegend wohnten. Er konnte also mit viel Kundschaft rechnen.

In Gesprächen mit Bekannten und Verwandten hatte sich rasch herausgestellt, dass Herr Kemer und sein Schwager eine GmbH[2] gründen und einen Konzessionsinhaber finden müssen. Durch die Vermittlung von Bekannten wurde bald Kontakt zu einem Konzessionär geknüpft, der für 5.000,– Schilling im Monat bereit war, die gewerberechtliche Geschäftsführung zu übernehmen. Ein anderer Bekannter hatte ihm einen Notar genannt, bei dem er den Gesellschaftsvertrag aufsetzen ließ. Einen kleinen Teil des notwendigen Startkapitals von fünfhunderttausend Schilling konnten Herr Kemer und sein Schwager aus eigenen Ersparnissen aufbringen, den größten Teil mussten sie sich jedoch von ihren Familien und einigen Bekannten borgen, ein Kredit schien ihnen zu teuer.

Das schäbige Lokal wurde restauriert und neu eingerichtet, und bald hatte sich der gewünschte Kundenstock eingefunden. Herr Kemer und sein Schwager arbeiteten hart, immerhin war das Lokal 16 Stunden am Tag geöffnet. Neben der Bedienung der Gäste waren noch Einkäufe und eine Menge an Papierkram zu erledigen. Dieser Papierkram machte Herrn

Kemer zunehmend Sorgen, hatte er doch mit seinen schlechten Deutschkenntnissen immer wieder Probleme, die einlangenden Briefe zu interpretieren, den Bedeutungsgehalt von Zahlscheinen zu erfassen oder die Zusendungen der Wirtschaftskammer zu verstehen.

Bald stellte er fest, dass ein Großteil der Einnahmen durch Steuern wieder verlorenging, wobei ihm neben dem österreichischen Steuersystem auch die hiesige Institutionenlandschaft bis heute als undurchdringliches Dickicht erscheinen. Da er nie eine kaufmännische Ausbildung genossen hatte, war Herr Kemer immer auf seinen Steuerberater angewiesen, auch wenn er manchmal daran zweifelte, ob dieser seine Interessen mit der notwendigen Ernsthaftigkeit vertrat. Ohne betriebswirtschaftliche Grundkenntnisse war es ihm aber nicht möglich, sein Unbehagen mit Argumenten zu untermauern oder Vorschläge für andere Vorgehensweisen zu formulieren. Zu der unerwartet hohen Steuerbelastung kamen zahlreiche Verwaltungsstrafen: Ein- und Ausladen im Halteverbot, Strafen durch das Marktamt und Ähnliches. Schließlich gab es Beschwerden von den Hausbewohnern, die die Schließung des Lokals wegen Lärm- und Geruchsbelästigung forderten. Da Herr Kemer sich aufgrund seiner Sprachprobleme nicht in der Lage sah, seine Interessen selbst zu vertreten, musste er einen Anwalt engagieren, was zusätzliche Kosten verursachte.

Überraschend traf ihn weiters, dass es nicht bei den ursprünglich vereinbarten fünftausend Schilling pro Monat für den gewerberechtlichen Geschäftsführer blieb, denn bald nach der Geschäftsgründung musste – aufgrund einer gesetzlichen Änderung – der Geschäftsführer mit 20 Stunden pro Woche in ein Angestelltenverhältnis übernommen werden. Eine Regelung, die Herr Kemer im übrigen überhaupt nicht verstehen konnte. Schließlich sind schon fünftausend Schilling sehr viel Geld dafür, dass jemand einmal pro Monat vorbeikommt, um das Geld abzuholen, aber ansonsten keine Leistung erbringt.

Als dann vor drei Jahren der Sohn seines Bruders die Hauptschule abgeschlossen hatte, aber keinen Job finden konnte, erklärte sich Herr Kemer bereit, Akin bei sich zu beschäftigen. Akin war ein fleißiger und zuverlässiger junger Mann, der zur Familie gehörte, und erschien Herrn Kemer daher als Mitarbeiter durchaus geeignet. Seine schlechten Deutsch-Kenntnisse waren kein Problem, denn die Kundschaft bestand ausschließlich aus türkischen Zuwanderern. Außerdem hatte Akins Vater Herrn Kemer bei der Geschäftsgründung Geld geborgt, und dieser konnte sich nun für die damalige Unterstützung erkenntlich erweisen.

Akin wurde pflichtgemäß bei der Gebietskrankenkasse angemeldet, doch der Antrag auf Beschäftigungsbewilligung wurde abgelehnt. Akin, der erst im Alter von zwölf Jahren nach Wien gekommen war, erfüllte nicht die vom Arbeitsmarktservice definierten Kriterien eines »integrierten« Jugendlichen, was weder Herr Kemer noch Akin nachvollziehen konnte. Bei den Gesprächen im Arbeitsmarktservice verspürte Herr Kemer wieder schmerzvoll, dass er mit seinen geringen Deutschkenntnissen nicht in der

Lage war, seine Anliegen nachhaltig zum Ausdruck bringen zu können. Er hatte zwar kurz überlegt, die Wirtschaftskammer, von der er immer Zusendungen bekam, um Hilfe zu bitten, aber er kannte dort niemanden und wusste nicht, an wen er sich wenden konnte. Nachdem ihn noch nie ein Vertreter der Wirtschaftskammer in seinem Lokal aufgesucht und er auch keinen persönlich kennengelernt hatte, verfestigte sich bei Herrn Kemer zunehmend der Eindruck, dass die Wirtschaftskammer zwar für die einheimischen Unternehmer da ist, aber nicht für die zugewanderten.

Zum Zeitpunkt der Verweigerung der Arbeitserlaubnis hatte Akin bereits einige Wochen bei Herrn Kemer gearbeitet, was eine Verletzung des Ausländerbeschäftigungsgesetzes bedeutete und eine weitere Strafe nach sich zog. Herr Kemer verstand die Welt nicht mehr. Akin, der ihm eine wirkliche Hilfe gewesen wäre, durfte er nicht beschäftigten, während er den gewerberechtlichen Geschäftsführer, der nur gelegentlich auf ein Getränk auf Kosten des Hauses vorbeikam, um teures Geld anstellen musste.

In den ersten Jahren war das Geschäft gut angelaufen. Herr Kemer und sein Schwager waren zwar nicht reich geworden, aber sie konnten ihre Familien davon ernähren. Sie waren froh, ihr Schicksal selbst in die Hand genommen zu haben und nicht mehr von den uneinschätzbaren Entwicklungen des Arbeitsmarktes bedroht zu sein.

In den letzten zwei bis drei Jahren änderte sich die Situation jedoch. Mit Besorgnis beobachtete Herr Kemer, dass in der unmittelbaren Umgebung immer mehr Lokale eröffnet wurden, die dem seinen sehr ähnlich waren. Auch sie sprachen türkische Migranten als Kunden an, und er musste feststellen, dass eine beträchtliche Anzahl seiner ehemaligen Kunden nun andere Lokale aufsuchte. Nicht dass sie mit seinem Service unzufrieden gewesen wären, aber häufig bestanden zu den neuen Unternehmern stärkere Beziehungen und Loyalitäten als zu ihm.

Herr Kemer und sein Schwager befürchteten, von den türkischen Gästen alleine bald nicht mehr leben zu können, und überlegten sich, wie sie ihren Kundenkreis ausbauen könnten. Die Türkei ist für Wiener ein bevorzugtes Urlaubsland, die türkische Küche wird immer beliebter. Warum sollten also Österreicher nicht auch als Gäste für ein türkisches Kaffeehaus gewonnen werden? Herr Kemer und sein Schwager nahmen einen Kredit bei einer Bank auf, investierten noch einmal, adaptierten die Inneneinrichtung des Kaffeehauses, brachten deutschsprachige Aufschriften an und boten nun kleine Speisen an, die auch dem Geschmack der Österreicher entsprechen sollten.

Trotz ihrer Bemühungen gelang es ihnen nicht, auch österreichische Kundschaft anzusprechen. Nur ein paar junge Leute aus dem Haus gegenüber kamen manchmal vorbei. Studenten, wie Herr Kemer vermutet. »Einmal ein Kaffeehaus für Türken, immer ein Kaffeehaus für Türken«, stellt er fest. Nicht nur, dass es nicht gelungen war, Österreicher als Gäste zu gewinnen, es zeigten sich auch einige der Stammgäste über den Kurswechsel verärgert. Sie bevorzugten dieses Lokal, weil es für sie ein Stück Heimat symbolisierte, weil es dort egal war, wie gut man deutsch sprach und weil man immer Freunde traf. In einem Lokal für Österreicher fühlten sie sich nicht mehr zu Hause.

Herr Kemer macht sich inzwischen große Sorgen um die Zukunft. Nach sieben Jahren befürchtet er, das Geschäft nicht mehr lange halten zu können. Er hat auch schon überlegt, die Konzessionsprüfung zu machen, um sich die Kosten für den Geschäftsführer zu ersparen. Mit seinen schlechten Deutschkenntnissen wagt er es aber nicht, einen entsprechenden Kurs zu besuchen und zur Prüfung anzutreten. Da er noch immer zwölf bis vierzehn Stunden am Tag arbeitet, wäre es auch aus Zeitgründen gar nicht möglich.

Er hat sich bereits mit dem Gedanken getragen, das Geschäft zu verkaufen und wieder eine unselbständige Beschäftigung zu suchen. Völlig entmutigt war er jedoch, als er erfuhr, dass er nicht einmal die Chance auf eine Beschäftigungsbewilligung hat, obwohl er vor der Selbständigkeit bereits 17 Jahre regulär beschäftigt war. Nur die österreichische Staatsbürgerschaft könnte ihm in dieser Situation helfen.

Er wird nun einen Antrag stellen, befürchtet aber, dass die vielen Verwaltungsstrafen und vor allem die Strafe wegen Verstoßes gegen das Ausländerbeschäftigungsgesetz zu einem negativen Entscheid führen könnten. Derzeit hat Herr Kemer keine andere Möglichkeit, als sein Lokal weiter zu betreiben.

Die Geschichte des Herrn Kemer ist erfunden und doch wahr. Sie steht stellvertretend für viele andere Biographien von UnternehmerInnen aus der Türkei und den Nachfolgestaaten des ehemaligen Jugoslawien. In jener des Herrn Kemer wurden einige wesentliche Problemfelder anschaulich zusammengefasst, auf die wir im Zuge unserer Untersuchung immer wieder gestoßen sind. Wir wollen nun die Fragestellungen und Vorgehensweisen dieser Studie erläutern und zeigen, wie die konstruierte Biographie des Herrn Kemer mit den Ergebnissen unserer Arbeit in Einklang steht.

Der Ausgangspunkt der Untersuchung

Insbesondere in den Wiener Bezirken mit einem hohen Bevölkerungsanteil an MigrantInnen ist das Heranwachsen einer durch Zugewanderte geprägten Unternehmenslandschaft zu beobachten. Unübersehbar etablieren sich MigrantInnen in der Geschäftswelt und positionieren sich damit in einer Funktion, die nichts mehr mit der Vorstellung von einem »Gastarbeiter« zu tun hat, wie sie noch immer in den Köpfen vieler WienerInnen verankert ist: als eine zumeist männliche Person, die auf befristete Zeit ins Land kommt, um in der Rolle des Hilfsarbeiters bescheidenen Wohlstand zu ersparen und damit einen besseren Lebensstandard im Herkunftsland für sich selbst und für die Familie zu ermöglichen. Aber auch in der hiesigen sozialwissenschaftlichen Forschung wurde dieses

Phänomen bislang kaum wahrgenommen, und die zugewanderten UnternehmerInnen fanden als (lokaler) Wirtschaftsfaktor bisher nur geringe Beachtung.

Eine erste Literaturrecherche zeigte, dass in den USA und in einigen europäischen Ländern bereits eine mehr oder weniger lange Forschungstradition zum Themenbereich »ethnische Ökonomien« existiert. In den Vereinigten Staaten war die Beobachtung, dass der Trend zur unternehmerischen Selbständigkeit zwischen verschiedenen ethnischen Gruppen stark variiert, ein Ausgangspunkt der Untersuchungen. Beispielsweise sind Angehörige der afro-amerikanischen Bevölkerung deutlich seltener im Unternehmenssektor anzutreffen als asiatische Gruppen. In Europa weist Großbritannien die längste Forschungstradition zu »ethnischen Ökonomien« auf. Das Interesse entsprang in diesem Fall dem Bedürfnis, städtische Problemgebiete mithilfe zugewanderter UnternehmerInnen wiederzubeleben.

Doch was ist unter »ethnischen Ökonomien« zu verstehen? Schon der Begriff »Ethnie« bzw. »Ethnizität« ist durchaus umstritten.[3] Für unsere Arbeit ist folgende Eingrenzung wichtig: Unter einer »ethnischen Ökonomie« werden Selbständige sowie ArbeitgeberInnen und deren Beschäftigte aus einer ethnischen Gruppe verstanden. Unter »ethnic« ist in diesem Zusammenhang ein Set an Verbindungen, Kontakten und Kommunikationsmustern zwischen Personen mit gleichem nationalen Herkunftshintergrund bzw. mit gemeinsamen Migrationserfahrungen zu verstehen.[4]

Da über MigrantInnen in Wien, die Unternehmen gegründet haben, bisher nur spärliche Informationen vorhanden sind, stellten sich vordringlich Fragen wie: Welche MigrantInnen entschließen sich zur Unternehmensgründung, welche Migrationsgeschichte haben sie und was hat sie dazu veranlasst, das Wagnis einer Unternehmensgründung einzugehen? Dieser Fragenkomplex zieht die Notwendigkeit einer Beschreibung und Charakterisierung der Unternehmen nach sich, wobei die relevanten Informationen teilweise durch die Sekundärbearbeitung von existierendem Datenmaterial, jedoch überwiegend im Rahmen von Interviews mit UnternehmerInnen gewonnen wurden.

Der zweite Fragenkomplex orientiert sich an der Leitfrage: Integration versus Segregation. Da beide Begriffe vielfältige Verwendungen und Interpretationen erfahren, musste eine schlüssige Operationalisierung erfolgen. Die Orientierung am »interaktiven Modell« als Leittheorie, das im folgenden Kapitel vorgestellt wird, ermöglichte eine themenfokussierte Operationalisierung.

Die dritte Fragestellung war durch den Forschungsschwerpunkt »Fremdenfeindlichkeit« inspiriert: Wir interessierten uns für Wahrnehmungen von Diskriminierung und Fremdenfeindlichkeit im Rahmen der unternehmerischen Selbständigkeit. Die Interviews mit UnternehmerInnen wurden in Hinblick darauf einem zweiten – nämlich hermeneutischen – Auswertungsprozedere unterzogen.

Der theoretische Rahmen: Das »Interaktionsmodell«

Das »Interaktionsmodell« berücksichtigt alle wesentlichen Rahmenbedingungen, die für eine Geschäftsgründung bzw. für das weitere Bestehen eines Unternehmens durch MigrantInnen oder Angehörige von ethnischen Minderheiten von Bedeutung sind. Auf der einen Seite handelt es sich dabei um Chancen und Möglichkeiten, die die Aufnahmegesellschaft bietet, auf der anderen Seite spielen die Ressourcen der UnternehmerInnen eine wesentliche Rolle.[5]

Regelungen, die es für MigrantInnen schwerer oder auch leichter machen können, ein Unternehmen zu gründen, stellen relevante Rahmenbedingungen der Aufnahmegesellschaft dar. Solche sind neben dem Ausmaß der Reglementierung des Zugangs zur unternehmerischen Selbständigkeit auch die wirtschaftliche Entwicklung. Boomende Wirtschaftszweige können beispielsweise MigrantInnen Chancen zur Unternehmensgründung eröffnen. Aber nicht immer sind es prosperierende Branchen, die MigrantInnen neue Chancen eröffnen. Bestimmte Geschäftszweige, die Einheimische nicht mehr attraktiv finden und daher verlassen (Stichwort: »Greißlersterben«), nützen MigrantInnen häufig als Einstieg in die Selbständigkeit.

Der Faktor »Nachfrage« kann sich aus mehreren Gründen ändern und Nischen entstehen lassen, die Platz für Geschäfte mit neuen Angeboten bieten. Mit Sicherheit hat der Massentourismus dazu geführt, dass viele WienerInnen Produkte anderer Länder, wie beispielsweise bestimmte Nahrungsmittel, kennen und schätzen gelernt haben und diese nun auch in Wien konsumieren möchten. Die Nachfrage nach spezifischen Gütern oder Dienstleistungen kann aber auch mit einer Änderung der Bevölkerungsstruktur infolge von Zuwanderung zusammenhängen. MigrantInnen haben oft Konsumbedürfnisse, die durch traditionelle Betriebe nicht befriedigt werden. So schafft Migration wirtschaftliche Nischen, in denen zugewanderte UnternehmerInnen mit spezifischen Angeboten agieren können, ohne notwendigerweise mit einheimischen Unternehmen in Konkurrenz zu treten.

Grundsätzlich beeinflussen die eben beschriebenen Rahmenbedingungen die Wahrscheinlichkeit und die Chancen – oder wie im Interaktionsmodell bezeichnet: die Opportunitäten – von Unternehmensgründungen durch MigrantInnen. Solche Gründungsprozesse können auch durch wirtschaftliche Unterstützungsstrukturen begünstigt werden. Dabei kann es sich um generelle Fördermaßnahmen handeln, von denen einheimische und zugewanderte UnternehmerInnen gleichermaßen profitieren, aber auch um speziell auf bestimmte Gruppen zugeschnittene Programme, wie sie beispielsweise in den Niederlanden oder auch in Großbritannien häufig zu beobachten sind.

Nicht nur die Offenheit oder Geschlossenheit der Aufnahmegesellschaft ist relevant, wesentlichen Einfluss auf die Dynamik im Unternehmenssektor hat die Zusammensetzung der zugewanderten Gruppen selbst. Verschiedene Faktoren können die Unternehmensgründungen erleichtern oder auch hemmen. Dazu gehört beispielsweise die sozio-ökonomische Zusammensetzung der gesamten MigrantInnengruppe, die häufig die wichtigste Kundschaft für zugewanderte UnternehmerInnen darstellt. Ihre Nachfragestruktur und auch ihre Kaufkraftstärke bzw. -schwäche beeinflussen die Prosperität einer ethnischen Unternehmenslandschaft. Da in vielen Ländern, ganz besonders aber in Österreich, der Zugang zur unternehmerischen Selbständigkeit häufig über den Nachweis von Qualifikationen und Befähigungen führt, ist auch das (formale) Ausbildungs- und Qualfikationsniveau der ZuwandererInnengruppen eine relevante Variable. Daneben stellt sich die Frage, wie weit der Status als UnternehmerIn positiv bewertet wird, Selbständigkeit also als Möglichkeit des sozialen Aufstiegs interpretiert und demnach angestrebt wird. Die Struktur und die gemeinschaftliche Stärke der MigrantInnengruppe, der sogenannten »ethnic Community«, können auch bestimmen, wie weit UnternehmerInnen Unterstützung durch Landsleute bei der Unternehmensgründung erwarten können. Diese Unterstützung kann verschiedene Formen annehmen, wie wir bereits am Beispiel des Herrn Kemer sehen konnten: Landsleute können treue KundInnen sein oder als Arbeitskräfte zur Verfügung stehen, bei der Informationsbeschaffung behilflich sein oder auch materielle Hilfestellung leisten. »Ethnische Ressourcen« zu nutzen kann aber auch heißen, Verbindungen in das Herkunftsland für die Geschäftstätigkeit zu nutzen.

Die Möglichkeiten, ethnische Ressourcen zu nutzen, werden unterschiedlich beurteilt. Sie können etwa als Wettbewerbsvorteil interpretiert werden, weil zugewanderte UnternehmerInnen insbesondere auf ihre Landsleute als Kundschaft besser zurückgreifen können als einheimische UnternehmerInnen. Ein anderes Beispiel ist aus England bekannt, wo asiatische Gruppen durch ein internes Borgesystem zu sehr günstigen Konditionen Kapital für ihre Geschäftsgründung und/oder -erweiterung beschaffen können. Dabei darf aber nicht vergessen werden, dass MigrantInnen im UnternehmerInnendasein bereits häufig mit Nachteilen starten müssen und die Nutzung ethnischer Ressourcen in vielen Fällen den Einstieg in die Selbständigkeit überhaupt erst ermöglicht. Sich auf die Landsleute zu stützen bedeutet in diesem Fall, dass tatsächlich vorgefundene Barrieren durch die Unterstützung des Bekannten-, Freundes- und Verwandtenkreises wettgemacht werden müssen – es handelt sich also um keine frei gewählte Strategie, sondern um eine kompensatorische.

Aus dem Interaktionsansatz heraus lässt sich auch erklären, warum manche MigrantInnengruppen stärker in die unternehmerische Selbständigkeit drängen als andere. So können für verschiedene MigrantInnengruppen unterschiedliche rechtliche Regelungen – insbesondere hinsichtlich Aufenthaltserlaubnis und Zugang zum Arbeitsmarkt – zum Tragen kommen. Sie können aufgrund ihres Ausbildungsniveaus unterschiedlich schwer oder leicht verschiedene Qualifikationsnachweise erbringen oder bestimmte Branchen anstreben. Die sozio-ökonomische Struktur der »Ethnic Community« und insbesondere deren Kaufkraft, aber auch die Frage regionaler Konzentration oder das Bild vom (erstrebenswerten) Leben als UnternehmerIn unterscheidet sich von Gruppe zu Gruppe.

Wir wählten das Interaktionsmodell aus, da es uns erlaubt, Dimensionen für Integration bzw. Segregation festzumachen, die für einen unternehmerischen Alltag von Relevanz sind. Seitens der Aufnahmegesellschaft interessierte uns neben den wirtschaftlichen Rahmenbedingungen grundsätzlich, wie leicht oder schwer MigrantInnen in die Selbständigkeit gehen können, ob es Unterstützungsstrukturen für sie gibt, ob sich ihr rechtlicher Status mit der Unternehmensgründung ändert. Seitens der ZuwandererInnen selbst konzentrierten wir uns auf die Ressourcen, auf die sich die MigrantInnen bei der Geschäftsgründung und -führung stützen. Zu den wichtigsten Ressourcen zählten wir (Aus-)Bildung, Kapital, MitarbeiterInnen, KundInnen, Wege der Informationsbeschaffung, Geschäftspartner und die Produkte und Dienstleistungen, die angeboten werden. Wir gingen der Frage nach, ob es im Rahmen der unternehmerischen Tätigkeit zu einer Verschränkung mit der Aufnahmegesellschaft kommt und in welchen Bereichen diese im gegebenen Fall zu beobachten wäre. Daran schloss sich die Frage an, ob die Strategie der Ressourcenmobilisierung – unabhängig davon, ob auf solche der eigenen Herkunftsgruppe oder auf jene der Aufnahmegesellschaft zurückgegriffen wird – freiwillig gewählt oder notgedrungen ist.

Vorgehensweise und Methoden

Auf Basis des gewählten theoretischen Rahmens wurden eine weiterführende Literaturrecherche und zusätzliche ExpertInneninterviews durchgeführt. Wie am Beispiel des Herrn Kemer leicht zu erkennen ist, sind Beschäftigungsmöglichkeiten immer im Spannungsfeld selbständiger/ unselbständiger Erwerbstätigkeit zu sehen. Wir legten in dieser Phase daher besonderes Augenmerk auf die Arbeitsmarktsituation von MigrantInnen. Da aufgrund der durchgehend restriktiven Zugangsregelungen zur Selbständigkeit in Österreich die Barrieren generell hoch sind, bildeten die rechtlichen Rahmenbedingungen einer selbständigen Erwerbstätigkeit und deren besondere Implikationen für ZuwandererInnen einen weiteren Schwerpunkt.[6]

Daran anschließend wurden 45 leitfadengestützte Interviews mit UnternehmerInnen durchgeführt, die aus der Türkei oder den Nachfolgestaaten des ehemaligen Jugoslawien stammen. Wir wählten einen lokalen Ansatz, es wurden also Unternehmen in einem spezifischen Untersuchungsgebiet ausgewählt. Dabei beschränkten wir uns auf jene westlichen Bezirke Wiens, die durch einen hohen Anteil an zugewanderter Bevölkerung gekennzeichnet sind. Weiters konzentrierten wir uns auf

Branchen, die sowohl in der einschlägigen Literatur häufig genannt werden, aber auch aufgrund einer Sonderauswertung der Volkszählung 1991 als wesentlich erachtet wurden: Gastgewerbe, Handel, aber auch Videotheken, Reisebüros, Schneidereien und Übersetzungsbüros.

Mit diesem Wissen wurde das ausgewählte Gebiet begangen und wurden Unternehmen aufgesucht, die vermuten ließen, dass sie von ZuwanderInnen aus den genannten Ländern betrieben werden. Solche Hinweise boten beispielsweise das Warenangebot, Aufschriften in türkischer und/oder serbokroatischer Sprache. Zusätzlich wurden Zugänge über das Telefonbuch (gelbe Seiten) und über Anfragen bei verschiedenen Vereinen gesucht. Häufig verwiesen uns befragte UnternehmerInnen auf andere Geschäfte. Dadurch konnten auch Unternehmen in die Untersuchung einbezogen werden, die durch ihr Erscheinungsbild nicht auf den ersten Blick darauf schließen ließen, dass sie zu unserer Zielgruppe gehören.[7]

Durchgängig befragten wir Kleingewerbetreibende mit öffentlich zugänglichen Geschäftslokalen. Daraus ergibt sich, dass in unserer Untersuchung jene Formen von Scheinselbständigkeit nicht berücksichtigt wurden, wie sie in jüngster Zeit verstärkt in kritischen Beiträgen zum Neoliberalismus thematisiert werden.[8] Nicht einbezogen wurden bestimmte Branchen – wie beispielsweise das Baugewerbe und das Transportwesen (insbesondere Taxis) –, die zwar nach Auskunft von verschiedenen Stellen (Wiener Gebietskrankenkasse, Finanzämter, MA 63) immer häufiger von MigrantInnen gewählt werden, bei denen wir jedoch den lokalen Bezug in der Ausübung der Tätigkeit nicht sahen.

Einige Ergebnisse aus der Forschungspraxis

Die Ergebnisse werden so präsentiert, wie sie schrittweise im Rahmen unserer Forschungstätigkeit herausgearbeitet wurden. Nach dem Versuch, einen Eindruck über die zahlenmäßige Größe der untersuchten Gruppe in Wien und einige generelle Trends zur unternehmerischen Selbständigkeit von MigrantInnen herauszuarbeiten, wurden die wirtschaftlichen und rechtlichen Rahmenbedingungen analysiert. Anschließend wurden die Interviews mit UnternehmerInnen durchgeführt, die entlang der festgelegten thematischen Schwerpunkte einer zusammenfassenden Inhaltsanalyse unterzogen wurden.[9] Dabei wurde eruiert, wie weit im Rahmen der Geschäftstätigkeit Interaktion mit der Aufnahmegesellschaft integraler Bestandteil des unternehmerischen Agierens ist. Schließlich wurden Aspekte der Fremdenfeindlichkeit im Kontext unternehmerischer Aktivitäten durch die untersuchte Gruppe aus den Interviews herausgefiltert.

Die Ausgangssituation in Zahlen

Selbständig erwerbstätige MigrantInnen sind im Gegensatz zu unselbständig Beschäftigten mit nichtösterreichischer Staatsbürgerschaft statistisch kaum erfasst. Die einzige zuverlässige Quelle, die auch eine Betrachtung nach Bundesländern erlaubt, bietet eine Sonderauswertung der Volkszählung 1991. Die daraus vorliegenden Zahlen sind in ihrer Aussagekraft (insbesondere hinsichtlich der uns interessierenden MigrantInnengruppen aus der Türkei und den Nachfolgestaaten des ehemaligen Jugoslawien) vor allem durch zwei Umstände eingeschränkt:

(1) Es kann davon ausgegangen werden, dass wichtige Entwicklungen der 90er Jahre wie die Kriegsereignisse im ehemaligen Jugoslawien, die Öffnung der Grenzen zu den osteuropäischen Nachbarländern oder die Änderungen im Fremden-, Aufenthalts- und Ausländerbeschäftigungsgesetz einen erheblichen Einfluß auf den Trend zur unternehmerischen Selbständigkeit haben. Diese Entwicklungen dürften die Volkszählungsdaten von 1991 relativieren.

(2) Die Auswertung erfolgte anhand der Staatsbürgerschaft, wodurch bereits eingebürgerte UnternehmerInnen nicht erfasst wurden und eine spürbare quantitative Unterbewertung zu vermuten ist.

Laut Volkszählungsdaten ist die Zahl der UnternehmerInnen mit nichtösterreichischer Staatsbürgerschaft bundesweit wie auch in Wien im Steigen begriffen. Deutliche Unterschiede gibt es hinsichtlich der Herkunftsländer: Während österreichweit betrachtet UnternehmerInnen mit deutscher Staatsbürgerschaft überwiegen, stellen in Wien MigrantInnen aus dem ehemaligen Jugoslawien und der Türkei die größten UnternehmerInnengruppen dar. Sowohl in Gesamtösterreich wie auch in Wien hat sich die Zahl der zugewanderten UnternehmerInnen zwischen 1971 und 1991 merklich erhöht: Bei der Volkszählung 1971 wurden im Bundesgebiet 6.385 UnternehmerInnen und mithelfende Familienangehörige gezählt, 1991 waren es 12.510. In Wien hat sich im selben Zeitraum die Zahl der UnternehmerInnen (inkl. mithelfende Familienangehörige) mit nichtösterreichischer Staatsbürgerschaft mehr als verdoppelt: von 2.178 (1971) auf 5.348 (1991). Ergebnisse des Mikrozensus verweisen außerdem darauf, dass in Wien im Jahr 1984 der Anteil der Selbständigen mit fremder Staatsbürgerschaft 4,2 % betrug, im Jahr 1993 aber schon 13,2 %.

Charakterisierung der untersuchten Gruppe

Die Interviewpartner waren fast ausschließlich Männer. Nur drei Frauen traten als InterviewpartnerInnen in Erscheinung, aber einige Interviews lassen darauf schließen, dass Frauen eine wesentliche Rolle bei der Geschäftsführung spielen. So zeigte sich in einigen Fällen, dass Frauen die InhaberInnen der Gewerbeberechtigung sind, in anderen Fällen halten sie die Mehrheit an den Geschäftsanteilen, wesentlich tragen sie jedoch in vielen Fällen zur täglichen Arbeit bei.

Wir haben Herrn Kemer als einen Mann beschrieben, der sein Geschäft zu Beginn der 90er Jahre gegründet hatte, als er etwa 35 Jahre alt und bereits 17 Jahre in Österreich war. Die folgende Charakterisierung der befragten UnternehmerInnen zeigt, dass er damit durchaus einen wesentlichen Teil der Befragten repräsentiert.

Alter zum Zeitpunkt der Gründung
und zum Zeitpunkt der Befragung

Die Hälfte der Befragten gründete das Unternehmen im Alter zwischen 30 und 40 Jahren. Weitere 11 Gründungen wurden von unter 30-Jährigen durchgeführt und 12 der Befragten waren bei der Geschäftsaufnahme bereits über 40 Jahre alt. Zum Zeitpunkt der Befragung waren nur zwei UnternehmerInnen 30 Jahre und jünger, die Hälfte war in die Altersklasse von 31 bis 40 Jahre einzuordnen, und 21 Personen waren älter als 40 Jahre. In der letztgenannten Gruppe sind immerhin 9 Personen 50 Jahre und älter.

Aufenthaltsdauer zum Zeitpunkt der Gründung
und zum Zeitpunkt der Befragung

Zum Zeitpunkt der Geschäftsgründung waren 9 der Befragten bis zu fünf Jahre in Österreich, 12 Personen zwischen 6 bis 10 Jahre. Von den 24 UnternehmerInnen, die zum Zeitpunkt der Geschäftsgründung mehr als zehn Jahre Aufenthalt hinter sich hatten, waren immerhin 7 bereits 20 Jahre und länger im Land. Beinahe die Hälfte der Befragten (19) hielten sich zum Zeitpunkt der Interviewführung bereits 20 Jahre und länger in Österreich auf, und ebenfalls etwa die Hälfte (23) besitzt die österreichische Staatsbürgerschaft.

Zehn der Unternehmen waren bereits in den 80er Jahren gegründet worden, das am längsten bestehende datiert aus dem Jahr 1980. Weitere 24 Unternehmen wurden zwischen 1990 und 1994 gegründet und ein Viertel 1995 oder später. Der Großteil der Unternehmen hatte also die ersten drei Jahre, die in der Regel als die kritischen eingestuft werden, bereits überstanden. Es wurden durchwegs Klein- und Kleinstbetriebe untersucht: Die Anzahl der Beschäftigten bewegt sich zwischen einer und elf Personen.

Der wirtschaftliche Rahmen

Generell ist in Wien eine Zunahme an Klein- und Kleinstbetrieben zu verzeichnen, wobei der Dienstleistungssektor die größten Zuwächse aufweist. Bei einer genaueren Betrachtung der Wiener Zahlen zeigt sich auch die Bedeutung des Dienstleistungssektors für UnternehmerInnen mit nichtösterreichischer Staatsbürgerschaft. Nicht einmal 10 % von ihnen waren zum Zählungszeitpunkt im Produktionssektor aktiv. Ähnliches kann für UnternehmerInnen aus dem ehemaligen Jugoslawien festgehalten werden: 91 % von ihnen waren 1991 in Dienstleistungsbranchen, insbesondere im Handel und im Beherbergungs- und Gaststättenwesen, selbständig tätig. Die UnternehmerInnen mit türkischer Staatsbürgerschaft waren zum Zählungszeitpunkt zu 20 % in der Produktion vertreten, was darauf zurückzuführen ist, dass sie neben den bereits erwähnten klassischen Dienstleistungssparten auch in der Sparte »Erzeugung von Bekleidung« stärker aktiv sind.

Neben dieser Konzentration auf wenige Branchen, die sich überwiegend durch eine krisenhafte Entwicklung und einen harten Konkurrenzkampf auszeichnen, zeigen die Volkszählungsergebnisse für Wien auch eine deutliche räumliche Konzentration. Die meisten Unternehmen, die von MigrantInnen aus der Türkei und dem ehemaligen Jugoslawien betrieben werden, finden sich in jenen Gebieten, die durch eine hohe Konzentration an ausländischer Wohnbevölkerung gekennzeichnet sind: Spitzenreiter sind laut Volkszählung 1991 der 15. Wiener Gemeindebezirk (Rudolfsheim-Fünfhaus), der 16. Bezirk (Ottakring) und der 2. Bezirk (Leopoldstadt). Die von uns ausgewählten Bezirke weisen Anteile an ausländischer Bevölkerung von bis zu 30 % auf. Die untersuchten Unternehmen agieren daher weitgehend in einem räumlichen Kontext, der durch eine große Anzahl von dort wohnhaften Landsleuten und MigrantInnen anderer Herkunftsländer gekennzeichnet ist.

Die rechtlichen Rahmenbedingungen und ihre Auswirkungen

Der schwierige und mit vielerlei bürokratischen Hürden gepflasterte Weg in die Selbständigkeit wird in Österreich generell kritisiert. Für MigrantInnen zeigen sich jedoch zusätzliche Erschwernisse. So müssen beispielsweise MigrantInnen aus der Türkei und aus den Nachfolgestaaten des ehemaligen Jugoslawien, die nicht im Besitz der österreichischen Staatsbürgerschaft sind, bei der Gewerbebehörde um eine Gleichstellung ansuchen. Bei diesem Verfahren wird geprüft, ob das Vorhaben der Geschäftsgründung im »volkswirtschaftlichen Interesse« liegt und keinen »anderen öffentlichen Interessen« zuwiderläuft. Grundsätzlich wird dabei auch vorweg beurteilt, ob das Unternehmen eine Chance für einen längeren Bestand hat. Eine weitere Hürde stellen die zu erbringenden Befähigungsnachweise für gebundene Gewerbe (wie beispielsweise Gastgewerbe) dar. Tatsächlich konnten wir in unserer Erhebung feststellen, dass viele der UnternehmerInnen nicht über die entsprechenden (formalen) Qualifikationen bei der Geschäftsgründung verfügten bzw. Nachweise aus dem Herkunftsland oft nicht anerkannt werden.

Um die Problematik der Gleichstellung und der fehlenden Befähigungsnachweise zu lösen, entschließen sich viele – so wie Herr Kemer – zur Gründung einer Personen- oder Kapitalgesellschaft, wobei sie häufig einen gewerberechtlichen Geschäftsführer in einem Mindestausmaß von 20 Stunden in ihrem Unternehmen beschäftigen müssen. Da Gesellschaften in der Regel ohnehin höhere Kosten verursachen und zusätzlich die Anstellung eines Geschäftsführers auch kostspielig ist, stellt diese Umgehungspraxis oft eine arge finanzielle Belastung für die kleinen Betriebe dar.

Für MigrantInnen ohne österreichische Staatsbürgerschaft ergeben sich noch weitere Problemlagen: Mit dem Wechsel aus einer unselbständigen Erwerbstätigkeit in die Selbständigkeit ändert sich der Aufenthaltszweck, daher muss die Aufenthaltsbewilligung neu erteilt werden. ExpertInnengespräche in den zuständigen Behörden ergaben, dass eine Unternehmensgründung als Risiko interpretiert wird und daher unbefristete Aufenthaltsbewilligungen für zugewanderte UnternehmerInnen nur sehr zurückhaltend vergeben werden. Konkrete Auswirkungen auf die Geschäftstätigkeit ergeben sich beispielsweise dadurch, dass Banken Kredite an Personen mit befristeten Aufenthaltsbewilligungen nur restriktiv vergeben. Ein weiteres Problem können die vielen kleineren und größeren Verwaltungsstrafen darstellen, die sich aus der unternehmerischen Aktivität ergeben. Aus- und Einladen im Halteverbot, Verstöße gegen das Lebensmittelgesetz und ähnliche Vergehen sind nicht nur bei zugewanderten UnternehmerInnen häufige Begleiterscheinungen der Geschäftstätigkeit. Dabei ist zu bedenken, dass grundsätzlich auch Fehlhandlungen von Beschäftigten zu einer Bestrafung des Arbeitgebers führen. Diese Verwaltungsstrafen können bei der Beantragung der österreichischen Staatsbürgerschaft dazu führen, dass diese nicht erteilt wird. Ein Interviewpartner berichtet:

»Ich habe um die Staatsbürgerschaft angesucht, und ich lebe seit zirka 26 Jahren in Österreich. Mein Antrag wurde bis zum Jahr 2000 zurückgestellt, weil ich mehrere Strafen vom Marktamt bekommen habe. Nachdem unsere Anträge aus diesem Grund abgelehnt wurden, habe ich bei meinen Geschäftspartnern 100 Unterschriften gesammelt, um der MA 61 zu belegen, dass ich ein ehrlicher Geschäftsmann bin. Aber das hat auch nichts geholfen. Von dieser Entscheidung bin nicht nur ich betroffen, sondern auch alle meine Familienangehörigen.«

Keinesfalls soll hier die Notwendigkeit der Ahndung von Vergehen relativiert werden – ausschlaggebend ist aber die Unterschiedlichkeit der Rechtsfolgen aus solchen Vergehen für In- und AusländerInnen, denn kein Unternehmer ist aufgrund von Verwaltungsstrafen mit dem Verlust der österreichischen Staatsbürgerschaft bedroht.

Dass gleiche Handlungsweisen andere Rechtsfolgen und auch Realitäten auslösen können, zeigt sich bei der Frage der Rückkehr in die unselbständige Erwerbstätigkeit. Neben dem gegenüber InländerInnen und EU-BürgerInnen erschwerten Eintritt in die selbständige Erwerbstätigkeit (Stichwort: Gleichstellung) sind ausländische StaatsbürgerInnen auch bei ihrem Ausstieg aus der Selbständigkeit bzw. ihrer Rückkehr in eine unselbständige Erwerbstätigkeit gegenüber ÖsterreicherInnen benachteiligt. Selbst MigrantInnen, die zuvor über lange Jahre einer unselbständigen Beschäftigung nachgegangen waren und über einen Befreiungsschein verfügten, müssen neuerlich um eine Beschäftigungsbewilligung ansuchen. Aufgrund der andauernden Ausschöpfung der Quotenplätze ist den ausländischen Selbständigen diese Rückkehr de facto unmöglich, und sie sind somit an ihre Selbständigkeit gebunden.

MigrantInnen als UnternehmerInnen: Ergebnisse aus der Auswertung der Interviews auf Basis des interaktiven Modells

Nun werden einige wesentliche Ergebnisse aus der Analyse der Interviews präsentiert. Wir beschäftigen uns vorweg mit der Frage, wie weit im Rahmen der unternehmerischen Aktivitäten durch Zugewanderte eine Interaktion mit der Aufnahmegesellschaft erfolgt, indem deren Ressourcen eingesetzt werden können, oder wie weit diese Interaktion auf die MigrantInnengemeinde beschränkt bleibt.

Sieben wesentliche Dimensionen wurden definiert: Kunden, Geschäftspartner, Informationsquellen, Finanzierung, MitarbeiterInnen, Aus- und Weiterbildung sowie die angebotenen Produkte und Dienstleistungen. Sämtliche Interviews wurden einer inhaltsanalytischen Überprüfung unterzogen, wobei die eben genannten Dimensionen in folgende Ausprägungen eingeteilt wurden: Der/die UnternehmerIn setzt im Rahmen seiner/ihrer Geschäftstätigkeit ausschließlich, überwiegend, etwa zur Hälfte, zu einem geringen Teil oder gar nicht Ressourcen der Herkunftsgesellschaft ein.

Am Beispiel des Herrn Kemer können wir diese Vorgehensweise anschaulich machen: Seine Kunden setzen sich noch immer ausschließlich aus Landsleuten zusammen, es ist ihm nicht gelungen, Österreicher als Gäste anzusprechen. Seine Geschäftspartner, bei denen er Getränke und Lebensmittel einkauft, sind aber überwiegend österreichische Firmen. Seine Informationen bezieht Herr Kemer überwiegend aus der eigenen ethnischen Gruppe (Verwandte, Bekannte, andere UnternehmerInnen), nur der Steuerberater und der kontaktierte Anwalt schlagen als Kontakte zur Aufnahmegesellschaft zu Buche. Die Startfinanzierung wurde gänzlich durch Mittel aus der eigenen Familie und aus dem Bekanntenkreis aufgebracht, allerdings hat Herr Kemer inzwischen einen kleineren Kredit bei einer Bank aufgenommen. Daher wird in diesem Fall die Zuordnung »überwiegende Orientierung an der Herkunftsgesellschaft« gewählt. Sämtliche MitarbeiterInnen im Lokal stammen aus der Türkei, und Herr Kemer hatte in seinem Herkunftsland die Hauptschule abgeschlossen, in Österreich keine weitere Ausbildung mehr genossen. Obwohl er die Produkte überwiegend von österreichischen Firmen bezieht, ist seine erbrachte Dienstleistung durch die Definition als türkisches Kaffeehaus eindeutig an der Herkunftsgruppe orientiert. An diesem Beispiel ist zu sehen, dass – je nach Dimension – die Orientierungen sich unterscheiden können und vor allem, dass sie sich im Zeitverlauf ändern können.

Die Analyse der 45 Interviews zeigt, dass die Mitglieder der eigenen Herkunftsgruppe die wichtigsten Kunden sind. 28 der 45 UnternehmerInnen geben an, dass ihre Kundschaft sich überwiegend oder zur Gänze aus Landsleuten zusammensetzt, nur 13 der Unternehmen sprechen überwiegend oder ausschließlich andere Personengruppen an, wobei hier auch MigrantInnen anderer Herkunftsländer gemeint sein können.

In den Gesprächen gaben die UnternehmerInnen häufig an, dass sie diese Konzentration auf die eigenen Landsleute als Klientel – insbesondere in der Startphase – selbst präferiert hatten. Versuche im weiteren Geschäftsverlauf, den Kundenkreis auch auf ÖsterreicherInnen auszudehnen, scheitern dagegen häufig. Der bosnische Betreiber eines Restaurants schildert sein Dilemma:

»Ich habe eine große bosnische Aufschrift auf dem Fenster gehabt, da kommen die Österreicher nicht rein. Da habe ich versucht, auf beide Sprachen gleichzeitig zu schreiben, hat wieder nicht funktioniert. Wenn ich nur auf Deutsch schrei-

ben, dann wissen meine Leute nicht, wem das Lokal gehört und wer drin ist. (...) Ich hab' es versucht mit unseren Speisen, echte unbekannte bosnische Speisen wollte ich verkaufen. Das ist nicht gegangen, die Leute kennen es einfach nicht. Dann hab' ich gesagt, okay, ich gebe eine Suppe und Schweinskotelett mit Bratkartoffeln und gemischtem Salat, wieder ist es nicht gegangen. Wenn ich Schinkenfleckerl anbiete, dann glauben die Österreicher nicht, dass wir das können.«

Hinsichtlich der Geschäftspartner zeigt sich eine stärkere Diversivizierung und eine intensivere Verflechtung mit Akteuren der Aufnahmegesellschaft. Nur wenige der von uns befragten UnternehmerInnen importieren Waren direkt aus ihren Herkunftsländern. Häufiger sind Kontakte zu einheimischen, aber auch zu zugewanderten Großhändlern, die diese Funktion wahrnehmen. Vermehrt bieten auch österreichische Unternehmen Produkte an, die für den ethnischen Markt geeignet sind. Fleischprodukte werden beispielsweise fast ausnahmslos bei heimischen Betrieben eingekauft. So wird Fleisch, das nach den Geboten des Islam geschlachtet wurde (»Helal«), zumeist vom Schlachthof St. Marx bezogen. Nachdem der überwiegende Teil der von uns Befragten Gesellschaften gegründet hat und in gebundenen Gewerben aktiv ist, selbst aber nicht über die entsprechende Gewerbeberechtigung verfügt, treten häufig ÖsterreicherInnen als gewerberechtliche GeschäftsführerInnen auf. Weiters sind die SteuerberaterInnen und auch immer wieder benötigte AnwältInnen fast durchgehend ÖsterreicherInnen.

Informationen zur Geschäftsgründung und -führung beziehen die UnternehmerInnen zu einem wesentlichen Teilen auf informellen Wegen aus ihrem Bekannten- und Verwandtenkreis. Dieser Punkt muss als besonders problematisch beurteilt werden, da die InformantInnen selbst in der Regel keine qualifizierten und zuverlässigen Auskünfte erteilen können. In unseren Erhebungen hat sich auch gezeigt, dass es nur wenige SteuerberaterInnen oder AnwältInnen gibt, die aus den uns interessierenden Ländern stammen.

Aufgrund der Sprachprobleme vieler UnternehmerInnen erscheinen ihnen Wege der Informationsbeschaffung, wie sie Einheimischen offenstehen, als kaum gangbar. Nur die wenigsten haben jemals eine Beratung bei der Wirtschaftskammer, beim WIFI oder ähnlichen Organisationen in Anspruch genommen, die außerdem nur in deutscher Sprache beraten. Weiters gibt es kein schriftliches Informationsmaterial in den wichtigsten ZuwandererInnensprachen. Während die Deutschkenntnisse der UnternehmerInnen oft für eine einfache Konversation ausreichen, stellen Texte, die mit rechtlichen und/oder wirtschaftlichen Fachausdrücken gespickt sind, für viele eine große Hürde dar.

Besonders in der Gründungsphase fällt den UnternehmerInnen aufgrund der mangelnden Information und Vertrautheit mit den hiesigen Reglements und Erfordernissen die Orientierung schwer. Die Komplexität der österreichischen Institutionenlandschaft, mit der nun kooperiert werden muss – wie beispielsweise Wirtschaftskammer, Sozialversicherungen, diverse Magistrate –, trägt eher zur Verunsicherung und zur Desorientierung bei. Das Fehlen grundlegender Informationen führt oft dazu, dass die UnternehmerInnen Situationen und Funktionen nicht richtig einschätzen können. So erzählte uns beispielsweise ein Unternehmer, dass ihm erst im Zuge eines Ausgleichsverfahrens der Unterschied zwischen einem Steuerberater und einem Buchhalter bewusst wurde. Ein anderer Unternehmer berichtet:

»Wenn Sie keinen guten Ratgeber haben, dann wissen Sie überhaupt nicht, was Sie müssen und was Sie nicht müssen. Jede Agentur meldet sich und verlangt ein paar tausend Schilling für irgendwelche Eintragungen in ein Buch ... «

Dieses Beispiel zeigt auch, dass wohl manche (informelle) Berater, aber auch Unternehmen von den mangelnden Informationen der Zugewanderten profitieren.

19 der befragten UnternehmerInnen haben die finanziellen Mittel ausschließlich über die eigene Herkunftsgruppe aufgebracht. Überwiegend handelt es sich dabei um eigene Ersparnisse bzw. um Ersparnisse von Familienangehörigen und Freunden. Des öfteren wurde von den UnternehmerInnen beklagt, dass Banken nur sehr zögernd Kredite an AusländerInnen vergeben. Es fällt auf, dass die Befragten über Fördermöglichkeiten kaum informiert sind, daher auch schlechteren Zugang zu begünstigten Finanzierungsformen haben. Die UnternehmerInnen beginnen daher oft mit einem sehr geringen Startkapital und verfügen kaum über finanzielle Reserven, was beispielsweise den Spielraum für Investitionen spürbar einschränkt.

Bei der Dimension MitarbeiterInnen ist die Anknüpfung an die Herkunftsgruppe wohl am augenfälligsten. 41 der untersuchten Betriebe beschäftigen ausschließlich Angehörige der eigenen ethnischen Gruppe – häufig Familienmitglieder oder Personen, die aus dem Bekannten- und Verwandtenkreis empfohlen wurden. Besonders in jenen Betrieben, die sich vorwiegend auf eigene Landsleute als Kundschaft stützen, wird eine andere Möglichkeit auch nicht in Betracht gezogen, da die Sprachkenntnisse und das Wissen um die Konsumbedürfnisse der eigenen Gruppe eine wichtige Rolle spielen. Wir untersuchten Klein- und Kleinstbetriebe, die in der Regel nicht über automatisierte Kontrollmechanismen (beispielsweise computergestützte Kassen- und Abrechnungssysteme) verfügen. Daher erhält Vertrauenswürdigkeit und ethnische Zugehörigkeit in diesem Rahmen den Stellenwert einer wichtigen Qualifikation.

Viele der von uns interviewten UnternehmerInnen waren als junge Erwachsene nach Österreich eingereist und hatten daher ihre Ausbildung im Heimatland absolviert. Einige hatten in Österreich noch weiterführende Schulen oder auch Deutschkurse besucht. Man kann aber zusammenfassen, dass die Aus- und Weiterbildung von 35 der Befragten durch das Bildungssystem des Heimatlandes bestimmt ist. Das führt dazu, dass viele UnternehmerInnen nicht über jene anerkannten Ausbildungen verfügen, die in Österreich eine Voraussetzung für die Erteilung der Gewerbeberechtigung darstellen. Außerdem haben nur wenige der Befragten eine kaufmännische Ausbildung absolviert, was eine teilweise enorme Abhängigkeit von Steuerberatungsbüros zur Folge hat.

Die UnternehmerInnen verbringen in der Regel viele Stunden pro Tag im Geschäft, es bleibt ihnen kaum Zeit, parallel Weiterbildungskurse zu besuchen. Bevor jedoch eine fachspezifische Weiterbildung möglich ist, müssten viele UnternehmerInnen ihre Sprachkenntnisse verbessern, da die einschlägigen Kurse in deutscher Sprache angeboten werden.

Viele Produkte werden zwar über österreichische Firmen bezogen, jedoch an Landsleute verkauft. Versucht man sich ein Gesamtbild der Geschäftstätigkeit zu machen, so überwiegt bei den angebotenen Produkten und Dienstleistungen doch eher die Orientierung an der Herkunftsgesellschaft. Allerdings sind hier die Zuordnungen oft schwierig. Ein Beispiel mag das veranschaulichen: Ein Reisebüro, das von türkischen ZuwanderInnen betrieben wird und auch nur türkische MitarbeiterInnen beschäftigt, lebt wesentlich von den Reisen der Landsleute in die Heimat. In den Auslagen finden sich zwar die Angebote aller großen Reiseveranstalter, aber österreichische Kunden sind die absolute Ausnahme. Zusammenfassend kann festgehalten werden, dass die Interaktion mit der Aufnahmegesellschaft nur in Teilbereichen zu beobachten ist. Viele der zugewanderten UnternehmerInnen stützen sich während der Unternehmensgründung und auch in weiterer Folge auf ihre Landsleute.

Fremdenfeindlichkeit im Kontext der wirtschaftlichen Selbständigkeit von MigrantInnen

Auf Diskriminierungen, die sich im Bereich der Legistik finden, wurde bereits eingegangen. Wie zuvor ausgeführt, stellt die Staatsbürgerschaft hier ein wesentliches Kriterium dar. Ihr Besitz oder Nichtbesitz entscheidet über die Notwendigkeit, im Zuge der Unternehmensgründung ein Gleichstellungsverfahren zu durchlaufen, und über die Möglichkeit, nach der Schließung des Unternehmens wieder in den Arbeitsmarkt eintreten zu können.

Diese offenen und festgeschriebenen Diskriminierungsmechanismen werden jedoch von stillen Prozessen der Ausgrenzung begleitet. Dazu gehört unseres Erachtens auch, dass viele der von uns befragten UnternehmerInnen sich als Reaktion auf erlebte oder befürchtete Ausschließungsmechanismen am Arbeitsmarkt zur Unternehmensgründung entschlossen hatten. Als einen weiteren »stillen« Faktor identifizierten wir die Informationspolitik relevanter Institutionen gegenüber MigrantInnen. Diese beiden Punkte werden kurz begründet.

Unternehmensgründung als Akt der Emanzipation gegenüber einem diskriminierenden Arbeitsmarkt?

Ausländische ArbeitnehmerInnen stellten über lange Zeit eine Reservearmee für den österreichischen Arbeitsmarkt dar, sie wurden und werden noch immer unabhängig von ihrer Qualifikation überwiegend als Hilfs- und Anlernkräfte eingesetzt.[10] So ist beispielsweise der Anteil der männlichen ausländischen Hilfsarbeiter fast sechsmal so groß wie jener der inländischen. In einer ähnlich schlechten Position befinden sich die ausländischen Frauen.[11] Noch dazu sind AusländerInnen besonders häufig in jenen Branchen beschäftigt, die durch konjunkturelle Risiken und ungünstige Arbeitsbedingungen gekennzeichnet sind – wie beispielsweise im Gaststättenwesen oder in der Baubranche.

Für viele der von uns Befragten stellte daher der Schritt in die Selbständigkeit gleichzeitig eine Befreiung von den Benachteiligungen in der unselbständigen Erwerbstätigkeit dar. Obwohl in der politischen Diskussion häufig Selbständigkeit als Antwort auf zunehmende Arbeitslosigkeit thematisiert wird, gründeten die wenigsten der 45 UnternehmerInnen aus dieser Situation heraus ihr Geschäft. Eine Rolle spielte hingegen die Befürchtung zukünftiger Arbeitslosigkeit und die Wahrnehmung, dass eine Verbesserung der Arbeitssituation in einer unselbständigen Beschäftigung kaum zu erwarten ist.

Der Weg in die Selbständigkeit und in die erhoffte Selbstbestimmung führt aber für viele wieder in jene Branchen, die bereits als krisenanfällig bekannt sind. Somit sind sie auch als UnternehmerIn ähnlich wie als ArbeitnehmerIn Risiken ausgesetzt. Einerseits knüpft die Entscheidung für eine bestimmte Branche häufig an das Bedürfnis an, eigene Berufserfahrung oder jene von MitarbeiterInnen in der Selbständigkeit nutzen zu können. Andererseits nehmen viele MigrantInnen zukunftsweisende Branchen für sich als unerreichbar wahr, was als Folge der bisherigen Positionierung als (Hilfs-)Kraft, die beispielsweise mit modernen Technologien nicht beschäftigt wurde, interpretiert werden kann. Sowohl statistisches Datenmaterial als auch die Interviews lassen den Schluss zu, dass viele der zugewanderten UnternehmerInnen eine marginalisierte Position am Arbeitsmarkt gegen eine strukturell gleichermaßen randständige Position im Unternehmenssektor eintauschen.

Dennoch weist der Weg in die Selbständigkeit für viele UnternehmerInnen unverkennbar emanzipatorische Züge auf. Während sie immer wieder von diskriminierenden Erlebnissen im Zuge ihrer vorherigen unselbständigen Tätigkeit berichteten, wird der eigene Betrieb als weitgehend frei von fremdenfeindlichen Einflüssen erlebt. Eine wesentliche Rolle spielt dabei der Umstand, dass die wichtigsten Kommunikationspartner, nämlich die KundInnen, zu einem beträchtlichen Teil aus dem selben Herkunftsland stammen. Dennoch darf die veränderte Position, die als UnternehmerIn eingenommen wird, nicht unterschätzt werden. Als GeschäftsinhaberIn kann man fremdenfeindlich auftretende KundInnen dazu auffordern, dieses zu verlassen, ohne die eigene Existenz aufs Spiel zu setzen.

Die Informationspolitik relevanter Institutionen

Für viele der von uns Interviewten stellt die österreichische Institutionenlandschaft ein undurchschaubares Gewirr dar. Sie haben Schwierigkeiten, die Zuständigkeiten und Funktionen von Einrichtungen wie Finanzamt, Marktamt, Gewerbebehörde, Sozialversicherungsträger, Wirtschaftskammer usw. zu verstehen. Gleichzeitig haben diese Organisationen wirtschaftliche Selbständigkeit von MigrantInnen bislang kaum als spezifisches Interessenfeld identifiziert. Information und Beratung erfolgen nur in deutscher Sprache, ähnlich ist das Weiterbildungsangebot aufgrund sprachlicher Barrieren für den Großteil der UnternehmerInnen unerreichbar.

Vor allem ältere MigrantInnen kommen aufgrund von Sprach- und Qualifikationsdefiziten mit dieser Art von Informationspolitik schwer zurecht. Nur die wenigsten der von uns befragten UnternehmerInnen haben eine Beratung in Anspruch genommen, wie sie beispielsweise von der Wirtschaftskammer, vom WIFI oder vom Wiener Wirtschaftsförderungsfonds angeboten wird. In einigen Fällen führen Informationsmängel dazu, dass UnternehmerInnen Entscheidungen treffen, die ihre weiteren Existenzmöglichkeiten beeinträchtigen können. In anderen Fällen müssen wichtige Bereiche der Geschäftsführung für viel Geld in die Hände anderer Personen – häufig SteuerberaterInnen oder AnwältInnen – gelegt werden. Aufgrund der Sprachbarrieren werden insbesondere für die Kommunikation mit Behörden häufig Stellvertreter eingesetzt. Eine aus Serbien stammende Unternehmerin gibt dafür ein anschauliches Beispiel:

»Wir haben eine Bekannte, die hat eine Konzession und die kennt viele Leute in der Branche und am Magistrat. Die weiß gleich, bei welcher Tür du anklopfen musst, und dann geht alles viel leichter. Wenn ich dorthin gehe, muss ich zwei bis drei Stunden warten, und wenn ich heute nichts erreicht habe, dann muss ich morgen wieder hingehen.«

Schlussbemerkung

MigrantInnen aus der Türkei und aus den Nachfolgestaaten des ehemaligen Jugoslawien werden aus dem Bedürfnis heraus, sich von den diskriminierenden Mechanismen des Arbeitsmarktes zu befreien und ein selbstbestimmtes Arbeitsleben zu führen, immer häufiger zu UnternehmensgründerInnen. Faktisch beeinflusst jedoch in vielen Fällen die vorherige Berufsbiographie ihren Weg in die Selbständigkeit. Aufgrund des geringen Einkommens im Rahmen der unselbständigen Tätigkeit verfügen sie oft in der Gründungsphase nicht über ausreichend Startkapital. Im Rahmen von Hilfs- oder Anlerntätigkeiten wurden kaum Qualifkationen erworben, die zur Führung eines Unternehmens notwendig sind. Zumeist waren für die vorherigen Tätigkeiten Sprachkenntnisse ausreichend, die für eine einfache Konversation genügten.

Diese Faktoren, gemeinsam mit den beschriebenen rechtlichen Hürden und der für zugewanderte UnternehmerInnen ungünstigen Informationspolitik der relevanten Institutionen, verlangen zugewanderten UntenehmerInnen verstärkte Anstrengungen ab. Informelle Unterstützungsstrukturen in der eigenen Herkunftsgruppe müssen diese Defizite wettmachen. Der Einsatz »ethnischer Ressourcen« ist demnach im überwiegenden Fall eher als kompensatorische denn als frei gewählte Strategie zu beurteilen.

Anmerkungen

1 Die Biographie des Herrn Kemer ist eine konstruierte.

2 Bis zur Schaffung der Eingetragenen Erwerbsgesellschaften durch das EEG 1990 war die GmbH wegen ihrer Vielseitigkeit besonders beliebt. Mittlerweile überwiegt die Zahl der Erwerbsgesellschaften.

3 Pionierarbeit für die Entwicklung der Begrifflichkeiten rund um die Termini »Ethnizität« und »ethnische Gruppe« hat Max Weber in seinem 1922 erstmals erschienen Buch »Wirtschaft und Gesellschaft« geleistet. Er definiert ethnische Gruppen als »... Menschengruppen, welche auf Grund von Aehnlichkeiten des äußeren Habitus oder der Sitten oder beider oder von Erinnerungen an Kolonisation und Wanderung einen subjektiven Glauben an eine Abstammungsgemeinschaft hegen ... ganz einerlei, ob eine Blutsgemeinsamkeit objektiv vorliegt oder nicht« (Weber 972, 237). Demnach beruht eine ethnische Gemeinschaft in der Innensicht vor allem auf der Vorstellung und auf dem Glauben von Gemeinsamkeit. Gleiches gilt für die Außensicht, wobei die oft von außen wahrgenommene – vermeintliche – Einheit tatsächlich kaum existiert (vgl. Anderson 1991).

4 Vgl. Waldinger/Aldrich/Ward 1990, 34.

5 Vgl. Waldinger/Aldrich/Ward 1990.

6 Diese Vorbereitungsphase war auch wichtig, um den interviewten UnternehmerInnen als kompetente GesprächpartnerInnen gegenübertreten zu können.

7 Die Resonanz war überwiegend positiv, nur sehr wenige UnternehmerInnen lehnten ein Interview ab. Besonders der Hinweis, dass wir uns für ihre Probleme interessieren, führte zu einer hohen Zustimmungsquote. Den UnternehmerInnen wurde es freigestellt, das Interview in ihrer Muttersprache zu führen (muttersprachliche InterviewerInnen standen zur Verfügung) oder in deutscher Sprache.

8 Vgl. Kubicek/ Wedde 1998, 93.

9 Vgl. Mayring 1997.

10 Vgl. Faßmann 1992.

11 Vgl. Faßmann 1993, 117–118.

Ausländische Arbeitskräfte in Deutschland und Österreich

Zuwanderung, berufliche Platzierung und Effekte der Aufenthaltsdauer

Heinz Fassmann
Rainer Münz
Wolfgang Seifert

Vorbemerkung

Der Beitrag vergleicht die berufliche Position von Arbeitsmigranten aus der Türkei und dem ehemaligen Jugoslawien in Deutschland und Österreich. In beiden Staaten stellen Arbeitsmigranten aus der Türkei und dem ehemaligen Jugoslawien die Majorität der ausländischen Arbeitskräfte, und beide Staaten sind sowohl hinsichtlich ihrer Gesellschafts- und Wirtschaftsstruktur als auch der Arbeitsmarktstruktur vergleichbar. Der unterschiedliche Grad der Integration ausländischer Arbeitskräfte in den Beschäftigungssystemen Österreichs bzw. Deutschlands kann somit nicht generellen Faktoren zugeschrieben werden, sondern erfordert jeweils länderspezifische Erklärungen.

Die empirische Analyse stützt sich auf Daten der amtlichen Statistik, auf Auswertungen des Sozio-Ökonomischen Panels (SOEP)[1] und des österreichischen Mikrozensus. Dabei ist bei allen Resultaten, die auf dem SOEP bzw. Mikrozensus basieren, folgendes zu beachten: Das SOEP erfasst seit 1984 die fünf damals zahlenmäßig bedeutendsten Zuwanderergruppen in einer repräsentativen Stichprobe und seit 1994 auch Aussiedler und andere neue Zuwanderergruppen aus der zweiten Hälfte der 80er und der 90er Jahre.[2] Das SOEP gestattet damit methodisch einwandfreie Längsschnittanalysen, was mit dem österreichischen Mikrozensus nicht möglich ist. Der Mikrozensus stellte eine viermal jährlich durchgeführte Befragung dar, wobei Haushalte und deren Bewohner für jeweils acht Befragungswellen (= 2 Jahre) in der »rotierenden Stichprobe« bleiben. Vergleichsanalysen, die auf Daten von Mikrozensen basieren, die einen mindestens zweijährigen Erhebungsabstand aufweisen, argumentieren daher mit vollkommen ausgetauschten Stichproben. Der Mikrozensus erlaubt einen Vergleich von Querschnittserhebungen, die zwar nach einem einheitlichen Stichprobenverfahren repräsentativ ausgewählt wurden, aber nicht die inhaltliche Qualität einer echten Panelerhebung aufweisen.

Zu bedenken ist daher, dass ein unbekannter Teil der Unterschiede des deutsch-österreichischen Vergleichs auf die Datenquellen zurückgeführt werden kann. Längsschnitt- und Querschnittanalysen können allein aus methodischen Gründen zu unterschiedlichen Resultaten führen.[3] Um diese methodischen Artefakte jedoch zu minimieren, wurden für Deutschland zwei kurze Längsschnitte gewählt. Die erste Längsschnittkohorte umfasst die Jahre 1984 bis 1989 und die zweite die Jahre 1990 bis 1994. Die Vergleichsdaten für Österreich stammen aus den Mikrozensus-Jahresdurchschnitten von 1988 und 1993.

Die Entwicklung der Arbeitskräftewanderung nach Österreich und Deutschland, 1960–1997

In beiden Staaten markiert der Beginn der Arbeitskräftewanderung das Ende der unmittelbaren Nachkriegszeit. Beide Volkswirtschaften wiesen in der Nachkriegszeit hohe Wachstumsraten (das sogenannte »Wirtschaftswunder«) auf. Dies und der kriegsbedingte Ausfall eines Teils der männlichen Arbeitskräfte erleichterten die ökonomische Integration von Flüchtlingen und Vertriebenen der Jahre 1945–1948 in das Beschäftigungssystem.[4] Jede Nachfrageausweitung stieß im Rahmen der damals herrschenden wirtschaftlichen und gesellschaftlichen Bedingungen auf Angebotsgrenzen. Westdeutschland hatte bereits 1955 mit Italien einen Anwerbevertrag abgeschlossen, von der Rekrutierung jedoch aufgrund der hohen Zahl von Übersiedlern aus der ehemaligen DDR nur spärlich Gebrauch gemacht. Erst nach dem Bau der Berliner Mauer 1961 kam es zu einer nennenswerten Anwerbung ausländischer Arbeitskräfte aus dem Süden und Südosten Europas. Deutschland schloss weitere Anwerbeabkommen mit Spanien, Griechenland, der Türkei und Jugoslawien ab. Die Rekrutierung erfolgte somit zuerst beim EWG-Partner Italien, später in westlichen Mittelmeerländern und schließlich auch im kommunistisch regierten Jugoslawien.

In Österreich war die Situation ähnlich. Die Notwendigkeit einer Anwerbung von ausländischen Arbeitskräften stellte sich in den 50er Jahren noch nicht. Zu groß war die Arbeitslosigkeit und die Zahl derer, die in den Nachkriegsjahren in das Beschäftigungssystem integriert werden mussten. Dazu kam eine rasche Entagrarisierung, die zum Aufbau eines im Inland verfügbaren Arbeitskräfteangebots führte. Anfang der 50er Jahre war noch über ein Drittel aller Erwerbspersonen in der Landwirtschaft tätig, 1960 waren es weniger als 20 %. Erst Anfang der 60er Jahre endete das Wachstum des endogenen Arbeitskräfteangebots. Steigende Geburtenzahlen, damit zusammenhängend eine sinkende Frauenerwerbstätigkeit und eine wachsende Nachfrage nach Arbeitskräften veranlassten Österreich dazu, dem Beispiel anderer westeuropäischer Staaten zu folgen und auf der Grundlage von bilateralen Verträgen (Spanien 1962, Türkei 1964 und Jugoslawien 1966) ausländische Arbeitskräfte anzuwerben. Das Abkommen mit Spanien blieb weitgehend bedeutungslos. Erst nach 1967 begann eine quantitativ bedeutsame Anwerbung ausländischer Arbeitskräfte.

Im Verlauf der Anwerbung ausländischer Arbeitskräfte durch österreichische Unternehmer änderte sich die geographische Herkunft der

Zuwanderer allmählich und verlagerte sich an die europäische »Peripherie«. Österreich musste aufgrund seines niedrigeren Lohnniveaus in Konkurrenz mit anderen Anwerbestaaten auf weniger entwickelte Regionen ausweichen. So warb Österreich vornehmlich im Südosten des damaligen Jugoslawien an (Serbien, Bosnien-Herzegowina und Mazedonien), während die Arbeitsmigranten aus Slowenien und Kroatien überwiegend in westeuropäische Länder mit höherem Lohnniveau (Westdeutschland, Schweden und Schweiz) gingen. Auch die demographische Struktur der Arbeitsmigranten veränderte sich im Lauf der Zeit. Aufgrund der wachsenden Konkurrenz wanderten Ende der 60er und besonders in den 70er Jahren zunehmend auch ältere Arbeitskräfte, die teilweise ihre Familienangehörigen mitbrachten, nach Österreich. Auch in Westdeutschland wuchs Anfang der 70er Jahre die Zahl derer, die ihre Familie nachholten und sich für einen längeren Aufenthalt einrichteten.

Abbildung 1a: Ausländische Arbeitskräfte, Deutschland 1960–1997 (in Tausend)

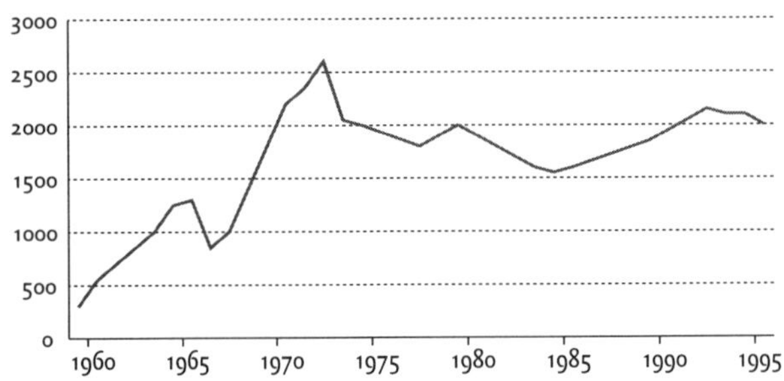

bis 1990 Westdeutschland, danach Gesamtdeutschland;

Quelle: Statistisches Bundesamt

Abbildung 1b: Ausländische Arbeitskräfte, Österreich 1961–1997 (in Tausend)

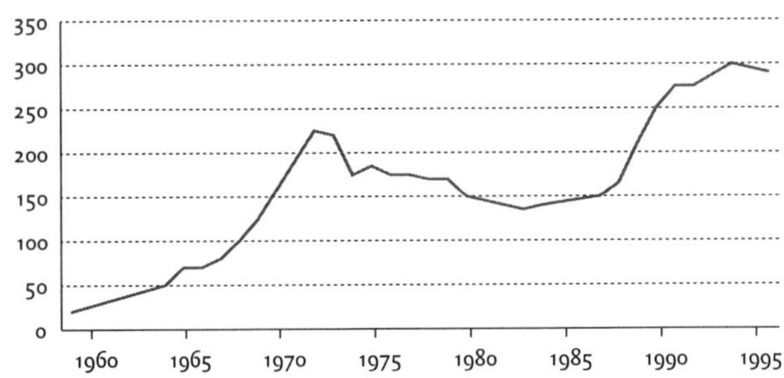

Quelle: Fassmann, Münz 1995:44, Biffl et al. 1997:47

Nach Beginn der Anwerbung stieg sowohl in Österreich als auch in Deutschland die Zahl der ausländischen Beschäftigten sehr schnell an (vgl. Abbildungen 1a und 1b). Während in der Wirtschaftskrise von 1966/67 in Westdeutschland ein deutlicher, wenngleich vorübergehender Rückgang der Zahl ausländischer Beschäftigter zu beobachten war, hatte diese Rezession in Österreich geringe Auswirkungen, weil die Zahl der unselbständig beschäftigten Ausländer[5] damals noch relativ klein war. 1973 erreichte die Ausländerbeschäftigung in beiden Staaten ihren vorläufigen Höhepunkt. Der darauffolgende Rückgang hatte in Deutschland und Österreich etwa das gleiche Ausmaß. Die Zahl der ausländischen Arbeitnehmer ging jeweils um rund 40 % zurück und erreichte in Österreich im Jahr 1984, in Westdeutschland im Jahr 1985 den niedrigsten Stand. Im weiteren Verlauf stieg die Zahl der ausländischen Beschäftigten in Österreich proportional wesentlich stärker als in (West-)Deutschland. Österreich reagierte auf die gute Konjunkturentwicklung in der zweiten Hälfte der 80er Jahre abermals mit einer Ausweitung der Ausländerbeschäftigung, in Westdeutschland geschah dies in weit geringerem Umfang. Zugleich wurde jedoch eine wachsende Zahl volksdeutscher Aussiedler in den deutschen Arbeitsmarkt integriert[6], die in der Statistik zwar nicht als Ausländer erscheinen, aber zweifellos Immigranten sind.

In Österreich verdoppelte sich die Zahl der abhängig beschäftigten Ausländer zwischen 1971 und 1997, in Deutschland lag sie 1997 etwas unter dem Niveau von 1971. Der Anteil der ausländischen Arbeitnehmer veränderte sich in diesem Zeitraum in Deutschland kaum, in Österreich stieg er von 6,1 % auf 9,8 % und bewegte sich damit über dem Niveau Westdeutschlands (9,0 %).

In beiden Staaten war nach dem Anwerbestopp eine gegenläufige Entwicklung zwischen der Zahl ausländischer Arbeitskräfte einerseits und dem Wachstum der ausländischen Wohnbevölkerung andererseits zu beobachten. Der Familiennachzug wurde zum Motor wachsender Ausländerzahlen. Vor die Wahl gestellt, entweder ohne die Chance auf eine spätere Rückkehr nach Österreich oder Deutschland in das Heimatland zurückzukehren oder gleich hierzubleiben, entschloss sich die Mehrzahl der ausländischen Arbeitskräfte in beiden Ländern für letzteres. Viele holten ihre Familien nach oder gründeten Familien im Zielland. Dadurch entstand für beide Staaten eine nicht intendierte Einwanderungssituation mit zahlreichen gesellschaftlichen Folgeproblemen. In Westdeutschland verdoppelte sich die ausländische Bevölkerung zwischen 1971 und 1997. In Österreich verdreifachte sie sich im selben Zeitraum.

Im Gegensatz zu anderen europäischen Staaten waren Österreich und Deutschland in hohem Maße von der politischen und ökonomischen Liberalisierung in den östlichen Nachbarstaaten, aber auch von Flucht und erzwungener Migration infolge von Krieg und »ethnischen Säuberungen« in Kroatien und Bosnien sowie der politischen und militärischen Repression in der Türkei und anderen Staaten des Mittleren Ostens (insbesondere Irak, Iran und Afghanistan) betroffen. Seit 1989/90 stiegen sowohl in Deutschland als auch in Österreich die Zuwanderung und die Zahl der Arbeitskräfte aus östlichen Nachbarländern (Polen, Tschechische Republik, Ungarn), aber auch die Zahl der Asylbewerber aus den genannten Ländern sowie der Kriegsflüchtlinge aus Bosnien. Beide Staaten reagierten seit Beginn der 90er Jahre auf den wachsenden Migrationsdruck aus Osteuropa mit strengeren Grenzkontrollen, einer Einschränkung des Asylrechts und mit anderen gesetzlichen Restriktionen, aber auch mit neuen Maßnahmen zur Regulierung der Ost-West-Migration.

Tabelle 1: Ausländische Bevölkerung in Österreich und Deutschland, 1961–1995

	1961	1971	1981	1991	1993	1995	1997
Ausländische Wohnbevölkerung (absolut)							
Deutschland	686.000	3.438.700	4.629.700	5.882.300	6.878.100	7.173.900	7.365.800
Österreich	102.200	211.900	291.400	517.700	706.300	723.000	732.700
Ausländische Arbeitnehmer (absolut)							
Deutschland	548.900	2.128.400	1.911.000	1.891.200	2.183.600	2.128.700	2.022.586
Österreich	16.200	150.200	171.800	266.500	277.500	300.300	298.775
Anteil an allen Beschäftigten (in %)							
Deutschland *	2,6	9,3	8,4	8,2	9,4	9,4	9,0
Österreich	0,7	6,1	6,1	8,6	9,0	9,8	9,8
Index der ausl. Bevölkerung (1971 = 100)							
Deutschland	20	100	135	171	200	209	214
Österreich	48	100	138	244	333	341	346
Index der ausl. Arbeitnehmer (1971 = 100)							
Deutschland	26	100	90	89	103	100	95
Österreich		100	114	177	185	200	199

* sozialversicherungspflichtig Beschäftigte. Quellen – Österreich: Volkszählungsergebnisse und Bevölkerungsfortschreibung; Deutschland: Statistisches Bundesamt

Demographische und arbeitsmarktbezogene Merkmale der ausländischen Arbeitskräfte

Geschlechterproportion und Bildungsgrad

Die demographische Struktur der ausländischen Arbeitskräfte in Österreich und Deutschland weist zahlreiche Gemeinsamkeiten auf. Sowohl in Österreich als auch in Deutschland liegt der Männeranteil bei Zuwanderern deutlich über dem der inländischen Wohnbevölkerung. Dies ergibt sich aus der spezifischen Abfolge des Migrationsprozesses: Zuerst wanderten alleinlebende Männer ein und erhöhten damit den Männeranteil. Erst später wurden Familienangehörige (v.a. Ehefrauen und Kinder) nachgeholt, wodurch der Männeranteil sank. Der Familiennachzug erfolgte bei (Ex-)Jugoslawen und Türken in Deutschland etwa gleich häufig, in Österreich jedoch bei türkischen Staatsbürgern häufiger als bei Zuwanderern aus (Ex-)Jugoslawien. Beides lässt sich an der Männerquote ablesen (Tabelle 2).

In Österreich wie auch in Deutschland ist der Anteil der Zuwanderer, die lediglich über einen Pflichtschulabschluss verfügen, erheblich größer als bei Einheimischen. In Deutschland verfügen Zuwanderer sowohl aus dem ehemaligen Jugoslawien als auch aus der Türkei öfter über einen sekundären Bildungsabschluss (höherer Schulabschluss im Ausland bzw. Mittlere Reife), als dies bei diesen beiden Migrantengruppen in Österreich der Fall ist (Tabelle 2). Dies könnte darauf hindeuten, dass Personen mit mittlerem und höherem Bildungsgrad aufgrund des Lohnunterschiedes zur Zeit der Anwerbung eher nach Deutschland als nach Österreich wanderten.

Tabelle 2: Demographische Merkmale und Bildung der ausländischen Bevölkerung in Deutschland und Österreich im Vergleich zur Wohnbevölkerung, 1993/94

	Deutschland			**Österreich**		
	Türken	**Exjugo-slawen**	**Wohn-bevölk.**	**Türken**	**Exjugo-slawen**	**Wohn-bevölk.**
Geschlechterproportion (in %)						
Männer	55,0	55,2	48,7	57,7	53,9	48,3
Frauen	45,0	44,8	51,4	42,3	46,1	51,7
Altersverteilung (in %)						
bis 14 Jahre	26,8	26,0	16,4	38,9	25,1	19,0
15–59 Jahre	69,8	70,1	63,2	60,2	71,7	62,1
60 Jahre und älter	3,4	3,9	20,4	1,0	3,2	18,9
Bildungsgrad[1] (in %)						
Primär	79	86	65	94	92	72
Sekundär	20	13	28	5	7	23
Tertiär	2	2	6	1	1	5

[1] Primär = Hauptschule, Pflichtschule im Ausland, sekundär = Mittlere Reife, höhere Schule im Ausland, tertiär = Abitur, Universität. Quellen: Deutschland: Statistisches Bundesamt, Bildungsgrad: SOEP, Österreich: Mikrozensus 1993.

Arbeitslosigkeit

Arbeitslosigkeit von Ausländern gab es während der 60er Jahre weder in Deutschland noch in Österreich. Aufgrund der kurzen Aufenthaltsdauer und des engen Zusammenhangs zwischen Erwerbstätigkeit und Aufenthaltsrecht mussten arbeitslos gewordene Gastarbeiter kurzfristig heimkehren und belasteten damals allenfalls die Statistik ihrer Herkunftsländer, nicht aber die deutsche oder österreichische Arbeitslosenversicherung. In Deutschland erreichte die Zahl der beschäftigungslosen Ausländer nach der Ölpreiskrise von 1973 ein erstes Maximum und pendelte sich dann im Jahresdurchschnitt bei rund 100.000 ein. Nach einem kräftigen Anstieg zu Beginn der 80er Jahre erhöhte sich diese Zahl auf nahezu 300.000 Ausländer ohne Beschäftigung. Bis Anfang der 90er Jahre sank die Zahl der arbeitslosen Ausländer im Jahresschnitt auf annähernd 200.000. Nach 1990 stieg sie sprunghaft an. 1994 wurden in Deutschland erstmals über 400.000 arbeitslose Ausländer registriert. 1997 wurde mit 550.000 arbeitslosen Ausländern die bisherige Rekordmarke erreicht. Auf die Arbeitslosenquote wirkte sich der Anstieg der Arbeitslosigkeit bei Ausländern nicht ganz so drastisch aus, weil ab Mitte der 80er Jahre auch die Zahl der ausländischen Beschäftigten wieder deutlich zunahm.Die Arbeitslosenquote ausländischer Erwerbspersonen lag seit Beginn der 80er Jahre in jedem Jahr über jener der westdeutschen Erwerbspersonen insgesamt (Abbildung 2).7 Abgesehen von einer kurzen Phase der Wiederannäherung in der zweiten Hälfte der 80er Jahre entwickelten sich die Quoten von ausländischen und deutschen Erwerbspersonen weiter auseinander. In höherem Maße als andere Ausländer waren türkische Erwerbspersonen von diesem Trend betroffen.

Abbildung 2: Arbeitslosenquoten in Westdeutschland, 1980–1997 (in Prozent)
Quelle: Bundesanstalt für Arbeit

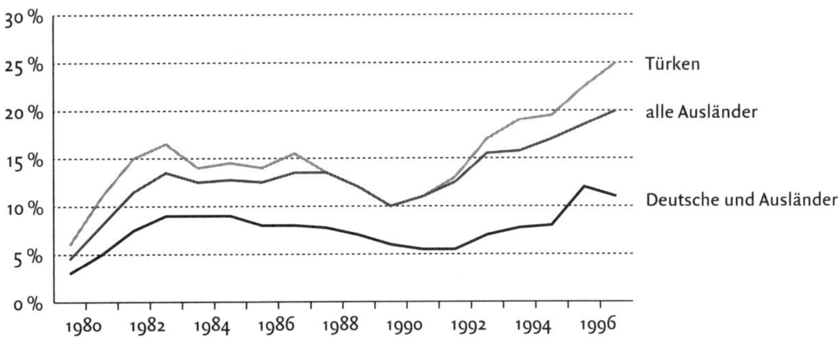

In Österreich war der konjunkturelle Einbruch als Folge der ersten Ölpreiskrise von 1973 aufgrund massiver staatlicher Investitionstätigkeit und einer politisch motivierten verzögerten Anpassung im Bereich der damals noch in großen Teilen verstaatlichten Industrie geringer als in Westdeutschland. Entsprechend niedrig blieb zunächst die Arbeitslosigkeit. Bis zu Beginn der 80er Jahre traf dies auch auf ausländische Erwerbspersonen zu, deren Zahl sich im gleichen Zeitraum erheblich verringerte. Erst danach verdoppelte sich die Zahl der ausländischen Arbeitslosen im Jahresschnitt von ca. 5.000 auf 10.000 Personen (1982). Dieser noch immer günstige Wert blieb in den 80er Jahren stabil. Mit der Öffnung der Grenzen zwischen Österreich und seinen östlichen Nachbarstaaten sowie mit dem Einsetzen des Zustroms von Flüchtlingen und Vertriebenen vor allem aus Bosnien-Herzegowina kam es zu einem drastischen Anstieg der Zahl arbeitsloser Ausländer.

In Österreich war während der 70er Jahre nicht nur die Arbeitslosigkeit der Inländer, sondern auch die der Ausländer mit Quoten zwischen 2 % und 3 % (Abbildung 3) deutlich niedriger als in den meisten anderen Staaten Westeuropas. Hier dürfte sich der hohe Anteil an Arbeitsplätzen im öffentlichen Dienst sowie in der verstaatlichten Industrie für die Inländer stabilisierend ausgewirkt haben. Bei den Ausländern wurde die Arbeitslosigkeit hingegen durch einen raschen Abbau der »Gastarbeiter« in die jeweiligen Herkunftsländer »exportiert«. Erst Anfang der 80er Jahre stieg die Arbeitslosenquote bei den Ausländern auf 6 % (1982/83). Der Anstieg war zunächst stärker als bei den inländischen Beschäftigten, doch bis Mitte der 80er Jahre war aufgrund der stark rückläufigen Zahl erwerbstätiger Ausländer wieder eine Annäherung zu beobachten. Zu Beginn der 90er Jahre stieg die Arbeitslosenquote der ausländischen Bevölkerung erneut stärker an.

Abbildung 3: Arbeitslosenquoten in Österreich, 1974–1997 (in Prozent)

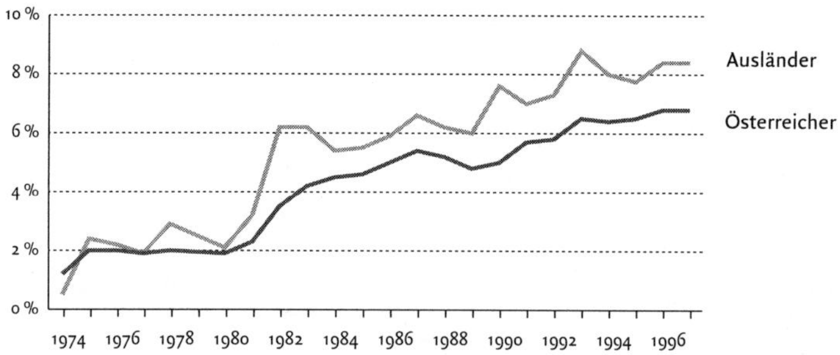

Im Vergleich zu Deutschland entwickelte sich die Arbeitslosenquote der Ausländer in Österreich vergleichsweise günstig. Sie lag nie wesentlich über dem prozentualen Anteil arbeitsloser Inländer. Im europäischen Vergleich nimmt Österreich damit eine Sonderstellung ein. In Frankreich, Deutschland oder Schweden ist die Arbeitslosenquote der ausländischen Bevölkerung doppelt so hoch wie diejenige der Inländer, in den Niederlanden betrug sie sogar das Dreifache[8], während sie in Österreich 1997 nur das 1,2-fache betrug. Dies ist überraschend. Aufgrund der Qualifikationsstruktur der ausländischen Bevölkerung wäre zu vermuten, dass die Arbeitslosenquote der ausländischen Bevölkerung – wie auch in anderen europäischen Staaten – erheblich über jener der Österreicher liegen müsste. Allerdings ist zu bedenken, dass eine länger andauernde Arbeitslosigkeit in Österreich rascher als anderswo zum Verlust der Aufenthaltsberechtigung führt, was die österreichische Arbeitslosenstatistik entlastet.

Berufliche Positionierung der ausländischen Arbeitskräfte

Betriebliche und sektorale Kennzeichen

Der Betriebsgröße kommt bei der Integration ausländischer Arbeitskräfte eine besondere Bedeutung zu. Großbetriebe offerieren innerbetriebliche Karrierelinien, die auch Arbeitskräften mit niedrigem Qualifikationsniveau Aufstiegsmöglichkeiten eröffnen, wenn sie sich betriebsspezifische Kenntnisse aneignen. Es ist daher wichtig, die Konsequenzen der unterschiedlichen Größenstruktur der österreichischen und deutschen Unternehmen zu beachten (vgl. Tabelle 3).

Österreichs Struktur ist von Kleinst-, Klein- und Mittelbetrieben geprägt, Großbetriebe kommen ausgesprochen selten vor. Nur rund 12 %

Tabelle 3:
Betriebsgrößen von abhängig Beschäftigten in Österreich und Deutschland 1993/94

	Deutschland		Österreich	
	Deutsche	Ausländer	Österreicher	Ausländer
1–9 Beschäftigte	17,5	16,9	35,2	25,3
10–49 Beschäftigte	23	20,6	27,6	31,7
50–499 Beschäftigte	35,1	35,6	24,9	31,6
500 und mehr Beschäftigte	24,4	26,9	12,3	11,4

Quellen: Deutschland: IAB-Beschäftigtenstatistik, Österreich: Mikrozensus 1993.

aller Beschäftigten sind in Unternehmen mit mindestens 500 Mitarbeitern tätig. In Deutschland ist dieser Wert aufgrund der viel zahlreicheren Großbetriebe doppelt so groß. 24 % aller Beschäftigten arbeiten in Unternehmen mit mindestens 500 Mitarbeitern.

Wesentlich ist nicht nur der Unterschied der Betriebsgrößen, hinzu kommt, dass ausländische Arbeitskräfte in Deutschland – im Vergleich zur jeweils einheimischen Bevölkerung – häufiger und in Österreich seltener in Großbetrieben tätig sind. 27 % der ausländischen Arbeitskräfte arbeiten in Deutschland in Großbetrieben (Deutsche: 24 %), nur 11 % sind es in Österreich (Österreicher: 12 %).[9] Auf den damit verbundenen strukturellen Aspekt kann ein Teil der geringeren Aufstiegschancen ausländischer Arbeitskräfte in Österreich zurückgeführt werden.

Charakteristisch für beide Länder ist die fortgeschrittene Tertiärisierung der Beschäftigungsstruktur. Nur noch jeder vierte Österreicher (1993: 25 %) und jeder dritte Westdeutsche (1994: 33 %) geht einer Beschäftigung im produzierenden Gewerbe nach. In Westdeutschland ist fast jeder dritte Erwerbstätige im öffentlichen Dienst oder im Bereich der sozialen Dienste beschäftigt (29 %). In Österreich arbeitet nur ein Fünftel in diesem Bereich (21 %) und ein weiteres Fünftel im Bereich von Handel und Verkehr (21 %). In beiden Ländern ist für die ausländischen Beschäftigten das produzierende Gewerbe als Arbeitgeber von relativ größerer Bedeutung als für Einheimische. Mehr als zwei Drittel der türkischen Beschäftigten in Westdeutschland waren 1984 im produzierenden Gewerbe beschäftigt (67 %), 1994 war es noch etwa die Hälfte (51 %). Bei Beschäftigten aus Jugoslawien waren bereits 1984 nur 46 % im produzierenden Gewerbe beschäftigt. Allerdings stieg der entsprechende Anteil zwischenzeitlich an und lag 1994 wieder auf dem Niveau von 1984 (46 %).

Ein ähnliches Bild zeigt sich in Österreich. Hier waren Arbeitnehmer aus dem ehemaligen Jugoslawien seltener im produzierenden Gewerbe tätig (1988: 41 %, 1993: 38 %) als türkische Beschäftigte (1988: 57 %: 1993: 53 %). Auch hier verringerte sich der Anteil der in diesem Bereich tätigen türkischen Beschäftigten stärker als bei Arbeitnehmern aus (Ex-)Jugoslawien. Sofern ausländische Arbeitnehmer im Dienstleistungsbereich tätig sind, konzentrieren sie sich in Österreich vorwiegend auf die konsumnahen Dienstleistungsbereiche, also in erster Linie auf Tourismus und Gastronomie, während in Westdeutschland auch der öffentliche Dienst und die sozialen Dienste an Bedeutung gewannen.

Ein weiterer wichtiger Unterschied ergibt sich aus der Besitzstruktur der Großbetriebe in Österreich und in Westdeutschland. Zwar hat sich auch in Österreich in den letzten Jahren der Anteil der verstaatlichten Industrie verringert, dennoch dominierten bei den wenigen Großbetrieben in Österreich bis in die jüngste Vergangenheit der Staat bzw. verstaatlichte Banken als Eigentümer. Dies verstärkte die Tendenz zur Vergabe der besser bezahlten und bis in die 80er Jahre auch relativ sicheren Arbeitsplätze in der staatlich kontrollierten Eisen- und Stahlindustrie, bei den durchwegs verstaatlichten oder halbstaatlichen Energieversorgungsunternehmen (Gas- und Elektrizitätswirtschaft) und den mehrheitlich im Besitz der öffentlichen Hand befindlichen Verkehrsunternehmen (Bundesbahn, nationale Fluglinie, kommunale Verkehrsbetriebe) an inländische Arbeitnehmer. Gleiches gilt auch für den Bereich von Post- und Telekommunikation, den österreichischen Bankensektor, einen größeren Teil der Versicherungen, die Lebensmittelerzeugung, die Mineralölproduktion, die gesamte Tabakindustrie sowie für elektronische Medien. Rund ein Drittel aller unselbständig Beschäftigten ist in diesem geschützten Arbeitsmarktsegment tätig.

Tabelle 4:
Beschäftigungsstruktur von türkischen, (ex-)jugoslawischen, deutschen und österreichischen Beschäftigten nach Branchen, 1984–1993/94 (in %)

	Deutschland				Österreich	
	1984	1989	1990	1994	1988	1993
Türkische Staatsbürger						
Primärer Sektor	3	4	2	1	3	6
Produzierendes Gewerbe	67	65	57	51	57	53
Bau	12	12	12	8	13	14
Handel, Verkehr	7	5	8	12	10	9
Produktionsnahe Dienste	2	3	3	7	2	1
Konsumorientierte Dienste	4	4	5	7	15	16
Öffentliche und soziale Dienste	4	7	13	14	0	2
(Ex-)jugoslawische Staatsb.						
Primärer Sektor	4	3	1	2	1	2
Produzierendes Gewerbe	46	51	54	46	41	39
Bau	20	19	17	16	11	17
Handel, Verkehr	11	9	8	12	16	14
Produktionsnahe Dienste	2	3	2	5	1	2
Konsumorientierte Dienste	12	9	9	7	23	20
Öffentliche und soziale Dienste	5	7	9	12	7	6
Einheimische						
Primärer Sektor	5	4	3	4	10	9
Produzierendes Gewerbe	32	34	33	33	27	25
Bau	8	6	6	6	8	8
Handel, Verkehr	16	16	16	17	20	21
Produktionsnahe Dienste	7	8	8	8	6	8
Konsumorientierte Dienste	4	3	4	3	8	8
Öffentliche und soziale Dienste	28	29	29	30	19	21

Datenbasis Deutschland: Längsschnitte des SOEP 1984–1989 und 1990–1994 (nur Westdeutschland); Österreich: Mikrozensus 1988 und 1993.

Stabilität und Veränderung der beruflichen Positionierung

Ein Vergleich der beruflichen Positionierung zu mehreren Zeitpunkten liefert Hinweise sowohl auf die Stabilität bei der Beschäftigungsstruktur ausländischer Arbeitskräfte in Österreich und Deutschland als auch auf ein gewisses Maß an Dynamik. Ausländische Beschäftigte üben sowohl in Österreich als auch in Deutschland überwiegend Arbeiterberufe aus. Jeweils mehr als die Hälfte der türkischen (Deutschland: 60 %; Österreich: 76 %) und exjugoslawischen Beschäftigten (Deutschland: 51 %; Österreich: 75 %) waren 1993/94 als un- oder angelernte Arbeiter tätig (vgl. Tabelle 5).

In Westdeutschland waren 1984 türkische Beschäftigte fast ausschließlich als un- oder angelernte Arbeiter tätig gewesen (79 %). Bei jugoslawischen Beschäftigten war dies bei zwei Drittel der Fall (66 %). In beiden Herkunftsgruppen war bis 1994 ein deutlicher Rückgang des Anteils dieser Beschäftigungsposition zu verzeichnen. Facharbeiterpositionen gewannen an Bedeutung (21 % bzw. 32 %), daneben aber auch Angestelltenberufe (11 % bzw. 16 %). In geringem Umfang sind (ex-)jugoslawische und türkische Beschäftigte nun auch in mittleren und höheren Angestelltenpositionen (5 % bzw. 7 %) zu finden. Vor allem bei Türken in Deutschland stieg zugleich die Zahl der Selbständigen recht deutlich (1994: 8 %), allerdings war sie bei (ex-)jugoslawischen Beschäftigten rückläufig.

1988 übten in Österreich jugoslawische Beschäftigte un- und angelernte Arbeiterberufe (81 %) etwa gleich häufig aus wie türkische Arbeitnehmer (79 %). Vier von fünf Beschäftigten konzentrierten sich in diesen Positionen. Zwischen 1988 und 1993 zeigte sich bei (ex)jugoslawischen Beschäftigten ein schwacher Rückgang der an- und ungelernten Arbeiter (1993: 75 %). Zugleich stieg die Zahl der Facharbeiter etwas an (1988: 12 %, 1993: 15 %). Auch die Anteile der einfachen (1993: 4 %) sowie der mittleren und höheren Angestellten (1993: 2 %) verdoppelten sich, blieben aber insgesamt sehr klein. Ein anderes Bild zeigt sich bei Zuwanderern aus der Türkei. In dieser Gruppe stieg der Anteil der ungelernten Arbeiter in den frühen 90er Jahren sogar noch an (1988: 34 %; 1993: 48 %), während der Anteil der angelernten Arbeiter abnahm (1988: 49 %; 1993: 28 %). Fasst man un- und angelernte Arbeiter zusammen, dann zeigt sich ein leichter Rückgang dieser Kategorie von Arbeitern (1988: 79 %; 1993: 76 %). Gleichzeitig erhöhte sich unter türkischen Beschäftigten der Facharbeiteranteil (1988: 12 %; 1993: 18 %).

In Deutschland gibt es jedoch Anzeichen dafür, dass sich zumindest ein Teil der ausländischen Beschäftigten aus dem untersten Segment des Arbeitsmarktes löst und in höhere Beschäftigungsbereiche und Hierarchieebenen vorzudringen beginnt.[10] In Österreich ist dies ganz offensichtlich in weit geringerem Maß der Fall.

Tabelle 5:
Berufliche Stellung von Arbeitnehmern aus (dem ehemaligen) Jugoslawien und der Türkei in Deutschland und Österreich, 1984–1993/94 (in Prozent)

	Deutschland				Österreich	
	1984	1989	1990	1994	1988	1993
Türkische Staatsbürger						
Ungelernte Arbeiter	38	26	27	20	34	48
Angelernte Arbeiter	41	43	36	40	45	28
Facharbeiter/Meister	14	22	24	21	12	18
Einfache Angestellte	4	2	3	6	8	1
Mittlere und gehobene Angestellte	1	6	3	5	0	2
Selbständige	2	1	6	8	1	4
(Ex-)jugoslawische Staatsb.						
Ungelernte Arbeiter	17	16	23	10	47	40
Angelernte Arbeiter	39	42	40	41	34	35
Facharbeiter/Meister	30	29	27	32	12	15
Einfache Angestellte	5	4	6	9	2	4
Mittlere und gehobene Angestellte	3	5	4	7	1	2
Selbständige	6	4	1	2	4	4
Einheimische Beschäftigte						
Ungelernte Arbeiter	5	4	4	4	6	5
Angelernte Arbeiter	12	12	11	9	12	11
Facharbeiter/Meister	17	18	19	16	22	20
Einfache Angestellte	10	9	10	12	12	12
Mittlere und gehobene Angestellte	33	38	37	39	16	20
Beamte	12	10	11	10	19	20
Selbständige	11	9	8	10	14	12

Datenbasis Deutschland: Längsschnitte des SOEP 1984–1989 und 1990–1994 (nur Westdeutschland); Österreich: Mikrozensus 1988 und 1993.

Bildungseffekt, Aufenthaltsdauer und berufliche Mobilität

Eine mögliche Erklärung für die Konzentration der ausländischen Bevölkerung auf den unteren Ebenen der Beschäftigungshierarchie liefert die Bildungs- und Qualifikationsstruktur der ausländischen Bevölkerung.[11] Zuerst werden einheimische und ausländische Beschäftigte mit einem primären Bildungsabschluss (Hauptschulabschluss oder Pflichtschulabschluss im Ausland) betrachtet.

Zunächst fällt auf, dass sich ausländische und einheimische Beschäftigte mit primären Bildungsabschlüssen in ihrer beruflichen Stellung erheblich unterscheiden. Ausländer mit primären Bildungsabschlüssen sind fast ausschließlich in Arbeiterberufen tätig (Tabelle 6). Zwar ist auch bei den Einheimischen mit primärem Bildungsabschluss der Anteil der Beschäftigten in Arbeiterberufen höher, doch sind viele von ihnen auch als mittlere oder höhere Angestellte bzw. Beamte tätig. Letzteres spielt aufgrund des höheren Anteils öffentlich Bediensteter vor allem in Österreich eine Rolle. Die Karrieren ausländischer Beschäftigter bleiben weitgehend auf Arbeiterberufe beschränkt. Der Anteil der türkischen Beschäftigten in Facharbeiterpositionen steigt in beiden Ländern, in Österreich liegt er jedoch unter 20 %. Immerhin 41 % der Beschäftigten aus dem ehemaligen Jugoslawien waren in Westdeutschland 1994 als Facharbeiter tätig, in Österreich waren es dagegen nur 15 % der (ex-)jugoslawischen Beschäftigten mit primärem Bildungsabschluss.

In Österreich waren ausländische Beschäftigte mit primären Bildungsabschlüssen weitaus häufiger als an- oder ungelernte Arbeiter tätig. Dies dürfte ein Hinweis auf eine stärkere Segmentierung des österreichischen Arbeitsmarktes sein. Zugleich ist aber auch denkbar, dass das Fehlen von Sprachkenntnissen und spezifischen Qualifikationen den Zugang zu Angestelltenberufen in beiden Ländern erschwert. Im folgenden wird deshalb ein besonderes Augenmerk auf die zweite Generation gelegt.

Diejenigen Ausländer, die bereits in Deutschland bzw. in Österreich geboren wurden, haben in der Regel weniger oder gar keine Sprachprobleme und verfügen auch über inländische Schulabschlüsse, die ihre Chancen auf dem Arbeitsmarkt des Ziellandes verbessern müssten. Gemäß der Humankapitaltheorie wäre eine beträchtliche intergenerationale Mobilität zu erwarten. Ist der Arbeitsmarkt jedoch entlang ethnischer Grenzen segmentiert, ist kaum mit Mobilität zu rechnen.

Tabelle 6:
Berufliche Stellung von Arbeitnehmern mit Pflicht- bzw. Hauptschulabschluss, 1984–1993/94 (in Prozent)

	Deutschland				Österreich	
	1984	1989	1990	1994	1988	1993
Türkische Staatsbürger						
Ungelernte Arbeiter	35	25	30	17	36	48
Angelernte Arbeiter	48	43	37	45	41	30
Facharbeiter/Meister	13	26	27	28	13	19
Einfache Angestellte	3	3	3	5	8	1
Mittlere und gehobene Angestellte	0	1	1	1	1	1
Selbständige	1	2	2	3	2	2
(Ex-)jugoslawische Staatsb.						
Ungelernte Arbeiter	12	14	23	10	48	42
Angelernte Arbeiter	37	39	37	37	34	36
Facharbeiter/Meister	37	35	31	41	11	15
Einfache Angestellte	5	4	7	9	3	4
Mittlere und gehobene Angestellte	3	5	2	3	3	3
Selbständige	6	3	1	0	4	3
Einheimische Beschäftigte						
Ungelernte Arbeiter	7	6	6	6	8	7
Angelernte Arbeiter	18	18	18	16	16	15
Facharbeiter/Meister	26	27	29	26	29	27
Einfache Angestellte	13	11	12	16	14	15
Mittlere und gehobene Angestellte	20	23	24	25	7	9
Beamte	5	4	4	4	13	14
Selbständige	12	10	7	9	14	11

Datenbasis Deutschland: Längsschnitte des SOEP 1984–1989 und 1990–1994 (nur Westdeutschland);
Österreich: Mikrozensus 1988 und 1993.

Tabelle 7: Berufliche Stellung von Arbeitnehmern aus der Türkei und Ex-Jugoslawien und im Zielland geborenen Ausländern nach der Aufenthaltsdauer, 1993/94 (in Prozent)

	Aufenthalt in Deutschland				Aufenthalt in Österreich			
	0–10 Jahre	10–20 Jahre	20+ Jahre	Seit Geburt	0–10 Jahre	10–20 Jahre	20+ Jahre	Seit Geburt
Stellung im Beruf								
Ungelernte Arbeiter	25	16	11	4	27	36	41	13
Angelernte Arbeiter	53	41	44	28	59	46	39	26
Facharbeiter/Meister	17	29	29	19	11	12	0	43
Einfache Angestellte	3	5	8	34	0	14	20	18
Mittlere und gehobene Angestellte	1	7	6	14	0	0	0	0
Selbständige	1	3	1	2	3	1	0	0
Branche								
Primärer Sektor	1	2	0	4	11	0	0	0
Produzierendes Gewerbe	62	53	56	29	55	61	65	39
Bau	6	16	11	4	12	13	0	8
Handel, Verkehr	8	10	23	23	8	11	2	18
Produktionsnahe Dienste	2	1	1	3	0	0	0	0
Konsumorientierte Dienste	5	6	1	5	14	15	33	36
Öffentliche und soziale Dienste	16	13	9	33	0	0	1	0

Quelle: Deutschland: Längsschnitte des SOEP 1990 (nur Westdeutschland); Österreich: Mikrozensus 1993 (eigene Berechnungen).

In Deutschland verteilt sich die zweite Generation vergleichsweise breit gefächert auf alle Beschäftigungsbereiche (Tabelle 7). Das produzierende Gewerbe verliert seine dominante Position. Der Anteil der Beschäftigten im Bereich des sozialen und des öffentlichen Dienstes liegt bereits über dem des produzierenden Gewerbes. In Österreich konzentriert sich die zweite Generation dagegen auf wenige Beschäftigungsbereiche. Das produzierende Gewerbe ist noch immer das wichtigste Beschäftigungssegment, gefolgt von den konsumorientierten Diensten.

Zugleich zeigen sich in Österreich und in Deutschland unterschiedliche Auswirkungen der Aufenthaltsdauer auf die sozialrechtliche Stellung der Berufstätigen. In Westdeutschland war 1994 der Anteil der un- und angelernten Arbeiter bei denjenigen, die sich erst 10 Jahre im Land aufhielten, mit 78 % deutlich höher als bei der Gruppe derer, die bereits seit über 20 Jahren im Land lebten (55 %). In Österreich waren dagegen auch

80 % derjenigen, die seit mehr als 20 Jahren im Land leben, als un- und angelernte Arbeiter tätig, also ein nur geringfügig kleinerer Anteil als bei später Zugewanderten (86 %). Insgesamt deutet die Analyse der beruflichen Plazierung nach dem Kriterium der Aufenthaltsdauer darauf hin, dass der deutsche Arbeitsmarkt für ausländische Zuwanderer und ihre Kinder erheblich durchlässiger ist als der österreichische. Für Westdeutschland erscheint plausibel, dass sich mit steigendem Humankapital auch die Arbeitsmarktchancen von Ausländern verbessern. Nur noch ein Drittel der in Deutschland geborenen Personen mit türkischen oder exjugoslawischen Eltern übte 1994 un- oder angelernte Tätigkeiten aus. Annähernd die Hälfte der Beschäftigten der zweiten Generation war in Angestelltenberufen tätig, 14 % davon sogar in mittleren oder höheren Angestelltenpositionen.

In Österreich sind dagegen bestimmte Bereiche des Arbeitsmarktes für Migranten und ihre Kinder selbst dann kaum zugänglich, wenn sie über eine ausreichende Qualifikation verfügen. In Österreich vollzieht sich die inter- und intragenerationale Mobilität lediglich innerhalb der Arbeiterberufe. Der Anteil der un- und angelernten Arbeiter verringerte sich zwischen erster und zweiter Generation, der Facharbeiteranteil lag 1994 bei der zweiten Generation immerhin bei 43 %. Allerdings waren nur 18 % der in Österreich geborenen (Ex-)Jugoslawen und Türken im Angestelltenbereich beschäftigt, und dies praktisch ausnahmslos als einfache Angestellte.

Schlussfolgerungen

Der Vergleich von in Österreich bzw. in Deutschland lebenden Zuwanderern aus dem ehemaligen Jugoslawien und der Türkei zeigt, dass sich die Arbeitsmarktchancen der Migranten und ihrer Kinder in diesen beiden Ländern trotz einer vergleichbaren Migrations- und Anwerbegeschichte recht unterschiedlich entwickelten. In Österreich kam es zu einer langfristig wirksamen ethnischen Segmentierung des Arbeitsmarktes, während sich die Arbeitsmarktchancen der Zuwanderer und ihrer Kinder in Westdeutschland mit zunehmender Qualifikation sowie nach Erwerb deutscher Bildungsabschlüsse tendenziell verbessern.

Dieses Ergebnis überrascht. Strukturelle Veränderungen auf den Arbeitsmärkten in Österreich und Deutschland, die rasche Tertiärisierung und Entindustrialisierung haben sich in einem ähnlichen Ausmaß vollzogen und können folglich nicht als die Ursache für die stärkere Ausgrenzung oder Benachteiligung ausländischer Arbeitsmigranten auf dem österreichischen Arbeitsmarkt angesehen werden. Unterschiedliche Anwerberegionen und ein damit verbundener unterschiedlicher Urbanisierungsgrad in den jeweiligen Anwerbeländern könnten zwar unterschiedliche Ausgangsbedingungen erklären, nicht jedoch die geringe sozioökonomische Mobilität insbesondere zwischen erster und zweiter

Generation von Ausländern. Auch die konjunkturelle Entwicklung war in Österreich seit Ende der 60er Jahre eher günstiger als in Westdeutschland, so dass dieser Faktor als Erklärung ebenfalls ausscheidet. Insgesamt bleibt festzuhalten, dass der österreichische Arbeitsmarkt für Zuwanderer weniger durchlässig ist als der deutsche.Vier wichtige Gründe für die stärkere ethnische Segmentierung des Arbeitsmarktes in Österreich und die größere Durchlässigkeit in Deutschland lassen sich angeben:

1. Aufgrund des seinerzeit bestehenden Lohngefälles zwischen Deutschland und Österreich erfolgte in den Jahren verstärkter Arbeitskräftewanderung (1961–1973) eine »positive« Selektion der ausländischen Arbeitskräfte zugunsten Westdeutschlands. Denn wer über eine Qualifikation verfügte, die auf den Arbeitsmärkten beider Zielländer verwertbar war, ging eher dorthin, wo höhere Löhne bezahlt wurden. Die Informationen über die qualifikatorischen Voraussetzungen und die jeweiligen Verwertungsbedingungen verbreiteten sich über ethnische Netzwerke. Dies dürfte die Selbstselektion mitbestimmt haben. Einen Hinweis auf diesen im Nachhinein empirisch nur schwer zu testenden Zusammenhang liefern die Strukturdaten über den Schulabschluss. Tatsächlich weisen ausländische Arbeitskräfte, die aus dem ehemaligen Jugoslawien und aus der Türkei nach Deutschland migrierten, ein höheres Bildungsniveau auf als jene, die in Österreich leben (vgl. Tabelle 2).

2. Ein grundsätzlicher Unterschied besteht in der Struktur der Unternehmen, in denen ausländische Arbeitskräfte in Deutschland und in Österreich beschäftigt sind. In Österreich sind ausländische Arbeitskräfte vornehmlich in Klein- und Mittelbetrieben tätig, in Großbetrieben hingegen eher selten. Dies hat nicht bloß mit dem geringeren Anteil an Großbetrieben in Österreich zu tun. Zugleich sind Ausländer relativ seltener in solchen Betrieben beschäftigt als Inländer. Durch die Konzentration der ausländischen Beschäftigten in Österreichs Klein- und Mittelbetrieben fehlen für sie innerbetriebliche Arbeitsmärkte mit ihren spezifischen Karrierepfaden.

3. Dazu kommt eine unterschiedliche Besitzstruktur der Großbetriebe in Österreich und in Westdeutschland. Bei den wenigen Großbetrieben in Österreich dominierten bis in die jüngste Vergangenheit der Staat bzw. verstaatlichte Banken als Eigentümer. Die Einflussmöglichkeit von Parteien und Gewerkschaften auf die Rekrutierung der Mitarbeiter in den genannten Betrieben spielte dabei eine wichtige Rolle. Auch in etlichen erst vor kurzem privatisierten Betrieben Österreichs ist der politische und gewerkschaftliche Einfluss nach wie vor groß. Das Primat der Inländerbeschäftigung ist in Österreich sowohl ein explizites Ziel gewerkschaftlicher Politik als auch ein Ergebnis der Vergabe von Positionen und Posten nach parteipolitischen und klientelistischen Kriterien. Es verwundert daher nicht, dass in vielen personalpolitischen Einzelentscheidungen, bei denen staatliche Organe, Vertreter von Parteien, Gewerkschaften, Betriebsräte und andere Interessenvertreter Mitsprachemöglichkeiten besitzen, inländische Arbeitskräfte bevorzugt wurden. Nur sie sind potentielle Wähler,

Parteimitglieder und in größerem Umfang auch gewerkschaftlich organisiert. Solange die betroffenen Betriebe keinem innerstaatlichen oder internationalen Wettbewerb ausgesetzt sind oder von Seiten der öffentlichen Eigentümer keine hohen Gewinnausschüttungen gefordert werden, können diese Betriebe überdurchschnittlich hohe Löhne zahlen. Dies verringert den Anreiz zur Beschäftigung von (gegebenenfalls billigeren) Ausländern, verstärkt aber zugleich die Tendenz, in solchen Betrieben »eigene« Leute unterzubringen. Im Gegensatz dazu gibt es in Deutschland eine bedeutende Zahl an Mittel- und Großbetrieben, in denen der Einfluss von Staat, Parteien und Gewerkschaften auf die Personalpolitik gering ist. Die Mehrzahl dieser Betriebe ist nationaler oder internationaler Konkurrenz ausgesetzt. Diese Betriebe beschäftigen nicht nur eine große Zahl von Ausländern, sondern bieten einem Teil von ihnen auch Aufstiegsmöglichkeiten. Denn Selektionskriterien und Karrierepfade sind gerade in privatwirtschaftlich geführten Großbetrieben meistens formalisiert und gelten für alle Mitarbeitergruppen relativ unabhängig von der Staatsbürgerschaft. Auf innerbetrieblichen Arbeitsmärkten haben ausländische Arbeitskräfte daher größere Chancen, eine – wenn auch begrenzte – berufliche Karriere zu realisieren. Durch den Wechsel in einen anderen Betrieb ist dies seltener möglich.

4. Schließlich kommt hinzu, dass Österreichs Arbeitsmarktstrukturen im Vergleich zu (West-)Deutschland generell ein höheres Maß an Verfestigung und eine geringere Durchlässigkeit aufweisen. Die weit geringere berufliche und räumliche Mobilität in Österreich ist dafür ebenso ein Indikator wie der hohe Anteil der öffentlichen Verwaltung sowie der verstaatlichten oder ehemals verstaatlichten Industrie und anderer staatlich beeinflusster Betriebe und Branchen, die ein »geschütztes« Segment des Arbeitsmarktes bilden. Daher muss der österreichische Arbeitsmarkt (in seiner Funktion als »Markt«) im Vergleich zum deutschen als »unterentwickelt« bezeichnet werden. Für in- und ausländische Arbeitskräfte bedeutet dies, dass berufliche Einstiegsplazierungen die weitere Erwerbslaufbahn in Österreich stärker bestimmen als in Deutschland. Aufgrund der beschriebenen Mechanismen struktureller Diskriminierung bekommen ausländische Arbeitskräfte dadurch in Österreich überproportional selten die Chance, innerbetrieblich Karriere zu machen oder aus dem sekundären in das geschützte primäre Segment des Arbeitsmarktes aufzusteigen.

All dies zusammen bewirkt unterschiedliche Entwicklungen der beruflichen und sozialen Positionen ausländischer Arbeitskräfte in Deutschland und in Österreich. Während sich die ethnische Unterschichtung des Arbeitsmarktes in Deutschland durch Zuwanderer aus den Mittelmeerländern und deren Kinder allmählich aufzulösen beginnt, kommt es in Österreich eher zu einer Verfestigung der ethnischen Segmentierung. Auch in Westdeutschland können die hier untersuchten Zuwanderergruppen nicht als optimal integriert gelten. Vor allem in der ersten Hälfte der 90er Jahre gab es im Bereich der sozialen Integration Rückschläge.[12] Fortschritte zeigen sich am ehesten bei der beruflichen Integration. Doch eine grundlegende Verbesserung der Arbeitsmarktintegration erfolgt in Deutschland meist erst in der zweiten und dritten Generation. In Österreich könnte dieser Prozess noch längere Zeit in Anspruch nehmen. Allerdings ist die Geschwindigkeit, mit der sich solche Integrationsprozesse vollziehen, nur schwer zu prognostizieren. Denn er ist nicht nur von ökonomischen und institutionellen Rahmenbedingungen abhängig, sondern auch von politischen Entscheidungen.

Anmerkungen

Die in diesem Beitrag präsentierten Analysen entstanden im Rahmen des von der Deutschen Forschungsgemeinschaft geförderten Projekts »Migrationsmuster, gesellschaftliche Position von Zuwanderern und wirtschaftliche Auswirkungen von Migration. Deutschland und Österreich im Vergleich«. Dieses Projekt ist Teil der von der DFG geförderten Forschergruppe »Gesellschaftsvergleich« an der Humboldt-Universität zu Berlin (vgl. Münz et al. 1997).
Für die Unterstützung und Hilfe bei der Sammlung von Daten sowie bei der Erstellung dieses Artikels möchten wir folgenden Personen danken: Josef Kytir, Ursula Reeger (beide Österreichische Akademie der Wissenschaften), Stefan Bender (IAB Nürnberg) und Ralf Ulrich (Humboldt-Universität).

1 Da die im SOEP betrachteten Ausländergruppen fast ausschließlich in Westdeutschland konzentriert sind, beziehen sich die Analysen und Aussagen überwiegend auf die alten Bundesländer.
2 Pannenberg/Rendtel 1996, Schulz et al. 1997.
3 Chiswick 1987, Borjas 1985.
4 Vergleiche Heiss/Rathkolb 1995, Stanek 1985 sowie Fassmann/Münz 1995 für Österreich und Bade 1994 sowie Münz/Seifert/Ulrich 1997 für Deutschland.
5 In den hier verwendeten Daten der amtlichen Statistik sind per Definition sozialversicherungspflichtig Beschäftigte in Deutschland und Arbeitnehmer bzw. unselbständig Beschäftigte in Österreich nicht deckungsgleich. In Österreich erstreckt sich die Sozialversicherungspflicht auch auf geringfügig Beschäftigte und einen Teil der Selbständigen. Bei den hier betrachteten Gruppen ergeben sich hieraus jedoch keine wesentlichen Verzerrungen.
6 Münz/Ohliger 1997.
7 Aus systematischen Gründen ist auch für den Zeitraum nach 1990 nur ein Vergleich der Arbeitslosenquoten von Ausländern und Deutschen für Westdeutschland sinnvoll, denn in Deutschland leben 97 % aller Ausländer in den alten Bundesländern (einschließlich Westberlin).
8 Werner 1996.
9 Vergleiche hierzu Abele et al. 1989, Biffl et al. 1997. Die Betriebsgrößenstruktur steht leider nicht für einzelne Nationalitätengruppen zur Verfügung, so dass hier nur Ausländer insgesamt betrachtet werden konnten.
10 Berufliche Veränderungsprozesse können dabei auf verschiedene Ursachen zurückzuführen sein: individuelle Mobilität bedeutet Aufstieg von einer niedrigeren in eine höhere Position bzw. vom angelernten Arbeiter zum Facharbeiter. Des weiteren können sich strukturelle Veränderungen durch den Eintritt besser qualifizierter Beschäftigter, insbesondere der zweiten Generation, und Ausscheiden von Personen mit geringem Qualifikationsgrad aus dem Erwerbsleben ergeben.
11 Bender/Seifert 1996, Büchel/Wagner 1996, Eichwalder 1996.
12 Münz/Seifert/Ulrich 1997.

Wohnnachbarschaft und Ausländerfeindlichkeit

Josef Kohlbacher
Ursula Reeger

Vorbemerkung

Wer Ausländer als Nachbarn hat, ist fremdenfeindlich eingestellt. Oder: Wer Ausländer als Nachbarn hat, zeigt Verständnis für deren Kultur und ihr manchmal unterschiedliches Verhalten. Beide Annahmen klingen logisch. Doch welche ist richtig?

Tatsächlich offeriert die einschlägige Forschung keine klaren Antworten. Einige Arbeiten wiesen eine deutliche Zunahme der Kontakte und dadurch eine Verminderung von Vorurteilen nach,[1] andere bestreiten überhaupt Effekte des Ausländeranteils im Wohnumfeld auf die Verstärkung/Verringerung von Vorurteilen oder stellen nur geringe Auswirkungen[2] fest.

Um diese kontroversielle Forschungsfrage zu klären, haben wir eine eigene empirische Erhebung durchgeführt. Im Juni 1998 wurden von uns fast 1.000 Wiener und Wienerinnen befragt und um ihre Meinung zum Themenkreis »Ausländer- und Fremdenfeindlichkeit« gebeten. Die Befragung selbst wurde von einem kommerziellen Markt- und Meinungsforschungsinstitut durchgeführt und zeigt eine Reihe von bemerkenswerten Ergebnissen, über die in diesem Beitrag nur kurz berichtet werden kann.

Das Ausmaß der Fremdenfeindlichkeit

Die Erfassung von Fremdenfeindlichkeit stellt ein schwieriges Unterfangen dar. Denn – direkt befragt – würde fast jeder bestreiten, fremdenfeindlich zu sein. Wer sich selbst als fremdenfeindlich bezeichnet, der muss gegenüber Fremden schon eine sehr hohe Abneigung empfinden. Wir haben daher vier erprobte Items zu »diskriminierenden Einstellungen« aus dem deutschen ALLBUS[3] verwendet. Diese Items sind Aussagen, denen unterschiedlich stark zugestimmt werden kann. Sie reichen von der Forderung nach einer sehr allgemeinen Anpassung von Ausländern im Lebensstil über die Bereiche Arbeitsmarkt und politische Mitsprache bis zu dem sehr speziellen Thema der Eheschließung.

Das Item 1 lautet: *»Die in Österreich lebenden Ausländer sollten ihren Lebensstil ein bisschen besser an den der Österreicher anpassen.«* Diese sehr allgemein gehaltene Forderung findet bei den Wienern sehr starke Zustimmung. Mehr als die Hälfte ist der Meinung, dass es zu den Pflichten der Ausländer gehöre, sich zumindest »ein bisschen besser anzupassen«. Dieses Ergebnis bedeutet, dass die Inländer Unterschiede hinsichtlich des

Lebensstils wahrnehmen und diese nicht so einfach tolerieren, sondern eine gewisse Anpassungsleistung einfordern. Nur etwa jedem Zehnten ist es (fast) kein Bedürfnis, dass Zuwanderer an ihrer Lebensweise etwas ändern.

Weniger stark ist die Zustimmung zu Item 2: *»Wenn die Arbeitsplätze knapp werden, sollte man die in Österreich lebenden Ausländer wieder in ihre Heimat zurückschicken.«* Diese Forderung verlangt eine differentielle Behandlung der Ausländer auf dem österreichischen Arbeitsmarkt. Jeder Fünfte schließt sich dieser Forderung an. Ein weiteres Fünftel steht der Aussage neutral gegenüber. Die Gegner einer solch diskriminierenden Strategie sind klar in der Mehrheit.

Noch geringer ist die Zustimmung zu Item 3: *»Man sollte den in Österreich lebenden Ausländern jede politische Betätigung in Österreich untersagen.«* Die Teilhabe am politischen Leben ist den in Österreich lebenden Ausländern derzeit nicht möglich. Sie besitzen kein aktives Wahlrecht. Mehr als ein Viertel der Wiener wünscht absolut nicht, dass sich Ausländer in Österreich politisch betätigen. Dem steht mehr als ein Drittel gegenüber, das damit keinerlei Probleme hätte.

Schließlich ist das »härteste« Item anzuführen: *»Die in Österreich lebenden Ausländer sollten sich ihre Ehepartner unter ihren eigenen Landsleuten wählen.«* Diese Aussage, die eine enorme Diskriminierung im Bereich zwischenmenschlicher Kontakte ausdrückt, trifft von allen vier Items auf die stärkste Ablehnung. Über 70 % der Wiener stehen dieser Aussage mäßig bis extrem negativ gegenüber. Man kann also davon ausgehen, dass sie Ehen zwischen In- und Ausländern eher positiv bis neutral bewerten bzw. eine Einmischung in die Privatsphäre zum überwiegenden Teil strikt ablehnen. Den Befürwortern dieses Items hingegen muss man ein besonderes Ausmaß an Fremdenfeindlichkeit unterstellen.

Tabelle 1:
Zustimmung und Nichtzustimmung zu den Diskriminierungs-Items des ALLBUS (in Prozent)

Item	stimme überhaupt nicht zu 1	2	3	4	5	6	stimme voll und ganz zu 7
1) Lebensstil	6,5	5,1	8,6	13,6	13,4	11,1	41,8
2) Arbeitsplatzknappheit	26,9	10,7	13,0	21,2	7,6	4,8	15,8
3) politische Betätigung	28,9	11,1	8,8	15,7	7,3	6,5	21,7
4) Wahl des Ehepartners	58,9	7,7	3,7	13,1	4,3	2,7	9,4

Quelle: Befragung Frühjahr 1998; Anmerkung: Da sich die Aussagen zur Diskriminierungsbereitschaft auf die Wiener Bevölkerung insgesamt beziehen, wurden die Daten bei der Berechnung dementsprechend gewichtet.

Summiert man die Antwortwerte aller vier Aussagen, dann erhält man ein zusammengefasstes Maß für Fremdenfeindlichkeit. Es zeigt sich dabei, dass 34 Personen unseres Samples (3,7 % der Wiener) alle diskriminierenden Aussagen stark abgelehnt haben und damit als ausgesprochen »fremdenfreundlich« zu bezeichnen sind. Auf der anderen Seite zeigt sich, dass 40 Personen (4,4 % der Wiener) allen Items stark zugestimmt haben. Eine extrem fremdenfeindliche Haltung kann ihnen ohne Einschränkung zugeschrieben werden. Immerhin haben 8,3 % der Befragten drei Items (meist waren es die Items 1, 2, und 3) stark zugestimmt. Auch diesen kann eine fremdenfeindliche Grundeinstellung zugeschrieben werden. Fremdenfeindlichkeit ist somit kein Merkmal gesellschaftlicher Extremgruppen, sondern betrifft die Majorität der Wiener und Wienerinnen.

Einflussfaktoren

Wovon hängt das Ausmaß an Fremdenfeindlichkeit und damit auch an Zustimmung zu den vier vorgestellten Items ab? Ist das Alter eine entscheidende Größe oder der soziale Status? Sind die Modernisierungsverlierer die Fremdenfeinde? Und wie verhält es sich mit dem Einfluss der Nachbarschaft? Die empirische Analyse offeriert Antworten dazu.

Soziodemographische Einflussfaktoren

Auf der individuellen und personenbezogenen Ebene hat das Alter wesentlichen Einfluss. Dies zeigt sich bei allen vier Diskriminierungs-Items in erheblichem Ausmaß. Mit steigendem Lebensalter nimmt der Trend der Zustimmung zu fremdenfeindlichen Aussagen eindeutig zu.

Zum Beispiel ist die Zustimmung zum Arbeitsplatz-Item bei den über 60-Jährigen mehr als dreimal so hoch, beim Ehepartner-Item sogar sechsmal so hoch wie in der Altersgruppe bis 25 Jahre. Jugendliche und jüngere Erwachsene (bis 40 Jahre) stimmen allen Items deutlich weniger zu als Personen im Alter zwischen 40 und 60 oder Pensionisten. Während fast ein Drittel der 26- bis 40-Jährigen die Forderung nach einer Anpassung des Lebensstils der Ausländer ablehnt, beträgt der entsprechende Wert in der Altersklasse ab 41 Jahre nur mehr 14 %, bei den über 60-Jährigen sinkt er sogar auf weniger als 9 %. Die Forderung, Ausländern jede politische Betätigung zu untersagen, erntet bei fast zwei Dritteln der Senioren, aber nur bei einem Fünftel der jungen Befragten bis 25 Jahre Zustimmung.

Interessanterweise geht vom Geschlecht nur ein schwacher Einfluss aus. Wer glaubt, Männer seien fremdenfeindlich und Frauen nicht, der irrt. Männer und Frauen sind gleichermaßen fremdenfeindlich. Frauen verlangen stärker eine Anpassung der Lebensstile und meinen auch deutlich häufiger, dass Ausländer nur Ausländerinnen heiraten sollten, Männer dagegen sind bei Arbeitsplatzknappheit für die zwangsweise Rückkehr von Ausländern in ihre Heimatländer. Die meßbaren Unterschiede (Frauen sind eher fremdenfeindlich) lassen sich allerdings auf einen »versteckten« Bildungseffekt in der Wiener Stichprobe zurückführen. Das Bildungsniveau der befragten Frauen ist deutlich niedriger als das der Männer. Und die Schulbildung hat neben dem Alter besonders großen Einfluss auf das Ausmaß von Fremdenfeindlichkeit.[4]

Mit steigendem Bildungsabschluss nimmt bei den Wienern die Zustimmung zu diskriminierenden Forderungen deutlich ab. Während sich rund 36 % der Pflichtschulabsolventen für die Ausweisung von Ausländern bei Arbeitsplatzknappheit aussprechen, sind nur 10 % der Akademiker dieser Meinung. Dem Ehepartner-Item stimmen jeweils rund 20 % der Befragten mit Pflichtschulbildung sowie der Lehrabsolventen, aber nur 2 % der Hochschulabgänger zu. Das höchste Ausmaß an Fremdenfeindlichkeit wird bei Pflichtschulabsolventen, bei Facharbeitern sowie Personen mit Fachschulausbildung erreicht. Deutlich wird die höhere Toleranz gegenüber der ausländischen Wohnbevölkerung unter Maturanten. Am stärksten distanzieren sich Akademiker von den fremdenfeindlichen Aussagen. Personen mit Hochschulabschluss stehen Ausländern durchwegs am positivsten gegenüber.

Zur Diskussion stand auch ein möglicher Einfluss des Berufs. Dieser steht mit dem Bildungseffekt in einem unmittelbaren Zusammenhang, ist jedoch schwächer ausgeprägt, da die berufliche Position nicht immer dem schulischen Ausbildungsniveau entspricht. Grundsätzlich wird die Bedeutung der Schulbildung[5] bestätigt. Beim Arbeitsplatz-Item beispielsweise erweisen sich Freiberufler am tolerantesten. Vor allem (Fach-)Arbeiter sprechen sich am stärksten für eine zwangsweise Ausweisung von Ausländern aus. Auch bei Pensionisten und Sozialhilfeempfängern erntet diese Forderung hohe Zustimmung. Die Fremdenfeindlichkeit ist – bezogen auf alle fremdenfeindlichen Aussagen – besonders bei Hilfs- und Facharbeitern, bei Pensionisten (Alterseffekt!) und Empfängern staatlicher Unterstützungsleistungen (Arbeitslose, Sozialhilfeempfänger) ausgeprägt. Mittlere und besonders höhere Angestellte und Beamte sowie freiberuflich Tätige äußern sich am wenigsten fremdenfeindlich.

Einflüsse der Wohnnachbarschaft

Was die Untersuchung des Einflusses der Wohnnachbarschaft anbelangt, ist die sozialpsychologische Kontakthypothese (Homansche Regel – »Kontakt schafft Sympathie«) von besonderer Bedeutung. Ihre drei grundlegenden Annahmen sind: Die räumliche Nähe von Wohnstandorten führt 1. zu Kontakten der Bewohner, 2. zu mehr Toleranz zwischen den Bewohnern und 3. zur (gegenseitigen) Übernahme von Verhaltensmustern. Zahlreiche Studien im englischen Sprachraum haben bereits seit den 50er Jahren auf die Bedeutung von Nachbarschaftskontakten zwischen verschiedenen Gruppen zur Verminderung von Vorurteilen hingewiesen.[6] In der deutschen Forschung haben unter anderem Krauth/Porst (1984) die wichtige Rolle von Sozialkontakten für die Abschwächung von Vorurteilen herausgearbeitet. Ebenso wurde in der Arbeit von Böltken (1994) sowohl ein Zusammenhang zwischen Kontakten und verminderter Fremdenfeindlichkeit als auch eine Auswirkung des bloßen Vorhandenseins von ausländischer Wohnbevölkerung im Wohnumfeld in Form sinkender Ablehnung festgestellt. In ALLBUS-1980- und INFAS-Umfragen traten Kontakte zu Ausländern als der wichtigste Faktor zur Abschwächung von Diskriminierungsbereitschaft in Erscheinung.

Es gibt aber auch Studien[7], die zu dem Resultat gelangt sind, dass eine Zunahme der Kontakte zwischen In- und Ausländern (infolge steigender Ausländeranteile) auch zu einem Anstieg von Konflikten führen kann.

Wir kommen in diesem Zusammenhang zu einem klaren Ergebnis. Wenn wir jene Personen analysieren, die angaben, mit ausländischen Nachbarn zusammenzuleben, das ist rund ein Drittel, dann zeigt sich, dass mit steigender Häufigkeit von interethnischen Alltagskontakten auch eine Verminderung von Fremdenfeindlichkeit einher geht. Der Anteil derjenigen, die der Forderung nach einer Anpassung des Lebensstils der ausländischen Wohnbevölkerung überhaupt nicht zustimmen, ist bei Personen mit sehr häufigen Kontakten zu ausländischen Nachbarn rund viermal so hoch wie bei jenen, welche keine persönlichen Kontakterfahrungen haben. Im Gegensatz dazu liegt der Anteil völliger Zustimmung bei den Wiener Befragten mit sehr häufigen Kontakten bei nur rund 28 %. In der Kategorie ohne derartige Nachbarschaftskontakte beträgt er jedoch fast 55 %. Die Zustimmung zum Lebensstil-Item steigt von rund 44 % bei sehr häufigem auf fast drei Viertel bei keinerlei Kontakt; gleichzeitig verringert sich das Ausmaß der Ablehnung von mehr als der Hälfte auf jeweils rund 16 % bei sehr seltenen oder keinen Nachbarschaftskontakten.

Ganz ähnlich gelagert ist das Antwortverhalten bei der Forderung nach Ausweisung von auf dem Arbeitsmarkt »überflüssig« gewordenen Ausländern. Während bei nicht vorhandenen Nachbarschaftskontakten der Anteil völliger Ablehnung nur weniger als ein Zehntel beträgt, liegt er bei sehr häufigen Kontakten bei mehr als der Hälfte. Die Einstellungen gegenüber der politischen Betätigung von Ausländern spiegeln neuerlich den engen Zusammenhang zwischen dem Ausmaß der Kontakthäufigkeit in der Nachbarschaft und einem höheren Toleranzniveau wider. Hohe Zustimmung bei jenen, welche über keinerlei Kontakte verfügen, starke Ablehnung bei jenen, die häufig soziale Beziehungen zu ihren ausländischen Nachbarn pflegen. Auch in Bezug auf die Forderung nach einer Beschränkung der Ehepartnerwahl wirken sich Kontakterfahrungen erheblich toleranzsteigernd aus. Die Zustimmung fällt in der Gruppe der Wiener ohne Nachbarschaftskontakte ungefähr doppelt so hoch aus wie bei häufigen oder sehr häufigen Kontakterfahrungen.

Neben der Häufigkeit von Kontakten spielen auch die Qualität[8] und die Intensität[9] sozialer Beziehungen eine Rolle. Wer über harmonische Nachbarschaftsbeziehungen zu Ausländern verfügt, ist deutlich weniger fremdenfeindlich als diejenigen, die ihre Nachbarschaftskontakte als schlecht einschätzen. Zum Beispiel erfährt das Lebensstil-Item bei den Wienern mit einem schlechten Verhältnis zu ihren ausländischen Nachbarn fast zwei Drittel an Zustimmung, bei positiven Kontakten nur 42 %. Es zeigt sich auch eine mit der zunehmenden Nähe des Kontakts einhergehende Verminderung von Fremdenfeindlichkeit. Das höchste Ausmaß an Fremdenfeindlichkeit tritt bei nur losen Grußkontakten zu ausländischen Nachbarn auf. Es handelt sich dabei um die distanzierteste Kontaktform. Gesprächs- und Besuchskontakte gehen mit durchgehend geringerer Fremdenfeindlichkeit einher.

Tabelle 2:
Auswirkungen der Kontakthäufigkeit zu ausländischen Nachbarn auf diskriminierende Einstellungen (in Prozent)

Kontakte zu Ausländern im eigenen Wohnhaus	Lebensstil		Arbeitsplatzknappheit		politische Betätigung		Wahl der Ehepartner	
	–	+	–	+	–	+	–	+
sehr häufig	53,1	43,8	65,6	21,9	65,6	28,1	84,4	12,5
häufig	31,0	58,6	62,1	20,7	62,1	25,9	87,7	8,8
eher selten	25,7	61,9	54,0	24,8	54,9	31,9	83,2	6,2
sehr selten	15,4	75,4	56,9	23,1	58,5	27,7	75,8	9,7
gar nicht	16,4	74,5	33,3	42,6	40,0	41,8	58,2	21,8

(+) stimme (-) stimme nicht zu; Quelle: Erhebung Frühjahr 1998.

Es besteht also eine eindeutige Wechselwirkung zwischen der Häufigkeit von Nachbarschaftskontakten zu Ausländern und fremdenfeindlichen Einstellungen. Mit steigender Kontakthäufigkeit und Kontaktnähe zu ausländischen Nachbarn sinkt das Ausmaß an Zustimmung zu ausländerdiskriminierenden Aussagen, umgekehrt geht geringe Kontakthäufigkeit mit einer steigenden Ablehnung von Ausländern einher. Dies ist wesentliches Resultat unserer Studie. Es verweist auf geringere Fremdenfeindlichkeit und wohl auch auf eine höhere Integrationswahrscheinlichkeit, wenn eine Durchmischung der Bevölkerung vorhanden ist. Ethnisch separierte Viertel reduzieren die Wahrscheinlichkeit der Kontaktaufnahme und erhöhen damit das Ausmaß an Fremdenfeindlichkeit insgesamt. Wir plädieren damit auch für eine Politik der Desegregation und erachten die Konzentration der ausländischen Wohnbevölkerung als langfristig negativ. Sie fördern Fremdenfeindlichkeit eher und behindern die Integration.

Gegen diese Argumentation mag man zu Recht einwenden, dass Ursache und Wirkung nicht klar zu trennen sind. Es besteht nämlich auch die Möglichkeit, dass häufigere und engere Kontakte durch bereits »mitgebrachte« vorurteilsfreiere Einstellungen gegenüber Ausländern verursacht werden. Die Gründe dafür können in Persönlichkeitsmerkmalen (z. B. ausgeprägtes Kommunikationsbedürfnis), in im Verlauf des Lebens gemachten Erfahrungen oder aber auch in einer individuell geringeren Anfälligkeit für Fremdenfeindlichkeit liegen. Kontakte und Einstellungen sind bezüglich ihrer »causal order« [10] also nicht eindeutig zu positionieren.[11] In der Kontakthypothese ist eine Richtung des Zusammenhanges vorgegeben. Das heißt, dass Kontakte die Einstellungen bestimmen. Wir sind in unseren Schlussfolgerungen etwas vorsichtiger. Nach unserem Dafürhalten ist wahrscheinlicher, dass von keiner strikten Ursache-Wirkungs-Beziehung, sondern von Wechselwirkungen auszugehen ist,[12] wir bleiben aber dennoch bei der fremdenfeindlichkeitsabbauenden Wirkung des Kontakts und damit auch der Wohnnachbarschaft.

In diese Richtung geht auch die Analyse des weiteren Wohnumfeldes. Besteht ein Zusammenhang zwischen der Zahl der Ausländer in einem Baublock und der Fremdenfeindlichkeit der inländischen Bewohner? Wenn die Kontakthypothese gilt, dann müsste der Zusammenhang negativ sein: Also je mehr Ausländer in einem Baublock, desto geringer die Fremdenfeindlichkeit der Inländer, die dort wohnen. Denn mit steigendem Ausländeranteil nehmen – rein rechnerisch – die Chancen zur Kontaktaufnahme mit Ausländern zu.

Tatsächlich findet sich die geringste Zustimmung zu diskriminierenden Forderungen bei Bewohnern von Baublöcken mit hohen Ausländeranteilen. Niedrige Ausländeranteile bedingen ein etwas höheres Ausmaß an Fremdenfeindlichkeit. Mit dem höchsten Ausmaß an Fremdenfeindlichkeit sind mittlere Ausländeranteile im Baublock gekoppelt. Die Analyse ergab auch einen eindeutigen Einfluss der Schulbildung. Die stärkste Zustimmung finden diskriminierende Aussagen über Ausländer unter jenen Wienern, welche Baublöcke bewohnen, in denen ein niedriger Bildungsstatus vorherrscht. Bereits ein mittleres Bildungsniveau bedingt ein erheblich geringeres Ausmaß an Fremdenfeindlichkeit. Die Unterschiede zwischen den Bewohnern von Baublöcken mittleren und hohen Bildungsniveaus sind schwächer ausgeprägt. Die Ergebnisse sprechen dafür, dass hohe Ausländeranteile im Baublock in Bezug auf Fremdenfeindlichkeit nicht unbedingt ein Problem darstellen müssen. Sie gehen – wahrscheinlich infolge vermehrter Kontaktmöglichkeiten und tatsächlicher Alltagskontakte mit Ausländern – sogar mit einem geringeren Ausmaß an fremdenfeindlichen Einstellungen einher. Entscheidend ist hierbei aber auch die Schulbildung. Ein hoher Ausländeranteil vermag in Kombination mit einem hohen Bildungsniveau im Haus Fremdenfeindlichkeit zu vermindern. Ein gleich hoher Ausländeranteil in einem Wohnumfeld, in dem ein niedriger Bildungsgrad vorherrscht, kann einen genau gegenteiligen Effekt erzielen und Vorurteile verstärken.

Tabelle 3: Mittelwertvergleich – Einstellungen zu den Diskriminierungs-Items nach Ausländeranteil und Bildung im Baublock

Item	Baublocktyp Ausländeranteil			Baublocktyp Bildung		
	niedrig	mittel	hoch	niedrig	mittel	hoch
Lebensstil	5,26	5,44	5,01	5,54	5,09	5,07
Arbeitsplatzknappheit	3,42	3,72	3,20	3,74	3,28	3,31
politische Betätigung	3,66	3,89	3,20	3,99	3,44	3,31
Wahl des Ehepartners	2,38	2,59	1,94	2,52	2,09	2,29

Quellen: Erhebung Frühjahr 1998, eigene Berechnung.

Fremdenfeindliche Einstellungen – Ein Vergleich zwischen Wien und deutschen Städten

Die dritte hier vorgestellte Frage betrifft den internationalen Vergleich: Sind Wiener und Wienerinnen fremdenfeindlicher als die Bewohner deutscher Großstädte? Wer entspricht mehr der Realität: der grantelnde Herr Karl oder der multikulturelle Bürger des Schmelztiegels Wien?[13]

Auf den ersten Blick entsteht beim Vergleich zwischen Wien und deutschen Städten der Eindruck, dass die Wiener stärker als die Deutschen[14] dazu neigen, diskriminierende Forderungen zu unterstützen. Eine genauere Analyse macht aber deutlich, dass die Ergebnisse differenzierter zu betrachten sind.

Bezüglich der Forderung nach einer Anpassung des Lebensstils (vgl. Abbildung 1) zeigt sich, dass diese den Wienern offensichtlich ein größeres Anliegen ist. Fast zwei Drittel stimmen dieser Forderung zu, während es bei den Deutschen »nur« 60 % sind. Der Anteil der Wiener, die dieser Aussage »voll und ganz« (Wert 7) zustimmen, liegt bei 41,8 %, während der entsprechende Anteil bei den Deutschen deutlich niedriger ist (28,2 %). Dieses Resultat entspricht auch dem aus den Antworten auf die offenen Fragen[15] des Fragebogens gewonnenen Eindruck. Die Wiener stehen dem Modell der Assimilation positiv gegenüber und sprechen sich für eine stärkere Integration der Ausländer aus, die allerdings ausschließlich auf der Eigenleistung der Zuwanderer beruhen soll.

Auch die Forderung nach zwangsweiser Heimkehr bei Arbeitsplatzknappheit findet bei den Wienern weit größeren Anklang als bei den Deutschen. Während mehr als ein Drittel der Deutschen diese Aussage auf das Schärfste zurückweist, sind es bei den Wienern nur 26,9 %. Auf der zustimmenden Seite zeigt sich, dass die Wiener zu 28,2 % dafür sind, Arbeitsmigranten als »Manövriermasse« zu betrachten. Die Deutschen sind nur zu 22 % dieser Meinung.

Soll man Ausländern das Recht auf politische Betätigung zugestehen oder untersagen? Hier ist das Ausmaß an Ablehnung in Wien – wenngleich nur geringfügig – höher als im Fall der deutschen Städte (Wien: 28,9 %, deutsche Städte: 28,4 %). Die Unterschiede bei der Zustimmung, die bei Lebensstil und Arbeitsplatzknappheit noch deutlich ausgeprägt waren, werden ebenfalls geringer.

Die härteste der vier diskriminierenden Aussagen dreht sich um die Frage, ob Ausländer lieber »unter sich« heiraten sollten oder auch Ehen mit Inländern akzeptabel wären. Hier zeigt sich eine Umkehrung der Positionen von Deutschen und Wienern. Diese Form der Einmischung in die Privatsphäre des Einzelnen geht den Wienern offensichtlich eher zu weit als den Deutschen. 58,9 % der Wiener lehnen diese Aussage völlig ab, bei den Deutschen sind es 56,7 %. Bei denjenigen, die eher bis stark zustimmen, verhalten sich die entsprechenden Anteilswerte folgendermaßen: 17,6 % bei den Deutschen zu 16,4 % bei den Wienern.

Abbildung 1: Diskriminierende Einstellungen – deutsche Städte versus Wien

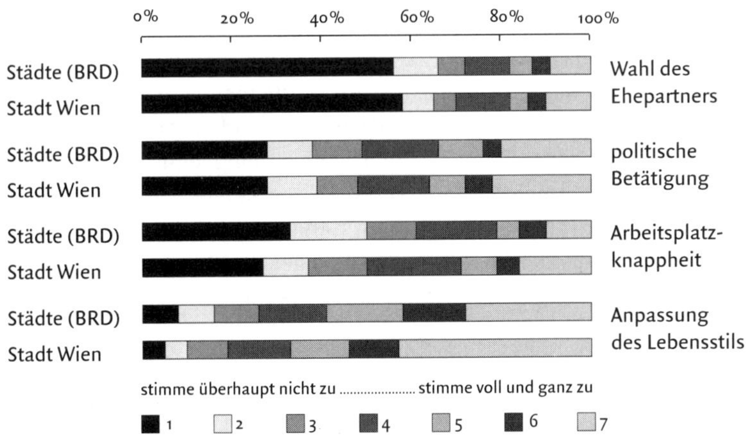

Wien: Daten gewichtet. Quellen: Befragung Frühjahr 1998, ALLBUS 1996.

Als Schlussfolgerung ist festzuhalten, dass die Wiener bei den allgemeiner gehaltenen und sozial weniger diskreditierenden Forderungen ein deutlich höheres Ausmaß an Fremdenfeindlichkeit an den Tag legen als die Deutschen. Der Wiener bekundet Fremdenfeindlichkeit, solange diese gesellschaftlich toleriert wird. Je schärfer die Forderungen werden, umso geringer werden allerdings diese Unterschiede. Einer Einmischung in die Privatsphäre stehen die Wiener ablehnender gegenüber als die Deutschen. Dennoch wird als Ergebnis deutlich, dass die Wiener insgesamt etwas stärker in Richtung fremdenfeindlicher Einstellungen tendieren als die Deutschen.

Fazit

Die Wiener Befragung hat den Nachweis erbracht, dass Fremdenfeindlichkeit auf der sozialräumlichen Ebene mit einer ganzen Reihe von Faktoren in einem Zusammenhang steht. Besonders deutlich sind die Einflüsse des Lebensalters und des Bildungsniveaus. Ein höheres Alter bewirkt eine ausgeprägtere Ablehnung von Fremden, ein höheres Bildungsniveau ein geringeres Ausmaß an Ausländerfeindlichkeit. Der Einflussfaktor Wohnumfeld tritt in Form der ethnischen Zusammensetzung der Nachbarschaft und konkreter Nachbarschaftskontakte in Erscheinung. Es zeigen sich deutliche Zusammenhänge zwischen der Häufigkeit und Intensität nachbarschaftlicher Alltagskontakte und Fremdenfeindlichkeit. Hohe Kontakthäufigkeiten zu Ausländern und Kontaktformen, die soziale Nähe voraussetzen, gehen mit toleranteren Einstellungen gegenüber Ausländern einher. Die sozialräumlichen Bedingungen für Fremdenfeindlichkeit werden auf der Baublockebene durch den Ausländeranteil und die Schulbildung bestimmt. Bewohner von Baublöcken mit hohen Ausländeranteilen haben sich – wohl aufgrund häufigerer Kontakte zu Ausländern – als am wenigsten fremdenfeindlich herausgestellt. Auch auf der Ebene der Baublöcke ist ein deutlicher Zusammenhang zwischen einem höheren Bildungsniveau und geringerer Ausländerfeindlichkeit nachzuweisen. Im Vergleich zu den Bewohnern deutscher Großstädte tendieren die Wiener auf einer allgemeinen Ebene stärker zu diskriminierenden Einstellungen und sozialer Distanz gegenüber Ausländern. Gleichzeitig lehnen sie aber Forderungen nach vermehrter Anpassung von Zuwanderern, die eine Einmischung in die Privatsphäre beinhalten, stärker ab.

Wir leiten daraus die Notwendigkeit einer Desegregationspolitik ab. Der Wohnbereich ist ein zentraler Ort der Integration. Soziale und ethnische Durchmischung im Wohnbereich fördert die Kontaktchancen zwischen Menschen unterschiedlicher Schichtzugehörigkeit und ethnischer Herkunft. Und diese sozialen Kontakte sind ein ebenso einfaches wie wirksames Mittel gegen Fremdenfeindlichkeit. Mischung stellt nachweislich den Schlüssel zum Abbau von Fremdenfeindlichkeit dar. Desegregation muss das Zusammenleben im selben Haus bedeuten. Es müssen die Chancen für Kontakte vorhanden sein, die über eine flüchtige Wahrnehmung der »Fremden« hinausgehen. Für wen Ausländer in der Nachbarschaft zur alltäglichen Normalität gehören, der bringt auch ausländischen Kollegen am Arbeitsplatz ein höheres Ausmaß an Toleranz entgegen und kann sich auch eher vorstellen, familiäre Verbindungen mit Ausländern einzugehen. Hingegen bilden räumliche Konzentrationen von Zuwanderern in Baublöcken, in denen fast ausschließlich Inländer mit niedrigem Sozial- und Bildungsstatus leben, das ideale Soziotop für das Gedeihen fremdenfeindlicher Ideologien. In Kombination mit einer inländischen Bevölkerung, die sich vor allem aus schlecht ausgebildeten Modernisierungsverlierern und an den gesellschaftlichen Rand gedrängten Alten zusammensetzt, können hohe Ausländeranteile eine fremdenfeindlichkeitsfördernde Wirkung entfalten. Ethnische Mischung darf nicht – wie gegenwärtig in Wien zu beobachten – fast ausschließlich jenen Inländern auferlegt werden, die dafür aufgrund ihres Alters oder ihres marginalen Sozialstatus am wenigsten geeignet sind. Gerade dies erzeugt Fremdenfeindlichkeit. Die Ergebnisse unseres Projektes haben gezeigt, dass es mittlere und hohe Bildungsschichten und jüngere Altersgruppen sind, die gegenüber Fremdenfeindlichkeit in einem höheren Ausmaß immun sind. Eine wirkungsvolle Antisegregationsstrategie muss daher möglichst den gesamten Wiener Stadtraum einbeziehen und eine gleichmäßigere Verteilung der Zuwanderer auch in Wohngebieten, in denen mittlere und hohe Bildungsschichten dominieren, zu erreichen versuchen.

Es ist uns bewusst, dass angesichts der derzeitigen sozioökonomischen Marginalisierung eines Großteils der ausländischen Wohnbevölkerung der Mischung auch »natürliche« Grenzen gesetzt sind. Wohnraum in den Wiener Cottagevierteln ist teuer und für den Großteil der Migrantenfamilien nicht leistbar. Das legistische Instrumentarium ist in der sozialen Marktwirtschaft nur bedingt in der Lage, diese Verteilungsungerechtigkeit für alle benachteiligten Gruppen zu beheben. Die Stadterweiterung fördert eher Segregationsprozesse, als dass sie sie verhindert. Eine Entwicklung, der durch die Öffnung des über den ganzen Stadtraum verteilten Gemeindewohnungsbestandes für Ausländer in einem gewissen Maß gegengesteuert werden könnte. Es besteht allerdings erneut die Gefahr einer Konzentration der ärmsten Aus- und Inländer in einem besonders billigen (weil abgewerteten) Sektor des Kommunalwohnungsbestandes. Daher sollte eine derartige Politik nicht undifferenziert propagiert werden. Dennoch wäre für Wien ein limitierter Zugang zu Gemeindewohnungen denkbar.

Da sich Zuwanderung besonders auf die Bezirks- und Stadtteilebene konzentriert, wird sie zu einer Aufgabe der Gemeinde. Kommunalpolitik und Stadtentwicklung sollten deshalb Konzepte erarbeiten, die die Verteilung der ausländischen Wohnbevölkerung auf diesen räumlichen Ebenen berücksichtigen. Eine aktive Desegregationspolitik sollte von einer kompensatorischen Sozialpolitik flankiert werden. Von besonderer Bedeutung sind Maßnahmen zur ökonomischen Eingliederung und zur sozialen Chancengleichheit, um die Diskriminierung in allen Lebensbereichen zu verringern. Die Verbesserung der Lebensumstände ist als wichtiges Mittel der Konfliktverhinderung zu nennen. Es besteht ein Zusammenhang zwischen sozialem Aufstieg (beruflicher Mobilität, höherem Einkommen), erweiterten Möglichkeiten der Wohnstandortwahl und der Dispersion von Zuwanderern. Die Kommunalplanung sollte sich aber nicht nur auf Ausländer konzentrieren, sondern alle sozialräumlich benachteiligten Gruppen der Stadtbevölkerung einbeziehen. Wir verschließen aber auch nicht die Augen vor der Realität, dass die angesprochenen Ziele nur langfristig zu erreichen sein werden. Bis zu einem gewissen Ausmaß muss kurz- und mittelfristig die Akzeptanz bereits bestehender Konzentrationen von ausländischer Bevölkerung eingefordert werden. Eine gesetzlich und institutionell abgesicherte Antisegregationspolitik bedarf langfristiger Perspektiven. Das Zusammenleben von In- und Ausländern im Wohnbereich wird auch in Wien seine Aktualität beibehalten. Es liegt an den entscheidungstragenden Institutionen in (Kommunal-)Politik und Gesellschaft, Maßnahmen zu ergreifen, die optimalere Eingliederungsbedingungen für Migranten im Wohnbereich begünstigen. Damit werden die Rahmenbedingungen für eine Verringerung von Fremdenfeindlichkeit geschaffen.

Anmerkungen

Die Grundlage der Baublockanalyse bildeten Daten der Volkszählung 1991 und des Magistrats der Stadt Wien (MA 6), die als Sonderauswertungen angekauft wurden. Es handelt sich um personen-, wohnungs-, haushalts- und gebäudebezogene Daten. Das Wiener Stadtgebiet weist rund 10.600 Baublöcke auf, von denen 5.824 in die Analyse eingingen. Der Baublockanalyse kam die Aufgabe zu, einerseits für den gesamten Stadtraum eine begrenzte Zahl von Baublocktypen zu ermitteln, die hinsichtlich der Sozialstruktur und des Ausländeranteils weitgehend einheitlich waren, und andererseits jene Blöcke herauszufiltern, in denen die eigentliche Befragung stattfinden sollte.
Ziel war eine Klassifikation von Sozialräumen nach neun verschiedenen Merkmalskombinationen (Ausländeranteil: hoch-mittel-niedrig; Sozialstatus = Bildung der Bewohner: hoch-mittel-niedrig). Die Festlegung der Klassengrenzen erfolgte folgendermaßen:

Ausländeranteil:	niedrig < 3,6 %; mittel 3,6–15,1 %; hoch > 15,1 %
Sozialstatus (Bildung):	niedrig < 4,4 %; mittel 4,4–11,3 %; hoch > 11,3 %

Über den Wiener Stadtraum verteilt wurde eine Zufallsstichprobe im Umfang von insgesamt 10 Baublöcken je Kategorie (also 90 Baublöcke insgesamt) gezogen, in denen die Befragung stattfinden sollte. In jedem Baublock waren 10 Personen zu befragen. Infolge von Erhebungsproblemen wurden 7 weitere Baublöcke ausgewählt, sodass die Befragung schließlich in insgesamt 97 Baublöcken erfolgte.
Die Interviews in den Wohnungen der Befragten wurden vom Institut Fessel-GfK in den Monaten Februar bis April 1998 durchgeführt. Die repräsentative Stichprobe umfasste 914 Wiener und Wienerinnen im Alter von über 15 Jahren.
Der Fragebogen setzte sich aus 8 Fragenblöcken (Fragen zur Person, zum Haushalt, zur Wohnsituation, zur weltanschaulichen Position, zum Wohnumfeld, zum Beruf, zu Kontakten mit Zuwanderern, zur Fremdenfeindlichkeit allgemein) zusammen. Insgesamt enthielt der Erhebungsbogen 92 Fragen, mehrheitlich geschlossene, aber auch einige offene sowie eine Reihe von Filterfragen, weiters auch 7 Fragen, die sich an den Interviewer richteten. Bei den offenen Fragen handelte es sich durchwegs um solche, die mit wenigen Worten zu beantworten waren. Es waren sowohl einfache Ja-nein-Fragen enthalten als auch Fragenbatterien mit umfangreichen Antwortvorgaben. Der Fragebogen wurde so gestaltet, dass seine Beantwortung den zeitlichen Rahmen von ca. 45 bis 60 Minuten nicht überschritt.
Insgesamt 12 Fragen zu Fremdenfeindlichkeit und sozialer Distanz wurden in Übereinkunft mit dem ZUMA-Mannheim aus dem ALLBUS 1996 übernommen. Dies bot den Vorteil, bereits ausreichend getestete Fragen zur Messung von Fremdenfeindlichkeit zur Hand zu haben. Weiters war dadurch die Möglichkeit gegeben, einen österreichisch-deutschen Vergleich durchzuführen und die Forschungsarbeit in einen internationalen Rahmen zu stellen. Die ALLBUS-

Fragen mussten zur Anpassung an die Wiener Situation etwas verändert werden. Das aus sozialwissenschaftlichen Erhebungen bekannte Phänomen der »sozialen Erwünschtheit« im Antwortverhalten ließ sich bei einem so »heiklen«Befragungsthema wie Fremdenfeindlichkeit nicht völlig ausschalten (vgl. Gehring/Böltken 1985, 503; Mielke/Mummendey 1995; Zentrum für Türkeistudien 1995, 31). Es wurden aber 94,5 % der Interviews von den Interviewern als »insgesamt zuverlässig« eingestuft. Kritik seitens der Befragten richtete sich vor allem gegen den Begriff des »Ausländers«. Diesem wurde ein zu hohes Ausmaß an Undifferenziertheit vorgeworfen, um als Grundlage allgemeiner Aussagen zu diesem Thema dienen zu können.

1 Z. B. Böltken 1994 sowie Krauth/Porst 1984.

2 Vgl. Friedrichs 1990 und Hill 1984.

3 Unter einem Item ist eine Aussage zu verstehen, der die Befragten zustimmen oder die sie ablehnen können. Items stellen im Fragebogen meist Teile von Fragen dar. Der ALLBUS ist die in Deutschland stattfindende »Allgemeine Bevölkerungsumfrage der Sozialwissenschaften«, die vom ZUMA (Zentrum für Umfragen, Methoden und Analysen in Mannheim) seit 1980 jeweils alle zwei Jahre durchgeführt und ausgewertet wird. Die Erhebung widmet sich jeweils einem Schwerpunktthema. Der ALLBUS 1996 hat die Thematik »Einstellungen gegenüber ethnischen Gruppen in Deutschland« erhoben. Im Interesse einer optimalen Messung von Fremdenfeindlichkeit und einer internationalen Vergleichbarkeit der Ergebnisse haben wir auf die Entwicklung eines eigenen Messinstrumentes für Fremdenfeindlichkeit bewusst verzichtet. Die Items zu »diskriminierenden Einstellungen« des ALLBUS 1996 boten sich als Gradmesser geradezu an. Die Items werden im ALLBUS seit 1980 verwendet und sind als »Gastarbeiterfragen« in die Literatur eingegangen. Bis 1994 wurde auch tatsächlich der Begriff »Gastarbeiter« verwendet, dann wurde aufgrund immer stärker werdender Kritik auf »die in Deutschland lebenden Ausländer« umgestellt.

4 Vgl. dazu u. a. auch Mielke/Mummendey (1995), die in ihrer Bielefelder Studie ebenfalls auf die in der psychologischen Forschung oftmals festgestellte Bildungsabhängigkeit von Vorurteilen hinweisen.

5 Vgl. dazu Eichener 1988, 42 f., Just/Mülhens 1982, 381 sowie Krauth/Porst 1984, 251 ff.

6 Vgl. dazu Bradburn/Sudman/Gockel 1971; Deutsch/Collins 1951; Meer/Freedman 1966; Rose/Atelsek/McDonald 1953 sowie Wilner/Walkley/Cook 1952.

7 Vgl. Krummacher 1995 sowie Bernhardt et al. 1995.

8 Vgl. z. B. Bonacker/Häufele 1986.

9 Vgl. dazu Russel 1961; Gehring/Böltken 1985 sowie Zentrum für Türkeistudien 1995.

10 Vgl. Lazarsfeld 1954.

11 Böltken (1994) etwa negiert dieses Problem und schließt auf einen Zusammenhang nur in einer Richtung (Kontakte 6 Verminderung der Fremdenfeindlichkeit). Ausgehend von der Kontakthypothese ist dieser Schluss auch gerechtfertigt. In ihrem Vergleich der ALLBUS-Daten 1980 und 1984 wird von Gehring und Böltken (1985, 30 ff.) eine Verminderung fremdenfeindlicher Vorurteile durch Kontakte festgestellt. Zugleich sprechen die Autoren das Problem der Richtung des Zusammenhanges aber an und sprechen von der »Wahrscheinlichkeit einer Wechselwirkung«. In umgekehrter Richtung wird ein Zusammenhang von Kremer/Spangenberg (1980, 100 ff.) festgestellt. Diese sehen »Diskriminierungsabsichten« als einen wesentlichen Einflussfaktor der Kontakthäufigkeit an. Sehr starke Diskriminierungsabsichten führen zu einer Vermeidung von Kontakten mit Ausländern. Krauth/Porst (1980, 261 f.) kommen zu dem Ergebnis, dass Einstellungen zu Gastarbeitern im Wesentlichen durch tatsächliche Kontakte zu ihnen beeinflusst werden.

12 Auch die Experten des ZUMA beispielsweise legen sich hinsichtlich der Richtung des Zusammenhanges nicht fest (vgl. Blank/Wasmer 1996, 55), sondern gehen von Interdependenzen aus.

13 Die Datengrundlage für die deutschen Städte stellt der ALLBUS 1996 dar, in dessen Rahmen 3.518 Personen befragt wurden, und zwar 2.402 in den alten und 1.116 in den neuen deutschen Bundesländern. Unter Berücksichtigung einiger Einschränkungen blieben 615 Personen des Datensatzes übrig.

14 Der Einfachkeit und der Lesbarkeit des Textes halber ist von den »Deutschen« die Rede. Gemeint sind damit die Bewohner deutscher Städte.

15 Offene Fragen sind solche, die keine Antwortvorgaben enthalten.

Fremdenfeindlichkeit im lokalen Kontext
Eine vergleichende Untersuchung zweier Linzer Stadtteile

Helmut Dornmayr

Fragestellung und Untersuchungsdesign

Zentrales Thema der hier präsentierten Studie ist die Analyse der sozialen Integration der ausländischen Wohnbevölkerung und deren Auswirkungen auf die Fremdenfeindlichkeit der vor Ort ansässigen österreichischen Bevölkerung. Die empirische Erhebung beschränkt sich auf zwei Linzer Stadtteile, nämlich Neustadt und Alt-Urfahr. Diese beiden Stadtteile wurden ausgewählt, da sie über ungefähr gleich hohe Ausländeranteile, aber teilweise sehr unterschiedliche soziokulturelle Kontexte verfügen und auch in der medialen Rezeption unterschiedlich mit der »AusländerInnenthematik« verknüpft werden. So gilt das Neustadtviertel nach wie vor im Volksmund als das »Türken«- oder auch »Rotlichtviertel« in Linz, wenngleich auch das öffentliche Interesse an diesem Thema und die Emotionalität der Debatte in den letzten Jahren wohl doch etwas zurückgegangen ist. Durch die spezifische Auswahl der beiden Untersuchungsregionen kann der Frage nachgegangen werden, welche – über den (in beiden Stadtteilen ungefähr gleichen) Ausländeranteil in einer Wohnregion hinausgehenden – Bedingungen Integration bzw. Segregation fördern oder hemmen und wie diese in der Folge auf Fremdenfeindlichkeit wirken.[1] Der Beitrag basiert auf einer schriftlichen Befragung der inländischen Wohnbevölkerung[2] beider Stadtteile im Juli 1998.

Wahrnehmung von und Kontakte mit AusländerInnen

Wer ist Ausländer – Definitionsversuche der Inländer

In der hier beschriebenen Untersuchung wurde ganz bewusst auf eine eigene Definition des Begriffes »Ausländer« verzichtet, sondern diese den Untersuchungspersonen überlassen. Es zeigte sich nämlich sehr schnell, dass das einzige einigermaßen objektive Kriterium – nämlich das der Staatsbürgerschaft – bei den Befragten nicht als zentral ausschlaggebendes Merkmal anerkannt wird. Vielfach dienen »quasi-rassische« sowie kulturelle Erklärungsmuster zur Differenzierung zwischen Österreichern, wenig fremden und sehr fremden Ausländern. Die Abgrenzung erfolgt dabei nahezu ausschließlich negativ und lediglich exemplarisch und nicht per definitionem, d. h. es können Beispiele benannt werden, wer kein Österreicher ist, aber es ist fast unmöglich zu erklären, welche Konstituierungsbedingungen dem »Österreicher-Sein« zugrunde liegen.

Einige Beispiele aus den der Erhebung vorangestellten narrativen Interviews sollen dies verdeutlichen. Auf die Frage, ob jemand ein Österreicher ist, wenn er die österreichische Staatsbürgerschaft besitzt, wurde geantwortet:

»Nein, das ist kein Österreicher, trotzdem nicht. Vom Gesetz her: ja, vom Aussehen: nein. Es klingt blöd, aber so ist es. Man wird auch nicht glauben, dass ich ein Afrikaner bin, wenn ich 10 Jahre unten wohne.« (31 Jahre, männlich, Alt-Urfahr)

»Nein, als Österreicher bin ich Österreicher, wenn ich da geboren bin und aufgewachsen bin. Und auch wenn ich heute im Ausland bin, bekenne ich mich immer wieder, eben, dass ich ein Österreicher bin. Ich stelle mir vor, wenn ich heute in Amerika bin, werde ich immer ein Österreicher sein und kein Amerikaner. Es gibt ja so viele Menschen, die wieder zurück kommen. Sicher kann man die Staatsbürgerschaft aufgeben oder die von einem anderen Land annehmen, aber ich glaube, dass man halt trotzdem immer wieder heimatverbunden bleibt. Wenn man in Österreich geboren ist, ist man ein Österreicher.« (...)

»Nein, ein in Österreich geborenes Kind mit türkischen Eltern ist weiterhin ein Türke. Weil wieder die Religion vordergründig ist, von den Eltern. Es ist und wird ein Muselmane bleiben.« (77 Jahre, weiblich, Neustadtviertel)

»Wenn er schon Jahre da ist und ist als Flüchtling hergekommen, weil schauen Sie, die Sudetendeutschen, die sind ja hinausgepeitscht worden, das weiß ich persönlich von lieben Bekannten, die sind für mich Österreicher schon gewesen, wie sie gekommen sind. Die sind alle herzlich aufgenommen worden bei uns da. Aber wissen Sie, wenn nur welche kommen, die nichts taugen, nichts arbeiten und nur sich erhalten lassen, das sind für mich nicht Österreicher. Wir sind auch nach dem Krieg geblieben, haben gehungert, keine Wohnung gehabt und nichts zu essen gehabt. Und jetzt kommen die und nutzen unser Sozialsystem aus, die Anständigen von denen, die bleiben zu Hause und helfen beim Aufbau, die werden zu Hause gebraucht.« (76 Jahre, weiblich, Alt-Urfahr)

Kriterien des »Österreicher-Seins«

In der schriftlichen Befragung zeigte sich, dass als stärkstes Definitionsmerkmal des »Österreicher-Seins« die Kenntnis der deutschen Sprache erachtet wird. Rund drei Viertel der befragten Österreicher in den beiden Stadtteilen denken so. Dies ist sicherlich ein überraschendes Ergebnis, weil die deutsche Sprache ja keineswegs österreichspezifisch ist.

Als am zweithäufigsten genanntes Merkmal wird »Anpassung an die österreichische Kultur« genannt. Diese Formulierung wurde bewusst so vage und unpräzise gewählt, weil es gerade auch den bei den explorativen Tiefeninterviews Befragten kaum gelang, die damit verbundenen Vorstellungen näher zu beschreiben. Erst an dritter Stelle kommt die österreichische Staatsbürgerschaft als Defninitionsmerkmal.

Im Vergleich zu den explorativen Tiefeninterviews relativ selten genannt wurde die Kategorie »Aussehen, Menschenrasse«. Dies ist möglicherweise auch eine Frage der Formulierung, da der Begriff »Rasse« doch weitgehend mit Nationalsozialismus assoziiert wird. Letzten Endes ziehen aber doch 16 % der Befragten eindeutig »rassische« Argumente zur Definition heran, eine beachtliche Zahl. Wie die explorativen Tiefeninterviews zeigten, wird beim Versuch der »Rassendefinition« vorwiegend auf die Hautfarbe rekurriert. Gerade bei diesem Punkt lassen sich auch sozialisationsspezifische Ursachen nicht übersehen, da hier eine hochsignifikante Korrelation mit dem Alter besteht. Während der Anteil bei den 16–30-Jährigen 13 % und bei den 30–60-Jährigen 14 % beträgt, lässt sich für die über 60-Jährigen (also jene, die die NS-Zeit noch bewusst miterlebten) ein Anteil von 25 % feststellen.

Grafik 1: »Welche Kriterien sind Ihrer Meinung nach ausschlaggebend zur Unterscheidung von Österreichern und Ausländern? Wodurch ist/wird jemand zum Österreicher?

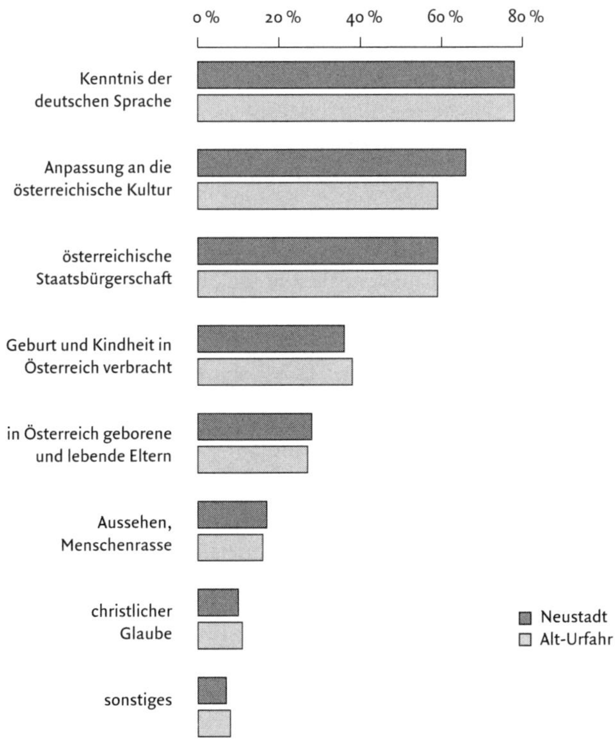

Signifikante Unterschiede in den beiden untersuchten Stadtteilen sind nur hinsichtlich der Variable »Anpassung an die österreichische Kultur« beobachtbar. Hier dürfte doch die stärkere Wahrnehmung (in welchem Ausmaß nun durch reale Sichtbarkeit oder durch mediale/kommunikative Darstellung, sei dahingestellt) der Zuwanderer und ihrer spezifischen kulturellen Lebensformen im Neustadtviertel eine gewisse Rolle spielen.

Wahrnehmung der Ausländeranteile

Der Anteil ausländischer StaatsbürgerInnen liegt in beiden untersuchten Stadtteilen deutlich über dem Linzer Durchschnitt von 11,1 %. Zum Stichtag, am 1. 1. 1998, lag er in Alt-Urfahr bei 19,4 % und im Neustadtviertel bei 17,2 %. Der Grund für den relativ hohen Ausländeranteil in beiden Stadtvierteln ist vor allem im hohen Anteil an privaten Mietwohnungen zu sehen. Für die Mehrheit der AusländerInnen bleibt der Kauf von Eigentumswohnungen finanziell unerschwinglich und der Zugang zu Genossenschaftswohnungen (aufgrund der Eingrenzung der Wohnbauförderung auf österreichische StaatsbürgerInnen bzw. EU-BürgerInnen[3]) verwehrt. Damit sind sie nahezu ausschließlich auf den Sektor des privaten Mietwohnungsmarkts angewiesen.

Bei der Einschätzung der Ausländeranteile zeigt sich zunächst, dass die Befragten beider Stadtteile den Ausländeranteil von Linz insgesamt zu hoch einschätzen. Der in der amtlichen Statistik ausgewiesene Ausländeranteil von 11 % wird deutlich höher angesetzt (rund 17 %). Die Überschätzung findet sich sowohl bei den ÖsterreicherInnen von Alt-Urfahr als auch des Neustadtviertels.

Die real etwa gleich hohen Ausländeranteile beider Stadtteile werden in der Befragung aber sehr unterschiedlich eingeschätzt. Die BewohnerInnen des Neustadtviertels schätzen den Ausländeranteil in ihrem Stadtteil auf 26 % (real: 17 %), während die BewohnerInnen von Alt-Urfahr diesen mit 16 % sogar für etwas niedriger halten als den (vermeintlichen) Wert für ganz Linz bzw. als den realen Wert für ihren Stadtteil (real: 19 %).[4]

Dieser (höchst signifikante) Unterschied weist auf ein Thema hin, das im Rahmen der hier exzerpierten Studie besondere Beachtung finden sollte: Inwieweit ist Fremdenfeindlichkeit (auch, primär oder vielleicht sogar ausschließlich?) als ein Wahrnehmungsproblem zu begreifen? Die unterschiedliche und ausgesprochen falsche Einschätzung der Ausländeranteile steht offensichtlich in einem Zusammenhang mit spezifischen Raumbildern im Bewusstsein der InländerInnen, die wiederum stark von der Berichterstattung in den Medien beeinflusst sind. In der medialen Darstellung wird das Neustadtviertel häufig als das »Ausländerviertel« in Linz dargestellt, wobei insbesonders ein Ereignis vor ein paar Jahren (eine ausschließlich politisch motivierte Demonstration von KurdInnen und »linken« TürkInnen gegen eine Veranstaltung von »rechten« TürkInnen) unter dem Stichwort »Ausländerkrawalle im Neustadtviertel« medial massivst »ausgeschlachtet« wurde.

Unterschiede zwischen Alt-Urfahr und Neustadt zeigen sich auch in der Beurteilung des Ausländeranteils im jeweiligen Stadtteil. Mehr als die Hälfte der BewohnerInnen des Neustadtviertels (55 %) beurteilen den Ausländeranteil in ihrem Stadtteil als zu hoch. In Alt-Urfahr ist dies nur etwas mehr als ein Viertel (28 %). Auch hier zeigt sich, wie wenig Wahrnehmung und realer Ausländeranteil an der Wohnbevölkerung korrelieren.

Wahrnehmung und sozialer Kontext

Interessant im Zusammenhang mit der Wahrnehmung von AusländerInnen ist auch die Frage, in welchen Alltagskontexten und sozialen Rollen AusländerInnen generell als positiv bzw. als negativ erlebt werden.

Grafik 2: Situationsbezogene Erfahrungen mit in Österreich lebenden AusländerInnen (Anteil »sehr positiv« und »eher positiv«)

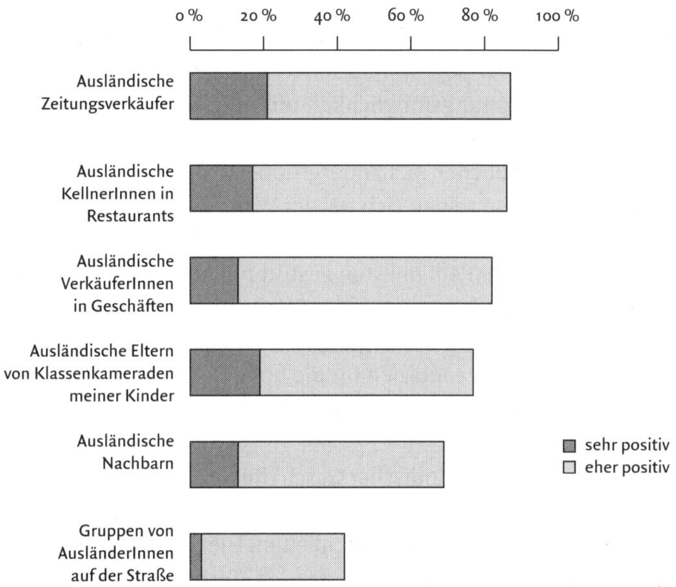

Die Ergebnisse unserer Befragung können – gerade auch unter Hinweis auf die explorativen Tiefeninterviews – vermutlich so interpretiert werden, dass Erfahrungen mit AusländerInnen in der Tendenz umso positiver bewertet werden, je schwächer ihre Position ist und je weniger Konfliktpotential die Situation bietet. Als DienstleisterInnen werden sie wesentlich angenehmer empfunden als bei einer zufälligen Begegnung im öffentlichen oder halböffentlichen Raum.

In gewisser Weise verbirgt sich damit hinter Fremdenfeindlichkeit generell ein Konflikt um Macht und Herrschaft sowie um reale und vor allem symbolische Ressourcen und Territorien (etwa den öffentlichen Raum). Oder wie es Bade und Bommes[5] – in Anlehnung an Esser – formulieren: Die Grundlage ethnischer Konflikte sind sogenannte Nullsummenkonflikte um die Positionsgüter der Herrschaft und Legitimation, durch die die Definitionsmacht über die soziale Bedeutung von Ressourcen der Alltagsgestaltung, also insbesondere des kulturellen und sozialen Kapitals, kontrolliert werden kann.

»Ich habe nur ein Problem damit, dass sie, im Grunde genommen, ihre Macht demonstrieren wollen, wenn sie in einer Gruppe daher kommen, und wenn man dann halt am Gehsteig ist, erwarten sie, dass man ausweicht, dann kommt es halt darauf an, tut man ihnen den Gefallen oder nicht, oder bleibt man stehen.« (45 Jahre, männlich, Neustadtviertel)

»Ja, die sehen dann, wie die anderen Leute leben, und kriegen dann einen Neid und versuchen dann irgendwie den Leuten weh zu tun, dann. Wissen Sie, das sind so viele, die einbrechen. Man hört immer wieder, wenn etwas passiert, ja, das sind die Ausländer.« (82 Jahre, weiblich, Alt-Urfahr)

Das Besondere an diesem Konflikt um Macht, Ressourcen und den »Raum« ist dabei, dass der Begriff »Ausländer« eine besonders »günstige« Distinktions- und Zuordnungsmöglichkeit offeriert. Der nette Zeitungsverkäufer wird zum netten Ausländer, ebenso wie die bedrohliche Menschengruppe zur bedrohlichen Ausländergruppe wird.

Ähnliche Ergebnisse zeigen sich bei der Wahrnehmung und Bewertung von Veränderungen im Stadtteil, die durch den Zuzug von AusländerInnen bedingt erscheinen: Am meisten gestört fühlen sich die Befragten von »Gruppen von Ausländern, die auf der Straße und dem Gehsteig herumstehen« und von der »Zurückdrängung von Deutsch als Umgangssprache«. Auch dies sind weitere Indizien für die hohe Bedeutung der bereits kurz beschriebenen Konflikte um symbolische Ressourcen, um »Codes« und Territorien.

Das Vorhandensein ausländischer Geschäfte wird hingegen überwiegend positiv bewertet, unter anderem da diese eine in der Innenstadt entstandene Lücke in der Nahversorgung schließen. Hier wiegen persönliche Interessen offensichtlich stärker als Ängste vor »Territoriumsverlusten«.

Des weiteren ist darauf hinzuweisen, dass der Begriff »Ausländer« zwar Verallgemeinerungen und Sterotypenbildungen begünstigt, dass aber dennoch auch Unterschiede wahrgenommen werden. AusländerInnen werden nicht nur hinsichtlich ihrer Nationalität sondern offensichtlich auch hinsichtlich der Ursache ihres Aufenthaltes in Österreich differenziert:

Grafik 3: »Ausländer kommen ja aus unterschiedlichen Gründen zu uns. Wie stehen Sie folgenden Gruppen gegenüber?« (Mittelwerte)

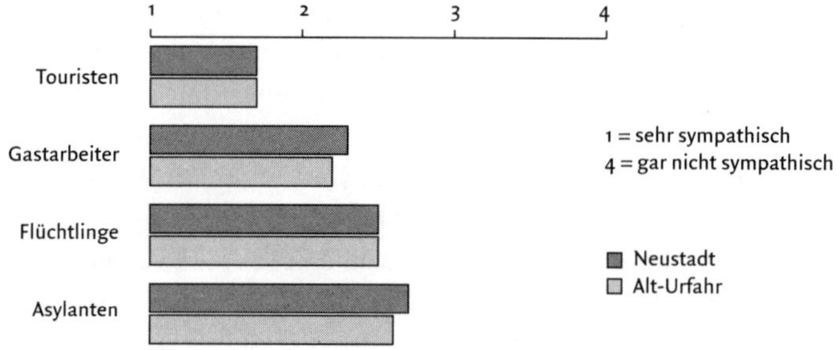

Wenngleich auch die Unterschiede zwischen beiden Stadtteilen marginal sind, weist dieses Ergebnis doch eine Reihe interessanter Aspekte auf:

Die Bildung von Stereotypen und die Beurteilung von AusländerInnen nimmt nicht nur keine Rücksicht auf Not- und Zwangslagen, sondern konterkariert diese sogar. Je unfreiwilliger und je größer die Notlage ist, in der jemand hier ist, desto weniger Sympathien werden ihm entgegengebracht. Inwieweit diese Notlagen allerdings bewusst sind, kann hier nicht endgültig beurteilt werden. Bemerkenswert ist zumindest, welche wichtige Rolle Sprache und Wortwahl und damit letzten Endes wiederum der Wahrnehmung im öffentlichen Diskurs zukommen. Die Diskussion über Unterschiede der Begriffe »Flüchtlinge« und »Asylanten« ist wohl eher eine sehr »theoretische« (AsylwerberInnen sind zumindest eine Untergruppe von Flüchtlingen). Dennoch werden diese beiden Begriffe für eine nahezu deckungsgleiche Personengruppe unterschiedlich bewertet. Der im Volksmund (aber auch in diversen Medien) gebräuchliche Begriff »Asylant« ist offensichtlich negativ besetzt (und wurde deswegen auch in dieser Befragung untersucht!) und wird in der öffentlichen Diskussion vor allem dort verwendet, wo jemand Stimmung gegen Flüchtlinge und/oder AusländerInnen machen möchte.

Kontakte mit AusländerInnen

Bei der Analyse von Ort, Ausmaß, Qualität und Funktionalität der Kontakte zwischen den befragten österreichischen BewohnerInnen beider untersuchten Stadtteile und ihren ausländischen MitbürgerInnen lässt sich zunächst feststellen, dass Kontakte nur in sehr reduziertem Ausmaß stattfinden. Dies lässt sich etwa an der Intensität der privaten Kontakte zu in Österreich lebenden AusländerInnen (mit dieser Frage waren nicht nur Nachbarn angesprochen) illustrieren:

Grafik 4: Intensität privater Kontakte zu in Österreich lebenden AusländerInnen (Anteil »sehr häufig« und »häufig«)

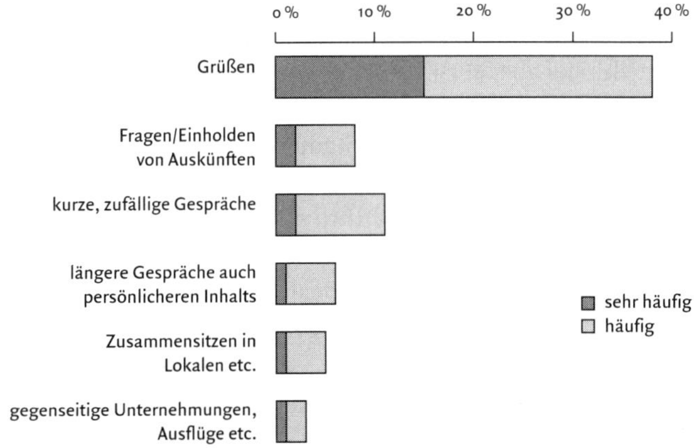

Hier zeigt sich recht eindrucksvoll, dass intensive soziale Kontakte zwischen ÖsterreicherInnen und AusländerInnen kaum bestehen. Die Analyse des Kontaktortes ergibt, dass die häufigsten Kontakte zu AusländerInnen entweder in formalisierter Form (am Arbeitsplatz) oder in sehr extensiver öffentlicher Form (auf der Straße und beim Einkaufen) stattfinden. Im Bereich des Freundeskreises, im Freizeitverhalten und auch im Vereinsleben lassen sich hingegen besonders stark segregierte Strukturen unter den ÖsterreicherInnen feststellen.

Die stark formalisierten Kontakte geschäftlicher/beruflicher Art wurden auch in Bezug auf die Funktion der Befragten untersucht. Es zeigt sich dabei, dass wechselseitige Kundenbeziehungen noch relativ am häufigsten vorkommen. Seltener sind Kontakte zu ausländischen KollegInnen. AusländerInnen als Untergebene, und vor allem AusländerInnen als Vorgesetzte kommen kaum vor.

Ausmaß und Ursachen von Fremdenfeindlichkeit

Einer der zentralen Gesichtspunkte im Rahmen dieser Studie war nicht nur die Wahrnehmung von AusländerInnen, die Feststellung der Kontakthäufigkeit und Kontaktart, sondern auch die Messung von Fremdenfeindlichkeit. Dazu wurde u. a. die auch in anderen Studien verwendete ALLBUS-Fragenbatterie herangezogen, die weitgehend ausgetestet ist und vergleichbare Ergebnisse liefert.[6]

Ein erster Vergleich mit den Ergebnissen des ALLBUS 1996 (ZUMA 1996) lässt in den beiden untersuchten Linzer Stadtteilen eine deutlich höhere Fremdenfeindlichkeit erkennen als in Deutschland. Alle Items, mit denen Fremdenfeindlichkeit gemessen wird, werden von der in den beiden Linzer Stadtteilen wohnenden Bevölkerung häufiger bejaht als von der westdeutschen. Beispielsweise erreichte das Item »Wenn Arbeitsplätze knapp werden, sollte man die in Deutschland (Österreich) lebenden Ausländer wieder in ihre Heimat zurückschicken« in Westdeutschland eine Zustimmung von 25 % und in den beiden Linzer Stadtteilen von insgesamt 41 %. Inwieweit diese Unterschiede auf die spezifische Situation dieser beiden Stadtteile oder aber auch auf das unterschiedliche Untersuchungsdesign (Face-to-face-Interviews beim ALLBUS versus schriftliche postalische Interviews in den beiden Linzer Stadtteilen) zurückzuführen sind, lässt sich nicht zweifelsfrei klären.

Bivariat zeigt sich, dass grundsätzlich ein sehr deutlicher und negativer Zusammenhang zwischen den meisten Kontaktformen (differenziert nach Ort, Intensität, Qualität und Funktionalität) und Fremdenfeindlichkeit besteht. Je stärker der Kontakt, desto geringer ist die Fremdenfeindlichkeit, lautet – mit wenigen Ausnahmen – die verallgemeinernde Feststellung. Nicht eindeutig ist jedoch die Ursache-Wirkungs-Beziehung, die hier wohl als Wechselwirkung verstanden werden muss, d. h., dass vermutlich nicht nur Kontakt zu weniger Fremdenfeindlichkeit, sondern auch weniger Fremdenfeindlichkeit zu mehr Kontakt führt.

Bei der im folgenden dargestellten kausalanalytischen[7] Untersuchung von Kontakt und Fremdenfeindlichkeit tritt dieses Problem – nämlich die Trennung in Ursache und Wirkung – ganz besonders in den Vordergrund. Ganz bewusst wurde daher in der pfadanalytischen Betrachtung auf die Miteinbeziehung von Einstellungs-Items (wie Autoritarismus) verzichtet. Dies erfolgte zum einen, weil hier eben die Kausalitätsrichtung (bewirkt etwa Autoritarismus Fremdenfeindlichkeit oder Fremdenfeindlichkeit Autoritarismus?) in besonderem Maße unklar ist. Zum anderen wurde auf Einstellungs-Items als unabhängige (erklärende) Variable verzichtet, weil Fremdenfeindlichkeit selbst eine (zu erforschende) Einstellung ist. Es kann daher a priori nicht geklärt werden, ob damit korrelierende Einstellungen wirklich unabhängig existieren oder nicht doch auch elementarer Bestandteil von Fremdenfeindlichkeit selbst sind.[8] Die Gefahr tautologischer Schlussfolgerungen ist dort besonders hoch, wo Begriffe mit sehr verwandten Begriffen zu erklären versucht werden (z.B Fremdenfeindlichkeit mit Autoritarismus, Bedrohungsgefühl etc.). Dies sollte hier von vornherein vermieden werden.

Nicht gänzlich unproblematisch unter diesen Gesichtspunkten war allerdings auch die Einbeziehung von Kontaktformen als unabhängige Variable zur Erklärung von Fremdenfeindlichkeit, weil hier die Ursache-Wirkungs-Richtung ebenfalls nicht klar definiert werden kann. Ihre Einbeziehung ist aber zentrale Konzeption des theoretischen Modells dieser Untersuchung, und sie sind von vornherein als intervenierende Variable – d. h. nicht nur als unabhängige Variable im Sinne des Einflusses auf Fremdenfeindlichkeit, sondern auch als abhängige im Sinne der Analyse der auf sie wirkenden Determinanten – untersucht worden. Im Gegensatz zu Einstellungs-Items sind Kontaktformen außerdem wesentlich stärker von soziostrukturellen Kontexten unmittelbar bestimmt (etwa »unfreiwillige« Kontakte am Arbeitsplatz). Nicht zuletzt sind Kontakte auch (wiederum im Gegensatz zu Einstellungs-Items) wesentlich leichter soziostrukturell »manipulierbar« und damit auch politischen Interventionen einfacher zugänglich, was ihnen im Sinne des diesem Forschungsschwerpunkt zugrunde liegenden Präventionsgedankens herausragende Bedeutung verleiht.

Ausgehend vom theoretischen Modell der Untersuchung, das Kontakt als intervenierende Variable zwischen der abhängigen Variable Fremdenfeindlichkeit und verschiedenen unabhängigen soziostrukturellen Variablen betrachtet, wurden demnach sowohl die Determinanten von Fremdenfeindlichkeit als auch der auf Fremdenfeindlichkeit wirkenden Kontaktformen untersucht.

Für einige soziostrukturelle Variablen, die entsprechend den Ausgangshypothesen ebenfalls in die Untersuchung einbezogen wurden, war weder ein signifikanter direkter noch indirekter Einfluss auf Fremdenfeindlichkeit feststellbar (z. B. Wohnungsgröße, Familienstand, Rechtsform der Wohnungsnutzung etc.).

Generell nicht einbezogen in die Untersuchung wurde neben Einstellungs-Items (siehe weiter oben) unter anderem auch die Nationalität ausländischer Personen, auf die sich mögliche fremdenfeindliche Einstellungen orientieren. Dies erfolgte aus dem wohl recht plausiblen Grund, dass die Nationalität der AusländerInnen nicht als eine Ursache von Fremdenfeindlichkeit (sondern höchstens als eine spezifische Ausformung derselben) betrachtet werden kann.

Kontakt und Fremdenfeindlichkeit

Fremdenfeindlichkeit wird direkt sowohl von unterschiedlichen Arten des Kontakts als auch von einer Reihe von soziostrukturellen Variablen beeinflusst. Unter den Kontaktvariablen am stärksten wirkt »Kontaktfunktionalität: Kunde«[9]. D. h., je häufiger die Befragten Kunden bei AusländerInnen sind, desto geringer ist Fremdenfeindlichkeit. Gerade in der Innenstadt ist es offensichtlich, dass ausländische Geschäfte (meist erst relativ neu entstandene) Lücken in der Nahversorgung schließen, was zu offensichtlichen Vorteilen für alle Beteiligten führt. Der integrative Effekt für alle StadtteilbewohnerInnen ist beachtlich.

Ebenfalls zu einer Reduktion von Fremdenfeindlichkeit führt die Kontaktintensität zu ausländischen Nachbarn[10] sowie zu AusländerInnen allgemein[11], während umgekehrt die »Kontaktfunktionalität: Vorgesetzter« (d. h. der Befragte ist Vorgesetzter von AusländerInnen) zu einer Verstärkung fremdenfeindlicher Einstellungen führt. Dies ist möglicherweise damit zu erklären, dass das reiche Konfliktpotential, das aus hierarchischen Beziehungen in der Arbeitswelt resultiert, besonders dazu verleitet, soziale Konflikte zu Nationalitätskonflikten zu stilisieren.

Bemerkenswert ist sicherlich auch, dass nur diese 4 Kontaktformen (Kontaktfunktionalität: Kunde, Kontaktintensität zu ausländischen Nachbarn, Kontaktintensität zu AusländerInnen allgemein, Kontaktfunktionalität: Vorgesetzter) einen partiell signifikanten Einfluss auf Fremdenfeindlichkeit aufweisen. Andere Kontaktvariablen – etwa die Analyse des Kontaktortes – stehen demnach in keinem direkten Zusammenhang zu Fremdenfeindlichkeit.

An soziostrukturellen Variablen, die einen direkten Einfluss auf Fremdenfeindlicheit aufweisen, sind zuallererst das Alter[12] und die Ausbildung[13] zu nennen. Je älter die Befragten sind und – vereinfacht ausgedrückt – je niedriger ihre höchste abgeschlossene Ausbildung ist, desto stärker ausgeprägt ist ihre Fremdenfeindlichkeit.

Wenn man sich den Zusammenhang zwischen Alter und Fremdenfeindlichkeit im Detail ansieht, ergibt sich folgendes Bild: Bis zum Alter von etwa 40 Jahren bewegt sich das Ausmaß fremdenfeindlicher Einstellungen auf relativ konstantem Niveau. Erst dann erfolgt ein relativ linearer kontinuierlicher Anstieg ohne größere Sprünge.

Für die Variable Ausbildung stellen sich die einzelnen Effekte folgendermaßen dar: Während vor allem AbsolventInnen einer Hochschule hochsignifikant[14] geringere fremdenfeindlichere Einstellungen aufweisen (bzw. bekunden), lassen Personen, die als höchste Ausbildung eine Pflichtschule[15] bzw. eine Lehre oder Meisterprüfung[16] abgeschlossen haben, deutlich überproportionale Zustimmungswerte zu fremdenfeindlichen Items erkennen.

Eine weitere soziostrukturelle Variable (neben Alter und Ausbildung), die eine direkte Wirkung auf Fremdenfeindlichkeit zeigt, ist das Vorhandensein ausländischer Nachbarn[17]: Die Einflüsse dieser Variable auf Kontakt und Fremdenfeindlichkeit lassen sich als eines der wichtigsten Ergebnisse der hier zugrunde liegenden Analysen bezeichnen. Einerseits wirkt das Vorhandensein ausländischer Nachbarn direkt verstärkend auf Fremdenfeindlichkeit,[18] andererseits verstärkt das Vorhandensein ausländischer Nachbarn die Kontaktintensität zu ausländischen Nachbarn[19] sowie zu AusländerInnen insgesamt[20], die ihrerseits ja wiederum Fremdenfeindlichkeit reduzieren.

Das Vorhandensein ausländischer Nachbarn führt also dann zu verstärkter Fremdenfeindlichkeit, wenn diese räumliche Integration nicht von einer sozialen (= mehr Kontakte zu AusländerInnen) begleitet wird. Nur wenn die räumliche Nachbarschaft zu vermehrten Kontakten führt bzw. wenn derartige soziale Kontakte z. B. durch entsprechende politische Begleitmaßnahmen unterstützt werden, kann Wohnnachbarschaft mit AusländerInnen zu einer Verringerung fremdenfeindlicher Einstellungen der vor Ort ansässigen österreichischen Bevölkerung führen.

Der berufliche Hintergrund (Wirtschaftssektor) weist ebenfalls einen direkten Einfluss auf die Fremdenfeindlichkeit auf, wenn auch die Erklärung nicht zwingend ist. Personen, die im gemeinnützigen Sektor beruflich tätig sind, weisen signifikant geringere fremdenfeindliche Einstellungen auf.[21] Umgekehrt – wenngleich auch nicht im selben Ausmaß – verhält es sich mit in der Privatwirtschaft tätigen Befragten.[22] Allerdings ist beim Wirtschaftssektor die Ursache-Wirkungs-Richtung abermals nicht eindeutig: Streben Personen mit fremdenfreundlicheren Einstellungen von vornherein häufiger eine Beschäftigung im gemeinnützigen Sektor an, oder entstehen bzw. verstärken sich diese Einstellungen im Laufe der Tätigkeit in diesem Bereich?

Ein direkter Einfluss geht auch von der Zahl ausländischer Hausparteien[23] aus: Je größer die Zahl der ausländischen Hausparteien ist bzw. eingeschätzt wird, desto stärker werden fremdenfeindliche Einstellungen artikuliert. Dahinter könnte sich allerdings teilweise auch ein Wahrnehmungsproblem verbergen, d. h., dass die Zahl der ausländischen Hausparteien möglicherweise umso größer eingeschätzt wird, je stärker fremdenfeindliche Einstellungsmuster vorliegen.

Das Ausmaß des TV-Konsums[24] steht ebenfalls in einem direkten Zusammenhang zur Fremdenfeindlichkeit. Obwohl zentrale soziale Verhaltensmuster (wie z. B. Außenorientierung, d. h. Ausmaß der mit außerhäuslichen Freizeitaktivitäten verbrachten Zeit) und wichtige soziostrukturelle Variablen (wie z. B. das Alter) ebenfalls im Modell enthalten sind, zeigt das Ausmaß des TV-Konsums dennoch eine direkte Wirkung auf Fremdenfeindlichkeit. Dies legt die Vermutung nahe, dass die mit zunehmendem Fernsehkonsum ansteigende Fremdenfeindlichkeit nicht oder zumindest nicht nur auf mit höherem Fernsehkonsum verbundene spezifische Formen des Sozialverhaltens zurückzuführen ist. Da Fernsehkonsum in höchst signifikantem Maße mit allgemeinen Bedrohungsgefühlen korreliert, die ja ihrerseits wiederum eng mit Fremdenfeindlichkeit verwandt sind, kommen wohl vor allem die mit höherem Fernsehkonsum verbundenen Wahrnehmungsveränderungen (beispielsweise eine Kenntnis von Katastrophen und Verbrechen aus allen Teilen der Welt oder eine überproportionale, nicht dem realen Leben entsprechende Repräsentanz von gewalttätigen Auseinandersetzungen in Spielfilmen) als mögliche Auslöser einer gesteigerten Angst vor dem »Fremden« in Frage.

Schließlich zeigt sich, dass mit der Kontaktintensität zu den österreichischen Nachbarn die Fremdenfeindlichkeit steigt.[25] Intensivere Kontakte zu den österreichischen Nachbarn führen überproportional häufig zu negativeren Einstellungen »Fremden« gegenüber. Dies könnte möglicherweise auch als Argument für den freien Zugang von AusländerInnen zu Genossenschaftswohnungen insbesondere in Neubaugebieten gewertet werden. Denn durch die derzeitigen Zugangsbeschränkungen erfolgt zwangsweise eine Konzentration der ausländischen Bevölkerung auf den privaten Mietwohnungsmarkt und Altwohnungsbestand, in dem die Langzeit-BewohnerInnen oft untereinander intensive soziale Beziehungen haben und sich der sozialen Integration von neuen BewohnerInnen stärker verschließen.

Von jenen soziostrukturellen Variablen, die einen indirekten Einfluss auf Fremdenfeindlichkeit haben, indem sie direkt auf jene Kontaktvariablen wirken, welche ihrerseits wiederum Fremdenfeindlichkeit beeinflussen, seien hier lediglich drei herausgegriffen:

Der Stadtteil wirkt (nur) indirekt auf Fremdenfeindlichkeit, indem er die Kontaktintensität zu ausländischen Nachbarn beeinflusst.[26] BewohnerInnen von Alt-Urfahr haben demzufolge intensivere Kontakte zu ihren ausländischen Nachbarn als die BewohnerInnen des Neustadtviertels.

Die strukturelle Übereinstimmung der Haushaltstypen (jüngere Alleinstehende, Familien ohne Kinder, AlleinerzieherInnen, Familien mit Kindern, Senioren) der österreichischen Hausparteien mit jenen der ausländischen führt sowohl zu intensiveren Kontakten mit den ausländischen Nachbarn[27] als auch mit AusländerInnen insgesamt[28].

Auch das (gewichtete[29]) Netto-Haushaltseinkommen wirkt nicht direkt auf Fremdenfeindlichkeit, sondern »lediglich« indirekt über die Variable »Kontaktfunktionalität: Kunde«. Personen aus einkommensstärkeren Haushalten sind überproportional häufig KundInnen von AusländerInnen.[30]

Schlussfolgerungen

Aus den hier präsentierten Forschungsergebnissen lassen sich folgende, potentiell handlungsrelevante Schlussfolgerungen ziehen:

Die Ergebnisse zeigen vor allem, dass räumliche Integration (d. h. Wohnnachbarschaft von In- und AusländerInnen) alleine nicht automatisch zu verminderter Fremdenfeindlichkeit führt. Im Gegenteil: Räumliche Integration ohne entsprechende soziale Integration (d. h. ohne verstärkte Kontakte zwischen In- und AusländerInnen) verstärkt sogar fremdenfeindliche Einstellungen. Nur dort, wo die Wohnnachbarschaft auch zu intensiveren Kontakten zwischen In- und AusländerInnen führt, erhöht dies die Wahrscheinlichkeit einer Reduktion xenophober Orientierungsmuster. Integrationspolitik sollte sich daher unbedingt auch sozialer Begleitkonzepte und kontaktfördernder Instrumente bedienen.

Ein ganz wichtiger Baustein derartiger integrativer Maßnahmen ist die Ermöglichung von sozioökonomischen und unmittelbar lokalen Funktionalitäten für die ausländische Bevölkerung etwa im Sinne der Förderung von ausländischem Kleinunternehmertum (vor allem im Handels- und Dienstleistungsbereich). Nicht nur dass Geschäfte ausländischer EigentümerInnen als Garanten der Nahversorgung (»Win-win-Situation«) relativ hohe Sympathiewerte bei der inländischen Bevölkerung besitzen, so lässt sich auch ein starker direkter Zusammenhang zwischen der Häufigkeit von Kundenbeziehungen zu AusländerInnen und niedrigerer Fremdenfeindlichkeit nachweisen.

In Bezug auf die Wohnungspolitik lassen sich aus den vorliegenden Ergebnissen gute Argumente dafür ableiten, dass die Beseitigung von (rechtlichen) Zugangsbeschränkungen für AusländerInnen zum geförderten Wohnungsbau (»Genossenschafts-« bzw. »Gemeindewohnungen«) – bei entsprechenden sozial-integrativen Begleitkonzepten – ebenfalls zur Reduktion fremdenfeindlicher Einstellungen beitragen könnte. Dies wäre nicht nur sinnvoll, weil dort jüngere (und damit weniger fremdenfeindlichere) Bevölkerungsgruppen wohnen, sondern auch weil durch eine derartige »Durchmischung« die Zahl ausländischer Hausparteien im privaten (von »Altbauwohnungen« dominierten) Mietwohnungssektor reduziert und auf größere Marktsegmente verteilt werden könnte. Speziell in Neubauten existieren noch weniger feste (»gewachsene«) soziale Strukturen, welche die Integration von Neuzuziehenden zusätzlich erschweren. Beide Faktoren (die Zahl – und nicht nur das Vorhandensein – ausländischer Hausparteien sowie die Intensität der nachbarschaftlichen Beziehungen unter den österreichischen BewohnerInnen) lassen eine direkte Wirkung auf Fremdenfeindlichkeit erkennen. Darüber hinaus würde eine derartige »Öffnung« der Genossenschaftswohnungen die Angleichung der Haushaltstypen ermöglichen und die Wahrscheinlichkeit reduzieren, dass zum Beispiel ausländische Familien mit Kindern in Häusern mit überwiegend österreichischen Senioren wohnen müssen. Denn auch die Angleichung der Haushaltstypen würde nachweislich die Kontaktintensität zu ausländischen Nachbarn erhöhen und damit indirekt ebenfalls fremdenfeindliche Orientierungsmuster verringern.

Eine derartige »Öffnung« des geförderten Wohnbaus für ausländische MitbürgerInnen, die ja im übrigen auch dieselben Wohnbauförderungsbeiträge wie ÖsterreicherInnen zahlen, dürfte allerdings keineswegs als Integrations- oder gar Assimilierungszwang verstanden oder benutzt werden, sondern ist ausschließlich als auf freiwilliger Basis realisierbare Option zu sehen. Und wie bereits erwähnt, kann eine derartige »Öffnung« trotz zahlreicher sonstiger oben genannter Argumente nur dann zuverlässig zur Reduktion von Fremdenfeindlichkeit beitragen, wenn diese räumliche Integration tatsächlich auch von einer sozialen begleitet wird. Dass den relevanten politischen Akteuren eine Aufhebung der Zugangsbeschränkungen derzeit politisch nicht opportun erscheint, ist eine andere Sache. Dass der in den nächsten Jahren zu erwartende Angebotsüberhang am Wohnungsmarkt aber selbst diese festgefahrenen Positionen aufweichen könnte, ist bereits ein völlig anderes Thema.

Anmerkungen

Der Beitrag basiert auf einer schriftlichen, auf postalischem Weg durchgeführten Befragung der inländischen Wohnbevölkerung beider Stadtteile. Die Befragung wurde im Juli 1998 durchgeführt und umfasste eine Stichprobengröße von 3.000 Personen (Grundgesamtheit: 7.820 Bewohner), von denen rund 35 % geantwortet haben (n = 1.301). Der maximale Stichprobenfehler (95 %iges Sicherheitsniveau) liegt insgesamt betrachtet bei ± 2,9 % (Kaplitza 1982, 140).

1 Unter Integration bzw. Segregation verstehen wir sehr allgemein ein spezifisches soziales Beziehungsmuster, wobei Segregation oft auch als Vorstufe zur Integration angesehen wird. »Segregation ist ein notwendiger Schritt auf dem Weg zu einer Integration ohne Unterwerfung« (vgl. etwa Siebel 1997, S. 40). Wir sehen Segregation und Integration als zwei miteinander in einem engen Kontakt stehende Begriffe, die im Prinzip das gleiche Phänomen aus unterschiedlicher Perspektive messen.

2 Bevölkerung = Hauptwohnsitzbevölkerung über 15 Jahre.

3 In einigen österreichischen Bundesländern (nicht aber in Oberösterreich und daher auch nicht in Linz) sind auch »Konventionsflüchtlinge« in die Wohnbauförderung einbezogen.

4 Erwähnenswert ist hier vielleicht auch, wie spezifisch und selektiv die menschliche Wahrnehmung funktioniert, was insbesondere zum Ausdruck kommt, wenn man die »Höchstwerte« bei den Schätzungen analysiert. »Spitzenreiter« ist hierbei eine junge Linzerin (unter 30 Jahre) aus Alt-Urfahr, die in einer Branche beschäftigt ist, in der stark überproportional AusländerInnen arbeiten. Diese Befragte schätzte den Ausländeranteil von Linz auf 80 % und jenen von Alt-Urfahr auf 60 %!

5 Vgl. Bade/Bommes 1997, 8.

6 Diese Fragenbatterie besteht aus folgenden Items, die auf einer 7-stufigen Skala zuzustimmen oder abzulehnen sind: »Die in Österreich lebenden Ausländer sollten ihren Lebensstil besser an den der Österreicher anpassen«, »Wenn

Arbeitsplätze knapp werden, sollte man die in Österreich lebenden Ausländer wieder in ihre Heimat zurückschicken«, »Man sollte den in Österreich lebenden Ausländern jede politische Betätigung in Österreich untersagen« sowie »Die in Österreich lebenden Ausländer sollten sich ihre Ehepartner unter ihren eigenen Landsleuten auswählen«.

7 Unter kausalanalytischer Untersuchung ist hier die Analyse des Einflusses von Kontakt und anderen – vor allem soziostrukturellen – Variablen auf Fremdenfeindlichkeit zu verstehen, wobei es gilt, die direkten Wirkungen einzelner Variablen zu ermitteln, während der Einfluss der anderen im Modell verwendeten Variablen konstant gehalten wird. Die dabei durchgeführte Pfadanalyse (d. h. wiederholt angewandte multiple Regressionsanalyse) ermöglicht das Erkennen von direkten Einflussfaktoren auf die jeweilige abhängige Variable und basiert auf dem allgemeinen linearen Modell, einem auf Variable beliebigen Messniveaus anwendbaren Regressionsverfahren (Holm 1979, 11 ff.).

8 Die Klärung, welche Einstellungen elementarer Bestandteil von Fremdenfeindlichkeit sind und welche mit ihr lediglich in Zusammenhang stehen, ist letzten Endes auch ein Definitionsproblem, was ja auch am Fehlen bzw. – härter formuliert – an der Unmöglichkeit einer sozialwissenschaftlich unumstrittenen Definition illustrierbar ist.

9 part. r = –0,21 – [part. r = partieller Korrelationskoeffizient (für quantitative Variablen). Dieser misst die Stärke des Zusammenhangs zwischen einer unabhängigen und einer abhängigen Variablen, wenn der Einfluss der anderen unabhängigen Variablen kontrolliert wird. Er ermöglicht zudem Richtungsaussagen (gleichgerichteter Zusammenhang = +, entgegengesetzter Zusammenhang = –)].

10 (part. r = –0,20). Diese Variable wurde aus einem gewichteten Index der in Graphik 4 dargestellten Variablen gebildet.

11 part. r = –0,17

12 part. r = 0,31

13 part. R = 0,29 – [part. R = partieller multipler Korrelationskoeffizient. Dieser wird verwendet, wenn zumindest eine Variable nominalskaliert ist, und auch er misst die Stärke des Zusammenhangs zwischen einer unabhängigen und einer abhängigen Variable, wenn der Einfluss der anderen Variablen konstant gehalten wird.]

14 part. r = –0,20

15 part. r. = 0,18

16 part. r = 0,16

17 part. r = 0,15

18 part. r = 0,15

19 part. r = 0,22

20 part. r = 0,16

21 part. r = –0,12

22 part. r = 0,07

23 part. r = 0,12

24 (part. r = 0,10) Anmerkung zur Operationalisierung des Medienkonsums in der vorliegenden Untersuchung: In das Kausalmodell zur Erklärung von Fremdenfeindlichkeit wurde Medienkonsum nur in seiner quantitativen Form (2 Indizes: Ausmaß des wöchentlichen TV-Konsums und wöchentliches Ausmaß des Lesens von Zeitungen und Zeitschriften) einbezogen. Auf eine Differenzierung z. B. hinsichtlich der Art der Zeitungen wurde in diesem Modell verzichtet, da hier Ursache und Wirkung ganz besonders schwer zu trennen wären. Es zeigt sich aber zum Beispiel ein – wenig überraschender – starker bivariater Zusammenhang zwischen dem Lesen einer bestimmten Tageszeitung und Fremdenfeindlichkeit. Besonders stark fremdenfeindliche Einstellungen lassen sich bei den

Lesern der Kronen-Zeitung (r = 0,33) feststellen, besonders geringe bei den Standard-Lesern (r = –0,26).

25 part. r = 0,10

26 part. r = 0,12

27 part. r = 0,11

28 part. r = 0,10

29 Die Gewichtung erfolgte analog der Standardvariante des ÖSTAT: Erster Erwachsener = 1,0; alle weiteren Erwachsenen = 0,7; Kind 0–3Jahre = 0,33; Kind 4–6 Jahre = 0,38; Kind 7–10 Jahre = 0,55; Kind 11–15 Jahre = 0,65; Kind 16–18 Jahre = 0,7; Kind 19–21 Jahre = 0,80; noch älteres »Kind« = 0,70. (ÖSTAT 1997, 156)

30 part. r nnn = 0,08

Zuwanderer in der Stadt

Hartmut Häußermann

Theoretische Konzepte und städtebaulicher Wandel

Die Großstädte können, obwohl sie auf Zuwanderung angewiesen sind, mit Zuwanderern heute nicht besonders gut umgehen. Ein immer wieder diskutiertes Problem stellt die räumliche Konzentration bzw. Segregation von Ausländern in der Stadt dar. Im folgenden will ich, ausgehend vom Problem der sozialräumlichen Konstellation, einige theoretische Überlegungen zur Integration von Fremden in der Großstadt vortragen, die zu den Grundkonzepten der Stadtsoziologie gehören. Im letzten Abschnitt werde ich noch auf das Problem eingehen, dass sich mit dem »modernen« Städtebau die Aufenthalts- und Zugangsbedingungen für Fremde in der Stadt noch erschwert haben.

Die Politik der Desegregation

Wenn der Ausländeranteil in einem Gebiet eine bestimmte Höhe überschreitet, heulen in den Stadtverwaltungen die Alarmsirenen. Ausländerkonzentration fürchten die Behörden wie der Teufel das Weihwasser – vor allem aus zwei Gründen:

- zum einen aus dem angeblichen Interesse der Zuwanderer selbst: Das Zusammenleben mit anderen Einwanderern erschwere die Integration, weil geringere Anreize zum Erlernen der fremden Sprache und der sonstigen Kulturtechniken des Gastlandes bestünden;
- zum anderen aus Gründen der »Sozialverträglichkeit«: Wenn die Ausländer weniger konzentriert sind, sind sie weniger sichtbar und bilden daher weniger Anstöße für fremdenfeindliche Projektionen oder Reaktionen. Wenn die vom einheimischen Gemüt bestimmte Zumutbarkeitsgrenze überschritten ist, sollten keine weiteren Ausländer in ein Haus, in ein Quartier oder in einen Bezirk ziehen dürfen – so die wahrscheinlich sogar gut gemeinte Richtlinie ausländerpolitischer Sozialtechniker. Ein Beispiel dafür ist die »Zuzugssperre« für Ausländer, die es von 1976 bis 1989 in 3 Westberliner Bezirken gegeben hat. 1989 ist sie wieder abgeschafft worden, weil zu dieser Zeit die Beschränkung der Mobilität allgemein aus der Mode kam – wirksam war sie ohnehin nicht, da derartige Mobilitätsbeschränkungen schwer kontrollierbar sind. Das Grundrecht auf freie Wohnortwahl steht den Zuwanderern aus dem Ausland grundsätzlich nicht zu, denn die Garantien der deutschen Verfassung gelten für sie nur sehr eingeschränkt.

Das gut Gemeinte an dieser Strategie ist, dass keine Gettos der Benachteiligung entstehen sollen – der Irrtum dabei ist, dass die Benachteiligung geringer sei, wenn sie nicht so gut sichtbar ist. Der Versuch der Vermeidung von Ausländerkonzentration geht außerdem davon aus, dass die Integration in Ökonomie und Kultur des aufnehmenden Landes besser gelinge, wenn eine individuelle Integration angestrebt wird, wenn also die Individuen sich möglichst rasch aus ihrer mitgebrachten Kultur lösen und sich anpassen oder assimilieren. Das dürfte ein zweifacher Irrtum sein: Zum einen vollzieht sich die Integration in den Arbeitsmarkt, wie man aus der Erfahrung von Einwanderungsländern – wie z. B. den USA[1] – weiß, über kollektive Prozesse. Bestimmte Segmente des Arbeitsmarktes stehen Zuwanderern eher offen als andere, und über diese finden sie Zugang zum Arbeitsmarkt, weil ihnen Informationen von den Angehörigen ihrer ethnischen Gruppe vermittelt werden. Die Einbindung in die sozialen Netze der ethnischen Community ist also eine wichtige Voraussetzung für die Individuen beim Zugang zu den sozialen Institutionen. Zum anderen zeigt die Forschung über die Biographien von Zuwanderern, dass auch in den Ländern, wo die Einwanderung bewusst gefördert und entsprechende Eingliederungshilfen – wie in Kanada – organisiert werden, die meisten Einwanderer frühestens nach 10 Jahren einen sozio-ökonomischen Status erreichen, der dem Durchschnitt der einheimischen Bevölkerung gleich kommt. Die Politik der Desegregation ist also letztlich nur mit den fremdenfeindlichen Empfindlichkeiten der Deutschen zu begründen, für die Zuwanderer selbst ist sie kaum hilfreich.

Die Individualisierungsstrategie gerät aber auf andere Weise mit diesen Empfindlichkeiten der Einheimischen in Konflikt. Die bewusste Verhinderung von Ausländerkonzentration, die Diffusion von Zuwanderern und damit die Individualisierung ihrer Überlebensstrategie setzt nämlich voraus, dass auch die Zuwanderer im Fall der Bedürftigkeit *als Individuen* überleben können, also ihre volle Integration in das sozialstaatliche Netz der Bundesrepublik. Diese ist jedoch keineswegs gewährleistet, schon deshalb, weil die immer wieder aktivierte populistische Kritik am »Schmarotzertum« von Zuwanderern breite Zustimmung findet. Ohne Zweifel ergibt sich aus den widersprüchlichen Anforderungen, die aus den finanziellen Nöten der öffentlichen Haushalte einerseits und den sozialen Nöten von Zuwanderern andererseits resultieren, auch objektiv ein brisantes Problem: Wachsende Arbeitslosigkeit und steigende Wohnkosten führen zu größerer Abhängigkeit von Transferzahlungen – sowohl bei Einheimischen wie bei Zuwanderern.

Die Politik der Desegregation kann sich auf eine stadtsoziologische Theorie berufen, mit der um die Wende vom 19. zum 20. Jahrhundert die emanzipatorischen Potentiale der städtischen Vergesellschaftung paradigmatisch formuliert worden sind: Georg Simmel hat in seinem Essay »Die Großstädte und das Geistesleben«[2] die materiellen und kulturellen Voraussetzungen und Folgen der spezifisch städtischen Kultur skizziert und die zivilisatorischen Qualitäten von Urbanität benannt, die durchaus die Leitlinien einer Stadtpolitik bilden könnten, die die Integration des Fremden zum Ziel hat. Eine ganz andere Vorstellung von Integration in der multikulturellen Stadt hat Robert Park, einer der Begründer der Chicago-Schule der amerikanischen Stadtsoziologie, entwickelt. Die beiden Konzepte sollen zunächst skizziert werden, um anschließend danach zu fragen, welches der zukünftigen Entwicklung in unseren Städten angemessener ist.

Die Integration des Fremden: zwei theoretische Ansätze

Die spezifische Vergesellschaftungsform der Stadt war seit dem Mittelalter der Markt. Die Integration über den Markt wurde zum Modell der liberalen bürgerlichen Gesellschaft. Wer am Markt teilnehmen will und die Regeln dafür anerkennt, wird akzeptiert, ohne dass er als Person gemocht oder geliebt werden muss. Dies ist die zivilisatorische Leistung der Stadtkultur: dass *persönliche* Merkmale und Überzeugungen ihrer Bewohner nicht Grundlage für einen Ausschluss wurden. Auf der Basis einer funktionalen Verflechtung über Marktprozesse waren soziale Kontrolle, die Normierung menschlichen Verhaltens und die Einbindung in moralische Verbände nicht notwendig. Diese Stadtkultur ist der Ursprung der Individualisierung, einer spezifischen Freiheit von sozialen Zwängen – und darauf beruht die kulturelle und ökonomische Produktivität der Stadt. Georg Simmel hat dies zur Definitionsgrundlage einer städtischen »Geisteshaltung« gemacht.

Individualisierung

Simmel thematisiert den intellektualistischen Charakter des Städters als eine Reaktion auf die »Steigerung des Nervenlebens«, die »aus dem raschen und ununterbrochenen Wandel äußerer und innerer Eindrücke hervorgeht«.[3] Simmel meint, dass der Großstädter von den »Diskrepanzen seines äußeren Milieus« bedroht werde. Der intellektualistische Charakter ist daher ein »Schutzorgan gegen die Entwurzelung« vom gewohnten Milieu. Das heterogene, sich rasch wandelnde und ungewohnte Milieu wird sogar als »Vergewaltigung der Großstadt«[4] bezeichnet. Der rasche Wechsel des Unterschiedlichen, des Unbekannten, des Fremden wird mit Gewalttätigkeit gleichgesetzt. Die Großstadt ist eine Zumutung. Wie können die Großstädter mit diesen Zumutungen leben – und wie erwächst daraus eine höhere Kultur, die Zivilisation? Simmel entwickelt zur Erklärung eine komplexe Theorie der Urbanität aus dem Zusammenwirken von Geldwirtschaft und Großstadtleben. Dabei werden die sozialen Beziehungen der Großstädter mit denjenigen der Teilnehmer an anonymen Märkten gleichgesetzt.

Geldwirtschaft und Verstandesherrschaft »stehen im tiefsten Zusammenhang«[5], und die Qualität der Großstadtkultur wird aus einer Analogie zur Qualität der Geldbeziehung entwickelt. Geldverkehr und Großstadtintellektualismus haben »die reine Sachlichkeit in der Behandlung von Menschen und Dingen« gemeinsam. Die Beziehungen sind »gegen alles eigentlich Individuelle gleichgültig«, die Menschen werden zu »an sich gleichgültigen Elementen«. Simmel wird nicht müde, diese Gleichgültigkeit, diese Negation des Persönlichen, das Verschwinden der »Imponderabilien persönlicher Beziehungen«[6] zu betonen. Statt gemütvoller Beziehungen dominieren in der Großstadt Blasiertheit und Reserviertheit. Die Großstadt ist ein »Gebilde von höchster Unpersönlichkeit«[7].

Gleichgültigkeit und Indifferenz bewirken »Distanzen und Abwendungen, ohne die diese Art des Lebens überhaupt nicht geführt werden könnte«[8]. Distanz ist geradezu Voraussetzung des Zusammenlebens: Da »gegenseitige Fremdheit und Abstoßung« als gleichsam natürliche Haltung der Großstadtbevölkerung angenommen werden, kommt man sich nach Simmels Ansicht besser nicht so nah, denn »in dem Augenblick einer irgendwie veranlassten nahen Berührung [würde die Fremdheit] sogleich in Hass und Kampf ausschlagen«[9]. Hass und Kampf! Die Barbarei, da macht sich Simmel keine Illusionen, wohnt unter einer dünnen Decke der Zivilität.

Diese prekäre Balance, die durch Distanz ermöglicht und aufrechterhalten wird, ist zugleich die Bedingung von persönlicher Freiheit. Die mechanische Solidarität traditionaler Gesellschaften mit ihren vielfältigen moralischen Bindungen wird überwunden durch eine organische, unpersönliche Solidarität. »Blasiertheit« und »Reserviertheit« sind die Instrumente einer gleichsam negativen Integration, nicht aber Ausdruck einer humanen Toleranz. Bahrdt hat dies später als »resignierte Humanität« bezeichnet.[10] Die Abwesenheit moralischer Verpflichtungen, die Ignoranz gegenüber dem Persönlichen – dies sind die Grundlagen der spezifisch städtischen Freiheit; salopp ausgedrückt: leben und leben lassen.

Simmel hat in seinem Entwurf zu einer »Kulturtheorie der Großstadt« – oder sollte man besser »Verhaltenstheorie« sagen? – nicht die ganze soziale Wirklichkeit der Großstadt am Beginn des 20. Jahrhunderts beschrieben. Gegenüber dieser blieb er sehr selektiv: Seine Diagnose steht in scharfem Kontrast zu jenen Sozialformen, wie sie insbesondere für die Arbeiterviertel der Großstädte im ausgehenden 19. und frühen 20. Jahrhundert beschrieben worden sind.[11] In solchen Beschreibungen spielen Begriffe wie Solidarität und kollektives Bewusstsein eine wichtige Rolle – für Zuwanderer vom Land war aufgrund ökonomischer Bedingungen Individualisierung und Distanzierung noch keineswegs möglich. Für sie war die großstädtische Realität hart und extrem unsicher: Unterkunft war zunächst nur in der Form des Unterkriechens bei anderen möglich; sehr kurzfristige Beschäftigungsverhältnisse wechselten sich mit Phasen von Arbeitslosigkeit und Not ab; im Krankheitsfall war man auf die Hilfe anderer angewiesen. Wer sich in diesen Verhältnissen nicht auf die Unterstützung von Familie, Nachbarn oder anderen solidarischen Netzwerken verlassen konnte, war verloren – für den war Invidualisierung also tödlich. Vertrauensvolle, solidarische, nicht geldvermittelte Beziehungen waren

Voraussetzung für das nackte Überleben. Zum Überleben in der Großstadt war die Einbindung in kollektive Strukturen und soziale Netze notwendig, denn hier fehlte »mit dem Geld (...) alles, was sich das Bürgertum als Voraussetzung seiner Kultur geschaffen hat«.[12] Mit dieser Gegenüberstellung wird deutlich, dass die von Simmel beschriebene urbane Lebensweise Voraussetzungen hat, die erst nach und nach in einem langen Prozess des ökonomischen Wachstums auch zu den unteren Einkommensschichten durchsickern. Es ist eine einfache Wahrheit: Individualisierung kann sich nur leisten, wer nicht auf solidarische Notgemeinschaften angewiesen ist.

Individualisierung und Separierung haben also Voraussetzungen, die die Großstadt nicht per se produziert. Der Großstädter, von dem Simmel spricht, ist entweder ein ökonomisch unabhängiger Eigentümer oder ein Bürger des ausgebauten Sozialstaats – unabhängig von gemeinschaftlich strukturierten Kollektiven. Erst die materielle Unabhängigkeit erlaubt es dem Individuum, sich von moralischen Ansprüchen anderer frei zu machen, ihnen »gleichgültig« zu begegnen und auch sie von moralischen Ansprüchen freizusetzen. Auf dieser Basis entsteht die großstadttypische Ambiguität von Distanz und Freiheit. Simmel beschreibt die Stadt (»Fremdheit und Abstoßung«; »Hass und Kampf«) wie ein Pulverfass, bei dem die Explosion nur durch die Einhaltung strenger Distanzierungsregeln verhindert werden kann. Die Integration gelingt nur durch Separation. Die Großstadt ist in den Augen Simmels keineswegs ein Schmelztiegel, in dem gegenseitige Anpassung und Toleranz wie von selbst entstehen, sie schafft *unter bestimmten Voraussetzungen* nur einen *sozialen Raum der Gleichgültigkeit*.

Community-building

Die Großstädte sind durch Zuwanderung entstanden, und es ist selbstverständlich, dass sich mit dem Betreten der Großstadt nicht alle Verhaltensweisen und »Geisteshaltungen« plötzlich veränderten. Mitgebrachte Orientierungen und Lebensweisen wirkten in der Großstadt fort, ja wurden – wie häufig bei Immigranten auch heute – zunächst noch rituell verstärkt und führten zu expliziten Gemeinschaftsbildungen, die sich räumlich relativ scharf voneinander abgrenzten und eigene distinkte Subkulturen bildeten. Die vielen verschiedenen »Communities«, die für die Immigrantenstädte der USA typisch waren und sind, bilden den sozialen Hintergrund der Theoriebildung der Chicago-Schule. Robert Parks wissenschaftsgeschichtliche Bedeutung ist mit dem Buchtitel »Die Entdeckung der Stadtkultur«[13] präzise gekennzeichnet. Parks zentrales Thema ist die Frage, wie die Funktionen der traditionellen dörflichen Kultur von einer neuen städtischen Kultur übernommen werden können.

Urbanisierung wird von Park – ganz dem Zeitgeist am Beginn des 20. Jahrhunderts entsprechend – gleichgesetzt mit dem Zusammenbruch einer auf lokalen Bindungen beruhenden familien- und nachbarschaftszentrierten Kultur der Primärgruppen, die den Individuen Schranken und

Hindernisse auferlegt hatte – also soziale Kontrolle ausübte – und die dafür sorgte, dass sich die »natürlichen Triebe« und »angeborenen Dispositionen« der Individuen nicht ungehemmt ausleben konnten. In der Stadt hingegen finden »natürliche Triebe und angeborene Dispositionen (...) ihren vollständigen Ausdruck«[14]. Der Zusammenbruch des familiären und nachbarschaftlichen Kontrollsystems ist nach Park »wahrscheinlich (...) verantwortlich für die Zunahme von Sünde und Verbrechen in den großen Städten«[15]. Park steigt also mit einem Desintegrations- und Verfallsparadigma in die Großstadtanalyse ein. Seine Befürchtung ist, in der Großstadt könnte gleichsam ein schon überwundener Naturzustand wieder lebendig werden: homo homini lupus. Und daher stellt sich auch für ihn die Frage: Wie ist Großstadt dennoch möglich?

Sein zentrales Denkmodell ist der funktionale Zusammenhang zwischen Segregation und Gemeinschaftsbildung. Aus der offensichtlichen Differenz der Kulturen, aus den Gegensätzen zwischen den Lebenswelten an verschiedenen Orten in der Stadt entwickelt er eine Dialektik von Dorfkultur und Großstadtbildung. Als Individuen entfremden sich die Großstädter ihrer traditionellen Kultur, und das birgt erhebliche Gefahren – sowohl für das Individuum wie für die soziale Ordnung der Stadt. Aber die Menschen leben in der Stadt nicht als Monaden, sondern sie suchen »Stallwärme«. Und diese finden sie in den »natural areas«, in den Gebieten, wo Menschen mit ähnlicher Herkunft, ähnlichen Einstellungen, ähnlichen Werten und ähnlichen Sitten leben. Die Bevölkerung in den Großstädten lebt ethnisch und kulturell segregiert. Neue Zuwanderer bewegen sich dahin, »wo sie hingehören«. Natural Areas sind soziale Gebilde, die zu räumlich abgrenzbaren Einheiten führen, die durch eigene Normen, Traditionen und Verhaltensmuster geprägt sind. Segregation ist dabei als freiwillige Absonderung und Konzentration gedacht, nur so kann sie zu einer inneren kulturellen Homogenität führen.

Die Segregation in verschiedene Kulturen ist Ausdruck einer moralischen Distanz, und sie verstärkt die moralischen Distanzen, »die die Stadt zu einem Mosaik von kleinen Welten machen, die sich berühren, aber nicht durchdringen«[16]. Die Separierung der verschiedenen Kulturen (»cities within the city«) zähmt einerseits die gefährlichen Tendenzen der Individualisierung, sie konstituiert allerdings andererseits auch einen Möglichkeitsraum: »Für Individuen ist es schnell und leicht möglich, von einem moralischen Milieu in ein anderes zu wechseln, ... zur selben Zeit in zahlreichen verschiedenen zwar benachbarten, aber andererseits weit getrennten Welten zu leben.«[17] Dieser Wechsel wird von Park als »gefährliches Experiment« bezeichnet, als »Abenteuer« – das zwar den »Stimulus« des städtischen Lebens ausmacht, aber doch mit der »Attraktivität des Feuers für die Motte«[18] vergleichbar ist. Park sah sehr wohl die Ambivalenz von Freiheit und Kontrolle in der großstädtischen Vergesellschaftung, unter dem Einfluss der Meliorationsperspektive der Chicago-Soziologie[19] neigte er in seiner »ökologischen Theorie« aber eher der Position zu, nach der Individualisierung in der Großstadt gleichbedeutend mit sozialer Desorganisation und Verwilderung der Sitten sei.

Simmel hat die Separierung der *Individuen* voneinander zur Voraussetzung einer »negativen Integration« gemacht – Park sieht in der Segregation von *Gruppen* (communities) eine Voraussetzung für die soziale Integration in der Großstadt. Die Individuen sind nicht allein, sie bilden Gruppen, ordnen sich zu, betten sich in kulturelle Gemeinschaften ein, die sich tendenziell ablehnend und feindlich gegenüberstehen. Die Stadt setzt sich aus solchen Gemeinschaften zusammen, sie ist ein »Mosaik sozialer Welten«, die koexistieren, gerade weil sie voneinander abgeschottet sind. Stadtentwicklung heißt: Kampf und Wettbewerb zwischen communities. Die Kultur der »Anderen« ist nur durch räumliche Segregation erträglich.

Zwei Perspektiven

Das zentrale soziologische Problem der Großstadt bei Simmel und Park ist die soziale Integration in einem begrenzten Raum unter Aufrechterhaltung von Distanz zwischen Fremden. Simmel hat eine Stadt der Kälte gezeichnet, Park baut eine Struktur aus warmen Nestern. In beiden Großstadtvorstellungen gibt es kein geistiges oder moralisches Zentrum, keine übergreifende »moralische« Bindung. Die Freiheit der Großstadt beruht auf Dissens – nicht auf Konsens. In beiden Entwürfen zu einer soziologischen Stadttheorie werden Fremdheit und Distanz der Individuen, die Unverträglichkeit, ja die wechselseitige Feindschaft der Heterogenen und die dennoch gegebene Möglichkeit der Koexistenz zum zentralen Merkmal des Städtischen. Die Frage danach, wie Unterschiedliches und Gegensätzliches verbunden werden könne, wie Großstadt überhaupt möglich ist, wurde mit einem einheitlichen Denkmuster beantwortet: durch Separierung, durch Segregation, durch Abtrennung. Die Großstadt, so lautet die soziologische Antwort, ist eine Kultur der Differenz und der Indifferenz. Der Modus der Integration ist der Verzicht auf soziale Anpassung, Toleranz ergibt sich aus Gleichgültigkeit.

Durch diese Art von Toleranz kann aber kein soziales System auf Dauer zusammengehalten werden, die Attitüde des gegenseitigen Wegsehens, des Sich-Abschirmens und der Wurschtigkeit ist nur möglich, wenn die Großstädter etwas anderes auch verbindet. Simmel hat darauf eine klare Antwort gegeben: die Geldwirtschaft, der Wettbewerb, die Arbeitsteilung. Sozial ist die Stadt nur negativ integriert, die positive Integrationsleistung erfolgt durch systemische Mechanismen: durch Wettbewerb und Arbeitsteilung – dadurch, und nur dadurch, ist die Stadt eine Integrationsmaschine. Aus der Perspektive von Park ist dies prinzipiell nicht anders, aber bei ihm konkurrieren communities; er trennt sogar ausdrücklich zwischen einer »biotischen« und einer »kulturellen« Ebene. Die Community ist jene Institution, die zwischen Gesellschaft und Individuum vermittelt, gleichsam ein sozialer Puffer, der zugleich Verschiedenheit und Schutz vor Desintegration garantiert. In verschiedenen von Park angeleiteten Forschungsprojekten ist dies beschrieben und analysiert worden, wobei besonders auf die internen Unterstützungsnetze und die traditionalen Formen von Vergesellschaftung in einer sich modernisierenden Umwelt aufmerksam gemacht wurde: »Dörfer in der Stadt«.

Parks Wahrnehmung der sozialen Realität in der amerikanischen Großstadt ist stark durch die Erfahrung der Einwanderungsstadt geprägt, in der ethnische Kolonien zunächst bei der Stabilisierung des sozialen Selbst helfen und eine Art Moratorium bis zur Anpassung an die neue Umwelt bieten.[20] Simmel hat die Gelassenheit einer großstädtischen Lebensweise vor Augen und beschwört gleichsam ihre Toleranz und Liberalität, ohne moralisch zu argumentieren. Er zeigt, dass unter der Bedingung einer gesicherten Systemintegration Gleichgültigkeit zu Toleranz, Anonymität zu Freiheit wird.

Zusammenfassung

Die beiden zuvor behandelten und auch die in der weiteren Geschichte der Stadtsoziologie ausformulierten »Theorien der Stadt« entstanden in einer Zeit, als die Großstädte eindeutig die Zentren des ökonomischen Wachstums waren – insofern waren sie auch die Orte, in denen die Individualisierung vorangetrieben wurde und in denen die Individualisierung von zunehmend mehr Menschen als Emanzipation erlebt werden konnte. Die ökonomisch wachsende Stadt bot tatsächlich jedem (zumindest) die Perspektive des individuellen Erfolgs, indem sich die Arbeitsmärkte konsolidierten und die Arbeitskraftnachfrage stetig zunahm. Die Stadt war – wie Gottfried Korff bemerkte – der Ort, »an dem man es zu etwas bringen kann«[21]. Ob dies tatsächlich der Fall war oder nur Hoffnung blieb, ist für die soziale Integration nicht entscheidend: So lange es mit der Entwicklung der Stadt insgesamt aufwärts ging, konnte die Stadt eine Integrationsmaschine sein, in der man Widersprüche, Unterschiede und Gegensätze aushalten konnte, weil man sich in eine »Entwicklung« eingebunden sah, die jedem Einzelnen Aufstieg und Erfolg versprach. In der Stadt entstehen Verteilungskonflikte, dies sind aber Entscheidungsprobleme vom Typ des »Mehr-oder-Weniger« und keine »Entweder-Oder«-Optionen. In der Perspektive des Wachstums werden Konkurrenzen zu Differenzen, nicht zu Gegensätzen.

Die lang anhaltende Phase des ökonomischen Wachstums, dessen Zentren die Städte waren, bildete die materielle Basis für eine Stadtsoziologie, die sich bei der Analyse des spezifisch Städtischen auf Verhaltensweisen und kulturelle Differenzen beschränken, also gleichsam sozialpsychologisch werden konnte.[22] Angesichts der faktisch zunehmenden ökonomischen Integration konnte die soziale Indifferenz zur Tugend werden. Gleichgültigkeit, Differenzierung von Lebensstilen und Individualisierung als Form der sozialen Integration, ökonomisches Wachstum, Arbeitsteilung und soziale Sicherung als Form der systemischen Integration – dies sind die zwei Seiten von Urbanität als Vergesellschaftungsform.

Ungleichheit wird dadurch nicht aufgehoben, soziale Gegensätze bestehen weiter, aber es sind (lediglich) Differenzen in der Einheit, die sich auch verändern können.

Es gibt also theoretisch zwei Wege der städtischen Integration, die gleichzeitig wirksam werden und für unterschiedliche soziale Gruppen unterschiedliche Relevanz haben. Die Perspektive der Individualisierung setzt eine Integration auf der Ebene des Arbeitsmarktes bzw. eines gut ausgebauten Sozialstaates voraus – je mehr ökonomisches Wachstum, je stabiler die staatlichen Sozialsysteme, desto eher kann sich der Lebensstil in Richtung Individualisierung »modernisieren«. Lokale Gemeinschaften sind demgegenüber vormoderne Vergesellschaftungsformen, sie haben den Status eines »Noch-nicht«, weil ihre Angehörigen noch auf solidarische Netzwerke angewiesen sind. Für Zuwanderer haben die ethnischen oder nationalen communities die Funktion einer Passage, über die sie sich auf die höhere Stufe der individuellen Integration begeben können. Die Community-Bildung führt nur dann nicht zum Ausschluss von den Chancen der Stadt, wird nur dann nicht zu einem Gefängnis sozialer oder ethnischer Diskriminierung, wenn sie für »Übergänge« offen bleibt. Sozialräumliche Konzentration von ethnischen Gruppen ist daher nicht in jedem Fall mit einem Getto gleichzusetzen, sie kann dies aber werden, wenn die Übergänge verschlossen sind. Dafür kann es zwei Ursachen geben: einerseits das Fehlen von Möglichkeiten der individuellen Emanzipation aus den Abhängigkeiten einer traditionalen Gemeinschaft, d. h. weder Integration in den Arbeitsmarkt noch in das soziale Sicherungssystem, andererseits – nicht ganz unabhängig davon – eine erzwungene sozialräumliche Isolation, die die Distanzen und Barrieren zwischen Einwanderer-Communities und der sie umgebenden Gesellschaft so groß werden läßt, dass die Separation zur Isolation wird.

Stadtwachstum und Zuwanderung

In der realen Geschichte der Stadtentwicklung entwickelten sich diese Formen parallel, und es hing und hängt wesentlich von den ökonomischen Bedingungen ab, ob für die Zuwanderer die Perspektive der individuellen Integration überhaupt realistisch war. Daneben haben aber die Veränderungen der städtebaulichen Situationen die Lebensbedingungen von Zuwanderern in den Städten erheblich verändert. Diesen Wandel, der mit der »Modernisierung« der Städte eng verbunden ist, will ich im folgenden skizzieren.

Urbanisierung und Industrialisierung[23]

Die modernen Großstädte bildeten sich im Übergang von der Agrar- zur Industriegesellschaft. Dabei wurden die schon vorhandenen Städte zu Kristallisationskernen einer neuen Stadtentwicklung, da in Europa nur wenige Städte bzw. Stadtlandschaften in den Abbaugebieten bestimmter Rohstoffe (Kohle, Eisenerz) neu entstanden. Die Städte waren die Motoren der weiteren Entwicklung, da sich in ihnen zugleich die Arbeitskräfte und die Absatzmärkte für die entstehende Industrie fanden. Hier entwickelten sich auch die Agglomerationsvorteile, die auf Arbeitsteilung und Spezialisierung und entsprechenden Austauschbeziehungen beruhen. Mit dem starken Zustrom der Bevölkerung vom Land entstand ein sich selbst nährender kumulativer Wachstumsprozess.

Die Industrialisierung hat die Land-Stadt-Wanderungen und die Fernwanderungen in die neuen Industriereviere nicht ursächlich hervorgerufen, da diese aufgrund der ländlichen »Überbevölkerung« ohnehin stattfanden. Dennoch wäre die Industrialisierung ohne diese Zuwanderung nicht denkbar gewesen. In der zweiten Hälfte des 19. Jahrhunderts wurde in den Städten in einem teilweise chaotischen Prozess eine neue Sozial- und Raumstruktur entwickelt. Es handelte sich um einen ungeplanten, ungesteuerten Prozess menschlicher Mobilität und ökonomischer Aktivitäten, der von den schlimmsten Befürchtungen zeitgenössischer Kulturkritik begleitet war. Spengler sah in der Großstadtbildung mit ihren nomadisierenden Massen bekanntlich nicht weniger als die Vorboten des Untergangs der »abendländischen Zivilisation«. Entstanden aber ist die moderne Industriegesellschaft.

Zunächst wurden in den Städten die vorhandenen Freiflächen mit Fabriken und schnell hochgezogenen Wohnhäusern bebaut. Die Wohnungen waren teilweise dramatisch überbelegt, weil ansonsten die zuwandernden Massen überhaupt kein Dach über dem Kopf gefunden hätten. Noch gab es keine öffentlichen Verkehrsmittel, so dass zu Fuß gegangen werden musste, wodurch die Arbeitstage noch länger wurden. Arbeitsverträge wurden meist nur über kurze Fristen abgeschlossen, so dass die meisten Arbeiter zu Recht als Tagelöhner bezeichnet wurden, und die Löhne waren niedrig. In der Gründerzeit entstanden für die Zuwanderer jene Quartiere, die von den bürgerlichen Wohnungsreformern lediglich als »Elendsquartiere« wahrgenommen werden konnten. Sie ließen keine »bürgerliche Existenz«, also ein Leben in der Kleinfamilie unter hygienischen Bedingungen, zu. Doch bessere und mit sanitären Ausstattungen bestückte Wohnungen hätten sich die Zuwanderer nicht leisten können.

Mit dem Aufbau eines öffentlichen Verkehrssystems (seit den 80er Jahren des 19. Jahrhunderts fahren Straßenbahnen, seit Mitte der 90er Jahre werden in den größten Städten U-Bahnen gebaut) sowie mit der Steigerung der Einkommen begann das Randwachstum der Städte. Die einkommensstärkeren Haushalte flüchteten regelrecht aus der überfüllten Stadt, in der die meisten Wohnungen klein, schlecht und teuer waren. Nun sank zwar allmählich die Bevölkerungsdichte in der Kernstadt, doch bildete sich eine großräumige soziale Segregation heraus, in deren Verlauf sich die beruflich Integrierten und bereits Sesshaften in die Randbereiche der Stadt zurückzogen und den Neuzuwanderern den zentralen Altstadtbereich überließen.

In den dicht bebauten und dicht bewohnten Altstadtquartieren sammelten sich die Zuwanderer in überfüllten, unkontrollierbaren Quartieren. Sie fanden Unterschlupf bei Bekannten oder bei »Beutelschneidern«, die für die erste Zeit nach der Ankunft einzelne Betten oder Zimmer vermieteten. Diese Zuwanderer waren durchweg »Wirtschaftsflüchtlinge«, die aus den ländlichen Verhältnissen flohen, weil es für sie dort keine Existenzgrundlage mehr gab. In der Stadt eröffneten sich dagegen viele Möglichkeiten zum Geldverdienst, sei es durch Gelegenheitsarbeiten, Aushilfstätigkeiten oder Kleinhandel, wobei der Übergang zur Illegalität oft sehr fließend war. Die bürgerliche Bevölkerung, die es zu festem Einkommen und festem Wohnsitz gebracht hatte, mochte die Zuwanderer schon damals nicht und versuchte mit allen Mitteln, die Segregation aufrecht zu erhalten. Die Besitzbürger, die die kommunalen Parlamente beherrschten, versuchten daher in der Regel, die Fabriken außerhalb der Stadt und möglichst weit entfernt von den »besseren« Wohngegenden zu halten. Mit Bauvorschriften und mithilfe der Wohnungsaufsicht wurde Front gegen kühl kalkulierende Bauunternehmer gemacht, die massenhaft schlechte und billige Wohnungen errichteten – in der Illusion, dadurch die elende und verelendende Bevölkerung aus der Stadt heraushalten zu können. Da die Produktionsbetriebe aber die Zuwanderer als billige Arbeitskräfte benötigten, konnte sich dieses Abwehrregime nie durchsetzen. In einer Ökonomie, die noch vorwiegend auf die Produktivkraft der lebendigen Arbeit angewiesen war, war Bevölkerungswachstum eine Voraussetzung für das Wirtschaftswachstum.

Die Zuwanderer bildeten ein hochflexibles Arbeitskräftereservoir sowohl für die Industrie als auch für die Kleinbetriebe, die sich zwischen den Wohnhäusern und in den Hinterhöfen angesiedelt hatten. Diese dichtbesiedelte und verschiedenartigst genutzte Stadt bildete einen ökonomischen und sozialen Raum, der Neuzuwanderern einen ersten Zugang zum städtischen Arbeitsmarkt und zur städtischen Lebensweise ermöglichte. Gemessen an den Standards einer »gesicherten Existenz« waren insbesondere die Innenstädte Elendsgebiete, in denen Tagelöhnerei von Kriminalität, menschenunwürdige Existenzbedingungen von der ersten Stufe eines sozialen Aufstiegs oft kaum zu unterscheiden waren. Doch gerade weil eine städtische oder staatliche Kontrolle der Wanderungsbewegungen und der Existenzbedingungen in den Städten nicht möglich war, wurden die großen Städte zu gigantischen Integrationsmaschinen, in denen sich nach und nach die »moderne« Gesellschaft mit geregelten Arbeitsverhältnissen, gleichförmigen Wohnbedingungen und sozialstaatlicher Absicherung existenzieller Risiken herausbildete.

Im letzten Drittel des 19. Jahrhunderts nahmen die Bemühungen um eine »Städtereform« zu, deren Grundmotive die stärkere Kontrolle und bessere Steuerung der baulichen Entwicklung der Städte waren. Sämtliche damals entworfenen Leitbilder für eine moderne Stadt waren durchdrungen vom Gedanken einer Sozial- und Gesundheitsreform, da als Ursache für die elenden und unübersichtlichen Lebens- und Arbeitsverhältnisse in den alten Stadtteilen in naiver Weise die baulichen Verhältnisse verantwortlich gemacht wurden.[24] Folgerichtig wurde daher der Ansatz für eine Beseitigung der als soziales Elend wahrgenommenen Lebensverhältnisse der Zuwandererviertel in einer Reform städtebaulicher Entwicklung gesehen.[25]

Die Modernisierung der Stadt und die Zuwanderung

Von nun an wurden Pläne dafür geschmiedet, wie die Stadt in Ordnung gebracht werden könnte. Mit dem Umbau von Paris seit Mitte des 19. Jahrhunderts war das weltweit bestaunte Vorbild geschaffen worden.[26] In Paris wurde die Mitte der Stadt »vom Pöbel befreit«, indem man den Nichtwohlhabenden die Häuser wegnahm und sie an den Stadtrand verbannte. Dadurch wurde Platz geschaffen für übersichtliche Straßen, für bürgerliche Kultur, für Verwaltung und Handel. Alle großen Städte in Europa orientierten sich von nun an am Pariser Vorbild, das so zum Ausgangspunkt der ersten großen Sanierungsprojekte in der modernen Stadtentwicklung wurde. Die Tertiarisierung der Stadtökonomie, d. h. die Ausweitung des Einzelhandelsangebotes und der Beschäftigung in öffentlichen und privaten Verwaltungen sowie in spezialisierten Dienstleistungbereichen, beanspruchte zentrale Standorte, weil die Verkehrs- und Kommunikationstechnologie eine dezentrale Struktur noch nicht zuließ. Innerstädtische Altbauquartiere wurden zu Einkaufszentren und Bürostandorten umgebaut, der »Central Business District« entstand und verringerte das Wohnraumangebot in den zentralen Lagen.

In der Geschichte der Stadtentwicklungspolitik ist die »Sanierung« von Paris allerdings noch ein primitiver Fall, weil man sich um das weitere Schicksal der aus der Stadtmitte Verbannten nicht kümmerte. Es ging vorläufig nur um die Schaffung eines bürgerlichen Wohn- und Geschäftszentrums. Die Absicht, die gesamte Entwicklung der Stadt – vor allem ihre Erweiterung – einem sozialpolitischen Konzept zu unterwerfen, gewann erst mit der Wende zum 20. Jahrhundert an Boden. Dieses Konzept ist vor allem geprägt von dem Bemühen, die ungesunden und unübersichtlichen Verhältnisse der Stadt des 19. Jahrhunderts aus der Welt zu schaffen und sie bei der Stadterweiterung nicht wieder zuzulassen. Das entscheidende Instrument dafür war die »Zonierung«, d. h. die Aufteilung der Stadtfläche in Einzelteile, denen jeweils möglichst nur eine Funktion zugewiesen wurde: entweder Gewerbe oder Verkehr oder Erholung oder Wohnen. Der Sinn dieses städtebaulichen Funktionalismus bestand darin, das Wohnen von allem »Unrat« und von allen Störungen zu befreien, sozusagen »reines Wohnen« zu ermöglichen.[27] Den lohnabhängigen Stadtbewohnern sollten qualitativ bessere und größere Wohnungen angeboten werden, gleichzeitig wurde erwartet, dass sie sich den traditionellen Lebensverhältnissen der »Altstadt« emanzipieren und ordentliche Mitglieder eines gesellschaftlichen Kollektivs werden würden.

Mit der Herausbildung von Stadtplanung als Fachdisziplin vollzog sich ein entscheidender Wandel gegenüber dem 19. Jahrhundert und den

Zeiten davor: Nun galt die Planung nicht mehr nur der infrastrukturellen Verbindung zwischen den einzelnen Teilen der Stadt, was sich vor allem in der Festlegung von Wegen erschöpft hatte, sondern dem gesellschaftlichen Zusammenleben insgesamt. Der erste große Plan für die Stadterweiterung von Berlin in den 60er Jahren des 19. Jahrhunderts (»Hobrecht-Plan«) hatte sich noch darauf beschränkt, eine Aufteilung zwischen öffentlichen und privaten Flächen vorzunehmen und alles übrige den Aktivitäten der Privateigentümer zu überlassen. Hobrecht hatte zwar Vorstellungen davon, was und wie auf privaten Flächen gebaut werden sollte, machte dies aber nicht zum Gegenstand von Vorschriften. Einerseits standen ihm dafür keine rechtlichen Instrumente zur Verfügung, andererseits vertraute er wohl auch auf den sozialen Konsens des investierenden Bürgertums. Seine Vorstellung war, dass sich die funktionale und soziale Mischung von Aktivitäten und Bevölkerungsgruppen, die die »alte Stadt« geprägt hatte, im Laufe der Stadterweiterung von Block zu Block wiederherstellen sollte: Das Vorderhaus bzw. die größeren und teureren Wohnungen wären Bewohnern vorbehalten, die über ein festes und ausreichendes Einkommen verfügten, während im Hinterhof Wohnungen für eine Bevölkerung mit unstetem und niedrigem Einkommen sowie Räume für gewerbliche Nutzungen zur Verfügung stünden. Eine Zonierung nach Nutzungsarten oder eine großräumige »Sortierung« der Bevölkerung nach sozialer Zugehörigkeit war damit nicht intendiert. Die faktische Entwicklung verlief jedoch anders, da es den bürgerlichen Konsens über die soziale Konstruktion des städtischen Raumes nicht mehr gab. Mit der Ausweisung von großen Blockflächen hatte Hobrecht lediglich die Voraussetzungen für eine hochverdichtete Bebauung geschaffen, die dann dem Ruf nach Licht, Luft, Sonne und Ordnung um so größere Dringlichkeit verlieh. Die Konsequenz war, dass man schließlich von der Blockrandbebauung abging, was zur radikalen Senkung der Bebauungsdichte und zur funktionalen Ausdifferenzierung des Stadtgebietes führte.

Die mit der »Städtebaureform« zu Beginn des 20. Jahrhunderts verbundenen städtebaulichen Prinzipien[28] beinhalteten aber nicht nur eine Verbesserung der Belichtungs- und Belüftungsverhältnisse. Zu den Übeln der überfüllten Altstadtviertel wurde auch der Verlust von »Heimat« gerechnet, dessen Folgen sich in bestimmten Vierteln in großer Mobilität (kurze Wohndauer) und im »Durcheinanderwohnen« zeigten, also in der Unmöglichkeit, dauerhafte Familienstrukturen und Nachbarschaftsbeziehungen aufzubauen. Für die Stadtplanung wurde daher »Nachbarschaft« zu einem Zentralbegriff.[29] Diese Orientierung folgte zum einen der kulturpessimistischen Interpretation der Urbanisierung, nach der die Großstadtbildung mit einem Verlust von »Gemeinschaft« verbunden sei, was zu Werteverfall und sozialer Desorganisation führen müsse. Zum anderen wurde der Einfluss der amerikanischen Stadtforschung wirksam, die mit ihren ökologischen Modellen eine Naturgesetzlichkeit der Community-Bildung als Grundform der sozialräumlichen Gliederung von Großstädten behauptete.[30] Grundlage für die These, dass die Stadt ein Mosaik aus verschiedenen Kulturen und Lebensstilen bilde, war die amerikanische Erfahrung der Großstadtbildung durch Einwanderung. Die Hauptsorge der stadtsoziologischen Chicago-Schule galt der Gefahr, dass es in den unübersichtlichen Großstädten nicht mehr möglich sei, soziale Kontrolle über die Individuen zu behalten, was als Ursache für sämtliche Formen von abweichendem Verhalten, von »Sittenverfall« und Kriminalität angesehen wurde. Daher wurde der Community-Bildung, also der räumlichen Konzentration homogener Bevölkerungsgruppen, so große Bedeutung zugemessen. Der Umstand, dass sich traditionelle Familienstrukturen und Verhaltensnormen in ethnischen Kolonien erhielten, sollte die Individuen vor dem Untergang im großstädtischen Dickicht bewahren. Gleichzeitig bildete die räumliche Separierung einen sozialen Puffer zwischen den Kulturen, da potentiellen Konflikten durch Absonderung begegnet wurde.[31]

Die Übertragung dieses Modell auf europäische Verhältnisse hätte die Bildung von räumlichen Einheiten mit einer ethnisch weitgehend homogenen Bevölkerung und einer stärkeren Binnen- als Außenintegration bedeutet. Damit wären die großstädtischen Massen gleichsam in überschaubare Einheiten gegliedert und implizit zur sozialen Schließung aufgefordert worden. Da aber die moderne Stadtplanung die alten Lager der Klassengesellschaft nicht reproduzieren wollte, gesellte sich zum Nachbarschaftskonzept das Credo der »sozialen Mischung«. Damit wurde das, was die Grundlage der Community-Bildung im sozialökologischen Modell darstellte, nämlich die kulturelle und soziale Differenz, negiert. Und daher »funktionierten« die geplanten Nachbarschaften auch so lange nicht, bis sich nicht über selektive, nicht zentral geplante Mobilität der Haushalte eine größere soziale Homogenität hergestellt hatte.

Die Zonierung der Stadt nach Nutzungsarten sowie die sozial-räumliche Gliederung in Nachbarschaften, beides Grundkonzepte des Städtebaus im 20. Jahrhundert, hatten allerdings einen Effekt, der die Integration von neuen Zuwanderern zu einem so großen Problem macht: In den Großstädten gibt es immer mehr klar definierte, funktional und sozial eindeutig festgelegte Räume, die es Zuwanderern zunehmend erschweren, sich einfach »unterzumischen«. Im Zuge der Stadtsanierung und der Erweiterung zentraler Geschäftsbezirke sind jene Quartiere weitgehend verschwunden, in denen sich verschiedenste Funktionen überlagerten und sich unterschiedlichste Bevölkerungsgruppen ohne Dominanz einer einzigen nebeneinander aufhalten konnten. Das Baurecht, dessen Instrumentarium das Ziel der funktionalen Aufgliederung städtischer Funktionen zugrunde liegt, konnte zunächst nur für die Erweiterung der Städte ab den 20er Jahren angewandt werden: Je mehr jedoch die Stadtpolitik durch Sanierungsprogramme und durch die Neubestimmung von Flächen, die durch Fabrikschließungen frei geworden sind, in die »alte Stadt« eingreift, desto weitreichender bestimmt dieser ordnende Zugriff die soziale und funktionale Struktur der Städte.

Zusammenfassung

Für die Integration von Fremden bietet nach den verschiedenen stadtsoziologischen Theorien die Stadtgesellschaft besonders günstige Voraussetzungen: entweder durch eine Kultur der Gleichgültigkeit, in der sich Anonymität des Lebensstils und Anerkennung von Differenz zu einer spezifischen urbanen Kultur verbinden, oder durch die Bereitstellung von ethnischen Communities, in denen Zuwanderer eine vorübergehende Heimat und Akteptanz durch ihresgleichen finden. Historisch hielten die Städte Übergangs- und Aufenthaltsräume für Zuwanderer bereit, in denen diese eine prekäre Existenz aufbauen konnten, um auf dieser Basis einen Weg in die Aufnahmegesellschaft zu suchen. Der moderne Städtebau hat mit seinen funktionalistischen Konzepten solche ungenau definierten bzw. ökonomisch untergenutzten Räume nach und nach beseitigt und die Lebensweisen auf den rundum abgesicherten Bürger eines Sozialstaats mit Vollbeschäftigung zugerichtet. In dem Maße aber, wie Arbeitsmarkt bzw. die Systeme staatlicher Sozialversicherung eine »systemische Integration« nicht mehr sicherstellen, sind Zuwanderer in wachsendem Maße auf eine Integration über ethnische Gemeinden angewiesen, d. h. auf eine Aufnahme in ethnische Communities, die von der modernen Stadtpolitik aber in der Regel bekämpft werden. Die Stadtpolitik gegenüber Migranten bewegt sich in diesen Widersprüchlichkeiten, daher ist ein fundamentales Element der urbanen Kultur durch die gegenwärtigen Entwicklungen gefährdet.

Anmerkungen

Vortrag im Rahmen der Vortragsreihe »Fremdenfeindlichkeit« am 29. 4. 1998 im Audienzsaal des Bundesministeriums für Wissenschaften und Verkehr, Minoritenplatz, Wien.

1 Vgl. Waldinger 1993.
2 Vgl. Simmel 1984, 192–204.
3 Ebenda, 228.
4 Ebenda, 229.
5 Ebenda, 229.
6 Ebenda, 230.
7 Ebenda, 232.
8 Ebenda, 234.
9 Ebenda, 234.
10 Vgl. Bahrdt 1969.
11 Vgl. Niethammer 1979, Langewiesche/Schönhoven 1981.
12 Vgl. Niethammer 1979, 8.
13 Vgl. Lindner 1990.
14 Vgl. Park 1967, 41.
15 Ebenda, 25.
16 Ebenda, 40.
17 Ebenda, 41.
18 Ebenda, 41.

19 Vgl. Lindner 1990.
20 Vgl. Heckmann 1992.
21 Vgl. Korff 1985.
22 Vgl. Wirth 1974 oder Bahrdt 1969.
23 Die folgenden Abschnitte sind auch in dem Text »Zuwanderung und Stadtentwicklung« in Häußermann/Oswald 1997 enthalten.
24 Vgl. Böhme 1988.
25 Vgl. Hall 1988.
26 Vgl. Willms 1988, Jordan 1996.
27 Vgl. Häußermann/Siebel 1996.
28 Vgl. Rodenstein 1988.
29 Vgl. Hamm 1973.
30 Vgl. Park/Burgess 1925, Friedrichs 1977.
31 Vgl. Häußermann 1995.

Migranten- und Minderheitenpolitik
Birmingham und Hamburg im Vergleich

Bernhard Perchinig

»What nationality are you?«
»I'm a drinker.«
Humphrey Bogart in »Casablanca«

Einleitung

Eine forschungsleitende Fragestellung des Projektes war die Untersuchung des Einflusses des nationalstaatlichen Migrationsregimes auf städtische Migrantenpolitiken. Dabei stand die Frage im Vordergrund, ob der nationalstaatliche Rahmen prägend für die Stadtpolitik bleibt oder ob die städtischen Politiken in den verschiedenen Regimes[1] konvergierende Tendenzen aufweisen. Der Vergleich der Städte Hamburg und Birmingham[2] deutet darauf hin, dass die im nationalstaatlichen Rahmen angelegten Paradigmen für die Entwicklung städtischer migrantenpolitischer Regimes dominant bleiben. Der folgende Artikel will anhand der beiden Städte die wichtigsten Merkmale der unterschiedlichen Regimes darstellen.

Städtische Migrantenpolitik in Birmingham

Einwanderung und »Race« in Großbritannien

Die Kategorie der Staatsbürgerschaft, die die mitteleuropäische Diskussion dominiert, spielt in der britischen Migrantenpolitik eine untergeordnete Rolle. In Übernahme der kolonialen Tradition bildete in Großbritannien auch nach dem 2. Weltkrieg die gemeinsame Zugehörigkeit zur britischen Krone und nicht die Zugehörigkeit zu einem Nationalstaat den Kern des Selbstverständnisses. Da im Empire sowohl die Bewohner des Mutterlandes wie die der Kolonien primär als Untertanen des Königs galten und auch die Legitimation der Kolonialherrschaft darauf aufbaute, die Unterwerfung unter die britische Krone als zivilisatorischen Fortschritt darzustellen, hätte eine scharfe Trennung zwischen In- und Ausländern diesem Legitimationsmodell widersprochen. Sowohl die Bewohner des United Kingdom wie die des aus den Kolonien entstandenen »New Commonwealth« hatten so nach dem 2. Weltkrieg als »British Subjects« das Recht, sich überall im Commonwealth, somit auch in Großbritannien selbst, niederzulassen und zu arbeiten. Im Gegensatz dazu galten die Staatsangehörigen anderer Länder als »Aliens« und benötigten eine Einreise- und Aufenthaltsgenehmigung.[3]

Bereits 1949 hatte ein königlicher Kommissionsbericht das Problem der Arbeitskräfteknappheit thematisiert und festgehalten, dass Immigration nur dann begrüßenswert wäre, wenn die Einwanderer von »guter Abstammung wären und nicht durch ihre Religion oder Rasse daran gehindert würden, mit der Aufnahmebevölkerung Ehen zu schließen und in ihr aufzugehen«[4]. Der Migrationsdiskurs war von Anfang an eindeutig gegen die Zuwanderung von Schwarzen und Farbigen gerichtet, die als Ursache von sozialen Unruhen und Rassenkonflikten dargestellt wurde. Die Einwanderung aus Europa hingegen wurde gefördert.[5] Damit ergab sich die paradoxe Situation, dass die rechtlich de facto mit den britischen Staatsbürgern gleichgestellten exkolonialen Migranten Objekte eines rassistischen Ausgrenzungsdiskurses waren, während die europäischen Migranten zwar rechtlich als Ausländer galten, politisch jedoch willkommen geheißen wurden.[6]

Die Kategorie »Race« wurde somit zur zentralen Diskurskategorie, der Begriff des »Ausländers« spielte praktisch keine Rolle.[7] Das Paradigma »Race« wurde aber – in Form der eine gemeinsame Mobilisierungsbasis stiftenden Kategorie »Black« – auch zum Kern des politischen Selbstverständnisses der Einwanderer aus den Kolonien.[8] Zusätzlich gewann die Kategorie »Ethnic Minority« in den 80er und 90er Jahren im Zuge der sich entwickelnden Diskussion über die »Rassialisierung«[9] der britischen Gesellschaft an Bedeutung. Typisch für den aktuellen Diskurs ist die Definition der Begriffe durch den Stadtrat der Stadt Birmingham:

»As adopted by the local authority, the term ›Black‹ describes those visible minorities of the community, who share the common experience of being discriminated against on the grounds of their colour or racial origin. The Council uses the term ›Minority Ethnic‹ to refer to people who do not see themselves as black, but nevertheless experience discrimination on the basis of their ethnicity (e.g. because of language, religion, race or their culture).«[10]

Der Großteil der Migranten aus den ehemaligen Kolonien wanderte in den 60er und 70er Jahren ein, als der »Nationality Act« ihnen Niederlassungsfreiheit einräumte. Die heute in Großbritannien lebenden Minderheiten sind großteils Nachfahren dieser Einwanderer in der dritten, vierten und fünften Generation. Da Großbritannien die Doppelstaatsbürgerschaft akzeptiert und aufgrund des – im Wesentlichen dem Prinzip des »Ius Soli« folgenden – Staatsbürgerschaftsrechtes die Kinder der Einwanderer im Regelfall die britische Staatsbürgerschaft verliehen bekamen,[11] haben die meisten Minderheitenangehörigen das Wahlrecht.[12] Das Thema Rassismus betrifft somit nicht primär rechtlich als »Ausländer« ausgegrenzte Gruppen, sondern britische Staatsbürger. Dieser grundlegende Unterschied zu dem Gastarbeiterregime Deutschlands ist eine wichtige Ursache für den im Verhältnis hohen Stellenwert, den die Race-Relations-Politik in Großbritannien einnimmt.

Die Einwanderung nach Birmingham

Birmingham ist die zweitgrößte Stadt Englands mit einer Bevölkerung von knapp unter einer Million Einwohnern (1991: 961.100[13]). Vom schwerindustriellen Zentrum in der Zeit der industriellen Revolution entwickelte sich die Stadt in der ersten Hälfte des 20. Jahrhunderts zum Zentrum der britischen Automobil- und Elektroindustrie, nach dem 2. Weltkrieg kamen weitere Industriezweige wie die Verarbeitung von Nicht-Eisenmetallen, die Reifenproduktion oder Lebensmittelindustrie dazu. Der Wirtschaftsboom erreichte in den 50er Jahren mit 700.000 Arbeitern in den Fabriken der Region und einer Arbeitslosigkeit von maximal 1 % seinen Höhepunkt.[14] Das industrielle Erbe ist heute Mitursache für hohe Arbeitslosigkeit in der sich zu einer postindustriellen Metropole entwickelnden Stadt. Heute ist Birmingham vor allem auch Bildungs-, Medien- und Medizinzentrum der Midlands mit drei Universitäten, mehreren Colleges und einer großen Allgemeinklinik. Die Stadtverwaltung Birminghams ist der größte Arbeitgeber in den West Midlands.

Birmingham war nach dem 2. Weltkrieg vorerst primär Ziel irischer Einwanderer, erst ab Mitte der 50er nahm die Einwanderung aus den ehemaligen Kolonien zu. 1961 arbeiten rund 16.000 Migranten aus der Karibik, vor allem aus Jamaica, in Birmingham, zudem rund 2.500 aus Pakistan und 500 aus Indien. 1981 zählten sich bereits rund 77.000 Arbeitnehmer – vor allem in der Metallindustrie, im Gesundheits- und Transportwesen – zu den »Black and Ethnic Minorities« (ohne Irland).[15] Birmingham wurde zu der Stadt mit der – nach London – zweitgrößten Minderheitenbevölkerung im United Kingdom sowie zu einem Zentrum der britischen Race-Relations-Politik.[16]

Rund ein Drittel der in Birmingham lebenden 174.000 Angehörigen der »Black and Ethnic Minorities« stammte 1981 aus dem afrokaribischen Raum, jeweils ca. 28 % kamen aus Indien bzw. Pakistan.[17] Im Jahr 1991, dem Jahr des letztverfügbaren Zensus, lebten 206.000 Minderheitenangehörige in der Stadt.[18] Für 1999 weisen die Hochrechnungen 270.000 Minderheitenangehörige und einen Minderheitenanteil von rund 28 % aus, der bis 2010 aufgrund der Alterszusammensetzung der Bevölkerung – rund 50 % der schulpflichtigen Kinder und Jugendlichen kommen aus Minderheitenfamilien – auf rund 37 % (ca. 370.000 Personen) steigen wird.[19]

Die residentielle Segregation in Birmingham folgt dem typischen angloamerikanischen Muster der Konzentration von Minderheiten in den inneren Stadtgebieten mit schlechtem Wohnbestand. Es gibt sieben Stadtviertel mit mehr als 50 % Minderheitenanteil, in drei Bezirken – Handsworth, Sparbrook und Soho – beträgt der Minderheitenanteil zwei Drittel der Wohnbevölkerung. 57,3 % der Minderheitenbevölkerung leben in sieben der 39 Bezirke der Stadt, in diesen Bezirken findet sich auch der höchste Anteil an überbelegten Wohnungen.[20] Während in Sandwell, Soho und Handsworth die Bevölkerung mit indischem und afrokaribischem Hintergrund den größten Minderheitenanteil stellt, leben die meisten

Pakistanis im südöstlichen Ring um das Stadtzentrum (Ladywood, Nechells, Small Heath, Sparkhill, Sparkbrook).[21]

Tabelle 1: Demographische Zusammensetzung der Bevölkerung Birminghams 1991

Ethnic Group		Residents (thousands)	Percentages
White		**754,3**	**78,5**
Total Black and Ethnic Minority Residents		**206,8**	**21,5**
Black		56,4	5,9
Of which:	Black-Carribean	44,8	4,7
	Black-African	2,8	0,3
	Black-Other	8,8	0,9
Asian		138,8	14,4
Of which:	Indian	51,1	5,3
	Pakistani	66,1	6,9
	Bangladeshi	12,7	1,3
	Chinese	3,3	0,3
	Other Asian	5,6	0,6
Other		11,5	1,2
Total Residents		**961,1**	**100,0**
Of whom born in Ireland		38,3	4,0

Quelle: Birmingham City Council 1993, 5,13

Race-Relations-Politik in Birmingham

1945–1960: Das »Colour Problem«

Birmingham spielte bei der Entwicklung der britischen Race-Relations-Politik bereits in den 50er Jahren eine besondere Rolle.[22] Einerseits war »Race« seit 1945 ein wichtiges Thema in der Lokalpolitik, andererseits wurde Birmingham im nationalen Diskurs zum Symbol für das »Colour Problem«. Zeitungsberichte und Politikerstatements schilderten die Stadt als »British Harlem« – als Zentrum des »Colour Problems« und einen Ort täglicher Rassenkonflikte und Diskriminierungen – und warnten vor der Gefahr des Entstehens eines »farbigen Viertels«, das die Integrationsmöglichkeiten reduzieren würde.[23] Der Tenor der Wahrnehmung war die Schilderung von »Birmingham's Coloured People« als Problemverursacher am Wohnungsmarkt und im Bildungssystem sowie die Klagen über die Veränderung des »Charakters« der Stadt durch die Zuwanderung. In diesem Diskurs verknüpften sich Kriminalisierung, Rassismus und Sexismus zur symbolischen Ausgrenzung der Minderheiten und der von ihnen bewohnten Stadtbezirke: Im »Little India« genannten Bezirk Balsall Heath lebten zunehmend weiße Frauen mit schwarzen Männern zusammen, schrieb die Stadträtin Joan Tomlinson im »News Chronicle« im April 1956, Kriminalität und Drogenkonsum stiegen. Die Frauen würden von den Männern in Abhängigkeit gehalten, die Zahl der »gemischten« unehelichen Kinder verursache unlösbare Probleme:

»There is a steady growth of drug-taking and something akin to, but legally different from prostitution – the ›kept woman‹ (...) White girls live with coloured men. Many don't marry and change to another man when they get bored. (....) And there is the growth of the drug habit. The West Indians began it with the importation of marijuana (...). Smoking marijuana cigarettes – ›reefers‹ – confers temporarily a feeling of great physical strength and well-being and a strong sexual appetite. Too many white women of a certain type between 20 and 30 prefer coloured men. But the effects of inter-breeding are reflected in the ever increasing numbers of half-caste children. It seems almost insoluble.«[24]

Der Passus zeigt exemplarisch, wie im rassistischen Diskurs die symbolische Ausgrenzung eines Bezirkes mit Sexualisierung verknüpft wird: Die schwarzen Männer erscheinen als Fremdkörper in der Stadt und als Bedrohung der Integrität der weißen Frauen, die hier symbolisch die Stadt verkörpern. Der Kern des Bildes ist die Bedrohung der »Rassenreinheit« durch die Geburt von farbigen (»half-caste«) Kindern aus diesen Beziehungen: »Is Birmingham going to become a coffee-coloured town?« hatte der News Chronicle zwei Jahre zuvor gefragt.[25]

Die Klage über die »fehlende Anpassung« der Migranten an die »herrschenden zivilisatorischen Standards« sowie über die schlechte Wohnsituation verband sich mit der Behauptung steigender Kriminalität sowie der Überbelastung der städtischen Infrastruktur in bestimmten Vierteln. Hoher Minderheitenanteil wurde somit zum Code für urbanen Verfall: »Immigrants tend to settle in specific localities forming their own communities, which react against the integration with the general population. (...) Some services tend to be overburdened by the concentration of immigrants in specific localities because of the above normal demand which they make«, kommentierte die Stadtverwaltung die Situation.[26] Die Bedrohungsbilder der unkontrollierten Einwanderung in die »überlasteten« Viertel und der ethnischen Konzentration bildeten die zentralen Elemente des rassistischen Ausgrenzungsdiskurses.

Auf institutioneller Ebene waren die 50er und 60er Jahre von indirekter politischer Integration der Migranten durch »Pufferinstitutionen« gekennzeichnet, es gab kaum Minderheitenvertreter in den Parteien oder anderen politischen Institutionen. Bereits 1950 wurde aufgrund der Initiative der Church of England das »Birmingham Coordinating Committee for Coloured People« gegründet, das aus Delegierten religiöser Organisationen, Wohlfahrtsverbänden, dem mit Migrationsfragen befassten »Colonial Office« und anerkannten Einzelpersonen bestand. Das Komitee bestand bis in die 70er Jahre und fungierte als Vermittlerorganisation zwischen der Stadt und den Minderheitenorganisationen. Es leistete vor allem Beratungs- und Sozialdienste und organisierte Veranstaltungen, um die Mehrheitsbevölkerung über die Bedürfnisse und den kulturellen Hintergrund der Einwanderer zu informieren. Auf Vorschlag dieses Komitees wurde 1954 im Rahmen der Stadtverwaltung der Posten einer Kontaktperson für Minderheiten (»Liaison Officer for Coloured People«) geschaffen, der bis in die 60er bestand und eine zentrale Rolle bei der Ausbildung der Race-Relations-Politik in Birmingham hatte. Die generelle Ausrichtung der Politik des Verbindungsbeamten war auf Integration und gegen Segregation gerichtet, seine praktische Arbeit bestand in Rechts- und Sozial-, aber auch Rückkehrberatung, die oft mit dem »verborgenen Lehrplan« der Anpassung an die englischen Lebensverhältnisse verbunden war, wie Rex und Moore in ihrer klassischen Studie »Race, Community and Conflict« beschrieben:

»The Liaison Officer defined his task as the integration of immigrants, by which he explained that he meant seeing that they got their rights and that they conformed. He had helped many immigrants to get lodging, but had found that they preferred their people. (....) Emphasis was now on the second stage of getting the immigrants to conform. Housing standards and eating habits were among the most important issues, in the Liaison Officer's opinion.«[27]

Die 70er: Selbstorganisation und »Black Councillors«

In den 60er und 70er Jahren kam es zu einer Radikalisierung des Themas »Race« im britischen politischen System. Der entscheidende Impetus dafür kam von der rechtsextremen Propaganda gegen Einwanderung, die eng mit dem Aufstieg des später aus der Konservativen Partei ausgeschlossenen Abgeordneten Wolverhamptons[28], Enoch Powell, und der Gründung der rechtsextremen »National Front« verbunden war. Gleichzeitig formten sich Selbstorganisationen der Minderheiten, die auch Druck auf Labour ausübten und die Partei zur Öffnung für schwarze Kandidaten zwangen.

Im April 1968 hielt Powell in Birmingham eine Rede, in der er behauptete, dass eine friedliche Integration der Migranten unmöglich sei und die einzige Lösung in ihrer Repatriierung bestünde, wolle man »Ströme von Blut« verhindern. Diese »Rivers-of-Blood«-Rede war deutliches Zeichen für die Radikalisierung der Antimigrationsrhetorik bei den Tories, eine Strömung, die auch von der – damals konservativen – Stadtregierung Birminghams unterstützt wurde.[29] Powells Propaganda löste große Gegendemonstrationen aus und war ein Anstoß zur Gründung des ersten antirassistischen Verbandes in Birmingham, dem »Coordinating Committee Against Racial Discrimination«, das vor allem indische und pakistanische Organisationen umfasste. Zusätzlich waren in den 70ern eine Reihe von Selbstorganisationen der Einwanderer entstanden, deren Spektrum von religiösen bis hin zu politischen Vereinen reichte.[30] Diese Organisationen bemühten sich um Unterstützung durch die Stadt und wurden in dem 1968 gegründeten »Community Relations Council« in eine institutionalisierte Zusammenarbeit mit der Stadt eingebunden. Direkter Ausfluss dieser Aktivitäten und eindeutiges Zeichen für den Beginn der strukturellen Einbindung der Minderheiten war die Einstellung eines Mitarbeiters im Liaison Office, der ausschließlich für den Kontakt und die Koordination mit den Organisationen der Minderheiten zuständig war.[31] Das Community Relations Council, in dem (weiße) Vertreter der Stadt und Vertreter der Migranten saßen, hatte jedoch nur beratende Funktion, seine Beratungskompetenz war zudem auf die Bereiche Wohnen, Erziehung und Soziale Dienste eingeschränkt. Dies führte zur Kritik, dass die Existenz des Council nur dazu diene, die Minderheitenfragen von den realen Entscheidungsstrukturen der Stadt fernzuhalten.[32]

Die antirassistische Protestbewegung sowie das Engagement von einflussreichen Mittelspersonen aus der Mehrheitsbevölkerung[33] hatten maßgeblichen Einfluss auf das politische Setting im Feld der Race-Relations-Politik. Entscheidend dabei war, dass durch die Politisierung des ursprünglich rassistisch konnotierten Begriffs »Black« eine – die gemeinsame koloniale Erfahrung und Diskriminierung ansprechende – politische Identität und Mobilisierungsstrategie der Minderheiten geschaffen wurde, die die unterschiedlichen Interessen der einzelnen Zuwanderergruppen bündelte.[34] Die Vertretung der Minderheiten in den Parteien und die Bedeutung des »Black Vote« wurden so für die Wahlen von 1974 zu einem wichtigen Diskussionsthema. Da das britische Mehrheitswahlrecht dem Gewinner alle in einem Wahlbezirk zu vergebenden Sitze zuspricht, wurde die residentielle Konzentration der Minderheiten in bestimmten Bezirken zur Basis dafür, dass die Parteien – vor allem Labour – zunehmend unter Druck gerieten, die Minderheiten als Wählergruppe ernst zu nehmen und Kandidaten aus Minderheitengruppen aufzustellen – schließlich waren die meisten Minderheitenangehörigen wahlberechtigt.[35] Diesen Überlegungen stand allerdings die Furcht entgegen, bei einer zu starken Betonung des »Race Issue« die Stimmen der »weißen« Wähler zu verlieren.

Die »Rassialisierung« der Lokalpolitik war in Birmingham anfangs mit der Strategie des rechten Labour-Flügels verknüpft, durch die Mobilisierung von Minderheitenstimmen die Parteilinke zurückzudrängen. Das politische System Birminghams war in den 70er Jahren durch später Regierungsfunktionen ausübende prominente Labour-Politiker vom Mitte-Rechts-Flügel – Denis Howell, Roy Hattersley, Roy Jenkins – dominiert, die als Abgeordnete der »Minderheitenbezirke« gewählt worden waren. Die in den 70ern national und lokal erstarkende Labour-Linke forderte eine radikale sozialistische Lokalpolitik und stellte aus politischen Gründen auch die Legitimiät der der Labour-Rechten zugehörigen Abgeordneten in den Minderheitenbezirken in Frage. Diese griffen zur Sicherung ihrer Position zunehmend darauf zurück, anerkannte »Community Leaders« zur Mobilisierung von Stimmen in ihrer Gruppe zu gewinnen und ihnen und ihrer Verwandtschaft im Gegenzug Patronage zu gewähren. Dies wurde wiederum von den Konservativen und Teilen Labours dazu genutzt, um gegen die durch die Minderheiten in das politische System eingebrachte »fremde politische Kultur der Patronage« zu protestieren. In der Praxis ergab sich eine Form der instrumentellen Einbindung, » ... a form of exchange, where MP's secured their position while an elite group of black activists could influence the distribution of local ressources, services and representation to the state bureaucracy.«[36]

Diese neokoloniale »abhängige Integration in das Parteiensystem«[37], bei der sich weiße Abgeordnete ihre Macht durch Patronage der schwarzen Communities sicherten, hatte jedoch auch den Effekt, dass nun lokale Politiker mit Repräsentanten von Minderheiten verhandeln mussten, um ihr Mandat zu sichern. Neben einer Ethnisierung der Politik und dem Erstarken klientelorientierter »Community Leader« wuchs auch der Druck auf Labour, Minderheitenangehörige selbst zu nominieren, was parteiintern beim Gewerkschaftsflügel und der radikalen Labour-Linken, die »Class« und nicht »Race« als zentrales Organisationsprinzip ansah, auf massiven Widerstand stieß.

1979 wurden in Birmingham die ersten aus Minderheiten kommenden Abgeordneten gewählt, in den darauf folgenden 15 Jahren stieg ihr Anteil steil an. Heute kommen 22 von 117 Abgeordneten in Birmingham aus Minderheitengruppen, mehr als zwei Drittel davon für Labour. In den zwölf Innenbezirken mit hohem Minderheitenanteil sind die Stimmen der Minderheitenangehörigen wahlentscheidend, in diesen Bezirken hatte Labour bei den Lokalwahlen zuletzt die absolute Mehrheit und hält alle dort vergebenen 36 Sitze.[38]

»Race Equality« war jedoch nicht nur Thema von Labour, auch bei den Konservativen wurden Kandidaten mit Minderheiten-Background aufgestellt. Die erste Selbstverpflichtung der Stadt auf »Equal Opportunity in Employment« und »Ethnic Monitoring«[39] in der Stadtverwaltung wurde so auch 1983 unter einer konservativen Stadtregierung beschlossen.[40] Auch in der städtischen Labour-Party kam es zu Beginn der 80er zu einer klaren Festlegung auf »Racial Equality« im Wahlprogramm für 1984. Diese Festlegung auf Antidiskriminierungspolitik war aber nicht nur Ergebnis interner Konflikte, sondern auch eine Reaktion auf die »Rassenunruhen«, die Anfang der 80er in einer Reihe britischer Städte, in geringem Ausmaß auch in Birmingham, aufgetreten waren.[41]

»Racial Equality« wurde nun zunehmend zu einem bedeutenden Element zumindest in der Rhetorik beider Parteien, das Thema »Race Relations« hatte Eingang in das Parteiensystem der Stadt gefunden. Nach dem Wahlsieg von Labour 1984 wurde die im Wesentlichen bis heute bestehende städtische Infrastruktur ausgebaut und ein eigener Stadtratsausschuss für Racial Equality geschaffen.[42]

Race Relations Act und Section 11 Funding

Auf nationaler Ebene waren die 60er und 70er Jahre die Zeit der Ausbildung des primär von Labour entwickelten britischen Race-Relations-Regimes, das eine gegen die schwarzen und farbigen Einwanderer aus dem Commonwealth gerichtete Einwanderungpolitik mit einer Antidiskriminierungspolitik im Inneren verband. Im 1968 beschlossenen »Commonwealth Immigration Act« wurde das Niederlassungsrecht auf jene Bewohner des New Commonwealth eingeschränkt, die direkte Vorfahren (Eltern oder Großeltern) im United Kingdom hatten – diese Bestimmung war gegen farbige und schwarze Einwanderer gerichtet, da nur die Nachfahren der (weißen) Kolonialbeamten eine britische Abstammung nachweisen konnten.[43] Das Prinzip der Patrialität wurde im Immigration Act 1971 verallgemeinert und vom Nationality Act von 1981, der verschiedene Kategorien von »British Citizens« mit unterschiedlichem Niederlassungsrecht definierte, übernommen.

Verbunden war diese – von Labour bereits 1965 vorgeschlagene – Politik der Niederlassungsbeschränkung[44] mit dem Entstehen eines Systems institutionalisierter Antidiskriminierung, das den lokalen Regierungen eine große Bedeutung zuschrieb. So wurden unter dem Innenminister Roy Jenkins bereits in den 60ern zwei Race Relations Acts (1965, 1968) verabschiedet, die auf die Installierung von Beratungsstrukturen und Erziehungsarbeit ausgerichtet waren. Im Jahr 1966 wurde zudem der »Local Government Act« verabschiedet, der im Abschnitt 11 festlegte, dass Lokalverwaltungen, die Integrationsmaßnahmen in Bezirken mit mehr als 20 % Minderheitenanteil durchführten, die damit verbundenen Personalkosten teilweise durch die Zentralregierung ersetzt bekommen. Das »Section 11 Funding« war ursprünglich als Übergangsmaßnahme gedacht. Man ging davon aus, dass Angehörige der dritten und vierten Generation keine Sonderunterstützung mehr brauchen würden. Anfangs hatte das Section 11 Funding keine große Bedeutung, wurde jedoch in den 70er und 80er Jahren zu einem wesentlichen Instrument der lokalen Antidiskriminierungspolitik und wird häufig als die entscheidende Voraussetzung für den Aufschwung lokaler Race-Relations-Politik genannt.[45]

Nachdem verschiedene Untersuchungen das Anwachsen von Diskriminierung und die Ineffektivität des Race Relations Act gezeigt hatten, entschied sich der 1974 wieder zum Innenminister ernannte Birminghamer Labour-Politiker Roy Jenkins trotz innerparteilichen und Gewerkschaftswiderstands[46] zu einer Neukonzeption der rechtlichen Rahmenbedingungen. Das von ihm beauftragte Expertenkomitee schlug die Entwicklung eines von Grund auf neuen und kohärenten Bezugrahmens und die Schaffung einer machtvollen Kontrollbehörde vor. Der 1976 verabschiedete Race Relations Act nahm zwar nur Teile dieser Vorschläge auf, beinhaltete jedoch dennoch eine Reihe wegweisender Bestimmungen. So verbietet der Race Relations Act (RRA) von 1976 nicht nur rassistische Angriffe und Beleidigungen, sondern stellt auch die Benachteiligung von Angehörigen ethnischer Minderheiten beim Zugang zu knappen Ressourcen unter Strafe. Als gesetzwidrig gelten nicht nur direkte Benachteiligungen, sondern auch indirekte Diskriminierung durch formal gleiche Behandlung[47] sowie die Viktimisierung von Personen, die wegen Diskriminierung rechtliche Schritte setzen. Mit der halbstaatlichen Commission for Racial Equality (CRE) wurde ein Überprüfungs- und Umsetzungsorgan mit einer Reihe von Untersuchungs-, Klage- und Vorschlagsrechten geschaffen.[48] Für die lokale Ebene ist vor allem der Abschnitt 71 des Race Relations Act[49] bedeutsam, der die Lokalregierungen verpflichtet, in ihrem eigenen Wirkungsbereich Maßnahmen gegen rassistische Diskriminierung und für Gleichberechtigung zu setzen.

Auch wenn die Kritik am Race Relations Act vor allem – und vielfach zu Recht – auf die fehlende Umsetzung, gerade im Lokalbereich, verweist, muss festgehalten werden, dass die Kombination des »Section 11 Funding« des Local Government Act mit dem Abschnitt 71 des Race Relations Act eine Verpflichtungs- und Anreizstruktur für die Lokalregierungen schuf, Antidiskriminierungspolitik zu betreiben. Für die Aktivisten der Minderheiten und antirassistischen Bewegungen bedeuteten die beiden Gesetze, nun über eine rechtliche Basis für ihre Forderungen zu verfügen, die ihre Interessen fest auf der politischen Bühne etablierte. Konkret ausgeschöpft wurden die Möglichkeiten lokalpolitischer Initiativen vor allem seit den Unruhen von 1981. In vielen Städten wurden »Race Relations Units« eingerichtet und Konzepte für eine multikulturelle Stadtpolitik ausgearbeitet. Diese konzentrierten sich vor allem auf die Entwicklung von Konsultationsmechanismen mit Minderheiten, die Entwicklung und Umsetzung von personalpolitischen Gleichstellungsmaßnahmen im städtischen Bereich und die Reform von primär auf die Bedürfnisse der Mehrheitsbevölkerung zugeschnittenen städtischen Dienstleistungen – etwa durch die Einführung von Mehrsprachigkeit bei den Publikationen der Stadt oder die Entwicklung von Verhaltensrichtlinien (»Codes of Conduct«) gegen Diskriminierung bei der Vergabe kommunaler Wohnungen.

Deutlich wahrnehmbare Folgen zeigte die kommunale Minderheitenpolitik im personalpolitischen Bereich: »Aus Angst vor weiteren Unruhen wurden auf kommunaler Ebene, gefördert durch den Section-11-Fonds der Regierung, für die Beschäftigung von hunderten, im Bildungsbereich sogar tausenden städtischen Angestellten Gelder freigemacht, um die multikulturellen Reformen in den Verwaltungsabteilungen und Schulen umzusetzen. (...) 1988 gab es allein 685 ›race relations advisers‹ im Land, vergleichbar mit den kommunalen Ausländerbeauftragten in der Bundesrepublik, daneben eine große Anzahl speziell eingestellter Übersetzer, Leiter von Fortbildungskursen sowie speziell für die Betreuung von ethnischen Gemeinschaften eingestellten Sozialarbeitern. (...) Die Kommunen bilden heute in Großbritannien eine zentrale soziale und berufliche Aufstiegsinstanz für die asiatischen und afro-karibischen Gemeinschaften«, beschreibt Sigrid Baringhorst[50] die von den zuständigen Politikern als soziale Einbindung der Straßenkämpfer der frühen 80er beförderte Professionalisierung der Minderheitenarbeit in Großbritannien.

Race-Equality-Politik im Birmingham der 80er Jahre

Nachdem Labour 1984 in Birmingham die Regierungsmacht übernommen hatte, wurde mit dem Aufbau der angekündigten Race-Relations-Infrastruktur begonnen. Ein Stadtratsausschuss (Race Relations and Equal Opportunities Committee) sowie eine ihm unterstehende Einheit der Stadtverwaltung, die Race Relations Unit, wurden gegründet, ebenso begannen Überlegungen für eine neue Entscheidungsstruktur zur Subventionsvergabe an die Minderheitenorganisationen. Als Ziele der Race Relations Unit wurden festgelegt:

1. *to adress the issues of institutional racism and discrimination within the City Council and in the wider community whether in service delivery or in employment.*
2. *to improve access to Council services by the black and ethnic minorities in Birmingham.*
3. *to advise on the development of corporate strategies and appropriate policies, practices and procedures which will assist in achieving (1) and (2).*[51]

Die neu gegründete Race Relations Unit wurde mit einem Budget von 120.000 Pfund und fünf Mitarbeitern ausgestattet. Ihre realen Umsetzungskompetenzen waren anfangs gering, die wesentlichen Entscheidungen fielen in den sozial- und wohnungspolitischen Ausschüssen. Die Unit hatte in der Praxis vor allem Beratungs- und Monitoring-Aufgaben und diente auch als Aushängeschild für die Selbstdarstellung der Stadt.[52]

Der erste wesentliche Erfolg der neuen Race-Relations-Politik war, dass die Stadtregierung sich verpflichtete, den Anteil von Minderheitenangehörigen unter den eigenen Beschäftigten auf 20 % zu erhöhen und ein umfassendes Ethnic-Monitoring-System im Personalbereich aufzubauen.[53] Innerhalb einer Reihe städtischer Verwaltungsabteilungen – vor allem bei den Sozialeinrichtungen und den Wohnbauabteilungen – wurden dienstrechtlich der Race Relations Unit unterstellte »Race Equality Officers« zur Durchsetzung der internen Gleichstellungspolitik sowie als Anlaufstellen für Beschwerden über Diskriminierung und Übergriffe eingestellt.

Die Umsetzung erfolgte jedoch nur schleppend und gegen den Widerstand der etablierten Verwaltungsstrukturen und politischen Machteliten. Minderheitenvertreter kritisierten vor allem das Weiterbestehen von Diskriminierungen beim Zugang zu Jobs, Wohnungen und städtischen Leistungen sowie am Arbeitsplatz.[54]

Ein struktureller Grund für die schleppende Umsetzung lag in der hierarchisch niedrigen Stellung der Race Relations Unit, nämlich als dem

Personalchef unterstellter Einheit ohne eigenen Ausschuss in der Stadtregierung. Ihre Vorschläge und Kritik gegenüber den Abteilungsleitern erschienen so zunehmend als »Wadlbeißerei« ohne positiven Effekt.[55] Nichtsdestotrotz war vor allem die Monitoring-Politik langfristig bei der Erhöhung des Anteils der Minderheitenangehörigen beim städtischen Personal erfolgreich, scheiterte jedoch bei der Durchsetzung gleichberechtigter Aufstiegsmöglichkeiten: Kamen 1983 noch 8,3 % der städtischen Beschäftigten aus den Minderheitengruppen, so stieg ihr Anteil auf 15,4 % im Jahr 1993[56] und lag 1998 bei 17,1 %. Die Leitungspositionen blieben jedoch großteils von »weißen« Beamten besetzt.[57]

Mitte der 80er Jahre wurde Birmingham, das von den Unruhen 1980/81 kaum betroffen war, zu einem der Zentren der neu ausgebrochenen Unruhen in britischen Großstädten. Die – tatsächlich im Nebenbezirk Lozells lokalisierten – »Handsworth Riots« von 1985[58], bei denen im Zuge von Auseinandersetzungen schwarzer Jugendlicher mit der Polizei zwei asiatische Ladenbesitzer ermordet wurden, wurden im britischen Diskurs zur Metapher für »Black Criminality« und führten zur Legitimationskrise der bestehenden Race-Relations-Politik. Diese zeigte sich darin, dass sowohl die Polizei[59] wie die Stadtverwaltung[60] und ein vom District County Council[61] beauftragtes Komitee anerkannter schwarzer Intellektueller – unter ihnen Paul Gilroy, Stuart Hall sowie der heutige Vorsitzende der Commission for Racial Equality, Herman Ousely[62] – jeweils eigene Berichte und Analysen veröffentlichten.[63] Der Aufstand stärkte den Druck auf Labour, die bestehenden Strukturen zu ändern und innerhalb der Partei durch den Aufbau von eigenen Minderheitensektionen (»Black Sections«) den Minderheitenabgeordneten mehr Einfluss zu gewähren.

Ab der zweiten Hälfte der 80er Jahre geriet die städtische Antidiskriminierungspolitik in die Krise. Gründe dafür lagen einerseits im neokonservativen Back-Slash und der damit verbundenen Marginalisierung des Politikfeldes sowie andererseits in der Zunahme des fundamentalistischen Protestes rund um die Rushdie-Affäre, die die multikulturellen Öffnungsversuche blockierten.[64] Dazu kamen Einsparungsmaßnahmen durch die Zentralregierung, die vor allem das Section 11 Funding trafen, sowie ein zunehmendes Abrücken des Labour-Establishments von radikaler Race-Relations-Politik. Auch in Birmingham zeigte diese Entwicklung ihre Auswirkungen. Nachdem das Race Relations Committee in der Stadtregierung schon seit seiner Gründung auf Widerstand bei der die Stadtregierung stellenden Labour-Rechten gestoßen war und sich die Kritik am Vorsitzenden häufte, wurde es nun gemeinsam mit dem »Womens Committee« aufgelöst und zu einem »Personal and Equal Opportunities Committee« zusammengefasst, was einerseits einer Entmachtung gleichkam, andererseits jedoch die Durchsetzung des 20 %-Beschäftigungsziels erleichtern sollte. Hintergrund der bis Anfang der 90er anhaltenden und eng mit Positions- und Statuskämpfen verbundenen Auseinandersetzungen war der Konflikt zwischen zwei unterschiedlichen Strategien – dem Aufbau eines eigenständigen Race-Relations-Apparates einerseits bzw. der Integration des Themas in die bestehenden Stadtstrukturen (»Mainstreaming«) andererseits. Die Birminghamer Stadtregierung definierte ihre Race-Equality-Politik in der Folge als Kombination einer Politik der kleinen Schritte mit dem Ausbau der Race-Relations-Infrastruktur und wurde dabei auch von den gemäßigten Minderheitenabgeordneten unterstützt. Die Konflikte um diese Strategie des »Sensible Socialism« führten in den 80ern zu massiven parteiinternen Zerwürfnissen und zu einer ausgeprägten Fraktionierung und Flügelkämpfen in der Stadtpartei.

Trotz dieser Konflikte stabilisierte sich die Race Relations Unit und wurde in den 90er Jahren mit zuletzt 37 Mitarbeitern und einem Budget von 1,7 Millionen Pfund zur größten derartigen Einrichtung Großbritanniens. Die Ende der 80er in praktisch allen größeren Städten eingerichteten Race Units waren überall sonst Kleineinheiten mit fünf bis sieben Mitarbeitern.[65] Die Einrichtung eines eigenen »Subcommitees on Race Relations« bei der Stadtregierung im Jahr 1991 war schließlich äußeres Zeichen für diese Stabilisierung.

Die 90er: Auf dem Weg zum Paradigmenwechsel?

Nachdem erste Versuche der Gründung eines institutionalisierten Beratungsgremiums in Form der »Community Councils« in den 80ern fehlgeschlagen waren,[66] unterstützte die Stadt Ende der 80er die Gründung von Dachorganisationen der Minderheiten, die sich 1990 zu einem »Standing Consultative Forum« (SCF) zusammenschlossen. Nach anfänglichen Schwierigkeiten gewann das Forum an Bedeutung und wurde Anfang der 90er zu einer wichtigen Arena der lokalen Minderheitenpolitik. Anfang der 80er umfasste das Forum Dachverbände aller großen ethnischen und ethnisch-religiösen Minderheiten.[67] Dahinter stand die Idee, Ansprechpartner für alle ethnischen Gruppen zu installieren, um zu verhindern, dass bei wichtigen Entscheidungen die Minderheiten nicht konsultiert würden.[68] Die Stadt stellte jedem Dachverband sowie dem SCF das Gehalt für zwei Mitarbeiter und Geld für Sachkosten zur Verfügung, die Vorsitzenden der Dachverbände sowie des SCF bekamen direkten Zugang zu den Ausschüssen der Stadtregierung und den verschiedenen Abteilungen der Stadtverwaltung. Über das SCF wurde auch die Subventionsvergabe an Minderheitenorganisationen abgewickelt, was zu ständiger Kritik an parteipolitischer Mittelvergabe Anlass gab. Dieser Minderheitenbeirat wurde in den 90er Jahren zu einem wichtigen Konsultations- und Abstimmungsorgan zwischen den Minderheiten selbst bzw. den Minderheitenvertretern und der Stadtpolitik und -verwaltung. Somit entstand neben der parlamentarischen Vetretung durch die Minderheitenabgeordneten eine zweite, gruppenbezogene Ebene politischer Integration,[69] die aber gleichzeitig auch die von der Stadt »anerkannten« Gruppen bzw. deren Vertreter definierte und so Gruppenzugehörigkeiten festschrieb.

Die politischen Auswirkungen des Beirats werden unterschiedlich eingeschätzt. Ahmed[70] sowie Rex/Samad[71] führen eine Reihe von Innovationen – u. a. die Selbstverpflichtung auf multikulturelle Erziehung und die Errichtung eines »Multicultural Ressource Center« – auf seine Arbeit zurück, Solomos/Back[72] legen den Schwerpunkt ihrer Analyse auf die durch das SCF geförderte Trennung der Minderheitenorganisationen in »stadtnahe« und »stadtferne« Organisationen und verweisen auf den Widerspruch zwischen der Zunahme der Partizipation der Minderheiten und der gleichzeitig von der Regierung Thatcher betriebenen Entmachtung der Städte. Die Kritik des jetzigen Leiters der Equalities Division, Dr. Haroon Saad, zielt vor allem auf die durch das SCF geförderte Festschreibung ethnischer Zuordnungen und das darin verkörperte neokoloniale Muster des Divide-et-impera sowie die Förderung politischer Patronage und der damit verbundenen Entwicklung einer klientelorientierten Gruppe von »Community Leaders« mit privilegiertem Zugang zu städtischen Ressourcen.[73]

Durch den Ausbau der Race Equality Unit gewannen in der ersten Hälfte der 90er Jahre das »Ethnic Monitoring« im Bereich der Stadtverwaltung sowie Bildungs- und Förderungsmaßnahmen für Minderheiten an Bedeutung. Auffällig dabei ist eine Verschiebung im Diskurs: Anstelle der sozialen Argumente der 70er und 80er Jahre traten zunehmend aus einer privatwirtschaftlichen Orientierung stammende Managementargumente, die Gleichbehandlung und Gleichberechtigung als zentrales Qualitätsmerkmal der Verwaltung definierten. Hauptargument dabei ist die Feststellung, dass eine Stadtverwaltung, die die demographische Zusammensetzung der Stadt nicht widerspiegle, nicht in der Lage sei, hochwertige Dienstleistungen für die gesamte Stadtbevölkerung zu produzieren (»No quality without equality«). Der zunehmende Druck in Richtung Privatisierung und Kosteneffizienz der öffentlichen Dienste reduzierte zwar das politische Gewicht der Stadtverwaltung, eröffnete aber andererseits auch die Möglichkeit, ethnisch-religiöse Organisationen als Betreiber von Dienstleistungen in die Verwaltung einzubinden. Nachdem der Betrieb der Grundschulen seit den 90ern öffentlich ausgeschrieben werden muss, begann die Stadt z. B. die Trägerschaft der Schulen in einigen Bezirken mit moslemischer Bevölkerungsmehrheit an die dortigen Moscheevereine zu vergeben. Bei den jährlich landesweit von unabhängigen Testinstituten durchgeführten Schülertests schnitten diese Schulen trotz vergleichbarem sozialen und ethnischen Hintergrund der Schüler bedeutend besser ab als ihre von der Stadt selbst betriebenen Konkurrenten im gleichen Bezirk. Nach Auskunft des Leiters der Equalities Division der Stadt Birmimgham ist dies auf die positive und fördernde Atmosphäre gegenüber den mehrheitlich islamischen Schülern zurückzuführen, während Schüler aus islamischen Minderheiten von den Lehrern der gemeindeeigenen Schulen häufig diskriminiert würden.[74]

Die aktuelle Debatte über die Neuausrichtung der Race-Relations-Politik

Nachdem eine erste Untersuchung der Verteilung der Minderheitenangehörigen auf die Hierarchieebenen in der Stadtverwaltung eine Konzentration in den unteren Rängen ergeben hatte, wurde das Thema Mitte der 90er zum Anlass für eine Restrukturierung und Reflexion der bisherigen Politik. 1993 hatte das City-Council das sogenannte »Breaking-Through«-Projekt verabschiedet, das vor allem auf das Ausräumen von »Glass Ceilings« und Aufstiegshindernissen für Mitarbeiter aus Minderheiten gerichtet war und das Erreichen dieser Ziele mit den Karriereperspektiven der Abteilungsleiter verband. Follow-up-Untersuchungen ergaben starke Umsetzungsdefizite, die vor allem auf das fehlende Engagement der Abteilungsleiter der jeweiligen Abteilungen zurückgeführt wurden.[75]

Die mangelnden Projekterfolge, zentralstaatliche Einsparungsmaßnahmen sowie die sich verdichtende Kritik an der Race Relations Unit führten nach heftigen internen Machtkämpfen zwischen »Old« und »New Labour« 1996 zur Gründung einer neuen Abteilung für Gleichstellung (»Equalities Unit«), der die bestehende Womens Unit, die Race Relations Unit und die »Disabled's Unit« untergeordnet wurden.[76] Damit verbunden war die Einrichtung eines politisch aufgewerteten Hauptausschusses für Gleichstellung im Stadtparlament, dem die Stadtratsvorsitzende sowie die Vorsitzenden der einflussreichen Erziehungs-, Planungs- und Wohnungspolitikausschüsse angehören. Gegen massiven Widerstand der konservativen Opposition wurde die Leitungsfunktion der Abteilung auf höchster Verwaltungsebene angesiedelt und jede Abteilung der Stadtverwaltung dazu verpflichtet, halbjährlich einen Plan für Gleichstellungsmaßnahmen vorzulegen, dessen Umsetzung von der Equalities Division überprüft wird. Die Leitung der Abteilung wurde ausgeschrieben und an einen nicht aus der Birminghamer »Szene« kommenden Experten vergeben.

Die Reformen im Bereich Race Relations waren aber auch von Verlusten sicher scheinender Labour-Sitze in den Bezirken mit hohen Minderheitenanteilen motiviert. Wie sich bei Umfragen im Bezirk zeigte, hatten sich viele Minderheitenangehörige von Labour verabschiedet, da sie den Eindruck hatten, die bestehenden Strukturen würden nichts an ihrer Diskriminierung ändern. Da die Labour-Mehrheit im Stadtrat auf den 36 Sitzen der Innenbezirke mit Minderheitenanteilen zwischen 40 % und 70 % beruht, wurde das Thema seit Mitte der 90er wieder zu einer politisch heiß umkämpften Frage.[77]

Im Interview mit dem Abteilungsleiter der Equalities Division, Dr. Haroon Saad, lässt sich ein intendierter Paradigmenwechsel von der Orientierung auf Ethnizität hin zur Orientierung auf Gleichberechtigung und eine problemzentrierte Politik (»Issue Orientation«) ableiten. Die verschiedenen Minderheiten seien von verschiedenen Problemlagen betroffen, die mit einer ethnisch orientierten Politik nicht zu lösen seien, so Saad, diese habe vielmehr zu einer Stärkung alteingesessener Eliten und zu Erstarrung geführt. Race Equality müsse in Zukunft verstärkt als Aufgabe der gesamten Stadt und als Verpflichtung der Verwaltung begriffen werden, vor allem den Minderheiten, die ihre Bedürfnisse nicht primär über den Markt decken könnten, qualitativ hochstehende Leistungen zu bieten. Dazu müsse der Blickwinkel von Race Relations zu einer Konzentration auf städtische Gleichstellungspolitiken gewechselt werden, um die einander häufig überlagernden Diskriminierungen ausgegrenzter Bevölkerungsgruppen bekämpfen zu können. Daher bedürfte es des »Mainstreamings« des Themas durch eine hierarchisch an höchster Stelle angesiedelte, mit Kontroll- und Anordnungskompetenzen ausgestattete Abteilung. Partnerschaftsstrukturen – etwa die Zusammenarbeit von Stadtverwaltung, Wohnungsgenossenschaften und privaten Hausherren in Hinblick auf Gleichstellungspolitik im Wohnbau – sollten geschaffen werden. Zusätzlich sollte ein Netzwerk für die Unterstützung der Opfer rassistischer Diskriminierung deren »Empowerment« stärken.[78]

Der intendierte Paradigmenwechsel in Richtung »Mainstreaming« und politisch-administrativer Aufwertung fand seinen ersten Ausdruck in einer breit angelegten Analyse des »Breaking-through«-Programms im Auftrag der neu installierten »Equalities Division«.[79] Die Untersuchung stellte im Wesentlichen ein Scheitern der Absicht fest, Minderheitenangehörigen den Aufstieg zu höheren Positionen zu ermöglichen. Als wesentliche Ursachen dafür nannte sie das mangelnde Engagement der Abteilungsleiter und eine gegen Minderheitenangehörige wirkende diskriminierende und zynische Betriebskultur in der Stadtverwaltung. Um Erfolg zu haben, müsse das Thema ins Zentrum städtischer Maßnahmen rücken, wozu es einer alle Stadtabteilungen umfassenden Strategie bedürfe.[80]

Die Veröffentlichung dieses Berichtes löste im Dezember 1998 massive politische Debatten über die Sinnhaftigkeit der Equalities Unit und das Weiterbestehen von strukturellem Rassismus in Birmingham aus.[81] Konservative und Liberaldemokraten attackierten daraufhin die Race-Relations-Politik der Stadt scharf und forderten die Auflösung der Unit, die für das Jahresbudget von 1,6 Millionen Pfund keine Ergebnis brächte, während Labour sich hinter die Unit stellte. Als kurz darauf bekannt wurde, dass die Stadt mit dem Argument der »Positive Action« 20 Lehrstellen nur für jugendliche Pakistanis und Bangladeshis reservierte hatte, was von den anderen Minderheiten, aber auch vom Leiter der Equalities Division, Dr. Saad, als rassistisch und kontraproduktiv kritisiert wurde, verdichteten sich die Angriffe auf die Unit.[82]

Auch die Struktur des »Standing Consultative Forum« sollte im Zuge der Reformen verändert werden. Als ersten Umsetzungsschritt beauftragte die Equalities Division im Sommer 1997 eine Untersuchung zur Weiterentwicklung des Forums, die die bestehende Struktur als für die Anforderungen der nächsten Jahre ungeeignet einschätzte. Die Equalities Division schlug daher Anfang 1999 eine Abkehr von der ethnisch-religiösen Strukturierung und eine themenbezogene Reorganisation unter Einbindung der Minderheitenorgansiationen vor[83] und berief für den 6. Februar eine große Konferenz zum Thema »Restructuring and Rethinking Race Equality Work in Birmigham« ein, die sich auch mit diesem Thema auseinandersetzen sollte.

Die zur Zeit aktuellen Konflikte der Race-Relations-Politik in Birmingham sind Ausdruck eines komplexen Machtkampfs zwischen Old und New Labour, Labour und Konservativen sowie den eingesessenen »Community Leaders« und der nächsten Generation der Race-Relations-Politiker um die inhaltliche und organisatorische Zukunft der Minderheitenpolitik in Birmingham. Die zentrale Konfliktlinie – Orientierung der Gleichstellungspolitik an sozialpolitischer Gleichstellung und nicht an der politischen Konstruktion ethnischer Minderheiten versus antirassistischer, auf die Zielgruppe der ethnischen Minderheiten hin gerichtete und Ethnisierung strategisch nutzende Antidiskriminierungs- und Empowerment-Politik – ist noch keineswegs entschieden und wird auch in der Literatur widersprüchlich diskutiert.[84]

Es kann zur Zeit nicht eingeschätzt werden, inwieweit die Reformvorschläge umgesetzt und zu welchen Effekten sie führen werden. Allein die Intensität der Auseinandersetzung ist jedoch ein eindeutiges Zeichen dafür, dass Gleichstellungs- und Minderheitenfragen inzwischen für das politische Selbstverständnis der Stadt, den Parteienkonflikt und das Wahlverhalten zentrale Themen sind und dass durch das Wahlrecht der Minderheiten und die Integration in die Parteien eine stabile politische Integration der Minderheiten in das politische System der Stadt gewährleistet ist.

Städtische Migrantenpolitik in Hamburg

Einwanderung und Ausländerpolitik in Deutschland

Die Grundkonzeption der deutschen Migrationspolitik hat ihre Wurzeln in der Ausländerpolitik Preußens im 19. Jahrhundert, das in der Einwanderungsphase der 80er Jahre ein restriktives System der Zuwanderungssteuerung und Ausländerkontrolle entwickelt hatte.[85] Die Grundidee des Schutzes des Arbeitsmarkts vor ausländischen Zuwanderern wurde von der Ausländerpolitik der Weimarer Republik übernommen, die erstmalig ein an der Arbeitsmarktsnachfrage orientiertes, deutsche Arbeitnehmer bevorzugendes »Gastarbeitersystem« installierte: Die Zulassung ausländischer Arbeitskräfte erfolgte befristet und nur dann, wenn die neueingerichteten Arbeitsämter dem Arbeitgeber bestätigten, dass für die offenen Stellen keine einheimischen Arbeitskräfte zur Verfügung stünden.[86] Damit war Deutschland das erste Land Europas, das ein voll ausgebildetes Gastarbeitsregime institutionalisierte.

Gesamt gesehen war Deutschland bis zur 2. Hälfte des zwanzigsten Jahrhunderts jedoch kein Einwanderungsland, der Anteil an Personen mit nichtdeutscher Staatsbürgerschaft schwankte in den Volkszählungen 1910, 1925 und 1933 kontinuierlich zwischen 1 % und 2 %.[87]

Nach dem 2. Weltkrieg änderte sich diese Situation. Klaus Bade folgend, können in Deutschland nach 1945 drei große Migrationsphasen unterschieden werden: Die Zuwanderung und Integration von Flüchtlingen und Vertriebenen in West- und Ostdeutschland, die mit der Anwerbung Mitte der 50er Jahre beginnende Arbeitsmigration aus den Hauptanwerbeländern und die seit Ende der 80er vorherrschende Osteuropamigration und Massenzuwanderung von Menschen deutscher Abstammung.[88] Inzwischen ist Deutschland zum größten Einwanderungsland Europas geworden. Ende 1994 lebten dort knapp 7 Millionen ausländische Staatsangehörige, davon waren rund 2,1 Millionen unselbständig erwerbstätig.[89]

Für das deutsche Migrationsregime wurde die Kategorie »Ausländer« zum zentralen Bezugspunkt. Ein wesentliches Merkmal dieses Regimes ist bis heute die – wenn auch im Arbeits- und Sozialrecht aufgeweichte – rechtliche Trennung zwischen deutschen und ausländischen (Nicht-EU-) Staatsangehörigen. Dies beinhaltet insbesondere ein eigenes – in Form einer »Verfestigungspyramide« konstruiertes – Aufenthaltsrecht, die Kontrolle des Arbeitsmarktzuganges durch ein System aufeinander aufbauender Genehmigungen sowie ein dem »Ius Sanguinis« folgendes Einbürgerungsrecht. Dadurch behalten in Deutschland geborene Kinder ausländischer Staatsangehöriger die Staatsbürgerschaft ihrer Eltern und werden nicht – so wie in Großbritannien – automatisch deutsche Staatsbürger. Auch für Erwachsene sind die Einbürgerungshürden relativ hoch. Weiters spielt die Differenzierung nach Staatsangehörigkeit auch im sozialrechtlichen Bereich noch immer eine Rolle. Nur der im Verhältnis kleine Teil der eingebürgerten Migranten hat das Wahlrecht. Deutschland versteht sich bis heute auch nicht als Einwanderungsland: Den Einwanderungsminderheiten werden, im Gegensatz zu den autochthonen Minderheiten der Dänen und Sorben, keine spezifischen kulturellen Rechte gewährt.[90]

In einer mit den exkolonialen Einwanderern Großbritanniens vergleichbaren Rechtslage waren lediglich die sogenannten »Volksdeutschen« aus Osteuropa – Personen, die eine deutsche Abstammung nachweisen konnten –, die bis in die 90er Jahre uneingeschränktes Niederlassungsrecht und einen Einbürgerungsanspruch in der BRD hatten und deren Einwanderung im Zuge des Kalten Krieges durch Freikaufaktionen in den Warschauer-Pakt-Staaten gefördert wurde.[91] Während die das britische Staatsbürgerschaftsrecht prägende koloniale Vergangenheit ungewollt zur Basis für eine weitgehende staatsbürgerschaftsrechtliche Gleichstellung des überwiegenden Teils der Migranten wurde, wurde in Deutschland das – das deutsche Staatsbürgerschaftsrecht prägende, am »romantischen Nationalismus« des 19. Jahrhunderts ansetzende – völkische Konzept zur Basis der rechtlichen Exklusion der Einwanderer.

Die Einwanderung nach Hamburg

Hamburg war in den 60er und noch in den 70er Jahren die kaufkraftstärkste Region der EG. Basis des Wohlstands der Stadt waren der Hafen und die mit ihm verbundenen Witrtschaftszweige – vor allem die Schiffbau- und Werftindustrie –, die in den 60er und 70er Jahren eine große Arbeitskräftenachfrage aufwiesen. Aufgrund der geographischen Lage und der tradtionellen wirtschaftlichen und kulturellen Verbindungen der Stadt nach Osteuropa sowie in die westlichen europäischen Länder stammte bis Mitte der 60er Jahre die Mehrheit der nichtdeutschen Einwohner aus diesen Regionen. Bis zum Anwerbestopp 1973 erhöhte sich jedoch der Anteil von Zuwanderern aus den Hauptanwerbeländern auf rund zwei Drittel der ausländischen Wohnbevölkerung. Der Großteil der ausländischen Arbeitnehmer, rund 79 %, waren als Arbeiter beschäftigt (61 % an- und ungelernte, 18 % Facharbeiter), rund die Hälfte in Betrieben der Eisen-, Metallerzeugung und -verarbeitung und des verarbeitenden Gewerbes.[92] Damit wies Hamburg das typische Bild der »Gastarbeiterbeschäftigung« der 70er Jahre auf.

Tabelle 2: Demographische Zusammensetzung Hamburgs 1996

Staatsbürgerschaft		**Absolut**	**Prozent**
Türkei		71.661	26,3
Jugoslawien		25.977	
Bosnien-Herzegowina		8.747	
Kroatien		4.637	
Makedonien		1.343	
Summe Ex-Jugoslawien		40.704	14,9
Portugal		9.866	3,6
Italien		6.959	2,5
Griechenland		8.681	3,2
Spanien		3.846	1,4
Summe ehemalige Hauptanwerbeländer		**141.717**	**51,9**
Andere Länder		**131.199**	**48,1**
darunter:	*Polen*	18.874	6,9
	Iran	13.651	5,0
	Afghanistan	12.464	4,6
Ausländ. Wohnbevölkerung gesamt		**272.916**	**100,0**
Gesamte Wohnbevölkerung		**1.707.986**	

Quelle: Statistisches Landesamt der Freien und Hansestadt Hamburg 1997, 38

Zwischen 1975 und 1983 stieg die Gesamtzahl der nichtdeutschen Wohnbevölkerung Hamburgs um 36,8 % von 124.080 auf 169.742, ihr Anteil an der Wohnbevölkerung von rund 7 % auf rund 10,4 %. 1990 lebten rund 226.000 nichtdeutsche Staatsangehörige (13,4 %) in der Stadt. Während Zuwanderer aus den Anwerbeländern, unter ihnen vor allem türkische Staatsangehörige, in den 70er und 80er Jahren gut zwei Drittel der ausländischen Wohnbevölkerung ausmachten, verschob sich die Verteilung nach der Ostöffnung zugunsten neuer Zuwanderungsgruppen aus Osteuropa, gleichzeitig nahm die Zahl der Flüchtlinge aus dem afrikanischen und asiatischen Raum zu. Ende 1996 lebten rund 270.000 nichtdeutsche Staatsbürger in Hamburg, rund die Hälfte besaß einen Reisepass eines ehemaligen Hauptanwerbelandes.[93]

Die Stadt Hamburg besteht aus sieben Bezirken mit jeweils 9 bis 18 Stadtteilen. Knapp mehr als die Hälfte der ausländischen Wohnbevölkerung wohnt in den zentrums- bzw. den hafennahen Stadtteilen der Bezirke Hamburg-Mitte (Ausländeranteil 1996: 27,7 %), Altona (17,9 %) und Harburg (18,9 %), wobei auf Bezirksebene keine auffälligen nationalitätenspezifische Unterschiede bestehen. In mehreren Stadtteilen dieser Bezirke, wie z. B. den alten Arbeitervierteln St. Pauli, St. Georg, Veddel, Billbrock oder Wilhelmsburg, liegen die Ausländeranteile um oder über 50 %,[94] dort gibt es auch einen hohen Anteil von Bevölkerung mit türkischem, kurdischem oder afrikanischem Hintergrund und eine ausgeprägte ethnische Infrastruktur. Ausländische Staatsangehörige haben in Hamburg kein Wahlrecht, die Stadtverfassung sieht nur die Möglichkeit der Beiziehung in Bezirksausschüssen als Experten mit beratender Stimme vor. 1993 arbeiteten insgesamt 24 ausländische Staatsangehörige auf dieser Basis in den Bezirksausschüssen mit.[95]

»Ausländerpolitik« in Hamburg

Migrationspolitik in den 60ern und 70ern: Das Primat des Arbeitsmarkts

Die Migrantenpolitik der BRD in den 60er Jahren war vom Primat der Ökonomie geprägt: Die Arbeitsmigranten sollten einige Jahre im Land bleiben und dann wieder ins Herkunftsland zurückkehren, die Integration in die deutsche Gesellschaft sollte nur am Rande und auf Zeit erfolgen. Die Betreuung der Arbeitnehmer wurde den großen Wohlfahrtsverbänden der Kirchen und der Sozialdemokratie übertragen und nach Herkunftsreligion bzw. -region organisiert: Für die primär katholischen Migranten aus Spanien und Italien und anderen katholischen Ländern wurden die Caritas, für die orthodoxen Migranten aus dem ehemaligen Jugoslawien und Griechenland das Diakonische Werk, für die anderen Gruppen, insbesondere die (islamischen) Türken, die Arbeiterwohlfahrt (AWOL) zuständig. Diese ethnisch-religiöse Zuordnung wurde von den Wohlfahrtsverbänden selbst bald kritisch gesehen und wird heute großteils abgelehnt.[96] Aus den

Wohlfahrtsverbänden entstand die erste Schicht von Experten, Sozialarbeitern und Aktivisten, die sich als Sprecher der Migranten verstanden und in den Parteien, Gewerkschaften und unter den deutschen Intellektuellen für eine Reform des Ausländerrechts eintraten.

Während die Bundesregierung auch nach dem Anwerbestopp dem Gastarbeiterparadigma folgte, mehrten sich Anfang der 70er in den Kommunen die kritischen Stimmen. Als erste deutsche Stadt legte Berlin 1972 einen Bericht zum Thema »Eingliederung der ausländischen Arbeitnehmer und ihrer Familien« vor, der statt des Rotationsmodells und der »Integration auf Zeit« eine »bedarfsorientierte Integration« vorschlug. Die dauerhafte Niederlassung von angeworbenen Arbeitnehmern sowie die Familienzusammenführung sollten erleichtert werden, eine strikte Einwanderungskontrolle für die Akzeptanz der Integrationspolitik sorgen.[97] Berlin war aber nicht die einzige Stadt, in der es Überlegungen zu einer Neuorientierung gab. In Hamburg erfolgte Ende 1971 auf Initiative der Sozialbehörde die Gründung des »Verwaltungsauschusses Ausländische Arbeitnehmer«, der die Wohlfahrtsverbände, die Gewerkschaften, Vertreter der griechischen, jugoslawischen, portugiesischen, spanischen und türkischen Einwanderer sowie Behördenvertreter der Stadt umfasste. Als Aufgaben des Ausschusses wurden die Einbindung der Migranten in die Stadtstruktur, Hilfe zur Selbsthife, die »Eingliederung in Hamburg« sowie der Spannungsabbau zwischen ausländischen Arbeitnehmern und Behörden genannt. Bei den ersten Sitzungen standen aufenthaltsrechtliche und Wohnungsfragen im Vordergrund. Der Ausschuss ist bis heute aktiv.[98]

Im Zuge des Wahlkampfs 1974 wurde in Hamburg das Thema Ausländerpolitik von der SPD aufgegriffen und eine Reform angekündigt. Die SPD/FDP-Koalition legte sich in der Regierungserklärung vom 29. Jänner 1975 auf die Erstellung eines Konzepts für die hamburgische Ausländerpolitik fest. Dieses wurde unter dem Titel »Leitilinien für die hamburgische Ausländerpolitik« am 2.11.1976 vorgelegt.[99] Es enthält die erste Erklärung des Senats zum Thema Ausländerpolitik und stellt somit den Startpunkt einer explizit formulierten städtischen Migrantenpolitik dar, ist jedoch auch Ausdruck widerstreitender Interessen in der Hamburger Regierungskoalition.

Die Leitlinien formulieren in der Präambel eine Kritik an der bisherigen Ausländerpolitik der BRD, die sich an kurzfristigem ökonomischen Bedarf orientiert und auf administrative Ordnungsmaßnahmen beschränkt habe.[100] Die Notwendigkeit einer Integrationspolitik für Zuwanderer aus den Anwerbeländern wird jedoch primär als paternalistische *Fürsorgepolitik* definiert, wobei die Zuwanderer aus den Anwerbeländern den Zuwanderern aus (anderen) europäischen Industriestaaten gegenübergestellt werden. Aufgrund ihres niedrigen Bildungsniveaus und ihrer ländlichen Herkunft sowie der sozialen und kulturellen Verhältnisse ihrer Herkunftsländer hätten es erstere schwer, sich an die Lebensverhältnisse in einer deutschen Industriestadt anzupassen. Daher bedürfe es nicht nur der Toleranz, sondern auch einer verstärkten Fürsorge:

»Für viele Ausländer allerdings reichen Liberalität und Toleranz als Hilfe zur Lösung ihrer Probleme nicht aus. Dies gilt vor allem für Ausländer aus Anwerbeländern. Für sie sind besondere Fürsorgeanstrengungen erforderlich, weil sie mit in der Regel ungünstigeren Voraussetzungen nach Hamburg gekommen sind. (...) Für sie bestehen darüber hinaus Nachteile aus unterschiedlichen Bildungsvoraussetzungen und aus dem Gegensatz von Großstadt und ländlichen Regionen, aus denen ein Großteil dieser Ausländer stammt.«[101]

Besondere Aufmerksamkeit widmen die Leitlinien den Bereichen der Arbeitsmarktintegration und der residentiellen Segregation. Migration wird primär unter der Perspektive der Arbeitsmarktkonkurrenz von Deutschen und ausländischen Arbeitnehmern wahrgenommen, wobei das das Arbeitsmarktrisiko erhöhende Bildungsdefizit der erst kurz ansässigen Migranten in den Vordergrund gestellt wird. Bei der Analyse der residentiellen Segregation stehen zwar soziale Erklärungsmuster – residentielle Segregation als Spiegelbild der Konzentration minderer Wohnqualitäten, Diskriminierung am Wohnungsmarkt – im Vordergrund, gleichzeitig dient der Diskurs auch der Konstruktion einer kulturalistisch ausgegrenzten Problemgruppe, der Türken. Das Wohnen in Konzentrationsgebieten wird als freiwillige Entscheidung der Migranten dargestellt, Anpassung als Funktion der Aufenhaltsdauer begriffen.

»In den Konzentrationsgebieten leben 44,2 % aller Portugiesen, 42,7 % aller Griechen und 39,9 % aller Türken. Mit dem geringsten Anteil sind dort die Spanier (34,5 %) vertreten nach den Jugoslawen mit fast 35 % und den Italienern mit 37 %. Demnach neigen im Wesentlichen die Angehörigen der Nationen mit durchschnittlich längerer Verweildauer bzw. mit geringeren Anpassungsproblemen weniger zur Konzentration.(....) Wegen ihres hohen Anteils an der Bevölkerung treten hier die Ausländer in der Öffentlichkeit deutlich in Erscheinung. Schon wegen ihrer Gesamtzahl sind sie nicht mehr in dem Maß dem Zwang zur einseitigen vollkommenen Anpassung an die deutschen Lebensverhältnisse unterworfen wie in dem in Eimsbüttel gelegenenen Gebiet. (...) Solche Segregationstendenzen sind in Ottensen bereits deutlich sichtbar. Sie äußern sich in Gaststätten, die nur von Angehörigen einer Nationalität besucht werden, Geschäften, in denen nur Ausländer einkaufen, und Spielplätzen, auf denen mehr ausländische als deutsche Kinder spielen – und zwar kaum mit deutschen Kindern zusammen. Sie haben dort wahrscheinlich ihre Ursachen in dem hohen Anteil von Türken und anderen Ausländern, die noch nicht lange in der Bundesrepublik leben.«[102]

Trotz der späteren Relativierung in Hinblick auf die Bedeutung des Wohnumfelds und der Infrastruktur zeigen sich in der Konstruktion des Bedrohungsbilds »Türke« auffallende Parallelen zur Konstruktion von »Race« in Birmingham. In beiden Fällen erfolgt die rassistische Kodierung über die negative Besetzung des Phänomens ethnischer Segregation und die Zuschreibung abweichenden Verhaltens. Während der Begriff »Black« ursprünglich biologisch konnotiert ist, wird bei »den Türken« mit dem kulturellen Merkmal der »Anpassungseignung«, später mit dem religiösen Merkmal der Zugehörigkeit zum Islam argumentiert:

»Nach den vorhandenen Erkenntnissen ist die Höhe der Ausländeranteile grundsätzlich nicht der ausschlaggebende Faktor für das Zusammenleben von Deutschen und Ausländern, sondern die Struktur der Ausländer und der deutschen Bevölkerung. Wesentlich ist in erster Linie die Verweildauer der ausländischen Bevölkerung sowie ein sich änderndes Verhalten der deutschen Bevölkerung und erst in zweiter Linie deren (sic!) nationalitätenspezifische Anpassungseignung.«[103]

Die in der politischen Grundsatzerklärung formulierten Politikziele – »möglichst weitgehende Eingliederung«, »Senkung der Zahl der Arbeitnehmer aus Anwerbeländern« sowie die »Schaffung der Voraussetzungen für eine möglichst reibungslose Wiedereingliederung der Ausländer in den Heimatländern« – übernahmen im Wesentlichen die Paradigmen der deutschen Gastarbeiterpolitik und ergänzten sie durch eine auf Klientelisierung der Migranten abzielende Sozialpolitik. Bedeutend dabei sind jedoch die Abkehr von der über die Wohlfahrtsverbände organisierten nationalitätenspezifischen Betreuung durch die Ankündigung nationalitätenübergreifender Begegnungsstätten, die vorsichtige Bejahung des Ausländerwahlrechts sowie die primär unter dem Missbrauchsaspekt geführte Asyldiskussion. Diese Kombination aus integrationspolitischen Initiativen für die Arbeitsmigranten aus den Anwerbeländern, diskursiver Stigmatisierung der türkischen Bevölkerung und ablehnender Haltung zur Integration von Asylwerbern sollte auch in den 80ern die Hamburger Ausländerpolitik bestimmen.

Die 80er: Auf dem Weg zur Einwanderungsstadt

Nachdem es 1978 auf Bundesebene zu aufenthalts- und arbeitsrechtlichen Verbesserungen für die Arbeitsmigranten gekommen war und auch mit dem Memorandum des ersten bundesdeutschen Ausländerbeauftragten, Heinz Kühn, ein Forderungspapier für die Abkehr von der Gastarbeiterpolitik vorlag, kam es Anfang der 80er wieder zur Stagnation: Die Vorschläge Kühns wurden nicht aufgenommen. »Ob der Aufenthalt in der Bundesrepublik und die Integration in unser gesellschaftliches Leben im Einzelfall in die Einwanderung münden, muss der Ausländer selbst entscheiden. Die Ausländerpolitik sollte lediglich die rechtlichen Voraussetzungen für einen solchen freien Entschluss erleichtern, nicht jedoch ein solches Ziel vorgeben«, heißt es im Beschluss der Bundesregierung zur Ausländerpolitik am 19. 3. 1980.[104]

Die Vorschläge des Kühn-Memorandums fanden jedoch Eingang in die SPD-Kampagne zur Wahl 1980, insbesondere forderte die SPD in ihrem Wahlkampf das Kommunalwahlrecht für langansässige Ausländer.[105] Doch dies bedeutete keineswegs die Abkehr von der Gastarbeiterpolitik. Nach seiner Wiederwahl im Oktober 1980 machte Bundeskanzler Helmut Schmidt (SPD) einerseits die Integration der Zuwanderer zu einer Priorität seiner Regierungserklärung, betonte jedoch gleichzeitig die Notwendigkeit eines Zuwandererstopps, da 4 Millionen Ausländer genug seien. Die Wartefristen für den Familiennachzug wurden auf Druck der CDU-regierten Bundesländer Baden-Württemberg, Berlin und Schleswig-Holstein erhöht, im März 1982 legten die CDU-regierten Länder Baden-Württemberg, Bayern, Berlin, Niedersachsen, Rheinland-Pfalz, Saarland und Schleswig-Holstein im Bundesrat ein Gesetz zur Förderung der Rückkehr von Migranten vor und setzten die sozialliberale Koalition damit noch mehr unter Druck.

Mit dem Regierungswechsel von der sozialdemokratisch-liberalen zur christdemokratisch-liberalen Koalition wurde die Begrenzung der Einwanderung und der Versuch der Rückkehrförderung wieder zum Leitparadigma der Migrationspolitik. 1983 wurde gegen den Widerstand der SPD, des DGB, der Kirchen und der Wohlfahrtsverbände das Rückkehrförderungsgesetz beschlossen. Das Ausländergesetz von 1990 verbesserte zwar die aufenthaltsrechtlichen Rahmenbedingungen insbesondere für die zweite und dritte Generation, blieb jedoch im Wesentlichen dem Gastarbeitsparadigma verhaftet.

Während die Bundespolitik weiter Realitätsverleugnung betrieb, zeichnete sich in Hamburg eine vorsichtige Anerkennung der Einwanderungsrealität ab. Vier Jahre nach den »Leitlinien« legte der nun von einer SPD-Mehrheit unter Bürgermeister Klose dominierte Hamburger Senat ein neues Grundsatzdokument zur hamburgischen Ausländerpolitik[106] vor, das wesentliche Gedanken des Kühn-Memorandums – vor allem die Forderung, dauerhafte Niederlassungen und den Familiennachzug zu ermöglichen – übernahm und die Einwanderung nach Hamburg als unumkehrbaren Prozess beschrieb.[107]

Die in 11 Punkten festgelegten politischen Grundsatzentscheidungen verabschiedeten sich vom Rotationsprinzip und der »Integration auf Zeit«, die noch die Leitlinien von 1976 kennzeichneten. Aufgrund der unumkehrbaren Einwanderung legte sich der Senat nunmehr in seiner Politik auf eine »dauerhafte Integration« fest. Dabei betonte er besonders die Notwendigkeit der rechtlichen und sozialen Gleichstellung der Kinder und Jugendlichen von Migranten, für die die BRD und nicht das Herkunftsland der Eltern Heimat sei, sowie Verbesserungen beim Arbeitsmarktzugang. Eine dauerhafte Integration bedürfe jedoch auch der Reduktion des Zuwanderungsdrucks und somit der Aufrechterhaltung des Anwerbestopps.

Stand in den Leitlinien von 1976 noch ein assimilationsorientierter Anspruch nach »Eingliederung in die deutsche Gesellschaft« im Vordergrund, finden sich nun erstmals auch Ansätze eines differenzierteren Verständnisses der Einwanderungssituation, das den individuellen und kollektiven Identitätsansprüchen von Migranten Rechnung trägt.

»Die Integration der hier lebenden Ausländer in unsere Gesellschaft muss deren individuellen und kollektiven Identitätsanspruch berücksichtigen. Weder eine rückwärtsgewandte, emotionale Hinwendung zur Heimat noch eine schematische Anpassung an deutsche Lebensformen erscheinen dabei als hilfreich. Anzustreben ist vielmehr ein in die grundlegenden Normen unseres gesellschaftlichen Zusammenlebens eingebundenes Selbstverständnis der hier dauerhaft lebenden Ausländer.«[108]

Im Bereich der politischen und sozialen Integration findet sich erstmals die Forderung nach kommunalem Wahlrecht auf Bezirksebene für längerfristig ansässige Migranten. Schulpolitisch legt sich der Senat auf Integration in den Regelunterricht fest, wobei der Unterricht in zweisprachigen Übergangsklassen nur als Vorbereitung auf den Unterricht in Regelklassen dienen sollte. Zur Unterstützung der Integration und Kommunikation werde Hamburg ein Programm »Deutsch-Ausländischer Begegnungsstätten« in Bezirken mit hohem Migrantenanteil schaffen, kündigte der Senat an.

Bedeutend kritischer als in den Leitlinien von 1976 wird hingegen die Siedlungskonzentration beurteilt. Die zunehmende Konzentration auf sanierungsbedürftige Gebiete gefährde die dauerhafte Integration, daher seien Eingriffe über das Mittel der überregionalen Zuweisung von Sozialwohnungen nötig. Der Senat beauftragte daher 1980 erstmals die Bezirksämter, die als vordringlich wohnungssuchend anerkannten Ausländer im Verhältnis zum Anteil der Ausländer an der Gesamtbevölkerung (8 %) bezirksübergreifend mit Wohnraum zu versorgen, und leitete somit den Versuch der – später wieder aufgegebenen – Politik der Besiedlungssteuerung ein.

Im Gegensatz zur Grundsatzerklärung von 1980, die stadtpolitische Fragen in den Vordergrund gestellt hatte, beinhaltet die von der hamburgischen SPD-Alleinregierung unter Klaus von Dohnanyi 1984 erarbeitete ausländerpolitische Erklärung[109] vor allem kritische Forderungen an die – nunmehr CDU-dominierte – Bundesregierung nach Erleichterungen im Bereich des Aufenthalts- und Arbeitserlaubnisrechts bzw. der Einführung eines Rechtsanspruchs auf Einbürgerung für die zweite Generation. Auf die Stadt selbst bezogene Aussagen haben, im Gegensatz zum Grundsatzdokument von 1980, nur geringen Stellenwert. Durch die geänderte Regierungskonstellation – bis 1984 hatte sowohl im Bund wie in Hamburg die SPD das Sagen, nun stand das von einer linken SPD regierte Hamburg der CDU/FDP-Regierung auf Bundesebene gegenüber – wuchs Hamburg auch in der Folge zunehmend in die Rolle der städtischen ausländerpolitischen Opposition gegenüber der Bundesregierung. In diesem Kontext ist auch der Beschluss des Senats für das Ausländerwahlrecht bei Bezirksversammlungen vom Februar 1987 zu sehen, das aufgrund einer Klage der CDU beim Bundesverfassungsgericht jedoch nicht umgesetzt werden konnte. Diese fortschrittliche Positionierung stand im scharfen Gegensatz zur äußerst restriktiven Anwendung der Ausländergesetze durch den Hamburger Innensenator und die zunehmenden Polizeiübergriffe gegenüber Einwanderern.

Das Begegnungsstättenprogramm

Die strukturell wichtigste Maßnahme der 80er war die Umsetzung des schon 1976 angekündigten »Begegnungsstättenprogramms«. Der Aufbau dieser Einrichtungen hängt eng mit der Entwicklung eines breiten Spektrums von Nichtregierungsorganisationen (NGOs) und Bürgerinitiativen zusammen. Die Zunahme rechtsextremer Gewalt gegen Migranten in den 80ern sowie ein bis heute nicht geklärter »Selbstmord« eines Migranten in den Räumen der Ausländerbehörde waren ein weiterer Anlass für die verstärkte Präsenz migrationspolitischer NGOs. Charakteristisch für diese ist bis heute die Dominanz von humanitär und antirassistisch Engagierten aus der deutschen Mehrheitsbevölkerung, Migranten selbst spielen nur eine untergeordnete Rolle. Mobilisierungsmotiv der Bewegungen war der stadtteilbezogene Widerstand gegen großflächige Assanierungen und Bauspekulation, denen ein politisiertes Quartierverständnis entgegengesetzt wurde, das auf die Identität der sozialen Interessen der Bezirksbewohner unabhängig vom ethnischen Hintergrund setzte.[110] Nicht »Race« oder »Ethnic Minority«, sondern (gemeinsam erlebte) soziale Ausgrenzung und Identifikation mit dem durch das Großkapital und die Planungsbehörde bedrohten Stadtteil prägten die Gegenöffentlichkeit.

In Zusammenarbeit von engagierten Beamten der Sozialbehörde und verschiedenen NGOs wurde das Programm der »Deutsch-Ausländischen Begegnungsstätten« in der ersten Hälfte der 80er Jahre vom Senat umgesetzt.[111] Vorläuferprojekte – wie die »Bürgerinitiative ausländische Arbeitnehmer e. V.«, die gegen Assanierungsspekulation in Wilhelmsburg mobilisierte, wo hauptsächlich Migranten wohnten – gab es schon in den 70ern. Ihre Erfahrungen flossen auch in die »Leitlinien für die hamburgische Ausländerpolitik« von 1976 ein. Die primär von der Stadt finanzierten Begegnungsstätten[112] dienten aber auch der Einbindung und »Befriedung« der stadtteilbezogenen Bewegungen, die in Form der »Träger- und Programmautonomie« einen großen Handlungsspielraum durchsetzen konnten.

Mit Ausnahme der Ende der 80er/Anfang der 90er gegründeten Begegnungsstätten der Arbeiterwohlfahrt und des Diakonischen Werks handelt es sich bei den Trägervereinen zumeist um aus der Stadtteilarbeit hervorgegangenen NGOs aus den neuen sozialen Bewegungen der 80er Jahre. Damit entstand im Lauf der 80er eine neue, institutionell relativ abgesicherte Akteursgruppe im migrationsspezifischen Feld. Gleichzeitig bedeutete die Gründung der Begegnungsstätten auch eine Aufwertung der bei der Sozialbehörde angesiedelten »Koordinierungsstelle für Ausländerfragen«. Die Rollenteilung zwischen der – ob ihrer repressiven Umgangsweise mit Migranten immer wieder scharf kritisierten – Innenbehörde und der Sozialbehörde mit den damit verbundenen Binnenkonflikten ist auch heute noch ein wesentliches Charakteristikum der migrantenpolitischen Struktur der Stadt. Damit ist eine prominente Platzierung der Auseinandersetzung um aufenthaltsrechtliche Fragen auch institutionell in die Stadtpolitik eingeschrieben.

Die Selbstdarstellung der einzelnen Begegnungsstätten[113] zeigt ein breites Spektrum unterschiedlicher Ansätze und Schwerpunktsetzungen der einzelnen Trägereinrichtungen, das von der Konzentration auf Sprachkurse oder Arbeitsmarkt- und Sozialberatung für Migranten bis zu primär an Deutsche gerichteter Antirassismusarbeit oder feministischer Frauenarbeit reicht. Während die Programmbeschreibung des Senats vor allem die Funktion betonte, die Kommunikation zwischen deutscher und zugewanderter Bevölkerung zu verbessern, wurden die Begegnungsstätten in der Praxis zu einem wichtigen Organisationskern der ausländerpolitischen und antirassistischen Opposition der Stadt. Dies zeigte sich u. a. in ihrer Mobilisierungsrolle bei den »Lichterketten« nach den Brandanschlägen von Mölln und Solingen oder in der Organisation großer Demonstrationen gegen die von Innenminister Kanther 1995 eingeführten »Kindervisa«, die die Familienzusammenführung massiv erschwerten. Durch die Trägervielfalt bedingt, finden sich aber auch unterschiedliche Schwerpunktsetzungen bezüglich der Zielgruppen und politischen Orientierungen. Dadurch sind Konflikte zwischen sozialarbeiterischer und politischer Schwerpunktsetzung, aber auch zwischen den freien Trägern und den Wohlfahrtsverbänden unvermeidlich.[114] Manche Begegnungsstätten wurden von den Gesprächspartnern auch als »eindeutig ethnisch« definiert und als »gegenüber anderen ethnischen Gruppen abgeschlossen« geschildert.

Trotz der in der Literatur[115] und in den Interviews immer wieder geäußerten Kritik an den Begegnungsstätten, diese seien aufgrund ihrer Schwerpunktsetzung – vor allem bei den türkischen Arbeitsmigranten – und ihrem »ausländerpädagogischen« Zugang dem Gastarbeitsparadigma verhaftet geblieben und hätten ihre Rolle inzwischen erfüllt, ist auf ihre Bedeutung als Organisationsplattform gegen die ausgrenzende Ausländerpolitik der Innenbehörde und als institutionelle Basis für die Organisation einer migrationsbezogenen NGO-Szene in den 80ern hinzuweisen. Im Unterschied zu Großbritannien wurde diese jedoch nicht von den Migranten selbst, sondern von Sozialarbeitern und Aktivisten aus der Mehrheitsbevölkerung aufgebaut, was sie im Verlauf der 90er zunehmend in Konflikte mit den von der Stadt in bedeutend geringerem Ausmaß geförderten Nationalitätenvereinen der Zuwanderer[116] brachte, die ihnen Paternalismus und Stellvertreterpolitik vorwarfen, eine Position, die auch von der CDU aufgegriffen wurde und deren wesentlichste ausländerpolitische Kritik an der SPD/GAL-Regierung darstellt.

Tatsächlich fällt die geringe organisatorische Einbindung der Migrantenverbände auf: Die Nationalitätenvereine sind bis heute in keine institutionalisierte Dialogstruktur mit der Stadt eingebunden, Dachverbände konnten auf Anregung des Ausländerbeauftragten nur im Bereich der afghanischen und iranischen Flüchtlinge gegründet werden. Die Verbände der größten Bevölkerungsgruppen sind entsprechend der ethnischen oder politischen Konfliktlinien ihrer Herkunftstländer gespalten. Zwischen einzelnen Verbänden und den Begegnungsstätten bestehen Arbeits-, in manchen Fällen aber auch Konfliktbeziehungen.[117] Inhaltlich erinnert die Debatte an die Auseinandersetzungen um die Race-Relations-Politik in Birmingham: Während seitens der Nationalitätenverbände das Argument der Betroffenheit und Selbstvertretung vorgebracht wird, wird dies von Vertretern der Begegnungsstätten als nationalistisch dargestellt und auf die gemeinsame Ausgrenzung durch den Ausländerstatus verwiesen.

Die 90er: Von der Beauftragten- zur Antidiskriminierungspolitik?

Die bundesdeutsche Migrationsgeschichte der 90er Jahre ist demographisch durch das Entstehen neuer Migrationssysteme charakterisiert. Die Jahre 1989/1990 markieren zwei historische Wendepunkte: Den Fall der Berliner Mauer und die deutsche Wiedervereinigung sowie den Sturz des Kommunismus durch die »sanften Revolutionen« in Osteuropa. Beide Ereignisse sind auch Auslöser für das Entstehen neuer Migrationsmuster aus Polen, Tschechien und anderen osteuropäischen Ländern, die die Migrationsgeschichte der 90er prägen. Allerdings trug auch der durch die Wiedervereinigung ausgelöste kurze Wirtschaftsboom 1990/91 zum Wiederanstieg der Zuwanderung bei.

Politisch war der Beginn der 90er durch die Reform des Ausländergesetzes 1990 geprägt, das 1991 in Kraft trat. Diese beinhaltete aufenthaltsrechtliche Verbesserungen für langansässige Migranten und die »zweite Generation« und ersetzte viele Ermessens- durch Rechtsansprüche, intendierte jedoch gleichzeitig, der Verfestigung von kurzfristigen Aufenthalten durch ein dreistufiges System der Aufenthaltsgenehmigung einen Riegel vorzuschieben. Die Einbürgerung für die zweite Generation wurde erleichtert, allerdings blieb die Doppelstaatsbürgerschaft weiterhin untersagt. Die Bedarfsprüfung am Arbeitsmarkt als Voraussetzung für die Erlaubnis zum Arbeitsmarktzugang, die von Kirchen, Integrationseinrichtungen und Wohlfahrtsverbänden als massives Integrationshindernis kritisiert wurde, blieb aufrecht.[118] Der einwanderungspolitischen Realität war gesetzlich nicht Folge getragen worden. Durch ein neues Asylgesetz wurde der Asylzugang massiv erschwert und die Zahl der Asylberechtigten drastisch gesenkt.

Auch in Hamburg verlief die politische Entwicklung widersprüchlich: Einerseits verschärfte der Senat in seinen Stellungnahmen die Kritik an der Gastarbeiterpolitik der Bundesregierung und entwickelte ein eindeutiges Selbstverständnis als Einwanderungsstadt, indem er die weitgehende rechtliche Gleichstellung von langansässigen Migranten mit deutschen Staatsbürgern, die Erleichterung der Einbürgerung und Zulassung der Doppelstaatsbürgerschaft sowie die Abschaffung der Einschränkungen beim Zugang zum Arbeitsmarkt forderte. Andererseits wurde die Verantwortung für Asylwerber und Bürgerkriegsflüchtlinge von der Stadt zunehmend abgelehnt. Das Mitte der 90er vorgestellte Konzept der »differenzierten Integration« – das weitgehende Rechte für niedergelassene Arbeitsmigranten vorsieht, andererseits jedoch Asylwerbern keine Chance auf einen positiven Verfahrensausgang gibt sowie Vertragsarbeitnehmer oder Migranten aus Osteuropa zu »Migranten zweiter Klasse« erklärt – steht paradigmatisch für die Entwicklung einer »gespaltenen Einwandererpolitik«, bei der die traditionellen Arbeitsmigranten und ihre Familien die »privilegierte« Einwanderergruppe darstellen, während Asylwerber und neue Migranten auf eine dem Rotationsprinzip der 60er und 70er Jahre ähnliche »differenzierte Integration« verwiesen werden.[119]

Die institutionell wichtigste Maßnahme der 90er war die Bestellung eines weisungsungebundenen Ausländerbeauftragten des Senats im Jahr 1990. Die Einrichtung dieser Stelle war bereits in der Koalitionsvereinbarung zwischen SPD und FDP vom August 1987 festgelegt worden, im April 1990 erfolgte sie tatsächlich, und der weit über die Parteigrenzen hinaus anerkannte ehemalige SPD-Sozialsenator Günther Apel wurde zum Ausländerbeauftragten bestellt.

Im Gegensatz zu vergleichbaren Einrichtungen der Städte Berlin, Bremen oder München, die einem Senatsamt direkt zugeordnet sind, wurde die Stelle des Ausländerbeauftragten in Hamburg – mit dem Argument der Sicherung der Unabhängigkeit – der Dienstaufsicht des 1. Bürgermeisters zugeteilt und weisungsfrei gestellt. Die Stelle sollte als unabhängige kritische Instanz wirken und wurde daher von jeglicher exekutiver Funktion mit Ausnahme der Öffentlichkeitsarbeit entbunden. Allerdings wurden dem Ausländerbeauftragten Zugangs-, Anhörungs- und Beteiligungsrechte und eigenes Personal zugesichert. Damit wurde die Stelle einerseits als interne kritische Instanz etabliert, andererseits auch von der politikrelevanten Umsetzungsebene ferngehalten. Da zu diesem Zeitpunkt das Netzwerk der der mächtigen Behörde für Arbeit, Gesundheit und Soziales unterstehenden Begegnungsstätten bereits ausgebaut war, ist die Gründung einer neuen, mit diesem Netzwerk nicht verknüpften Einrichtung ein Indiz dafür, dass interne Machtkonflikte in der SPD/FDP-Koalition für die gewählte Konstruktion mitausschlaggebend waren.[120]

Begründet wurde die Errichtung dieser Stelle mit der Notwendigkeit eines kritischen gesamtstädtischen Blicks auf die Migrationsthematik, um *»den Anspruch auf Chancengleichheit und kulturelle Entfaltungsmöglichkeiten der hier auf Dauer lebenden Ausländer und Ausländerinnen rechtlich und im Bewusstsein der deutschen Bevölkerung zu verankern«*[121]. Die Argumentation war interkulturell und an Gleichberechtigung orientiert. Die Vielfältigkeit der dem Ausländerbeauftragten auf den Weg gegebenen Aufgabenstellung steht jedoch in auffälligem Kontrast zur geringen Mittelausstattung der Stelle, was auf große interne Widerstände und koalitionsinterne Konflikte schließen lässt. Die klare Ablehnung von Asylwerberberatung sowie die in Bezug auf die Flüchtlingsarbeit getroffene Formulierung, »Der Instanzenzug darf auf diesem Weg nicht verlängert werden«[122], lassen noch die Konflikte spüren, die sich an den Forderungen der NGOs, die die Flüchtlingsarbeit als Aufgabe des Ausländerbeauftragten sehen wollten, entzündet hatten.[123]

Die Aufgabenstellung charakterisiert die Stelle des Ausländerbeauftragten als eine Pufferinstitution und Mischung zwischen analytischem Think-tank, Interessenvertretung und Moderationseinrichtung. Ihre Aufgaben sind vielfältig und umfassen die Interessenvertretung der Ausländer, Ombudsmannfunktionen, Vermittlungs- und Moderationstätigkeit bei Konflikten zwischen den unterschiedlichen Bevölkerungsgruppen, Einwirkung auf Verwaltungen, Verbände und Betriebe der Wirtschaft mit dem

Ziel, integrationshemmende Vorschriften abzubauen bzw. positiv zu verändern, die Beratung des Senats in Grundsatzfragen der Ausländerpolitik und das Verfassen eines zweijährigen Berichts über die Lage der Ausländer in Hamburg sowie Öffentlichkeitsarbeit gegen Ausländerfeindlichkeit und Diskriminierung von ethnischen Minderheiten.[124] Wie dem ersten Bericht des Ausländerbeauftragten zu entnehmen ist, gab es per November 1992 einen Mitarbeiterstab von neun Personen plus Sekretariat, dieser wurde später durch Arbeitsmarktförderungsmaßnahmen aufgestockt. Die Position des Ausländerbeauftragten selbst war als Ehrenamt ohne Honorar konstruiert. An Sachmitteln standen DM 150.000.– zur Verfügung, die primär für die Produktion von Broschüren und andere Maßnahmen der Öffentlichkeitsarbeit eingesetzt wurden.[125]

Zur Durchführung seiner Tätigkeit wurden dem Ausländerbeauftragten Beratungs- und Anhörungsrechte bei allen Ressorts der Schul-, Berufsbildungs-, Wirtschafts-, Arbeitsmarkt-, Kultur-, Bau-, Sozial-, Innen- und Justizpolitik zugestanden, ebenso wurde ihm die – von Fall zu Fall zu regelnde – Teilnahme bei Senatssitzungen zu ausländerrelevanten Themen gestattet. Ein im Erstentwurf vorgesehenes Akteneinsichtrecht wurde von der Behörde für Inneres abgelehnt.[126]

Gesetzgeberische Initiativen blieben auf die Koordinierungsstelle für ausländische Arbeitnehmer beschränkt, ihr oblag auch weiterhin die Führung des Verwaltungssauschusses »Ausländische Arbeitnehmer« der Behörde für Arbeit, Gesundheit und Soziales (BAGS) sowie die Zuständigkeit für die Mittelverteilung im Bereich Ausländersozialarbeit. Dem Ausländerbeauftragten wurde jedoch gemeinsam mit der BAGS die Vertretung Hamburgs im Bund-Länderausschuss »Ausländerpolitik« übertragen. Aus dieser langen Liste von Abgrenzungen, der Festschreibung der wesentlichen Schaltstellenfunktionen auf die Behörde für Arbeit, Gesundheit und Soziales sowie der klaren Festlegung auf eine rein beratende Kompetenz ergibt sich zwangsläufig neben dem Konflikt mit der Innenbehörde auch ein struktureller Machtkonflikt mit den der Sozialbehörde unterstehenden Begegnungsstätten.

Neben regelmäßiger Öffentlichkeitsarbeit durch Broschüren, Veranstaltungen und Seminare, der Mitarbeit und Planung von Bildungsveranstaltungen sowie der Unterstützung der Gründung von Dachverbänden vor allem im Flüchtlingsbereich wurde die regelmäßige Publikation von Berichten zur wichtigsten politischen Funktion des Ausländerbeauftragten.

Die drei vorliegenden materialreichen und wissenschaftlich fundierten Berichte an den Senat[127] umfassen kritische, die bundesdeutsche wissenschaftliche Diskussion mitreflektierende Gesamtanalysen der bundesdeutschen und der Hamburger Migrantenpolitik und sind von einem radikaldemokratischen, an habermasschen Ideen zum Verfassungspatriotismus[128] orientierten Geist beseelt. Sie formulieren eine massive Kritik am ausländerpolitischen Regime Deutschlands und der Politik der Bundesregierung und fordern u. a. eine De-facto-Gleichberechtigung von ansässigen Migranten mit deutschen Staatsbürgern, die Einführung des Ausländerwahlrechts auf Landes- und kommunaler Ebene, Anerkennung der Doppelstaatsbürgerschaft und die Einführung des »Ius Soli« im Staatsbürgerschaftsrecht. Der als desintegrativ abgelehnten Idee einer multikulturellen Gesellschaft wird ein Integrationsmodell gegenübergestellt, das einen gesellschaftlichen Grundkonsens auf Basis der Gleichberechtigung anstrebt. Das Modell einer multikulturellen Gesellschaft führe zu Ethnisierung und fördere die Abgrenzung und Feindschaft zwischen verschiedenen Gruppen, Integration würde auf gleichberechtigten Austausch hinzielen, anstelle des Nebeneinanders der Kulturen solle gegenseitiger Austausch gefördert werden.[129] Zentrale Integrationsvoraussetzung sei jedoch das Lernen der Verkehrssprache, gleichzeitig sollten aber auch Modelle des interkulturellen zweisprachigen Unterrichts ausgebaut werden.

Die in ihrer Fülle hier nicht wiedergebbaren Berichte an den Senat lösten regelmäßige intensive Diskussionen im Senat wie auch in der migrationspolitischen Szene aus. Durch die unabhängige Position des Amtes und die unbestrittene Integrität der Person entwickelte sich die Stelle des Ausländerbeuftragten in den acht Jahren ihres Bestehens so zu einer »institutionalisierten Opposition«, die zunehmend als kritische Lobby für die Gleichberechtigung der Migranten wirkte und insbesondere versuchte, die stereotype Einschätzung von Migranten als Defizitträger zu überwinden. Dadurch übernahm sie zunehmend die Funktion einer Reflexions- und Entwicklungsinstanz für den im Parteienkonflikt eingefrorenen politischen Diskurs und konnte die Kritik, eine teure »Alibieinrichtung« zu sein, zurückdrängen. Dem inhaltlichen Reputationsgewinn dürfte auch eine organisatorische Aufwertung durch die seit Herbst 1997 im Amt befindliche rot-grüne Koalitionsregierung folgen. Seit Anfang 1999 wird bei Ausländerbeauftragten ein mit 15 (teilweise Teilzeit-)Stellen ausgestattes Integrationsprojekt entwickelt, das ausgehend von einer Erhebung der organisatorischen Struktur und Bedürfnislagen der Hamburger Migranten stadtteilbezogene Projekte initiieren und koordinieren sowie eine offensive Einbürgerungsberatung starten will.[130] Auch soll das vom Ausländerbeauftragten geforderte Antidiskriminierungsgesetz realisiert werden, nachdem ein in der vorhergegangenen Legislaturperiode von der GAL in die Bürgerschaft eingebrachter Entwurf 1996 noch von der SPD abgelehnt worden war.

Inwieweit die Evaluierung der Begegnungsstättenarbeit und die Aufwertung des Ausländerbeauftragten durch dieses Projekt zu einer Neustrukturierung des Rahmens der Hamburger Ausländerpolitik führen und ob es, wie in der SPD/GAL-Koalitionsvereinbarung angekündigt, zu einer strukturellen Neuorientierung der Hamburger Ausländerpolitik in Richtung Antidiskriminierungspolitik kommen wird, kann derzeit noch nicht abgeschätzt werden. Da insbesondere seitens der Gesprächspartner aus den NGOs immer wieder darauf hingewiesen wird, dass auch in Hamburg die politische Rhetorik und die Realität weit auseinanderklaffen, ist eine vorsichtige Einschätzung angebracht. Offensichtlich ist jedoch, dass es inzwischen einen parteienübergreifenden Konsens über die Einwanderungsrealität und den Bedarf nach einer Neuregelung der Einwanderungspolitik gibt. Das Fehlen demokratischer Mitwirkungsmöglichkeiten der Migranten und die geringen Handlungsspielräume der Stadt im aufenthalts- und arbeitsrechtlichen Bereich grenzen die Versuche, eine städtische Einwanderungspolitik gegen die die einwanderungspolitische Realität verleugnende Bundespolitik zu entwickeln, jedoch auch heute weitgehend auf interkulturelle Sozialarbeit ein und kennzeichnen so das Dilemma einer Einwanderungsstadt in einem Einwanderungsland wider Willen.

Vergleichende Zusammenfassung

Versucht man, die Entwicklung in Birmingham und Hamburg zu vergleichen, so führen hauptsächlich die durch das nationalstaatliche Migrationsregime bestimmten strukturellen Unterschiede zu unterschiedlichen Paradigmen und Lösungsstrategien in der Stadtpolitik:

- Der wesentliche die Politikentwicklung bestimmende Unterschied liegt in der staatsbürgerschaftsrechtlichen Position. Während fast alle Einwanderer Birminghams über das Wahlrecht verfügen, fehlt dies den Einwanderern in Deutschland. Obwohl auch in Birmingham anfangs die städtische Politik über Pufferinstitutionen agierte, stärkte die Kombination von Mehrheitswahlrecht und residentieller Segregation die politische Durchsetzungskraft der Minderheiten. Nachdem es zuerst zu einer indirekten Parteienintegration gekommen war, waren die Parteien im Zuge der gestiegenen Selbstorganisation und Konfliktbereitschaft später gezwungen, selbst Abgeordnete aus der Minderheitenbevölkerung aufzustellen und sich dem Thema Migration ernsthafter zu widmen. Dieser Integrationsmechanismus in das politische System fehlt in Hamburg und kann auch durch Beratungsausschüsse nicht ersetzt werden.
- Die bis heute vorherrschende Konzentration auf exkoloniale Zuwanderung schuf in Großbritannien die demographische Basis zur Politisierung der Einwanderer aufgrund einer gemeinsamen Vergangenheit, während die Vielfalt der Zuwanderungsströme und die bis in die 90er anhaltende Neuzuwanderung die Entwicklung eines gemeinsamen Selbstverständnisses unter den Migranten in Deutschland erschwerte.
- Der höhere Organisationsgrad der Minderheiten in Birmingham ist auch darauf zurückzuführen, dass es gelang, über den Begriff »Black« eine für die politische Mobilisierung geeignete Widerstandsidentität zu konstruieren. Im Gegensatz dazu sind die Migrantengruppen Hamburgs häufig entlang der Konfliktlinien ihrer

Herkunftsländer gespalten, der Begriff »Ausländer« eignete sich nicht als politischer Mobilisierungsbegriff. Die entscheidende Mobilisierungskategorie in Hamburg war der Stadtteilbezug.

- Während die Stadt Birmingham die Entstehung von Dachverbänden und die Koordination der Gruppen untereinander materiell und organisatorisch förderte und sie in eine Dialogstruktur einband, sind derartige Ansätze in Hamburg nur ansatzweise vorhanden, ein institutionalisiertes Dialogforum zwischen den Minderheiten bzw. den Minderheiten und der Stadt fehlt völlig. Die »ethnische« Dimension ist in Birmingham wesentlicher, wenn auch umstrittener Bezugspunkt der Stadtpolitik, während das Thema Ethnizität in Hamburg keine strukturierende Rolle in der Politik spielt, jedoch bestehende Strukturen »wildwüchsig« prägt.
- Die zentralen politischen Akteure in Birmingham kommen selbst aus der Minderheitenbevölkerung, während in Hamburg vor allem Solidaritätsvereine und humanitär engagierte Aktivisten aus der Mehrheitsbevölkerung Migrantenpolitik betreiben.
- Durch den Race Relations Act und das Section 11 Funding besteht in Großbritannien ein Verpflichtungs- und Anreizsystem für eine Gleichstellungspolitik der Stadtverwaltung, das den Forderungen der Aktivisten Nachdruck verleiht. Ein vergleichbares System fehlt in Deutschland.
- Die britische städtische Race-Relations-Politik versteht sich vor allem als Antidiskriminierungs- und Gleichstellungspolitik in der städtischen Verwaltung und definiert Gleichberechtigung als Qualitätsmerkmal städtischer Dienstleistungen, die deutsche Ausländerpolitik stellt die Stadtteilarbeit und die Beratung von und Sozialarbeit für Migranten sowie die Auseinandersetzung mit aufenthalts- und arbeitsrechtlichen Fragen und der diese Politikfelder dominierenden Bundespolitik in den Vordergrund. Mit der Selbstverpflichtung auf einen 20 %-igen Minderheitenanteil unter den Beschäftigten und einem diskriminierungsfreien Dienstleistungsangebot gibt es in Birmingham messbare Kriterien zur Überprüfung der Umsetzung. Auf die Strukturen der Stadtverwaltung selbst hinorientierte Programme und damit verbundene Überlegungen zur Qualität der städtischen Dienste fehlen in Hamburg gänzlich, eine Antidiskriminierungsgesetzgebung könnte jedoch in der Zukunft die Entwicklung in dieser Richtung vorantreiben.
- Beide Städte verfügen über eigene migrantenspezifische Institutionen und Strukturen, deren Entstehungsgeschichte und Form eng mit Konflikten der verschiedenen Parteiflügel in den Regierungsparteien bzw. Konflikten zwischen Koalitionspartnern verbunden ist. Während die organisatorische Einbindung des Themas in Birmingham in der auch für andere Bereiche üblichen Form – Stadtratsausschuss und Verwaltungsabteilung – erfolgt, ist diese in Hamburg

unorthodox, sowohl die Begegnungsstätten wie der Ausländerbeauftragte stehen außerhalb der üblichen Struktur der Stadtverwaltung. Somit gibt es eine Vielzahl miteinander konfligierender Akteure und Interessen, während die auch in Birmingham hohe Konfliktintensität durch die geringere organisatorische Zersplitterung eher überschaubar bleibt.

- Gesamt gesehen bildet Minderheitenpolitik einen Kernbereich der städtischen Politik in Birmingham, Politiker und Beamte mit Minderheiten-Background sind inzwischen Teil der Normalität, während das Thema im politischen System Hamburgs marginalisiert ist und aus der Einwanderungsbevölkerung stammende Politiker oder Mitarbeiter der Verwaltung in Hamburg eine rare Ausnahme darstellen.

Gemeinsam ist beiden Städten die hohe Konfliktintensität des Themas und die Polarisierung von Regierung und Opposition bzw. der verschiedenen Parteiflügel in der Migranten- und Minderheitenpolitik. Ebenso bilden die Fragen der Einbindung des Themas in bestehende Strukturen oder der Gründung spezieller Einrichtungen sowie die »Ethnisierung« der Politik in beiden Städten wichtige Felder der Auseinandersetzung. In beiden Städten kam es in den 90ern zu einer Infragestellung der herrschenden Paradigmen, wobei sich in Birmingham ein Schwenk weg von der ethnizitätsorientierten Politik hin zu themenzentrierten Fragestellungen und in Hamburg eine stärkere Fokussierung auf Antidiskriminierungsmaßnahmen abzeichnet. Dennoch scheint es sowohl in Birmingham wie in Hamburg in Politik und Gesellschaft einen übergreifendenen Konsens über die grundlegenden Modelle – Race Relations einerseits, Integration andererseits – zu geben. Die diesen Konzepten zugrunde liegenden Paradigmen sind auch heute noch so unterschiedlich, dass eine schnelle Angleichung der Politiken eher unwahrscheinlich erscheint.

Schlussbemerkung

In die Zeit der letzten Überarbeitung dieses Artikels fiel der Beginn des NATO-Angriffes auf den Kosovo. Die NATO begründete den Angriff mit Völkermord und »Ethnic Cleansing« durch die serbische Armee im Kosovo, die serbische Regierung sprach von einem Angriffskrieg des Westens zur Ausrottung des serbischen Volks. Nicht nur dieser tagesaktuelle Bezug, sondern die gesamte europäische Geschichte des 20. Jahrhunderts verweist auf die Problematik einer rassialisierten und ethnisierten Politik und macht es unmöglich, die Begriffe »ethnische Identität« oder »Race Relations« unbelastet zu verwenden. Es ist daher mehr als paradox, wenn ein Vergleich zwischen Großbritannien und Deutschland zum Schluss kommen muss, dass die »rassialisierte« Antidiskriminierungspolitik Großbritanniens zu einer stabileren politischen Integration der Einwanderer führte, als dies in Deutschland – und Österreich – der Fall ist, wo der rechtlichen Ausgrenzung der Einwanderer kaum Widerstand entgegengesetzt wird und Ethnizität als problematische politische Kategorie gilt. Die Infragestellung der herrschenden Konzepte in beiden Ländern lässt die Hoffnung zu, dass die Diskussion jenseits essentialistischer Identitätsfestschreibungen einerseits und der Ablehnung von Minderheitenrechten andererseits einen dritten Weg zur Gleichberechtigung aufzeigt, der es dem Individuum ermöglicht, sich selbstbestimmt zu verhalten, indem die Entscheidung des Umgangs mit Herkunft und Tradition zu einer individuellen Entscheidung ohne Konsequenzen für die ökonomische und soziale Positionierung wird. Die Grundvoraussetzung dazu ist die rechtliche und faktische Gleichstellung aller auf Dauer in einem Territorium lebenden Menschen und Schutz vor Diskriminierung. Solange dies nicht erreicht ist, ist die Bringschuld an die Minderheiten und Einwanderer nicht erfüllt.

Anmerkungen

1 Unter »Regime« wird in der Politikwissenschaft ein von markanten Eigenheiten und Einflussfaktoren geprägtes und bestimmte Formen regelgeleiteter Bearbeitung politischer Konflike produzierendes Politikmuster verstanden (Hüttig 1989, 405).

2 Die Städte Amsterdam und Wien waren zum Zeitpunkt der Abfassung des Artikels noch nicht erhoben.

3 Vgl. Candappa/Joly 1994, 11; Solomos 1993, 56.

4 Vgl. Miles/Phiazacklea 1984, 24, zit. nach Chouhan et al. 1999, 221.

5 So warb die britische Regierung z. B. noch in den 50er Jahren in Italien Arbeiter an (Miles 1993, 132).

6 Auch quantitativ war in den frühen 50ern die Migration aus den Exkolonien nicht dominant und lag bei etwa 3000 Personen im Jahr, während aus Irland etwa 60.000 Personen jährlich einwanderten (Layton-Henry 1992, 57). Die Zuwanderung wuchs in den 60ern und 70ern durch Anwerbung, Kettenmigration und Flucht stark an, gemäß dem Zensus 1991 waren rund 3,1 Millionen der rund 55 Millionen Briten Angehörige der »Black and Ethnic Minorities« (Berthoud, Moodod, Smith 1997, 13).

7 Ein Indiz für die geringe Bedeutung der Kategorie Staatsbürgerschaft ist die Tatsache, dass sich diese in keiner statistischen Übersicht in Zusammenhang mit Race Relations findet und es auch kein Datenmaterial über die in Birmingham lebenden »Ausländer« ohne Doppelpass gibt. Nach Angaben des Leiters der »Equalities Division«, Dr. Haroon Saad, hat Birmingham zur Zeit einen Anteil von »Black and Ethnic Minorities« von rund 30 % sowie einen Anteil von Ausländern ohne Doppelpass von ca. 3 % – diese sind primär exjugoslawische Flüchtlinge und EU-Bürger (Interview Dr. Haroon Saad, 26. 1. 1999).

8 Vgl Chouhan et al. 1999, Rex 1991.

9 Der Begriff »Racialisation« beschreibt den Prozess der Implementierung des sozialen Konstruktes »Race« als neben »Class« bedeutsamen kategorialen Bezugsrahmen der Migrations- und Minderheitenpolitik Großbritanniens. Bedeutend dabei ist, dass sich die Kategorien »Race« und »Race Relations« aus dem rassistischen Diskurs der 50er Jahren entwickelten und heute auch den Bezugsrahmen der meisten Akteure der (staatlichen) antirassistischen Politik darstellen. Das Problem der Substantialisierung des sozialen Konstrukts »Race« ist zentraler Diskussionspunkt der Theorieentwicklung in diesem Bereich (u. a. Solomos 1993, 95 ff., Solomos/Back 1996, Miles 1993, 150 ff., Bhabha 1994).

10 Vgl. Birmingham City Council 1993, 5.
11 Vgl. Cinar 1994, 59.
12 Das britische Wahlrecht verlangt die Selbstregistrierung im Wählerverzeichnis. 1983 ließen sich 81 % der weißen, 76 % der afrokaribischen und 79 % der asiatischen Wahlberechtigten registrieren (Goulbourne 1998, 193).
13 Der letztverfügbare Zensus stammt aus dem Jahr 1991; da es in Großbritannien keine Meldepflicht und somit keine Melderegister gibt, gibt es außer dem Zensus keine verfügbare Datenquelle.
14 Vgl. Ahmed 1998, 174.
15 Vgl. Birmingham City Council 1992, 44.
16 Auch im wissenschaftlichen Bereich spielte die Stadt eine entscheidende Rolle für die Entwicklung der britischen Soziologie der »Race Relations«. Die schulbildenden Arbeiten von John Rex, dem späteren Leiter des »Centre for Research in Ethnic Relations« an der nur wenige Kilometer entfernten University of Warwick, wurden anhand der Situation in Birmingham erarbeitet und konzentrierten sich insbesondere auf die Ausgrenzung von Migranten am Arbeits- und Wohnungsmarkt der Stadt (Rex/Moore 1967, Rex/Tomlinson 1979). Neben der um die Forschungen von John Rex entwickelten Race-Relations-Soziologie wurde in den 70ern und 80ern das »Centre for Contemporary Cultural Studies« an der Universität Birmingham zu einem Zentrum der soziologischen Innovation und der postmarxistischen Kulturtheorie (CCCS Race and Politics Group 1982, Gilroy 1987). Die im Umfeld dieser Institute entwickelten Theorie- und Diskussionsstränge über das Verhältnis von »Race and Class« wurden für die politische Artikulation und das Selbstverständnis der antirassistischen Bewegung, aber auch für den institutionalisierten britischen Antidiskriminierungsdiskurs zentral.
17 Vgl. Candappa/Joly 1994, 83.
18 Vgl.Birmingham City Council 1993, 13. Der Zensus beruht auf Selbstzuordnung zu vorgegebenen Kategorien von »Race«.
19 Interview Dr. Haroon Saad, 26. 1. 1999.
20 Vgl. Birmingham City Council 1993, 175.
21 Vgl. Birmingham City Council 1992, 11, Rex/Samad 1996, 13.
22 Vgl. Solomos/Back 1995, 44.
23 Vgl. Solomos/Back 1995, 47.
24 Vgl. News Chronicle, 15. 4. 1956, zit. nach Solomos/Back 1995, 48.
25 Ebenda.
26 Vgl. Birmingham City Council 1968, zit. nach Solomos/Back 1995, 56.
27 Vgl. Rex/Moore 1967, 161.
28 Eine etwa 30 km von Birmingham entfernte Stadt.
29 Vgl. Solomos/Back 1995, 61.
30 Vgl. Rex/Samad, 17 ff.
31 Vgl. Solomos/Back 1995, 63.
32 Vgl. Rex/Samad 1996, 25.
33 Vgl. Goulbourne 1998, 183.
34 Vgl. Goulbourne 1998, 190 ff.
35 Vgl. zur Bedeutung des »Ethnic vote« allgemein Glazer/Moynihan 1975.
36 Vgl. Solomos/Back 1995, 76.
37 Vgl. Solomos/Back 1995, 107.
38 Der City-Council hat 117 Sitze, davon werden 83 von Labour, 17 von den Tories und 16 von den Liberaldemokraten gehalten. Ein Abgeordneter ist parteilos. Die 39 Stadtbezirke stellen jeweils 3 Abgeordnete, je ein Abgeordnetensitz wird in 3 konsekutiven Jahren nach dem Mehrheitswahlrecht gewählt. Im vierten Jahr der Legislaturperiode findet keine Wahl statt.
39 Unter »Ethnic Monitoring« versteht man die regelmäßige Überprüfung der ethnischen Verteilung beim Zugang zu Ressourcen (Jobs, Wohnungen, Aufträge etc.)

bzw. der Positionierung der Belegschaft einer Verwaltungs- oder Wirtschaftseinheit auf ihre Repräsentativität bezüglich der ethnischen Zusammensetzung des relevanten Umfeldes, die Analyse der Ursachen von Unterrepräsentation verschiedener Gruppen und die Entwicklung von Gegenmaßnahmen (z. B. Fördermaßnahmen, Zielquoten. Änderung der Rekrutierungs- und Aufstiegsmechanismen, Auflösung »gläserner Decken« oder temporäre Bevorzugung Angehöriger bestimmter unterrepräsentierter Gruppen bei Vorliegen gleicher Qualifikation). »Ethnic Monitoring« ist ein zentrales Element der Antidiskriminierungspolitik in Großbritannien, Indien, Kanada und Australien. Der Kritik, durch »Ethnic Monitoring« käme es zur Substantialisierung ethnischer Zuordnungen, wird in der Literatur meist das Argument entgegengehalten, dass organisationsinterne Gleichstellungspolitiken nachvollziehbarer und messbarer Kriterien bedürften – »if you can't measure it, you can't manage it«. (Sanders 1998, 38 ff., Lindburg 1998, 22 ff., Wrench 1996, 85 ff.)

40 Vgl. Solomos/Back 1995, 176.

41 Zur Bedeutung von Straßenkämpfen und spontanen Protestaktionen als Partizipationsmechanismen im britischen politischen System vgl. Goulbourne 1998, 182 ff.

42 Vgl. Back/Solomos 1992, 331.

43 Vgl. Candappa/Joly 1994, 12; Layton-Henry 1992, 191 ff.

44 Vgl. Solomos 1993, 83.

45 Vgl. Ahmed 1996, 183, Baringhorst 1992, 14, Candappa/Joly 1994, 19. Nachdem vor allem die Konservativen unter Thatcher verschiedene Versuche starteten, Section 11 Funding abzuschaffen – die lokalen Regierungen waren unter Thatcher häufig die Organsiationsbasis der Labour-Opposition –, wird das – inzwischen mehrfach reformierte – Modell heute vor allem unter dem Aspekt des »Mainstreamings« diskutiert.

46 Vgl. Lester 1998, 24.

47 So wurde etwa die Nennung einer bestimmten Körpergröße als Voraussetzung für den Zugang zum Beruf eines Linienpiloten als indirekt diskriminiernd aufgehoben, da Menschen mit asiatischem Hintergrund diese Körpergröße seltener erreichten als Europäer und die Körpergröße für das Steuern eines Flugzeuges irrelevant ist; der London Transport Authorities wurde vorgeschrieben, Angehörigen der Minderheit der Sikhs, deren Religion das Tragen eines Turbans vorschreibt, zu gestatten, diesen statt einer Dienstkappe zu tragen. Zu normativen und praktischen Problemen vgl. Parekh 1995, 1996.

48 Vgl. Solomos 1993, 88, Lester 1998.

49 »Without prejudice to their obligation to comply with any other provision of this Act, it shall be the duty of every local authority to make the appropriate arrangements with a view to securing that their various functions are carried out with due regard to the need (a) to eliminate unlawfaul racial discrimination; and (b) to promote equality of opportunity, and good relations, between persons of different racial groups.«

50 Vgl. Baringhorst 1992, 14.

51 Vgl. Birmingham City Council, 1991, zit. nach Solomos/Back 1995, 178.

52 »We have created a facade that race relations have strengthened. We go all around Europe, host conferences blowing Birmigham's trumpet but the reality of the situation is very different and it is the black people in the City Council who then become the targets while it is others who are making the real decisions«, kommentiert ein Mitarbeiter der Race Relations Unit die PR-Funktion seiner Abteilung (Solomos/Back 1995, 191).

53 Vgl. Candappa/Joly 1994, 87 f.

54 Vgl. Candappa/Joly 1994, 87 f.

55 Dr. Haroon Saad, 26. 1. 1999.

56 Vgl. Soloms/Back 1995, 180.
57 Vgl Takolia & Associates 1998, Appendix Five, 4.
58 Solomos/Back (1995) schildern detailliert, wie die Stigmatisierung des Bezirks Handsworth als »schwarzes Ghetto« im Diskurs dazu benutzt wurde, das Bild des »Black Criminal« zu produzieren (82 ff.).
59 Vgl. West Midlands Police 1985.
60 Vgl. City of Birmingham 1985.
61 Vergleichbar mit der Landesregierung der österreichischen Bundesländer.
62 Vgl. West Midlands County Council 1985.
63 Vgl. Gaffney 1987.
64 Vgl. Baringhorst 1992, 16.
65 Interview Dr. Haroon Saad, 26. 1. 1999.
66 Vgl. Rex/Samad 1996, 25.
67 Das Forum umfasste 1995 folgende Dachverbände: African and Carribean Peoples Movement, Bangladeshi Council, Birmingham Chinese Society, Council of Black Led Churches, Hindu Council of Birmingham, Irish Forum, Midland Vietnamese Community Assoiciation, Pakistan Forum, Sikh Council of Guardwaras in Birmingham (Birmingham City Council 1992, Ahmed 1995).
68 Vgl. Ahmed 1995, 184.
69 Vgl. Ahmed 1995, 184 f.; Rex/Samad 1996, 26; Solomos/Back 1995, 194 f.
70 Vgl. Ahmed 1995.
71 Vgl. Rex/Samad 1996, 26.
72 Vgl. Solomos/Back 1995, 197.
73 Interview Dr. Haroon Saad, 26. 1. 1999.
74 Der Besuch von Gemeindeschulen wirkt sich in manchen Regionen sogar negativ auf die Schüler aus. Während der durchschnittliche Testscore der Schüler aus Minderheitenfamilien beim Schuleintritt leicht überdurchschnittlich ist, sinkt er bis zur vierten Schulstufe auf einen unterdurchschnittlichen Wert. In den islamischen Schulen bleiben die überdurchschnittlichen Werte während der gesamten Schullaufbahn erhalten. Interview Dr. Haroon Saad, 26. 1. 1999.
75 Vgl. Takolia & Associates 1998, 2 f.
76 Im Zuge dieser Restrukturierung wurde auch der Leiter der Race Relations Unit entlassen.
77 Interview Dr. Haroon Saad, 26. 1. 1999.
78 Birmingham Race Equality Partnership, Birmingham Partnership against Racial Harassement, Interview Dr. Haroon Saad, 26. 1. 1999.
79 Vgl. Takolia & Associates 1998.
80 Vgl. Takolia & Associates 1998, 44 ff.
81 Birmigham Post, 3. 10. 98, 6. 10. 98, 12. 10. 98, 26. 10. 98; Evening Mail, 12. 11. 98, 24. 11. 98.
82 Weiter aufgeheizt wurde die Stimmung durch die Veröffentlichung einer Kompensationszahlung von 56.000 Pfund an den 1997 abgelösten Leiter der Race Equalities Division, der die Stadt Birmingham beim Arbeitsgericht wegen Rassendiskriminierung geklagt und sich mit seinem ehemaligen Arbeitgeber verglichen hatte (Birmingham Post, 24. 12. 98, Birmingham Evening Mail, 23. 12. 98, 6. 1. 99).
83 Birmingham City Council, Equalities Committee: Report of the Head of Equalities: Review and Development of the Standing Consultative Forum. Manuskript, 26. 1. 1999.
84 Vgl. Baringhorst 1992, Miles 1993.
85 Vgl. Bade 1996, 236.
86 Vgl. Bade 1993, 23.
87 Vgl. Der Ausländerbeauftragte 1995, 5.
88 Vgl. Bade 1996, 237.

89 Vgl. Rudolph 1994, 169.

90 Eine gewisse Ausnahme bilden die polnischen Zuwanderer. Der Vertrag zwischen der Bundesrepublik Deutschland und Polen über gute Nachbarschaft und freundschaftliche Zusammenarbeit vom 17. 6. 1991 gesteht im Artikel 20 Personen deutscher Staatsangehörigkeit, die polnischer Abstammung sind oder »sich zur polnischen Sprache, Kultur und Tradition bekennen«, das Recht zu, »....ihre ethnische, kulturelle, sprachliche und religiöse Identität frei zum Ausdruck zu bringen, zu bewahren und weiterzuentwickeln, frei von jeglichen Versuchen, gegen ihren Willen assimiliert zu werden.« Diese Bestimmung auf Gegenseitigkeit ist jedoch außenpolitisch und nicht minderheitenpolitisch motiviert.

91 Vgl. Münz et al. 1997, 22 ff.

92 Vgl. Bürgerschaft 1976, 8.

93 Vgl. Bürgerschaft 1980, 1993, 1996. Die zur Verfügung stehenden Daten beziehen sich auf die Staatsangehörigkeit, nicht auf die Einwanderung oder »ethnische« Kriterien. Auch Menschen aus der zweiten, dritten und vierten Generation, die in Deutschland geboren wurden und aufwuchsen, werden als »Ausländer« gezählt. Umgekehrt scheinen eingebürgerte Migranten oder »Volksdeutsche« aus Osteuropa nicht in den Statistiken auf. Die Daten sind daher nur bedingt mit den Daten über Birmingham vergleichbar.

94 Vgl. Statistisches Landesamt 1997, Bürgerschaft 1993, 4.

95 Vgl. Bürgerschaft 1993, 59.

96 Vgl. Schwarz 1992, 95.

97 Vgl. Senatsverwaltung für Stadtentwicklung, Umweltschutz und Technologie 1995, 20.

98 Gespräch mit dem Leiter der Koordinierungsstelle für Ausländerfragen bei der Behörde für Arbeit, Gesundheit und Soziales, Dr. Peter Wetzl, 18. 11. 1998. Vgl. Bürgerschaft 1972, 1.

99 Vgl. Bürgerschaft 1976.

100 Vgl. Bürgerschaft 1976, 7.

101 Vgl. Drucksache 8/1990, 7.

102 Vgl. Drucksache 8/1990, 16 f.

103 Vgl. Drucksache 8/1990, 18.

104 Vgl. Schoger 1994, 35.

105 Vgl. Faist 1994, 57.

106 Vgl. Bürgerschaft 1980.

107 Vgl. Bürgerschaft 1980, 2.

108 Vgl. Bürgerschaft 1980, 6.

109 Vgl. Bürgerschaft 1984.

110 Gespräch »Bürgerinitiative für Ausländische Arbeitnehmer e. V.«, 20. 11. 1998.

111 Gespräch mit dem Leiter der Koordinierungsstelle für Ausländerfragen bei der Behörde für Arbeit, Gesundheit und Soziales, Dr. Peter Wetzl, 18. 11. 1998.

112 Zurzeit bestehen acht Begegnungsstätten in Stadtteilen mit hohem Migrantenanteil sowie zwei Frauenbegegnungsstätten mit jeweils 3–5 Mitarbeiterinnen und Mitarbeitern mit interkulturellem Hintergrund; ihr Budget kommt nahezu gänzlich von der Stadt Hamburg. 1994 verfügten die Begegnungsstätten über 35,5 Planstellen, die Förderung durch die Stadt betrug DM 4,214.600.– (Bürgerschaft 1995 Anlage V). Die meisten dieser Einrichtungen verfügen über Räumlichkeiten zur Durchführung von Veranstaltungen, Kursen und Diskussionen etc. und sind somit auch Ort von Aktivitäten anderer Vereine aus der »Migrantenszene«. Die Träger legen der bei der Sozialbehörde eingerichteten Koordinierungsstelle für Ausländerfragen Bericht über ihre Arbeit, diese koordiniert gemeinsam mit den Trägerverbänden das Programm der Begegnungsstätten.

113 Vgl. Freie und Hansestadt Hamburg, BAGS 1996, 13 ff.
114 Vgl. Zech 1992, 77; Arbeiterwohlfahrt Hamburg 1991.
115 Vgl. Ebert/Rich 1992, 72.
116 Gesamtfördersumme 1994: DM 275.624.–, Bürgerschaft 1995, 36.
117 Gespräch Begegnungsstätte WIR, 28. 5. 1998. Aufgrund der laufenden, von der Stadt beauftragten Evaluierung der Begegnungsstätten und der damit verbundenen Verunsicherung werden keine Namen der Gesprächspartner aus den Begegnungsstätten genannt. Die Kritik an Versteinerungsprozessen in den Begegnungsstätten, aber auch und vor allem das Diktat der leeren Kassen waren auch das Motiv für die Beauftragung einer Evaluierung des Programms und die für 1999 zu erwartende Neuausschreibung der Trägerstrukturen. (Gespräch mit dem Leiter der Koordinierungsstelle für Ausländerfragen bei der Behörde für Arbeit, Gesundheit und Soziales, Dr. Peter Wetzl, 18. 11. 1998).
118 Vgl. Schoger 1994, 53 ff.
119 Vgl. Bürgerschaft 1995, 1996.
120 »Wir sind ein Kind, das keiner wirklich wollte«, charakterisierte ein Mitarbeiter des Ausländerbeauftragten diese Situation.
121 Vgl. Bürgerschaft 1990, 4.
122 Vgl.Bürgerschaft 1990, 5.
123 Gespräch mit dem Leiter der Wissenschaftlichen Abteilung des Ausländerbeauftragten, Dr. Horst Teitjens, 28. 5. 1998.
124 Vgl.Bürgerschaft 1990, 4 ff.
125 Vgl. Der Ausländerbeauftragte 1992, 2.
126 Vgl. Senat der Freien und Hansestadt Hamburg 1990.
127 Vgl. Der Ausländerbeauftragte 1992, 1995, 1998.
128 Vgl. Habermas 1997, 237 ff.
129 Vgl. Der Ausländerbeauftragte 1995, 13.
130 Vgl. Der Ausländerbeauftragte 1999.

Einwandererkulturen und soziales Kapital
Eine komparative Analyse

Dietrich Thränhardt

Integrationserfolge im Vergleich der Staatsangehörigkeiten: einige Überraschungen

In der heutigen Debatte zur Integration der Ausländer in Europa gehört die Unterscheidung zwischen dem »europäischen Kulturkreis« und anderen Kulturen bzw. zwischen Christen und Moslems sowohl in der Öffentlichkeit wie in weiten Bereichen der Wissenschaft zur »conventional wisdom«. Europäer oder EU-Europäer gelten als kulturell nahestehend, gut integrierbar und unproblematisch, Nichteuropäer bzw. Moslems als andersartig und unintegrierbar. Seit dem Ende des Kommunismus hat sich die Ausgrenzung der Türkei und der Türken im öffentlichen Diskurs weiter verstärkt. Wurden die Türken in der angesehenen deutschen Wochenzeitung »Die Zeit« 1980 noch in angestrengter Formulierung als »Nichtzentraleuropäer« bezeichnet[1], so geraten sie in dem Ende 1997 erschienenen Meinungsartikel eines Demographen in der »Frankfurter Allgemeinen« (FAZ) kurzerhand zum Vortrupp der »Dritten Welt«, »in deren Windschatten sich eine weitere orientalische und afrikanische Zuwanderung aufbaut«[2].

In der deutschen öffentlichen Debatte ist die Aussage, es gebe kein Ausländerproblem, sondern nur ein Türkenproblem, seit 1980 präsent. In diesem Sinne argumentierte beispielsweise die FAZ für einen Stopp jeglicher türkischer Einwanderung. Ebenso erklärte Helmut Kohl – kurz bevor er Kanzler wurde – in Wahlreden, die Zahl der »türkischen Mitbürger« müsse vermindert werden.[3] Gesetzlich wurde die »Rückkehrförderung« eingeführt – ein System finanzieller Anreize zur Rückkehr für Nicht-EG-Bürger. Während die öffentliche Debatte in dieser Hinsicht moderater geworden ist, verschärfte sich der Ton einiger Wisssenschaftler. Mit dem populären Huntingtonschen Paradigma vom Kulturkonflikt als neuer weltpolitischer Bestimmungsgröße[4] wurden die ausgrenzenden Ideen mit neuer wissenschaftlicher Weihe und Durchschlagskraft versehen. Vor allem auch in der pädagogischen Literatur wird immer wieder ein moderner, toleranter, aufgeklärter und individualisierender Westen beschworen und diesem ein traditionalistischer, fundamentalistischer und familistischer Süden entgegengesetzt. Im oben zitierten Artikel der FAZ wird diese Haltung weiter zugespitzt:

»Ist das Elternhaus intakt, unterliegen sie [die Kinder, D. T.] *strengen Unterordnungsnormen ihrer orientalistischen* [sic!] *Familie, die für das deutsche Schul- und Leistungssystem wenig Sinn hat. Stammen sie aus zerbrochenen elter-*

lichen Verhältnissen, bilden sie die Gruppe der Abbrecher in allen Bildungsgängen und suchen in Jugendbanden den Familienersatz.«

Schließlich äußert der Autor die Vermutung, die statistisch aufweisbaren besseren Bildungserfolge ausländischer Jugendlicher in den letzten Jahren seien »Europäern« und nicht »Jugendlichen orientalischer Herkunft« zuzuschreiben. Mit anderer Intention hat Wilhelm Heitmeyer ein ähnliches Schreckensbild entworfen.[5]

Grafik 1: Ausländische Schüler an allgemeinbildenden Schulen 1994 (in Prozent)

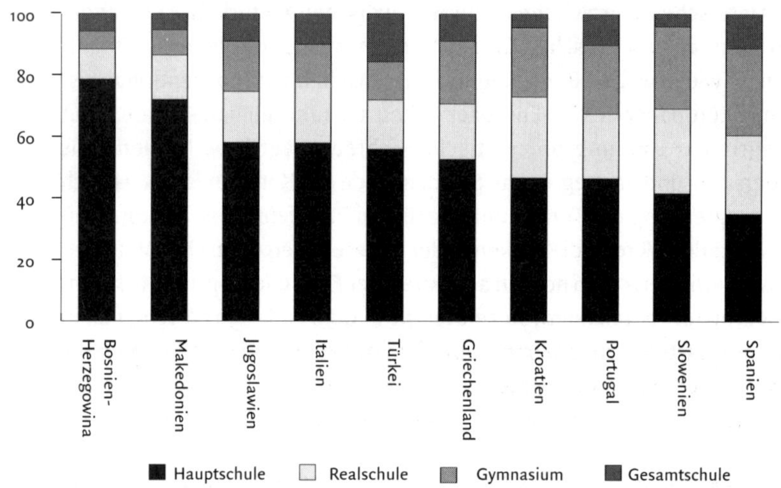

Tatsächlich ergeben die Indikatoren für soziale Integration und wirtschaftlichen Erfolg ein sehr viel differenzierteres Bild. Vergleichen wir die großen Einwanderergruppen in Deutschland in Bezug auf Bildungserfolg, Beruf, Arbeitslosigkeit und Intermarriage, so finden wir einerseits sehr hohe Erfolgswerte bei den Spaniern, andererseits aber sehr niedrige bei den Italienern. Deren Werte befinden sich etwa auf dem gleichen Niveau wie die der türkischen Staatsangehörigen und liegen im Bildungsbereich sogar darunter. Dies überrascht schon deshalb, weil die Italiener in der Bundesrepublik im Vergleich der ehemaligen Anwerbestaaten die älteste Einwanderergruppe sind. Außerdem verfügt Italien im Vergleich zu den anderen Anwerbeländern auch über das weitaus höchste Pro-Kopf-Einkommen und die stärkste wirtschaftliche Dynamik. Schließlich hatte Italien durch die Jahrhunderte in Kultur, Wirtschaft und Politik auch immer enge Beziehungen mit Deutschland.

Besonders auffällig ist der Kontrast bei den Bildungserfolgen der Jugendlichen. Berechnet man die Anteile der Studierenden an der jeweiligen Bevölkerung, so liegt der Prozentsatz der Spanier mit 1,3 mehr als dreimal so hoch wie der der Italiener mit 0,4 %. Alle anderen Gruppen weisen höhere Werte auf als die Italiener – mit Ausnahme des ehemaligen Jugoslawien, das wegen des Kriegs und der Fluchtbewegung als Sonderfall anzusehen ist. Bei diesen Vergleichen werden immer nur die »Bildungs-Inländer« betrachtet, also Jugendliche, die in Deutschland aufgewachsen sind. Was die Verteilung der Schüler auf die verschiedenen Schultypen anbelangt, so ergibt sich ein ähnliches Bild großer Diskrepanzen, bei dem die italienische Gruppe besonders schlecht abschneidet (Grafik 1). Ein hoher Prozentsatz der italienischen Schüler befindet sich in der Hauptschule. Nur zwei Gruppen mit hohen Flüchtlingsanteilen weisen höhere Prozentsätze von Hauptschulabsolventen auf. Gleiches gilt für einen Vergleich der Bildungsabschlüsse. Besonders deutlich wird die Diskrepanz, wenn man die Schülerzahlen für Gymnasien mit denen für Sonderschulen konfrontiert. Während dreimal mehr Spanier Gymnasien (77 %) besuchen als Sonderschulen (23 %) und die Relation sich bei den Kroaten sogar günstiger ausnimmt (81,9 % : 18,1 %) als bei den deutschen Staatsangehörigen (81,6 % : 18,4), gehen mehr italienische Schüler in Sonderschulen (55,6 %) als in Gymnasien (44,4 %). Dies ist erneut ein ungünstigeres Verhältnis als bei der türkischen Gruppe.

Tabelle 1: Ausländer der »zweiten Generation«: Berufsanfänger

	Türken	Italiener	Spanier	Griechen	Portugiesen	ehem. Jugoslawen	Deutsche
Männer (in %)							
Facharbeiter	24	27	47	28	37	42	47
Angestellte	4	4	22	8	8	16	31
Zusammen	**28**	**31**	**69**	**36**	**45**	**58**	**78**
Frauen (in %)							
Facharbeiter	5	9	12	4	18	13	9
Angestellte	16	24	59	24	24	41	76
Zusammen	**21**	**33**	**71**	**28**	**42**	**54**	**83**

Quelle: Bender/Seifert 1996, 485; IAB-Survey.

Vergleichen wir den Berufsstatus der »zweiten Generation«, so finden wir durchaus entsprechende Muster. Während die Mehrheit der jungen Spanier als Facharbeiter, Meister und Angestellte beschäftigt ist, ist es bei den jungen Türken und Italienern nur eine Minderheit. Die Relationen bei den anderen Gruppen liegen zwischen diesen Werten. Diese Diskrepanz hat sich in den letzten zwanzig Jahren aufgebaut und war bei Beginn der Anwerbung nicht existent.[6]

Grafik 2: Arbeitslosenquote der Ausländer nach Herkunftsländern im Bundesgebiet am 31. 12. 1995 (in Prozent)

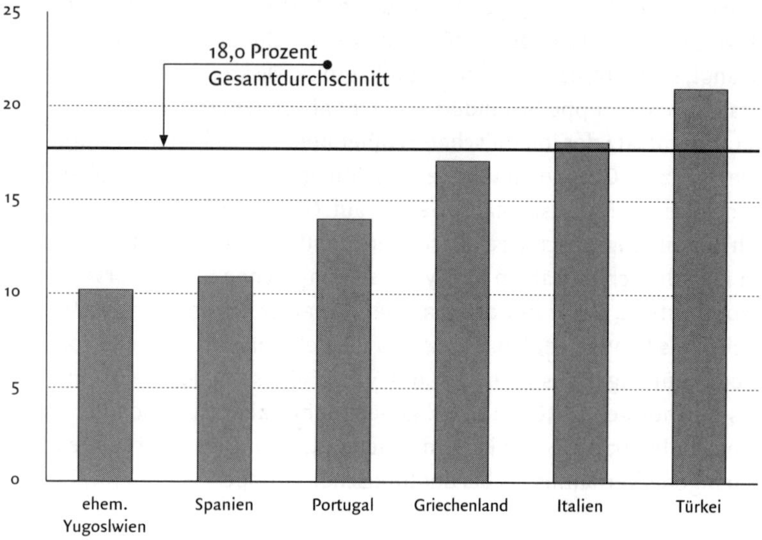

Betrachten wir die Arbeitslosigkeit, so sind türkische Staatsbürger am meisten betroffen. Wiederum stellt sich die Lage der italienischen Gruppe aber nur wenig positiver dar, und wir finden vergleichsweise geringe Arbeitslosigkeitsraten bei der spanischen Gruppe (vgl. Grafik 2).

Die Zahl der deutsch-ausländischen Eheschließungen ist in den letzten Jahrzehnten stark gestiegen, sie kann als besonders aussagekräftiger Indikator für Assimilation gelten.[7] Wir messen hier nicht die Intermarriage-Entwicklung selbst, da dies mit erheblichen methodischen Unsicherheiten verbunden ist. Insbesondere müssten die Eheschließungen in den verschiedenen Ländern abgeglichen werden, ganz abgesehen vom verbreiteten Trend zu undokumentierten Verbindungen. Stattdessen werden in unserem Vergleich die Kinderzahlen aus deutsch-ausländischen Verbindungen einerseits und von Eltern identischer Staatsangehörigkeit andererseits gegenübergestellt.[8]

Zugleich können wir dabei die Formierung der Folgegeneration nachvollziehen. Bei unserem Vergleich finden wir zwar ein Gefälle zwischen Türken und EU-Bürgern, wie es den Erwartungen der öffentlichen Meinung entspricht, andererseits aber erneut große Abstände zwischen den verschiedenen EU-Nationalitäten. Bei den Spaniern zeigt sich eine dynamische integrative Entwicklung hin zu mehr als drei Vierteln Kindern aus deutsch-spanischen Verbindungen, bei den Griechen dagegen relativ wenig Assimilation. Andererseits sind diese bei den Bildungswerten ähnlich günstig positioniert wie die Spanier.

Tabelle 2: Geburten aus deutsch-ausländischen und ausländischen Ehen

	Geburten aus ausländischen Ehen				Geburten aus deutsch-ausländischen Ehen				Anteil %
	1980	1986	1990	1995	1980	1986	1990	1995	1995
Türken	39.658	28.153	43.921	41.733	1.336	2.035	2.572	4.275	9,3
ehem. Jugosl.	9.287	3.937	4.870	7.121	2.454	1.969	2.505	1.789	20,1
Italiener	9.871	5.715	6.096	4.776	3.819	3.875	4.258	3.728	43,8
Griechen	3.904	2.217	3.124	3.578	834	844	1.022	1.071	23,0
Spanier	1.723	670	495	305	1.068	1.054	1.238	1.201	79,7

Quelle: Statistische Jahrbücher der Bundesrepublik Deutschland; eigene Berechnungen.

Dieses sehr unterschiedliche Heiratsverhalten trägt schließlich zu extrem unterschiedlichen Entwicklungen der Gesamtgröße der jeweiligen Staatsangehörigkeits-Gruppen bei. Während nach den Kriterien der deutschen Statistik die Zahl der Spanier von Jahr zu Jahr sinkt, da drei Viertel der Kinder von Spaniern auch die deutsche Staatsangehörigkeit besitzen, steigen die Zahlen bei den anderen Nationalitäten an. Bei den türkischen Staatsangehörigen hat sich ein Drei-Generationen-Schema ausgebildet, bei dem die Jahrgangszahlen intergenerational insgesamt stabil bleiben, allerdings in einem Auf und Ab entsprechend den Einwanderungs- und Generationenfolgen.

Integration im deutsch-schweizerischen Vergleich: weitere Überraschungen

Die geschilderten strukturellen Unterschiede in Deutschland haben sich über die letzten Jahrzehnte schrittweise aufgebaut und sind stabil und konsistent. Dies gilt, obwohl sich für alle Zuwanderergruppen insgesamt schrittweise Integrationsprozesse vollziehen. Studien haben immer wieder gezeigt, dass die Gruppe der Italiener unterdurchschnittliche Ergebnisse erzielt, vor allem im Bildungsbereich, und dass Spanier und Griechen vergleichsweise erfolgreich sind.[9] Diese Ergebnisse sind für die Öffentlichkeit aber nie relevant geworden, da die Aufmerksamkeit – wie erwähnt – primär auf die Türken gerichtet war. Für Frankreich lassen sich ähnliche Diskrepanzen zwischen den einzelnen Einwanderergruppen nachweisen, ohne dass die statistischen Daten mit denen in Deutschland direkt vergleichbar wären.[10]

Stattdessen hat die Existenz der vielen italienischen Eisdielen und Pizzerien und die Angewohnheit, »zum Italiener« zu gehen, den Eindruck vermittelt, dass italienische Kultur und italienische Kulinarik Teil des deutschen Lebens geworden seien und für die Italiener in Deutschland keine Probleme bestünden. Dies hat sich auch stark auf die Sozialwissenschaften ausgewirkt. Viele Autoren haben nur noch türkische Einwanderer ins Visier genommen und dabei stillschweigend unterstellt, dass diese die Problemgruppe seien. Damit haben sie die erstaunlichen Diskrepanzen nicht wahrgenommen, die sich zwischen den verschiedenen Einwanderungsnationalitäten auftun. Andere Studien haben die Spanier überhaupt nicht mehr mit berücksichtigt, da diese Gruppe sehr klein geworden ist, wenn man die Kriterien der deutschen Ausländerstatistik anlegt.[11] Wiederum andere Studien leiden unter lokalistischer Verengung, indem sie Daten aus einem sehr begrenzten örtlichen Bereich entnehmen und verallgemeinern.[12]

Die Tendenz, Forschungsergebnisse nicht zu beachten, kann auch in Hinsicht auf den Vergleich zwischen Deutschland und der Schweiz in Bezug auf Integration von Einwanderergruppen beobachtet werden. Dieser Vergleich ist besonders deshalb interessant, weil die beiden Länder sich stark ähneln. Sie haben überwiegend den selben sprachlichen Hintergrund, eine Mischung zwischen marktwirtschaftlichen und korporatistischen Elementen in der Wirtschaft, sehr ähnliche Systeme der Berufsbildung und schließlich auch langandauernde parallele Traditionen von »Gastarbeiter«-Systemen und Nichteinbürgerung.

Schon 1982 wiesen zwei Studien darauf hin, dass italienische Einwanderer in der Schweiz in Erziehung, wirtschaftlichem Erfolg und Intermarriage höhere Werte aufwiesen als ihre spanischen Kollegen. Eine Studie basierte auf Umfrageergebnissen in den Regionen Zürich und Frankfurt, die andere auf amtlichen Daten.[13] Gleichzeitig belegte die Zürich-Frankfurt-Studie sehr klar, wie ungünstig sich die Position der italienischen Gruppe in Frankfurt im Vergleich zur Position der türkischen Gruppe in ein und der selben Stadt darstellte. Inzwischen sind die Resultate für Zürich fünfzehn Jahre später in einer neuen Studie detailliert bestätigt worden, an den relationalen Positionen der beiden Gruppen hat sich nichts geändert. Wiederum sind die Italiener in der Schweiz unter allen Gruppen aus dem Mittelmeerraum die erfolgreichste.[14] Über die Jahrzehnte betrachtet finden wir eine konsistente Erfolgsgeschichte für die Italiener in der Schweiz und für die Spanier in Deutschland, während die Italiener in Deutschland eine wenig erfolgreiche Gruppe sind und die Spanier in der Schweiz hinter den Italienern weit zurückstehen.

In der Literatur sind drei Erklärungen für die geringen Erfolge gerade der italienischen Staatsangehörigen gegeben worden. Die erste Erklärung bezog sich auf die Qualität der Studien, die Ergebnisse sind jedoch konsistent.[15]

Eine zweite Erklärung stellte auf angebliche kontraproduktive Wirkungen der Rechte aus der Freizügigkeit der Europäischen Union (früher EWG bzw. EG) ab. In der Vergleichsuntersuchung von Hoffmann-Nowotny und Hondrich wird argumentiert, die Italiener in Deutschland hätten im Gegensatz zu denen in der Schweiz aufgrund des Rechts der freien Bewegung die Gewohnheit des Hin- und Herwanderns angenommen, und dies habe den Bildungserfolg der Kinder negativ beeinflusst, während die Italiener in der Schweiz bei Rückwanderung das Aufenthaltsrecht verlören und deshalb im Lande blieben. Ulrike Schöneberg zieht darauf folgenden Schluss: »Bemerkenswert ist, dass ähnlich wie bei der aufenthaltsrechtlichen Absicherung die weitgehende rechtliche Gleichstellung der Italiener mit den Deutschen sich eher als integrations- bzw. assimilationshemmend auswirkt«.[16]

In der selben Publikation wird allerdings ausgewiesen, dass die untersuchten Italiener im Raum Zürich sogar stärker hin- und herwanderten als die Italiener in Frankfurt, und zwar mit 28 gegenüber 22 Prozent.[17] Die Dauer der Anwesenheit in Deutschland war und ist bei der italienischen Gruppe auch im Vergleich zu anderen Einwanderergruppen nicht derart niedrig, dass dies eine Erklärung für die Integrationsdefizite liefern könnte. Hinzuweisen ist auch darauf, dass die Integrationserfolge der spanischen und griechischen Gruppe in Deutschland nach dem Beitritt zur Europäischen Union und der Gewährung der entsprechenden Rechte nicht etwa abnahmen. Auch diese Erklärung ist also unbefriedigend.

Eine derartige Erklärung widerspräche auch den Zielen, die immer wieder für die oberen und mittleren Gesellschaftsschichten formuliert werden. Dort würde man Bewegungsfreiheit und Souveränität der Entscheidung über das eigene Schicksal zweifellos als produktiv und nicht als kontraproduktiv interpretieren, ebenso wie die Kenntnis mehrerer Sprachen. Die Idee der Bewegungsfreiheit des einzelnen liegt genuin auch dem Liberalismus und der Marktwirtschaft zugrunde. Wäre das Urteil Schönebergs richtig, so hätte dies weitreichende Folgen für jegliche Gesellschaftstheorie.

Eine dritte Erklärung, die immer wieder geäußert wird, stellt auf eine negative Selektion in Bezug auf die Herkunft der Gruppe aus Süditalien ab. Sie kann als Mezzogiorno- oder Mafia-Erklärung gekennzeichnet werden. Ironischerweise steht sie in scharfem Gegensatz zu der in den USA verbreiteten Idee, nach der die dynamischeren Elemente der Gesellschaften auswanderten und eine bessere Welt aufbauten, während die weniger dynamischen Elemente daheim blieben. In diesem Sinne argumentiert Putnam in seiner bekannten Studie über die Entwicklungsdivergenz zwischen Nord- und Süditalien:

»Indeed, it might be argued that ›selective emigration‹ could account for the backwardness of the South, if civic-minded southerners were disproportionately likely to emigrate.«[18]

Solche Annahmen, in welcher Richtung sie auch immer gehen, bewegen sich unterhalb des Niveaus eines sozialwissenschaftlichen Diskurses, wenn sie für große Bevölkerungsgruppen angestellt werden. Für unser Problem ist zudem darauf hinzuweisen, dass sich die italienischen Einwanderer sowohl in der Schweiz als auch in Deutschland und in den USA hauptsächlich aus Süditalien rekrutieren. Zudem finden wir in Deutschland bei genauer Betrachtung auch eine gewisse frühe Einwanderung aus dem Norden Italiens, wo auch die Rekrutierungsstelle angesiedelt war.

Blicken wir auf die Anwerbung zurück, so finden wir ebenfalls keine Erklärung, sondern eher eine neue Überraschung, und zwar bei der Gewichtung der Anteile der qualifizierten Arbeitskräfte (Facharbeiter und Angelernte). 30,9 % der türkischen Arbeitskräfte wurden als »qualifiziert« rekrutiert, ebenso wie 29,0 % der jugoslawischen und 23,3 % der italienischen. Dagegen galten nur 7,7 % der spanischen und 8,9 % der griechischen Arbeitskräfte als qualifiziert. Dies sind Kategorisierungen der Bundesanstalt für Arbeit.[19] Sie machen klar, dass gerade die türkischen und die italienischen Arbeitskräfte als vergleichsweise qualifiziert galten. Andererseits fällt besonders auf, dass gerade die beiden Gruppen, die in der Folge am erfolgreichsten waren – die Spanier und die Griechen –, bei den Rekrutierungen die niedrigsten Einstufungen erhielten.

Integration im Vergleich der deutschen Bundesländer

Einen ersten Block von Erklärungen für die Diskrepanzen finden wir, wenn wir auf die Ebene der deutschen Bundesländer zurückgehen und in diesem Rahmen die Nationalitäten vergleichen. In der folgenden Tabelle geschieht das für die vier deutschen Bundesländer mit mehr als 5000 Schülern italienischer Staatsangehörigkeit. Die extremen Unterschiede, die sich dabei zeigen, sind zu einem großen Teil für die zahlenmäßigen Defizite der Gruppe der italienischen Staatsangehörigen bei den Schulerfolgen verantwortlich. So besuchen jeweils mehr als zehn Prozent aller italienischen Schüler in Bayern und in Baden-Württemberg Sonderschulen, weit mehr als in Hessen oder Nordrhein-Westfalen. Dies ist ein erstaunlich hoher Wert, auch im internationalen Vergleich. Gleichzeitig gehen nur 4,2 % der italienischen Schüler in Baden-Württemberg ins Gymnasium, weniger als halb so viele wie in Hessen. Da aber mehr als ein Drittel aller italienischen Schüler in Baden-Württemberg leben, wirken sich die dortigen Verhältnisse stark auf die Gesamtzahlen auf Bundesebene aus.

Die Schulerfolge der ausländischen Jugendlichen differieren deutlich zwischen den deutschen Bundesländern. In Nordrhein-Westfalen liegt der Anteil der ausländischen Schüler mit schulischen Qualitätsabschlüssen – Abitur und Fachoberschulreife – zweieinhalbmal so hoch (49,4 %) wie in Bayern (20,7 %). Betrachtet man den Anteil von »weiterführenden Abschlüssen« bei sämtlichen (also auch deutschen) Schulabgängern, so gibt es ebenfalls Unterschiede in den einzelnen Bundesländern, aber weit geringere. Auch hier liegt Nordrhein-Westfalen an der Spitze (70,8 %), Bayern bildet das Schlußlicht (47,9 %).

Tabelle 3: Schulbesuch italienischer Kinder nach Bundesländern 1996/97 (in Prozent)

Bundes-land	Sonder-schule	Haupt-schule	Real-schule	Gymna-sium	Gesamt-schule*	Orient.-stufe	Zahl der Schüler/innen	%**
Baden-W.	9,9	35,0	9,1	4,2	0,4	0,0	25.469	35,9
Bayern	10,5	35,2	5,8	5,7	0,3	0,1	7.500	10,6
Hessen	5,6	12,8	12,7	9,3	10,2	7,6	8.939	12,6
NRW	6,2	25,8	10,5	7,0	10,9	–	19.005	26,8
Deutschland	7,7	27,7	9,7	6,2	5,2	1,8	70.957	100,0

Nur Bundesländer mit mehr als 5000 Schülern italienischer Nationalität. In der Gesamtzahl sind auch die Grundschüler (41,7 %) enthalten. * Gesamtschule einschließlich Waldorfschule. ** Anteil des Landes an der Gesamtschülerzahl in den alten Ländern, in Prozent. Quelle: KMK, Dokumentation Nr. 143, 1997; eigene Berechnungen.

Daraus können wir schließen, dass die Landespolitik wichtige Qualitätsunterschiede setzt. Die Schulpolitik in Bayern und Baden-Württemberg muss als segregationistisch eingestuft werden. Bayern führt ebenso wie Baden-Württemberg besondere Schulklassen bzw. Schulzweige für ausländische Kinder: in Bayern die »nationalen«, in Baden-Württemberg die »internationalen« Klassen.[20] Als Ziel stand bei der Einrichtung dieser besonderen Beschulung die Rückkehrförderung bzw. die Erhaltung der jeweiligen nationalen »Kultur« im Vordergrund. Obwohl diese besonderen Klassen immer als qualitativ gleichwertig präsentiert worden sind, behindern sie die Schüler bei der Erreichung weiterführender Abschlüsse. Wesentlich dabei ist die Tatsache, dass die Sonderformen fast ausschließlich an Hauptschulen existieren und der Übergang zu weiterführenden Schulen, der in den beiden genannten Ländern ohnehin sehr schwer gemacht wird, mit einer zusätzlichen Hürde belastet wird. Die ganze Konstruktion erinnert an die Doktrin des »Separate-but-equal« in den amerikanischen Südstaaten, die mit der Entscheidung des Supreme Court 1954 nach Jahrzehnten für illegal erklärt wurde. Bundesrichter Earl Warren argumentierte damals:

»To separate (children) from others of similar age and qualifications solely because of their race generates a feeling of inferiority as to their status in the community that may affect their hearts and minds in a way unlikely ever to be undone.«[21]

In den Ländern Hessen und Nordrhein-Westfalen hingegen werden alle Einwandererkinder im allgemeinen Schulsystem integriert – von Übergangszeiten zum Sprachenlernen abgesehen. Befähigte Schüler können nach der zehnten Klasse ohne weiteres auf weiterführende Schulen wechseln. Für ausländische Schüler ist dies ein ganz wesentlicher Weg zum Abitur, Fachabitur oder zur Mittleren Reife. Schließlich werden in Nordrhein-Westfalen bei der Lehrerverteilung Einwandererkinder (auch Aussiedler) doppelt berechnet.

Diese relevanten Unterschiede in der Schulpolitik erklären einen wesentlichen Teil der gravierenden Defizite der italienischen Kinder im deutschen Bildungssystem. Italiener und Einwanderer aus dem ehemals jugoslawischen Raum leben nämlich überwiegend in Baden-Württemberg und Bayern, während türkische, spanische und griechische Staatsangehörige sich mehr in den nördlichen und mittleren Teilen der alten Bundesrepublik angesiedelt haben.

Assimilative und pluralistische Integrationsmuster und ihre bisherigen Erklärungen

Schon in den Arbeiten von Ulrike Schöneberg finden sich Aussagen, die auf eine große Relevanz der Kommunikationsprozesse und der Organisationsdichte innerhalb der verschiedenen Gruppen schließen lassen. Dabei zeigen sich gravierende quantitative Unterschiede zwischen den Einwanderungsgruppen, die mit den Integrationserfolgen weitgehend korrespondieren. Erfolgreiche Gruppen weisen eine intensivere interne Kommunikation auf und sind vereinsmäßig höher organisiert.[22] In Schönebergs Untersuchungsdaten zur Situation in Frankfurt fällt die Gruppe der Italiener in Bezug auf die Intensität der inneren Gruppenkommunikation weit hinter die griechische und die türkische Gruppe zurück. Diese Daten weisen in die Richtung der amerikanischen Ansätze zu »Ethnic Networks« und von Netzwerk-Erklärungen generell.[23]

Versucht man nun, die genannten Indikatoren zu interpretieren, so lassen sich unterschiedliche Integrationsmuster herausarbeiten, die hier aufgrund bisher erhobener Daten und der Diskussion in der Literatur formuliert werden:

Die Spanier: Effektive autonome Interessenartikulation und erfolgreiche Assimilation

Die Gruppe der Spanier ist in allen Beziehungen vergleichsweise erfolgreich, obwohl sie sich zum Zeitpunkt der Einwanderung nicht durch besonders günstige sozioökonomische Daten auszeichnete. Sie verbindet sich in der zweiten Generation weitgehend mit der deutschen Bevölkerung und ist in der dritten Generation in Deutschland nur noch zu einem kleinen Teil sozial und statistisch sichtbar. Gleichwohl existieren intensive Beziehungen zum Herkunftsland. Die zeitweise starke Rückwanderung, insbesondere von Rentnern, erfolgt aus einer Position realer Wahlmöglichkeit zwischen Deutschland und Spanien.[24] Es handelt sich bei dieser Gruppe um rasche assimilative Integration, die mit einer weitgehenden Annäherung an die Statusverteilung in der Mehrheitsgesellschaft verbunden ist.

Der spanische Elternverband ist auf der Grundlage vorheriger lokaler Gründungen 1973 auf Bundesebene etabliert worden.[25] Er konnte intensive staatliche und kirchliche Unterstützung gewinnen und setzte –

zum Teil auch gegen deutsche Schulverwaltungen – integrativen Unterricht und Hausaufgabenhilfe durch. In der Gründungszeit bestand eine weitgehende Einheitlichkeit der Willensbildung, die sich aus der Opposition gegen das Franco-Regime speiste, das sich in einer langandauernden Endkrise befand. Die Beteiligten selbst kehrten den offiziellen Slogan der spanischen Polizei in ironischer Weise um: »Todos contra la patria.«[26]

Erst die offene Parteienkonkurrenz nach der Etablierung der Demokratie brachte auch in die spanische Gemeinschaft in Deutschland Spannungen, die die Interessenvertretung nach außen aber nicht entscheidend beeinträchtigten. Der integrative Erfolg der spanischen Organisationen führt intergenerational in absehbarer Zeit zum Aufgehen der Gruppe in der deutschen Bevölkerung. Dies kommt am Ende der neunziger Jahre darin zum Ausdruck, dass jetzt Seniorenvereine den Schwerpunkt der Aktivitäten setzen. Die spanischen Vereine operieren unabhängig vom ursprünglichen Betreuungsverband und arbeiten mit unterschiedlichen Wohlfahrtsverbänden und anderen Landes- und Bundesinstitutionen zusammen. 1995 wurde eine eigene Weiterbildungsakademie gegründet.

Die Griechen: Heimatbezogene Einheitsverbände und pluralistische Integration

Die Gruppe der Griechen folgt der Gruppe der Spanier in Bezug auf die sozialstrukturellen Daten, insbesondere auf Bildung, in geringem Abstand. Sie bleibt von der deutschen Bevölkerung aber stärker getrennt, sowohl in Hinsicht auf Bildung wie auf Konnubium. Dies hängt mit einer ausgeprägten Koloniebildung und einer stärkeren Identifikation mit dem Herkunftsland zusammen, was sich in stärkerer Hin- und Herwanderung äußert. Im Vergleich zu allen anderen Gruppen haben die Griechen die höchsten Prozentsätze an Selbständigen. Bei dieser Gruppe finden wir pluralistische Integration unter Aufrechterhaltung bzw. Aufbau von Gruppenidentitäten, wobei anscheinend auch die Gruppen- und Identitätsbildung in Bezug auf bestimmte Herkunftsregionen wichtig ist.

Dieser Verlauf entspricht tendenziell dem 1921 durch Park, Thomas und Miller formulierten »ethnischen Paradox«, d. h. einer Entwicklung in Richtung funktionaler Integration, die durch soziale Prozesse begünstigt wird, die mit starker Identifikation mit der ethnischen Herkunft und entsprechend starker »Binnenintegration«[27] verbunden sind. Myrdal und andere argumentieren zusätzlich, ethnische Vereinigungen erfüllten speziell kompensatorische Funktionen für Gruppen, die von Staat und Gesellschaft ausgegrenzt seien (Kompensationsthese), und dieser Effekt gehe verloren, wenn die Lobbyarbeit Erfolg habe und die Gruppe sich in die Gesellschaft assimiliere.[28]

Die griechischen Gemeinden in Deutschland entstanden ebenfalls in Opposition gegen die Militärdiktatur.[29] Seit deren Ende 1974 fungieren sie weitgehend als Einheitsverband, andere Organisationen sind bedeutungslos geworden. Die Führungspositionen werden durch Wahlen anhand von Parteilisten bestimmt, was zeigt, dass sich die Organisationseliten stark auf die Parteien des Mutterlandes beziehen. »Nationale Schulen« und bilinguale Kindergärten waren vielfach ein Ziel selbstbewusst formulierter Aktivitäten. Dies hat zu großer Geschlossenheit der griechischen Gruppe geführt, für die der Ausdruck »Einwandererkolonie« angemessen ist. Trotz einer anderen Konzeption ist der Bildungserfolg fast ebenso hoch wie bei der spanischen Gruppe, verbunden mit einer weitgehenden Aufrechterhaltung der Herkunftsidentität. Weniger weitgehend sind aber die Erfolge in Bezug auf die Berufsfindung, was mit der geringeren Vernetzung mit der Gesamtgesellschaft zu erklären sein dürfte.

Die Italiener: Klientelistische Politisierung der Vereine

Die Gruppe der Italiener steht, wie schon ausgeführt, den beiden erstgenannten Gruppen in Bezug auf die Bildungs- und Einkommenswerte deutlich nach. Sie erreicht mehr Interkonnubium als die Griechen, aber weniger als die Spanier. Weit ausgeprägter als bei den anderen Gruppen ist bei den Italienern die Ungleichverteilung der Geschlechter: Auch nach über vierzig Jahren Einwanderung existiert ein Männeranteil von sechzig Prozent. Insofern finden wir bei dieser Gruppe ein drittes Integrationsmuster mit mittlerem Assimilationsniveau und defizitärer sozioökonomischer Situation.

Die italienische Regierung finanzierte von Anfang an Personal zur Betreuung der italienischen Arbeitskräfte in Deutschland, und zwar für verschiedene italienische Organisationen (ACLI, Gewerkschaften, Parteien). Damit gab es professionelle Organisationseliten, die an einem späteren Aufstieg im Heimatkontext orientiert waren, und ehrenamtliche Eliten, die ebenfalls an diesen Kontext gebunden waren. Die italienischen Parteien hatten ein erhebliches Interesse an den Italienern im Ausland als Wähler, und der Staat förderte die Wahlbeteiligung durch Freifahrten aus Anlass der Wahlen. Hinzu kam ein klientelistisch gefärbter politisierter Pluralismus in Italien selbst und insbesondere in der Arbeiterschaft.

Insgesamt entstand auf diese Weise ein doppelter Klientelismus gegenüber dem Betreuungsverband und gegenüber der Heimatpolitik, was die Formulierung eigenständiger Interessen eher behinderte. Dies kommt auch heute noch dadurch zum Ausdruck, dass die meisten Vereine der Italiener im Gegensatz zu denen der Spanier bis heute keine eigene Rechtspersönlichkeit haben, sondern finanziell von der Caritas abhängig sind.[30] Kißler/Eckert konstatieren dementsprechend in einer Studie zu einem Kölner Wohnviertel bei der Gruppe der Italiener eine »deutlich geringere interne Verflechtung« als bei der Gruppe der Türken.[31] Auch Kammerer resümiert: »The reproduction of the Italian political mosaic seems to favour the links with Italy at the cost of a better collective interaction with German society.«[32]

Diese Struktur kontrastiert zu der in der Schweiz. Dort hat die italienische Einwanderung eine ältere historische Kontinuität und ist insbesondere durch die Tradition des antifaschistischen Exils geprägt, das intensiv mit der Arbeiterschaft verbunden war und sich gegen das Mussolini-Regime definierte. Die Einwanderer aus Italien organisierten sich – ausgehend von den antifaschistischen Eliten aus der Emigrationszeit – in einer schon 1930 gegründeten autonomen Vereinigung, der »Federazione Colonie Libere Italiane in Svizzera«, die von Barbara Schmitter als »outstanding independent immigrant association« charakterisiert wird.[33] Diese Vereinigung publizierte die unabhängige Zeitung »Emigrazione Italiana«, rief die italienischen Migranten zu partizipativer Mitwirkung in der Schweiz auf und war fähig, auch in der schweizerischen Öffentlichkeit eigenständig die Interessen der Migranten zu artikulieren – bis hin zu einer Studie zu den erschreckenden Misserfolgen der italienischen Kinder in den Schulen. Die hier aufgezeigten Unterschiede ähneln denen zwischen Nord- und Süditalien, wobei in den Analysen gerade auch auf »Netzwerk-Bildung und Aufbau von Vertrauen« abgestellt wird.[34]

Dualismus bei den Einwanderern aus dem ehemaligen Jugoslawien

Die Einwanderer aus dem ehemaligen Jugoslawien verfügten bis zum Ausbruch des Bürgerkrieges ebenfalls über relativ hohe Integrationswerte, wenngleich sie deutlich hinter den Spaniern zurücklagen. Wie sich anhand neuer Daten zeigen lässt, bestehen aber große Integrationsdifferenzen zwischen Slowenen, Kroaten, Bosniern, Serben und Mazedoniern, und zwar in dieser Reihenfolge (vgl. Bild 1). Deswegen kann die Hypothese von einer in sich polarisierten Struktur formuliert werden: einerseits eine befriedigende Eingliederung gut ausgebildeter Arbeitskräfte vor allem aus Slowenien und Kroatien, die entgegen den Wünschen der damaligen jugoslawischen Regierung wegen der hohen Löhne nach Deutschland gingen und aufgrund der historischen Bindungen zu Österreich teilweise auch Sprachkenntnisse mitbrachten, andererseits aber schwierigere Integrationsbedingungen bei den Gruppen aus den südöstlichen Teilen des Landes, vor allem bei Mazedoniern und Kosovo-Albanern, die im übrigen auch später nach Deutschland einwanderten, zum Teil auch als Flüchtlinge.

Schon vor dem Auseinanderbrechen Jugoslawiens gab es bei der Betreuung ebenso wie in der Vereinsstruktur »jugoslawische« Vereine mit engen Beziehungen zur damaligen Regierung und »kroatische« Vereine mit engen Beziehungen zur Caritas.[35] Dieser Dualismus führte zu einer starken Heimatorientierung und einem latenten Konflikt innerhalb der Gruppe, insbesondere weil der kroatisch-katholische Nationalismus bei den Sozialberatern der Caritas stark ausgeprägt war. Es kann vermutet werden, dass die kroatischen Vereine, in denen eine intensive nationalistisch-religiöse Grundstimmung vorherrschte, mit Hilfe ihrer engen Anbindung an konfessionelle Strukturen in Deutschland eine umfangreiche integrative Aktivität entwickelten, während die »jugoslawischen« Konkurrenzorganisationen, die vom Herkunftsstaat gestützt wurden, weniger effektiv blieben. Auf diese Weise wäre eine Verstärkung der ohnehin gegebenen Disparität wahrscheinlich. Die albanisch sprechenden Albaner aus dem Kosovo schließlich dürften in ein institutionelles Vakuum geraten sein.

Symbolischer Extremismus und Gegeneinander bei den Türken

Die Türken, die größte Staatsangehörigkeitsgruppe, haben sich ebenfalls stark ausdifferenziert. Obwohl ihre Integrationswerte vergleichsweise niedrig liegen, stellen sie aufgrund ihrer zahlenmäßigen Stärke auch in den meisten Erfolgskategorien die größte Gruppe, etwa in den Gymnasien. Nur in bestimmten Regionen Süddeutschlands überwiegen sie nicht. Ebenfalls aufgrund ihrer großen Zahlen sind Türken und Kurden in Deutschland am stärksten »sichtbar«, wie in den sechziger Jahren die Italiener. Auch in dieser Gruppe finden wir deshalb eine breite Streuung unterschiedlicher Lebenslagen. Ein großer Teil der türkischen Facharbeiter ist aus dem Raum Istanbul nach Deutschland gekommen, außerdem auch Lehrer und andere Akademiker bzw. Studenten, andererseits kamen aber auch Migranten aus den weniger entwickelten Gebieten des Ostens und Flüchtlinge aus dem kurdischen Bürgerkriegsgebiet.

Nach einer ruhigen und erfolgreichen ersten Phase fiel die zweite Phase der Einwanderung aus der Türkei mit der Zuspitzung der innenpolitischen Konflikte zusammen, die 1980 in den Militärputsch mündete. Zugleich wurde die Repression gegen die kurdische Bevölkerung fortgeführt. Dies hatte zur Folge, dass Deutschland zum Austragungsort von in der Türkei unterdrückten Konflikten und zum Ruhe- und Finanzierungsraum für politische Organisationen wurde.[36] Ein weiterer Effekt dieser Situation war es, dass türkische Organisationen sich öffentlich gegenseitig denunzierten und auf diese Weise Schreckbilder schufen, die bis heute weit über die faktische Relevanz hinaus lebendig geblieben sind: insbesondere das der »Grauen Wölfe« und das des »islamischen Fundamentalismus«. Dies trug zur Verstärkung der Stigmatisierung von Türken und Kurden bei.

Als Hypothese kann deswegen formuliert werden, dass ein großer Teil der türkischen und insbesondere der kurdischsprachigen Bevölkerung stigmatisiert wurde und sich damit das oben erwähnte »ethnische Paradox« ausformte: Es ergaben sich funktionale Integrationsprozesse, die in Distanz zum politisch-administrativen System abliefen. Dies betrifft insbesondere die islamische, türkisch-nationalistische und kurdische Vereinsbildung. Andererseits dürften sich weitgehend positiv-integrative Prozesse bei jenen Gruppen ergeben haben, die modernisierend-europäische Grundideen verfochten und sich weitgehend aus Einwanderern rekrutierten, die aus den entwickelteren Gegenden der Türkei stammten.

Neue individuelle Einwanderung aus Polen

Die neue polnische Einwanderung begann nach der Verhängung des Kriegsrechts in Polen 1980, erreichte aber erst nach 1990 größere Ausmaße. Von Beginn an war die polnische Einwanderung stark mit informellen Tätigkeiten und Bereichen verbunden. Während der Zeit der antikommunistischen Opposition durch die Solidarność-Gewerkschaft gab es in Deutschland starke politische Sympathien für polnische Flüchtlinge, auch wenn die Fluchtgründe im Kern nicht politischer Art waren. Seit 1991 (Visumsfreiheit) ist die polnische Zuwanderung eng mit Programmen saisonaler Art und mit Werkvertragsarbeit verbunden. Die Gründe dafür sind starke Einkommensdisparitäten, gepaart mit Freisetzungen und gravierenden Absenkungen des Lebensstandards aufgrund der Umstellung des polnischen Wirtschaftssystems. Trotz ihrer kurzen Dauer scheint die polnische Einwanderung rasch in intensive Integrationsprozesse überzugehen, einschließlich relativ hoher Einbürgerungswerte. [37]

Im Gegensatz zu den Einwanderergruppen, die im Zuge der Anwerbung organisiert nach Deutschland gekommen sind, erfolgte die neue polnische Einwanderung individuell, sie stützt sich zugleich auf ein hohes Bildungsniveau.[38] In der ersten Phase war sie durch antikommunistische Sympathie für die Solidarność-Bewegung gestützt, die individuelle Integration erleichterten. Auch der starke Anteil informeller Arbeit bestärkte diese Muster. In der neueren Literatur wird für die neue polnische Einwanderung die Ausbildung effektiver Netzwerke belegt, die lösungsorientiert mit offiziellen deutschen und polnischen Stellen und auch der katholischen Kirche zusammenarbeiten.[39] Die Nähe zum Heimatland und der informelle Beginn dieser Migration macht diese Netzwerke einerseits grenzüberschreitend, sie erschwert andererseits eine stabile organisatorische Zusammenfassung in Deutschland. Der grenzüberschreitend-offene Charakter dieser Migration wird auch durch eine sich verbreitende deutsch-polnische Doppelstaatlichkeit gestützt, die sich aus den mehr als 152.000 Feststellungen der deutschen Staatsangehörigkeit für Angehörige der deutschen Minderheit insbesondere in Oberschlesien und auf Hin- und Herwandern von Aussiedlern mit zwei Pässen ableitet.[40]

Versucht man zu erklären, warum bestimmte Einwanderungsgruppen sich schnell integrieren, d. h. mit der eingesessenen Bevölkerung verschmelzen und diese gleichzeitig beeinflussen, so stößt man auf unterschiedliche Ansätze. Neben den schon erwähnten Kategorien kultureller Nähe und gleicher Religion werden vor allem das Alter der Einwanderer, die soziale Schichtung, die ökonomische und politische Integration und schließlich auch die Größe und Sichtbarkeit einer Einwanderungsgruppe diskutiert. Darüber hinaus gibt es in Deutschland eine sowohl in der Gesellschaft wie in der Literatur weit verbreitete Aversion gegen assimilative Tendenzen und den Begriff Assimilation, während für Frankreich dieser Begriff nach wie vor den Kern der Einwanderungspolitik kennzeichnet.[41]

Für unser Disparitätenproblem bieten all diese Ansätze keine zureichende Interpretation. Zwar ist evident, dass Türken und Kurden stärkeren Ausgrenzungen unterliegen. Hier liegt ein Circulus vitiosus vor. Das Problem des relativen Rückstands der Italiener insbesondere gegenüber den Spaniern lässt sich aber aus diesen Ansätzen nicht erklären. Das oben angeführte Moment des Ländervergleichs ist zwar gewichtig, insbesondere in Bezug auf die Bildungspolitik, aber nicht zureichend, da auch innerhalb der deutschen Bundesländer Diskrepanzen zwischen den Gruppen auftreten, auch wenn sie schwächer sind. So haben italienische Kinder zwar in Nordrhein-Westfalen und Hessen deutlich geringere Sonderschul-Anteile als in den beiden süddeutschen Ländern, diese sind aber gleichwohl höher als bei spanischen Kindern. Hinzu kommt, dass schon unsere Vergleichsbasis nur die mono-nationalen Personen erfasst, insbesondere nur die mono-nationalen Kinder. Es kann demgemäß angenommen werden, dass die Disparität zwischen Spaniern und Italienern noch weit stärker zu Tage träte, wenn auch die Kinder, Jugendlichen und Erwachsenen aus deutsch-ausländischen Verbindungen in den Vergleichen berücksichtigt würden.

Erklärungsansatz: Qualitäten der Selbstorganisationen

Die Vergleichsdaten aus der Münchner Untersuchung von 1997 werfen ein bezeichnendes Licht auf diese Zusammenhänge. Nach den dort erhobenen repräsentativen Antworten haben die Eltern türkischer und griechischer Staatsangehörigkeit ganz überwiegend klare Zielvorstellungen über die Bildung und Ausbildung ihrer Kinder, nicht aber die Eltern italienischer Staatsangehörigkeit. In der Gruppe der Italiener erklären 22,9 Prozent, die Bildungsziele seien unklar, bei den Türken sagen dies nur 3,1 und bei den Griechen 3,4 Prozent.[42] Die Gruppe der Spanier ist in der Münchner Untersuchung überhaupt nicht mehr berücksichtigt, da sie aufgrund des geschilderten Heiratsverhaltens inzwischen zu klein geworden ist. Bei den Polen erklären 14,1 %, bei den Zuwanderern aus dem ehemaligen Jugoslawien 14,3 %, die Bildungsziele seien unklar. Dies ist aber im Kontext der ungefestigten Aufenthaltssituation leicht verständlich.

Versucht man, die Organisationsraten ausländischer Selbstorganisationen für die Erwachsenen zu schätzen, so kommt man für die spanische und die griechische Gruppe auf je etwa fünfzig Prozent. Bei den anderen Gruppen ergeben sich geringere Werte, die aber gleichwohl noch beachtlich sind.[43] Darüber hinaus ist aus anderen Untersuchungen bekannt, dass die Migration aus den Anwerbestaaten durch Prozesse der »Kettenwanderung« geprägt war und deswegen intensive Familien- und Nachbarschaftsbeziehungen der Migranten bestehen, die aus den Heimatländern mitgebracht und in Deutschland etabliert worden sind. Sie geben der Vereinsbildung einen kommunikativen Unterbau, was dazu führt, dass orientierende Informationen, die aus den formell organisierten Vereinen stammen, netzwerkartig weitergegeben werden können. Dies wird auch klar, wenn die faktische Inanspruchnahme von Vereinen über die formelle Mitgliedschaft hinausgeht.[44] Auch in früheren Migrationen, etwa der Deutschen in die USA, ist Vereinsbildung ein charakteristisches Merkmal gewesen.

Bemerkenswert ist die Kontinuität der Organisationsmuster der Vereine bei den einzelnen Nationalitäten. So fällt auf, dass sich bei den spanischen Einwanderern immer wieder der Typ der produktiv an Integrations- und Lebensproblemen arbeitenden Gruppe zeigt, die sich mit der deutschen Umwelt auseinandersetzt, während die italienische und die griechische Gruppe stärker heimatbezogen operieren. Einige Aktivisten sind durch die ganze Zeit hindurch tätig gewesen. Wir können beispielsweise Persönlichkeiten identifizieren, die um 1970 einen Elternverein gegründet haben, sich in den achtziger Jahren in der Weiterbildung engagiert und in den neunziger Jahren einen Seniorenverein ins Leben gerufen haben.

Einige der im Kontext der Einwanderung bis 1973 gegründeten Gruppen sind nach wie vor existent, so etwa die »Griechischen Gemeinden« und der spanische Elternverein. Über die Organisationen selbst hinaus sind aber – allem Anschein nach schon zu Beginn der Einwanderung – bestimmte Organisations- und Aktivitätsmuster entstanden, die dann in einem hohen Maß kontingent weiterwirkten. Sie bringen in unterschiedlichem Maße soziales Kapital hervor. »Like other forms of capital, social capital is productive, making possible the achievement of certain ends that would not be attainable in its absence.«[45]

Vergleichbar sind diese Muster und Strukturen mit denen der Parteiensysteme, die seit dem Epoche machenden Aufsatz von Lipset und Rokkan als »Cleavage Structures« beschrieben worden sind. Solange sich keine grundlegenden Veränderungen ergeben, wirken solche Strukturen fort und entfalten eine hohe Eigendynamik.

Betrachtet man die Gruppenbildungen und Eigenorganisationen der Einwanderer über die Jahrzehnte, so können in diesen Zusammenhängen die Formierungen von Einwandererkulturen nachvollzogen werden, die sich in unterschiedlicher Weise mit der deutschen Umgebung auseinandersetzen und ihre Chancen wahrnehmen. Ein solcher Begriff von Einwandererkultur, der organisatorische Zusammenhänge nachvollziehen und reale Unterschiede der Ansätze ebenso wie der Politikergebnisse angeben kann, vermeidet die stereotype Fixierung auf dualistisches Anderssein ebenso wie den Paternalismus, der die Eigenaktivität der Einwanderer überhaupt nicht zur Kenntnis nimmt. Im Gegensatz zu Formulierungen, die in einer Gesellschaft nur eine Kultur anerkennen wollen und damit den Kulturbegriff hegemonialisieren[46], und zu Auffassungen, die den Kulturbegriff schematisch an die Nation, die Religion oder an die Sprache binden (wie die meisten Spielarten des Multikulturalismus), wird der Kulturbegriff hier in funktionale Zusammenhänge eingebunden und – wie es auch die ursprüngliche Ableitung von Kultur nahelegt – an die Reproduktion der Menschen in ihren sozialen Zusammenhängen gebunden. Dies ist der Reformulierung des Kulturbegriffs benachbart, die Bausinger in die Volkskunde eingeführt hat.[47]

Die Sichtbarmachung der Eigenaktivität der Immigranten wendet sich auch gegen den Betreuungsdiskurs, der sich seit den siebziger Jahren gegenüber den »Gastarbeitern« entwickelt hat.[48]

Darüber hinaus geht es darum, die Interaktionen der Einwandererkulturen mit den Aufnahmekulturen und -institutionen nachzuvollziehen, aus denen dann auch die Politikergebnisse in ihrer ganzen Unterschiedlichkeit entspringen.[49] Eine derart differenzierte Analyse ist ferner ein Beitrag zu einer Föderalismusdiskussion, die die ganze reale Unterschiedlichkeit der Situation demonstriert. Schließlich kann der Aufweis der ganzen Fülle erfolgreicher und gescheiterter Integrationsbemühungen dazu beitragen, die Diskussion um »best Practice« zu beleben, in der ebenfalls Differenzierung nötig ist. Eine fruchtbare Fortsetzung könnte diese innerdeutsche Analyse in der Komparatistik auf europäischer Ebene finden.

In der Zwischenkriegszeit haben amerikanische Autoren Stufen- oder Generationen-Theorien über die schrittweise Integration von Einwanderern entwickelt, die immer noch zitiert und rezipiert werden.[50] Nicht nur von unseren Beobachtungen, sondern auch von anderen Studien her[51] lässt sich aber klar feststellen, dass es keinen einzigen und einheitlichen Weg zu Integration und sozialem Erfolg für alle Gruppen gibt. Anders gesagt: Es gibt erfolgreiche Integration sowohl über den assimilativen als auch über den pluralistischen Weg. In Deutschland haben sowohl die spanische als auch die griechische Gruppe beträchtlichen Erfolg: die eine in assimilativer Weise, die andere in pluralistischer. Assimilation und strukturelle Integration müssen also sorgfältig unterschieden werden, ebenso wie die Sichtbarkeit einer Gruppe in der Gesellschaft. Andernfalls entstehen problematische und unklare Bilder und Vorstellungen, was sowohl analytisch wie politisch-praktisch zu Problemen und Ausgrenzungen führt.[52]

Derartige Dogmatismen gehen von zwei verschiedenen Grundpositionen aus: Die eine ist assimilationistisch. Sie geht auf die Französische Revolution und die Idee der »einen und unteilbaren Nation« zurück, gegenüber der alle Besonderheiten als illegitim gelten. Die andere ist multikulturell. Das heißt, es kommt in jeder Hinsicht darauf an, »Identitäten« aufrechtzuerhalten, und jede assimilative Tendenz wird negativ bewertet. Die letztere Grundhaltung findet sich besonders auch in der deutschen Tradition. Absolut gesetzt hindert sie die Einwandererkinder oder die »zweite« und »dritte« Generation an der gleichberechtigten Teilnahme an der Gesellschaft und führt – unabhängig von der Intention – zu Ausgrenzungen.

Ich möchte mit drei Gedanken schließen, die für die Weiterführung der Untersuchungen in Bezug auf die Bildung sozialen Kapitals relevant sein könnten.

Erstens ist bei einer Deaggregierung der Daten für die Gruppen der türkischen Staatsangehörigen und für die Gruppen aus dem ehemaligen Jugoslawien zu erwarten, dass weitere Differenzierungen offenbar werden, mit denen sich die einzelnen Werte nach regionaler Herkunft und nach Einwanderungsdatum unterschiedlich darstellen. Neben den Erfolgsgruppen aus Slowenien und Kroatien, von denen schon die Rede war, werden sich dann auch die türkischen Erfolgsgruppen genauer identifizieren lassen.

Zweitens werden sich die Länder-Differenzen weiter interpretieren lassen, wenn auch die unterschiedlichen sozioökonomischen Entwicklungen berücksichtigt werden. Bei genauerer Betrachtung werden sich regionale und lokale Profile herausarbeiten lassen.[53]

Drittens sollte in der weiteren Forschung berücksichtigt werden, dass die Aktivitäten und Energien der Einwanderer selbst relevant sind und in interaktiven Verhältnissen zu den Rahmenbedingungen und Politiken der Einwanderungsländer, Unternehmen und der karitativen Organisationen stehen. Die deutsche Migrationsforschung sieht die Einwandererer oft immer noch zu einseitig als Objekte von Politik und Betreuung.

Anmerkungen

1 Vgl. Schilling 1980. Schilling war Generalsekretär des Deutschen Roten Kreuzes. Zum Kontext des Exklusions-Diskurses vgl. Thränhardt 1988, 11–13. Der Artikel rief heftige Proteste hervor.
2 Vgl. Schmid 1997.
3 Frankfurter Rundschau 203, 3. 9. 1982.
4 Vgl. Huntington 1996.
5 Vgl. Heitmeyer 1997.
6 Vgl. Bender/Seifert 1996, 480–481.
7 Vgl. Schmidt/Weick 1998, 5.
8 Die geringe Zahl der Kinder aus nichtdeutschen binationalen Verbindungen bleibt bei diesem Vergleich unberücksichtigt.
9 Für Griechen und Italiener vgl. insbesondere Alba/Handl/Müller 1994, 209–237; Landeshauptstadt München 1997.
10 Vgl. Tribalat 1996.
11 Vgl. Alba u. a. 1994; Landeshauptstadt München 1997.
12 Zu einem Vergleich lokaler und regionaler Disparitäten vgl. Thränhardt 1999.
13 Vgl. Hoffmann-Nowotny/Hondrich 1982; Breitenbach 1982.
14 Vgl. Müller u. a. 1998.
15 Vgl. Schöneberg 1982, 460; Hoffmann-Nowotny/ Hondrich 1982; Schöneberg 1993.
16 Vgl. Schöneberg 1982, 472; Breitenbach 1982.
17 Vgl Schöneberg 1982, 458, 477.
18 Vgl. Putnam 1993, 239. Putnam bezieht sich auf »some suggestive evidence« aus Galtung 1971, 190–191.
19 Vgl. Yamin 1998.
20 Vgl. Rist 1980.
21 Zitiert nach Miller 1998, 191.
22 Vgl. Schöneberg 1982, 485 f.; Schöneberg 1993, 121–181.
23 Vgl. etwa Lucassen 1997; Page Moch 1992; Hoerder 1996.
24 Vgl. Schmidt/Weick 1998. Die Autoren heben hervor, dass nur bei den Spaniern der Anteil derjenigen, die dauerhaft in der Bundesrepublik bleiben wollen, 1995 nicht zugenommen hat.
25 Confederacion de las Associaciones de Padres de Familia en la RFA/ Bund der spanischen Elternvereine in der Bundesrepublik Deutschland, Lo que somos y hacemos/ Was wir sind, was wir tun, Bonn 1979. Vgl. auch Breitenbach 1978.
26 Interview mit dem »Presidente Fundador« der Elternvereinigung, Manuel Romano-Garcia, Dezember 1997.
27 Der Begriff nach Elwert 1982, 717–731. Zur amerikanischen Tradition vgl. Robert Park/Thomas/Miller 1971, 225–258. Die ältere amerikanische Literatur ist allerdings stark auf die Rahmenbedingungen in den USA um die Jahrhundertwende

bezogen und lässt sich nicht ohne weiteres auf Deutschland übertragen. Insbesondere muss der hochorganisierte deutsche Sozialstaat mit seinen Regulierungen und Diensten in Rechnung gestellt werden, der viele Funktionen ausfüllt, die in den USA durch ethnische Gruppen erbracht wurden. Vgl. dazu Dörr/Faist 1997. 401–426.

28 Vgl. Myrdal u. a. 1944. Babchuck/Thompson 1962, 647–655.

29 Vgl. Schlumm 1984.

30 Ergebnis einer Umfrage im Auftrag des Ministeriums für Arbeit, Gesundheit und Soziales NRW: Bestandaufnahme der Potentiale und Strukturen von Selbstorganisationen von Migrantinnen und Migranten in Nordrhein-Westfalen. Institut für Politikwissenschaft, Universität Münster (erscheint 1999).

31 Vgl. Kißler/Eckert 1990, 43–79.

32 Vgl. Kammerer 1991, 196. Eine systematische Darstellung der Entwicklung am Beispiel von Berlin bei: Pichler 1997, insbesondere 41–46.

33 Vgl. Schmitter 1980, 187–88. In ihrer unveröffentlichten Dissertation vergleicht Schmitter die Organisation der Einwanderer in Deutschland und der Schweiz im Detail und weist auf die deutlich größere soziale Distanz zwischen einheimischer und eingewanderter Bevölkerung in der Schweiz hin, ebenso wie auf die restriktiven Regelungen im Arbeits- und Aufenthaltsrecht (Barbara Epple Schmitter, Immigration and Citizenship in West Germany and Switzerland, Diss. Chicago 1979, S. 235).

34 Vgl. Putnam 1993, 159, 161.

35 Vgl. Thränhardt 1983, 63.

36 Vgl. Sezer/Thränhardt 1983, 119–154.

37 Vgl. Rudolph 1993.

38 Vgl. etwa die Daten in: Landeshauptstadt München 1997, S. 101–104.

39 Vgl. Rudolph 1993.

40 Vgl. Thränhardt 1997, 3.

41 Vgl. Hagedorn 1998, 15–63.

42 Vgl. Landeshauptstadt München 1997, 161.

43 Vgl. Thränhardt 1989, 10–26; Schöneberg 1993, 146–168.

44 Vgl. Schöneberg 1993, 159 f.

45 Vgl. Coleman 1990, 302.

46 Vgl. Hoffmann-Nowotny 1996, 103–126; vgl. auch Greiffenhagen 1997, 81, 85, 105 ff.), der sogar drei statisch gefasste Begriffe von Kultur und »Identität« nebeneinander verwendet: einen nationalen, einen europäischen und einen multikulturellen.

47 Zum Kulturvergleich siehe die Diskussion in Matthes 1992.

48 Kritisch dazu Puskeppeleit/Thränhardt 1990. In diesem Buch wird auch auf die herkunftsheterogenen Organisationen eingegangen, die im vorliegenden Aufsatz aus Gründen der Klarheit der Gedankenführung nicht einbezogen worden sind.

49 Vgl. zu ebenso auffälligen Unterschieden im Hinblick auf die Einbürgerung: Hagedorn 1998.

50 Vgl. Park 1937; 1950.

51 Vgl. Portes 1995; Yiftachel 1998.

52 Siehe etwa Miller 1998. Dieses Buch ist für die neuere assimilationistische Strömung in den USA gerade in seinen Überspitzungen sehr typisch.

53 Vgl. Bender/Seifert 1998.

Islamischer Schulunterricht in Wien

Friedhelm Kröll

Problempotentiale. Kulturelle Relationen

Mit unverkennbarem Lob für die österreichische Rechtsordnung, wonach die inhaltliche Gestaltung des Religionsunterrichts eine Angelegenheit der betreffenden Kirche bzw. Religionsgemeinschaft ist, quittiert die Führung der Islamischen Glaubensgemeinschaft in Österreich die formellen Grundlagen für die Erteilung des islamischen Religionsunterrichts an öffentlichen Schulen. Dies ist jedenfalls der erste Basisbefund der explorativen Studie »Integration oder Fremdenfähigkeit. Islamischer Schulunterricht in Wien: Problempotentiale. Kulturelle Relationen«[1], die im November 1998 abgeschlossen worden ist. Der zweite Grundbefund lautet: die Institution des islamischen Religionsunterrichts ist weithin eine Terra incognita.

Die Islamische Glaubensgemeinschaft ist eine der zwölf anerkannten Religionen in Österreich. Hier ist es schon verhältnismäßig früh gelungen, eine funktionierende Partnerschaft zwischen dem Staat und den Repräsentanten des Islams in Österreich zu entwickeln. Während in Deutschland noch darum gerungen wird, eine angemessene Regelung für die Einrichtung des islamischen Religionsunterrichts an öffentlichen Schulen zu finden und einvernehmlich zu realisieren, während in Frankreich ein allemal konfliktträchtiger rigoroser Laizismus vorwaltet, ist es 1983 in Österreich – dank eines wohltemperierten Laizismus – gelungen, für den islamischen Schulunterricht einen tragbaren und immer noch entwicklungsfähigen Weg zu beschreiten. Er hat, folgt man den Aussagen von islamischen Schulexperten in Wien, die im Rahmen unserer Exploration befragt worden sind, in europäischer Perspektive exemplarischen Wert.

Stillen Beifall findet der »österreichische Weg« der Regulierung des Verhältnisses zwischen Staat und offiziell anerkannter Religion seitens der Repräsentanten dieser Gemeinschaft insbesondere deshalb, weil die Konfessionen in Sachen Religionsinhalte und Lehrpersonal Autonomie genießen – sofern allgemeine, übergreifende Gesetze unberührt bleiben. Rechtsformell und institutionell jedenfalls ist der Islam in Österreich schul- und religionspolitisch integriert.

Österreich wird von den fünf Nationalratsparteien (SPÖ, ÖVP, FPÖ, Grüne und Liberales Forum), ungeachtet der katholischen Majoritätsverhältnisse, als ein multikonfessionelles Land betrachtet. So lange überhaupt Religionsunterricht an öffentlichen Schulen erteilt werde, solle allen Gemeinschaften, sofern sie die staatliche Anerkennung genießen, das Recht auf Eigengestaltung des Religionsunterrichts eingeräumt werden.

Zudem dürfe es der Norm und der Praxis nach keine Bevorzugung der einen oder anderen Religion geben.

Nicht nur wegen spürbarer Entkirchlichungstendenzen hat auch in Österreich die Diskussion über die Zukunft des Religionsunterrichts längst begonnen. Insofern ist der Konsens zwischen den Nationalratsparteien über die bisher gültige Regelung des Religionsunterrichts für alle anerkannten Kirchen und Religionsgemeinschaften an die noch geltende Prämisse geknüpft, dass überhaupt Religionsunterricht an öffentlichen Schulen erteilt wird. So lange dies der Fall sei, so die einhellige Auffassung der befragten Parteienvertreter, sei der »österreichische Weg« anderen Varianten vorzuziehen. Er gewährleiste nämlich, dass die religiöse Unterweisung gleichsam im Sicht- und Kontrollfeld des Staates verbleibt. Ein Sachverhalt, der vor allem mit Blick auf den Islam betont wird, insofern diesem unterstellt wird, er trenne das Politische nicht genügend vom Religiösen.

Sollte in Zukunft »Ethik« als schulisches Pflichtfach für alle an die Stelle des bisherigen, unter Abmeldungsvorbehalt stehenden Religionsunterrichts treten, bedeutete dies in jedem Fall ein Ende des »österreichischen Wegs«. Mit der Etablierung eines konfessionsneutralen Ethik-Unterrichts an öffentlichen Schulen würde sich der Staat aus der religiösen Sozialisation von Heranwachsenden verabschieden, würden aber auch seine schul- und religionspolitischen Möglichkeiten als Kontrollorgan schrumpfen. Niemand der Interviewpartner hat dies so konturenscharf gesehen wie die Vertreterin der ÖVP: »Der andere Weg (als der ›österreichische‹ – F. K.) wäre ja eine Privatisierung des Religionsunterrichts wie in Amerika. Aber da gibt es eine andere Tradition und ein anderes Verständnis von Trennung zwischen Kirche und Staat. Da gibt es Sonntagsschulen, da geht man sozusagen privat seinen Religionsunterricht einkaufen, wo man will. Da mischt sich auch der Staat nicht ein.«

Der Halt in der Fremde: die religiös-kulturelle Diaspora

Bislang jedenfalls ist nicht anzunehmen, dass Österreich die erprobte Religions- und Schulpolitik ernstlich verlassen wird. Natürlich gibt es – obzwar nicht als »Sonntagsschule«, allenfalls als »Freitagsschule«, und auch nicht nach dem Marktprinzip des »Kaufens« – diverse Formen islamischer religiöser Unterweisung, die außerhalb des islamischen Religionsunterrichts an öffentlichen Schulen stattfinden. Damit sind wir bei einem weiteren Befund der Exploration des »Islamischen Schulunterrichts in Wien« angelangt. Ins Blickfeld treten das Problem der »islamischen Diaspora im Westen« und die kulturelle Bedeutung, die in diesem Zusammenhang dem islamischen Schulunterricht zukommt. Durchwegs wird in den Interviews, sowohl auf islamischer wie auf nichtislamischer Seite, davon ausgegangen, dass die infolge der Arbeitsimmigration entstandenen islamischen Gemeinden in West- und Mitteleuropa keinen vorübergehenden

Charakter haben. »Provisorium auf Dauer« mag die adäquate Bezeichnung für die Lage sein. Den befragten Vertretern der Islamischen Glaubensgemeinschaft ist die Vorstellung, in einer *Diaspora* zu leben, durchaus geläufig. Mehr noch, ungeachtet der Frage der politischen Einbürgerung bildet die Idee der Diaspora als feste Form religiös-kultureller Eigenkonstitution innerhalb einer konfessionell überwiegend anders gebundenen, zunehmend entkirchlichten europäisch-okzidentalen Umwelt durchaus eine merkliche Richtmarke des Handelns. (Es ist höchst bemerkenswert, dass in Hinsicht auf Diaspora-Erfahrungen gerade von Seiten der Interviewpartner aus der Umsphäre der evangelischen Kirche einiges Verständnis für den konstitutiven Willen zur islamischen Diaspora bekundet und so manche Problemlagenverwandtschaft zwischen islamischer und protestantischer Schuldiaspora in Österreich wiedererkannt worden ist).

Ohne den Willen zur islamischen Diaspora würde sich der »Islam im Westen« alsbald in nichts auflösen. Dieser Wille bekundet sich außerhalb der Institution des islamischen Religionsunterrichts vornehmlich in den nach nationalstaatlicher Herkunft, innerislamisch-religiösen Strömungen, sozial-materiellen Möglichkeiten sowie elterlichen Dispositionen ausdifferenzierten Formen religiöser Unterweisung in Familie und Moschee. Mit Etablierung und Existenz eines offiziellen islamischen Schulunterrichts hat die islamische Diaspora fraglos eine bedeutende sozialkulturelle Anerkennung erfahren und zusätzlich einen institutionellen Schwerpunkt erhalten. Die Chancen ihrer Homogenisierung haben sich verbessert. Von islamischer Seite – den Vertretern der Glaubensgemeinschaft sowie der Religionslehrer- und Elternschaft – wird der islamische Religionsunterricht durchaus als ein Halt in der Kulturfremde, als eine fest institutionalisierte Gelegenheit betrachtet, religiös-kulturelle Eigenart zu bewahren. Und ohne den Willen zur religiösen Erziehung verlöre die islamische Diaspora, wie im übrigen jede Diaspora, ihren sozialen und kulturellen Sinn.

Das explorierte Charakteristikum nun, das von der Migrations- ebenso wie von der Religionssoziologie noch völlig unzureichend untersucht worden ist, liegt im Selbstverständnis der Islamischen Glaubensgemeinschaft. Ihr erscheint die islamische Diaspora im Westen durchaus als ein »eigen Ding«[2], als eine genuine »Zwischenwelt«[3]. Mit einiger Verve haben die befragten islamischen Schulverantwortlichen betont, dass die islamische Diaspora in Österreich – im engeren Sinn die religiöse Erziehung in Wien, repräsentiert durch die Islamische Glaubensgemeinschaft – nicht als »Filiale« der nahöstlichen Herkunftsländer der (Arbeits-)Immigration misszuverstehen sei: »Wir sind unabhängig und wollen auch weiterhin unabhängig bleiben, und wir stehen in Distanz zu allen muslimischen Staaten, weil wir uns nicht von irgendeinem Land oder irgendeinem Staat in der islamischen Welt vereinnahmen lassen wollen.« In die Richtung einer Eigenkonstitution zielt denn auch die im Herbst 1998 erwirkte Einrichtung einer eigenen religionspädagogischen Akademie zur Qualifizierung der islamischen Religionslehrerschaft für den Unterricht an öffentlichen Schulen.

Ob und inwieweit der islamische Religionsunterricht über die religiöse Unterweisung hinaus tatsächlich einen »Halt in der Fremde« – mithin eine Langzeit-Fundierung der islamischen Diaspora in Österreich bzw. Wien – darstellt, darüber freilich könnte sinnvoll nur eine Studie Auskunft geben, in deren Zentrum eine Jugend- und Schülerbefragung steht. Vor dem Horizont der Doppelfunktion des islamischen Religionsunterrichts an öffentlichen Schulen – religiöse Erziehung und dadurch Identitätsbildung als religiös-kulturelle Diaspora – zeichnen sich einige Besonderheiten dieser Institution ab. Obwohl im Hinblick auf die nationalstaatliche Herkunft der türkische und in Bezug auf die innerislamische Strömungsdifferenzierung der sunnitische Akzent vorherrscht, können Schülerinnen und Schüler im islamischen Schulunterricht den Pluralismus der islamischen Traditions- und Herkunftswelten kennenlernen. Die – im Gegensatz zum majoritätsgesellschaftlichen Pauschalbild – große Spannbreite des Islam hinsichtlich der Herkunftsländer, Sozialkulturen und religiösen Strömungen ist in den Augen der befragten islamischen Religionslehrerschaft allemal eine erhebliche Herausforderung. Über die religiöse Unterweisung hinaus müssen im islamischen Schulunterricht die Besonderheiten der Binnendifferenzierungen der Diaspora-Lage, in der sich Lehrer und Schüler befinden, berücksichtigt werden. So überrascht es nicht, dass in den Interviews die »Funktion des Seelsorgers« stark pointiert worden ist – ein Anspruch, der bekanntlich unter der christlichen Religionslehrerschaft kaum mehr aufrecht erhalten werden kann. Die engere Verknüpfung von Leben und Religion, verstärkt durch die Diaspora-Situation, ist von nichtislamischen Lehrerkollegen für die Eigenart des islamischen Schulunterrichts mehrfach herausgestellt worden: »Da ist Religion noch Leben, sie ist im Leben integriert. Bei uns habe ich immer den Eindruck, dass Religion Privatsache ist.«

Öffentlich sichtbare religiöse Symbolik

Diese Aussage zielt ins gesellschaftspolitische Zentrum der Problemsituation »Islamischer Schulunterricht« bzw. »Islam im Westen«. Wer die Spannungs- und Konfliktpotentiale zur »Kopftuch«-Thematik hin vereinfacht, verkennt weithin die Essenz der Problematik. (Zunächst sei der medien- und stammtischmäßig politisierende »Fundamentalismus-Diskurs« zurückgestellt. Er soll – im Kontext der Schlussbetrachtung über die »Grenzen der Toleranz« – im Lichte unserer Explorationsfunde verhandelt werden.) Mit feinsinniger Ironie hat ein befragter islamischer Schulexperte darauf verwiesen, dass in Österreich »die Religionsnote im Schulzeugnis immer an erster Stelle steht«. Völlig verquer dazu steht die tatsächliche kulturelle Bedeutung des Religionsunterrichts an den

Schulen, und dies nicht nur in Österreich. Vor dem Hintergrund der Entkräftung der christlichen Großreligionen, der überragenden Bedeutung von Märkten und Standorten, der areligiösen und anethischen Welt der Globalisierung also, befindet sich auch der katholische Religionsunterricht längst auf dem Weg in die Marginalisierung, um nicht zu sagen: auf dem Marsch in die soziale Bedeutungslosigkeit. Nicht zuletzt abzulesen an Status und Prestige der Religionslehrerschaft, die samt ihrem Fach längst unter »ferner liefen« rangieren. Innerhalb des europäischen City-Okzidents wird Anhänglichkeit an (kirchenförmige) Religion überhaupt zunehmend als seltsam – weil Ausdruck von Zurückgebliebenheit – empfunden. Diesem Wahrnehmungsschema muss der Islam inmitten der City-Kultur erst recht als höchst befremdlich erscheinen. Nicht dass die Maxime »distinguimus ergo sumus« der »aufgeklärten« City-Kultur fremd wäre. Im Gegenteil, die Lebensstil- und Outfit-Gebärde zeugt vom Hang zur Distinktion. Aber, dies belegen unsere Explorationsfunde, das dem Islam – hier: der islamischen Diaspora – innewohnende Insistieren auf sozial kenntliche Eigenart verstimmt. Die Verstimmung rührt wesentlich daher, dass der Islam im Verdacht steht, nicht nur vormoderne Lebensformen zu konservieren, sondern darüber hinaus die strikte Trennung von Politik und Religion zu missachten. Gerade auch in dieser Hinsicht erscheint der Islam im öffentlichen Meinungsschema als eine unzulässige Abweichung vom erreichten europäisch-okzidentalen Standard, als ein Rückfall hinter die Moderne. Vor allem aber die Eigenart, Religion als Obligation zu akzentuieren, lässt den Islam als das Unzeitgemäße schlechthin innerhalb der gegenwärtigen Trendkultur erscheinen. Dem Zeitgeist der multiplen Option, wie er im Okzident vorzufinden ist, muss der Islam nicht zuletzt deshalb unheimlich sein, weil er das Ethos der Verbindlichkeit verkörpert. Islamischer Religionsunterricht löst Befremden aus, weil hier erstens Religion und Lebensführung noch zusammen gedacht wird, weil zweitens Wissensvermittlung und Einschulung in die Glaubenslehre noch verschränkt sind, weil drittens der Akzent auf Obligation und nicht auf Option liegt und dementsprechend viertens die soziale Sichtbarkeit gewichtet wird.

Just an diesem Punkt, nämlich der sozialen Sichtbarkeit religiöser Zugehörigkeit, wird der Rubikon liberal-kulinarischer Toleranz erreicht. »Ich habe erzählt«, so eine befragte islamische Religionslehrerin, die selbstbewusst Wert auf das demonstrative Signum »Kopftuch« legt, »dass es (...) mich sehr stört, auf der Straße mit bösen, stechenden Blicken konfrontiert zu sein, nur weil ich muslimisch gekleidet bin. Ich schaue die halbnackten Frauen auch nicht so an wie sie mich, obwohl es mir unangenehm und als Frau peinlich ist, wenn solche Frauen sich als Waren präsentieren.« Sie werde im sozialen Raum der Schule von der Majorität vor allem als »komische Frau« angesehen. Eine reflektierte Beobachtung, die verdiente, im Lichte Freudscher Problemskizzen zum Unheimlichen sowohl wie zum Komischen[4] religions- und kultursoziologisch entziffert zu werden. Denn es ist noch gar nicht so lange her, dass – vor allem im ländlichen Raum, in Österreich sowohl wie in Deutschland – das »Kopftuch« zur kulturellen Normalität gehört hat. Die Vermutung, bei den Reaktionen aufs »muslimische Kopftuch« handle es sich nicht zuletzt um ein Symptom der Abwehr gegen die Wiederkehr des frisch Verdrängten, scheint plausibel.

Bei der christlichen Religionslehrerschaft ist die Toleranzwilligkeit gegenüber dem Anders- und Fremdartigen des religiös-kulturellen Erscheinungsbildes des Islams deutlich stärker ausgeprägt. Dies dürfte darin begründet sein, dass es einmal eine Zeit gegeben hat, in der auch die Christen, insbesondere die Katholiken, einigen obligationsgestützten Wert auf religiöse Sichtbarkeit im Alltag gelegt haben.

Aus dem Interviewmaterial lassen sich hinsichtlich der Toleranzwilligkeit gegenüber öffentlich sichtbarer religiöser Symbolik zwei Eckpositionen herauslesen, zwischen denen sich eine ganze Skala differenzierter Positionen bewegt. Die eine Eckposition bezeichnet eine dezidierte Akzeptanz religiös-habituellen Andersseins, pointiert von einer befragten römisch-katholischen Lehrkraft formuliert: »Auf jeden Fall sollen Muslime auch hier ihre Religion öffentlich leben und sichtbar machen. Die Christen machen ihre Fronleichnamsprozession, da gehen sie auf die Linzer Straße mit Musik und Gesang usw. Sollen auch die anderen Religionsgemeinschaften den öffentlichen Raum beanspruchen, gestalten und die Freiheit haben, ihre Traditionen zu leben. Der andere Standpunkt ist Anpassung.«

Die gegenüberliegende Eckposition, das »Wunschbild Integration«, läuft schlussendlich auf die Option für Anpassung an den westeuropäisch-okzidentalen Habitus hinaus. So meint ein nichtislamischer Lehrer, die Vorschrift, Mädchen sollten während des islamischen Religionsunterrichts das Kopftuch tragen, schade dem Ansehen dieses Unterrichts, weil er »sofort mit einer dogmatischen Lehre gleichgesetzt« werde, und »das soll ja der Religionsunterricht nie sein. Er soll ein Angebot zum Weiterüberlegen sein ...« Überboten werde diese Dogmatisierung noch dadurch, dass selbst die Religionslehrerin derart auftrete: »Befremdend wirkt es ein bisschen, wenn eine islamische Religionslehrerin selbst mit dem Kopftuch in der Schule erscheint. Sie manövriert sich damit selbst ins *Out* (Herv. – F. K.), und man kann ihren Unterricht nicht mehr richtig einordnen. Über die Person der Lehrerin sagt das Kopftuchtragen natürlich nichts aus, aber im Rahmen der Schule ist es vielleicht für manchen Kollegen ein Signal, diese Lehrerin *eher nicht anzusprechen* (Herv. – F. K.). Es wäre besser, wenn islamische Lehrerinnen nicht so traditionell islamisch auftreten müssten, aber das ist innerhalb der Religionsgemeinschaft zu diskutieren.«

Dass die Aufforderung, die Diaspora möge sich ihres kulturspezifischen Habitus entkleiden, weit entfernt ist von Fremdenfähigkeit, sei eingemerkt. Was immer auch übers »Kopftuch« zu denken sein mag, Fremdenfähigkeit fängt dort an, wo nicht sogleich auf Seiten der Majoritätskultur der Stigmatisierungsmechanismus einschnappt, so wie von einer islamischen Mutter berichtet: »Ich trage selber Kopftuch und ich habe große Probleme damit. Ich bin ausgebildete Kindergärtnerin, aber bei jedem Vorstellungsgespräch werde ich darauf angesprochen. Es ist überall mit Kopftuch schwierig, aber in der Arbeit ist es am schwierigsten. Meine Religion verlangt von mir das Kopftuchtragen, und ich mache den anderen auch keine Kleidervorschriften. Die Leute mit Kopftüchern werden in der U-Bahn und Straßenbahn schief angesehen. *Man hört oft, dass man Religion auch im Inneren haben und man das nicht nach außen zeigen muss* (Herv. – F. K.). Die Leute meinen oft, wenn man in Österreich lebt, muss man die hiesige Kultur annehmen. Ich will nicht nach 33 Jahren ohne Religion leben.«

In nahezu vollkommener Übereinstimmung mit dem überaus elastisch-eleganten »österreichischen Weg« der Regulierung des Verhältnisses von Religion und Staat, hier auf der Ebene des islamischen Religionsunterrichts an öffentlichen Schulen, befindet sich die nachfolgende Passage aus einem Interview mit der nichtislamischen Elternschaft. In dieser »goldenen Mitte« wird kulturelle Lizenz für ein gleichsam dosiertes Anderssein erteilt, Ausdruck eben fragmentierter Toleranz. Das Plädoyer fürs »Arrangement« dürfte, jedenfalls unseren Explorationen zufolge, exemplarischen Charakter besitzen: »Für mich ist es selbstverständlich, dass jeder mit seiner Kultur leben darf. Allerdings ist ein gewisses Einleben in die Kultur, in der man lebt, wichtig. Ich habe das Beispiel von diesem Mädchen aus der Volksschule gebracht. Es versteht in manchen Dingen niemand, warum das Kind von den Eltern aus dem Kreis der anderen Kinder ausgeschlossen wird. Wie überall im Leben, ist wohl ein *Kompromiss* (Herv. – F. K.) das Beste. Niemand sollte sich abschotten, weder die islamische noch zum Beispiel die jüdische Gemeinschaft. Hier zu leben, aber Fremdkörper zu bleiben, ist sicher nicht gut, weil das zu Reibereien führt und zu Aggressionen bei denen, die vielleicht nicht tolerant genug sind. Die gibt es ja überall. Eigene Wurzeln und Traditionen zu behalten, ist wichtig, aber es sollte versucht werden, sie mit der Kultur des Landes, in dem man lebt, zu verbinden. Das ist leicht getan, aber wenn man sich in ein fremdes Land begibt, ist die Situation ohnehin schon schwierig, und man muss sich eben arrangieren.«

Nicht immer freilich kann die islamische Religionslehrerschaft, die im Falle der weiblichen Lehrkräfte unschwer am »Kopftuch«, ansonsten häufig genug an augenfälligen physiognomischen Zügen, die auf »Anderssein« und »Abweichung«[5] verweisen, leichthin identifiziert werden kann, auf Bereitschaft zum »Arrangement« rechnen. Den Interviewaussagen zufolge widerfährt ihr häufig frostige Distanz oder – im günstigeren Fall – achselzuckende Gleichgültigkeit, die sich nicht selten als Toleranz missversteht.

Besondere Anforderungen für islamische Lehrer

Damit sind wir bei einem weiteren mitteilungswerten Befund unserer Explorationen angelangt. Er betrifft die prekäre Lage der islamischen Lehrerschaft. Zunächst ist festzuhalten, dass der islamische Religionsunterricht am Nachmittag stattfindet. Dass dies für die muslimischen Kinder und besonders auch für die Eltern Erschwernisse mit sich bringt, liegt auf der Hand. Weil der islamische Religionsunterricht außerhalb der vormittäglichen Regelstundenzeit plaziert ist, darf die Teilnahme allemal als ein Indikator für eine bewusste Entscheidung seitens der Eltern gewertet werden. In der Regel müssen Eltern genügend motiviert sein, sich über den Ort, wo der islamische Unterricht stattfindet, zu informieren. Den Interviewaussagen zufolge gehen die Schulleitungen mit dem Gebot der Information über den islamischen Religionsunterricht oft genug lax um. Die Eltern müssen zweitens einen größeren Mobilitäts- und Zeitaufwand betreiben, um ihre Kinder gegebenenfalls hinzubringen und abzuholen. Wer dies auf sich nimmt, will den Religionsunterricht für seinen Nachwuchs tatsächlich.

Die in der Regel außerordentliche Zeitlage des islamischen Religionsunterrichts bringt insbesondere auch für die Lehrerschaft Probleme mit sich, denn ihr faktisches Springerdasein schränkt die Möglichkeiten für interkollegialen und also interkulturellen Austausch erheblich ein. Der Mangel an Every-day-Kontakten wird denn auch von Seiten der Islam-Lehrerschaft als ein besonders schwerwiegendes Problem hervorgehoben. Der Wunsch nach mehr Kommunikationsforen findet insbesondere auf Seiten der nichtislamischen Religionslehrerschaft positiven Widerhall. Es scheint, dass gerade hier ein noch kaum ausgeschöpftes Potential zum Abbau von Barrieren, Vorurteilen und Klischees liegt.

Ein anderes Problem betrifft die Qualifikation der islamischen Lehrerschaft. Seit Herbst 1998 scheint – mit der Einrichtung einer religionspädagogischen Akademie – ein wichtiger Schritt auf dem Wege zur Normalisierung der Ausbildungssituation getan, also in Richtung auf Chancenangleichung an die Konditionen der christlichen Konfessionen. Fraglos aber prägt die Institutionalisierung einer Ausbildungsakademie den genuinen Diaspora-Charakter der religiösen Kultur weiter aus. Ausbildung des Lehrpersonals in der Diaspora beinhaltet nämlich nicht nur eine mögliche Verbesserung der Fachqualifikationen im engeren Sinne der Religionslehre. Vielmehr eröffnet eine solche Ausbildungsstätte die Chance, die Besonderheiten der Situation und der Anforderungen an das Lehrpersonal im Ausbildungsprogramm zu berücksichtigen. Die soziokulturellen Anforderungen an das islamische Lehrpersonal in der Diaspora, d. h. im Kontakt- und Spannungsfeld verschiedener (religiöser) Kulturen, sind gewiss anders geartet als die in der islamischen Hemisphäre.

Aus dem Interviewmaterial lassen sich einige besondere Anforderungen herausfiltern. Zunächst tritt das Problem des Unterrichts einer glaubens- und obligationsbetonten Religion ins Licht. Fachlehrer sollen über Fachkompetenz verfügen. Aber seit jeher ist es eine Eigenart des Fachs Religionslehre gewesen, die unauflösliche Spannung zwischen Glauben und Wissen zu bewältigen – was die Schüler immer schon gewittert haben. In einer Zeit, in der etwa innerhalb der katholischen Kirche Österreichs heftig darüber debattiert wird, wohin der Religionsunterricht sich entwickeln soll – in Richtung bloße Wissensvermittlung oder Akzentuierung der glaubensspezifischen Verkündigung der christlichen Offenbarungslehre –, muss eine Religionslehre, die, wie die islamische, eben den spezifischen Offenbarungscharakter als Obligation betont, den Anschein des Seltsamen, will sagen: des Vormodern-Unzeitgemäßen, erwecken. Anders gesagt: Islamische Religionslehrerinnen und -lehrer stehen vor der Herausforderung einer kanonbetonten Vermittlung der Glaubenslehre inmitten einer okzidentalen Religionswelt, die auf dem Wege ist, den Verpflichtungscharakter der Offenbarungslehre erheblich zu relativieren.

Zweitens kennzeichnet es die Besonderheit des Anforderungsprofils für die islamischen Religionspädagogen, dass sie über soziokulturelle Kenntnisse, Fähigkeiten und Fertigkeiten verfügen müssen, die sich auf die Diaspora-Situation der Schülerinnen und Schüler und – nicht zu vergessen – der Eltern beziehen. Die islamische Lehrerschaft steht vor der Herausforderung von Bi- und Mehrkulturalität der Lebensbezüge ihrer Schüler, deren Eltern und nicht zuletzt ihrer eigenen.

Drittens ist die islamische Religionslehrerschaft in der Diaspora damit konfrontiert, dass es in ihren Klassen eine zweifache Binnendifferenzierung gibt. Da ist zum einen die Differenzierung nach nationalkultureller Herkunft, bei in der Regel türkischer Majorität. Da ist zum anderen die Differenzierung nach religiösen Strömungen, bei in der Regel sunnitischer Majorität. Einmal mehr erweist sich, dass der islamische Schulunterricht in Wien eine sehr komplexe Sozial- und Kultursphäre darstellt. Die Bedeutung der nationalkulturellen Binnendifferenzierung lässt sich im übrigen auch daran ablesen, dass von türkischer Konsulatseite dem Sachverhalt des hohen türkischen Anteils am islamischen Schulunterricht in Wien besondere Aufmerksamkeit geschenkt und Rechnung getragen wird. Die Interviewergebnisse lassen keinen Zweifel daran, dass die türkische Perspektive dezidiert mit dem Konsensprinzip des »österreichischen Wegs« übereinstimmt.

Die Interviewbefunde deuten unmissverständlich darauf hin, dass die islamische Diasporalehrerschaft unter einem diasporaspezifisch vielfältigen, mithin hohen Erwartungsdruck steht: Da sind die Islamische Glaubensgemeinschaft, die islamischen Eltern und nicht zuletzt – die muslimischen Schülerinnen und Schüler. Da sind aber zugleich auch die nichtislamische Schulwelt, die Schulleitungen, die Kollegen- und die Elternschaft, sofern in deren Horizont die Existenz des islamischen Schulunterrichts überhaupt auftaucht. Es besteht ein Missverhältnis zwischen

Ausmaß der Anforderungen einerseits und dem Maß ihrer Qualifikation und vor allem ihrer Qualifikationsmöglichkeiten andererseits. Und dieses Missverhältnis muss in prekärem Status gelebt werden, d. h. im Sichtfeld der nichtislamischen Majoritätskultur.

Das Problem der Arabischkenntnisse, der heiligen Sprache des Koran, mag aus okzidentaler, postreligiöser Sicht ein Neben- und Scheinproblem sein. Für die islamische Binnenbetrachtung ist es dies mitnichten, insofern als hieran sich die Geister in der Diaspora durchaus scheiden. In Deutschland etwa ist die Diskussion darüber, welche Sprache verbindlich sein soll für den islamischen Religionsunterricht, die deutsche der Bleibegesellschaft oder die türkische der Majorität der Immigration, und welche Bedeutung der Arabischkompetenz zukommen soll, heftig im Gange. Demgegenüber hat sich in Österreich als probate Lösung eingebürgert, dass die Unterrichtssprache Deutsch ist. Darüber hinaus werden gewisse Arabischkenntnisse verlangt, um die »Überlieferung des Propheten« zumindest punktuell in der heiligen Sprache den Heranwachsenden nahezubringen.

Was den Alltag des islamischen Schulunterrichts angeht, so ist auf der Ebene der Verständigung, der Sprech- und Kommunikationsverhältnisse zu beachten, dass islamische Konfessionszugehörigkeit gleichbedeutend ist mit pluraler Sprachherkunft – einfach deshalb, weil der Islam zu den universalen Buch- und Offenbarungsreligionen zählt. Wenn auch der Schwerpunkt der (Arbeits-)Immigration dazu geführt hat, dass im sozialen Raum der islamischen Diaspora in Wien die türkische Sprache den Hauptanteil innehat, so ist für den Sozialraum des islamischen Religionsunterrichts dennoch eine Vielfalt der Sprachherkünfte kulturelle Realität, eine Gegebenheit innerislamischer Multikulturalität, die es zu berücksichtigen gilt. Das Spektrum der sprach- und nationalkulturellen Zusammenhänge reicht von den türkischen über die nordafrikanischen und nahöstlichen bis zu den hinterindischen Sprachräumen. Und für Wien nicht zu vergessen: der bosnische Sprachraum.

Die islamische Religionslehrerschaft sieht sich nicht nur Differenzierungen nationalkultureller und binnenreligiöser Art gegenüber, sondern hat zudem noch die Sprachunterschiede innerhalb der Schülerschaft zu berücksichtigen. Dass der islamische Religionsunterricht in deutscher Sprache erteilt wird, erleichtert in gewisser Hinsicht die Homogenisierung der Lehr- bzw. Lernsituation. Allerdings verlangt der Nenner der deutschen Sprache entsprechende Kompetenzen auf allen Seiten. Folgt man den Hinweisen aus dem Interviewmaterial, dann ist, bezogen auf die Lehrerschaft, die Kompetenz für die deutsche Sprache nicht durchläufig und hinreichend gegeben. Ersichtlich wird, dass zu den vorhin besprochenen Qualifikationserfordernissen an die islamische Lehrerschaft noch die Beherrschung der deutschen Sprache hinzukommt. Den Interviewauskünften zufolge ist dies alles andere als eine Selbstverständlichkeit, da ein erheblicher Teil nicht im österreichischen Sprachraum aufgewachsen und ausgebildet ist. Ob und inwieweit den islamischen Lehrerinnen und Lehrern, die in ihren Herkunftsländern zwar fachspezifisch – d. h. in Religionslehre – ausgebildet worden sind, dort auch für ihre Arbeit in der islamischen Diaspora in Österreich spezielle Deutschkurse zugewidmet werden, hierauf gibt das Interviewmaterial keine eindeutige Antwort.

Respektlosigkeit – als Toleranz kaschiert

Im folgenden nun sei der oben angesprochene Aspekt der »Grenzen der Toleranz« aus den Interviewfunden knapp referiert. Im Durchschnitt tritt ein ausgeprägt kritisches, zumindest aber skeptisches Verhältnis gegenüber dem, was die Validität der Berichterstattung der österreichischen Massenmedien in Sachen Islam anlangt, zutage. Nirgends ein Hinweis, die Mediendarstellung der Präsenz des Islams sei sachangemessen oder gar fair. Das gilt für die nichtislamische Befragungsseite nicht weniger als für die islamische. Allerdings fällt auf, dass auf nichtislamischer Seite häufiger einbekannt wird, man könne sich an keine konkreten Fälle der Berichterstattung über den Islam erinnern. Dennoch, irgendwann im Laufe des Interviews, treten dann solche Erinnerungen ans Licht. Dass die Massenmedien den Islam vorzugsweise als Bedrohungsszenario präsentieren, gezielt mit dem »Fundamentalismus«-Ticket operieren, darin gehen nahezu alle Befragten konform.

Von der skizzierten Warte aus werden sodann auch die Erwartungen an die Verkehrsform und das Erscheinungsbild der islamischen Diaspora artikuliert. Recht anschaulich und für die Sichtweise auf nichtislamischer Seite allemal exemplarisch ist die Argumentation der befragen Politikerin der ÖVP: »Es gibt einen wunderschönen Gedanken bei Immanuel Kant, der kategorische Imperativ, das heißt: ›Handle so, dass die Maxime deines Handelns jederzeit allgemein gültiges Gesetz werden kann!‹ Das heißt für mich prüfen. Jede Religion, jede Kultur möge ihre Ansprüche, die sie für sich reklamiert, überprüfen, ob sie verallgemeinerbar und daher auf alle anwendbar sind. Wenn ich sage, jede Kultur – d. h. ich gehe von Kulturen aus – hat das Recht, sich zur vollen Entfaltung zu bringen, wird das einen Clash geben. Es gibt eine minimale Verpflichtung zur Integration, also auf Verzicht auf kulturelle Facetten. ›Was ist das Minimale?‹ – Das ist im Konsens und Dialog zu erörtern. D. h. der Weg dazu ist der Dialog. Das heißt aber nicht, der Anspruch würde lauten: Totale Integration oder Verzicht auf kulturelle Eigenständigkeit.

Der Weg ist schwer, nämlich der, der zu gehen ist zwischen dem Recht auf gewisse Beibehaltung von kulturellen Ansprüchen, und der Verpflichtung, das Miteinander in Unterschiedlichkeit zu organisieren. Da würde ich als Prüfkriterium diesen kategorischen Imperativ anwenden. Wenn eine bestimmte Religion sagt: ›Ich will mein Recht mit dem Schwert durchsetzen!‹, würde ich sagen: ›Das Ergebnis ist permanenter Krieg.‹ –

Schlussfolgerung, geistig: ›Wir müssen einen anderen Modus des Miteinander entwickeln!‹ Damit sind wir dann wieder beim Dialog. Die Frage heißt nicht Entweder–Oder. Also auch nicht volle Assimilation oder volle Durchsetzung, sondern die Antwort ist *Integration* (Herv. – F. K.). Das ist der Weg.«

Dass dieser Weg mit dem österreichischen der politischen Regulation des Verhältnisses von Staat und Religion konveniert und zugleich die Grenzen der Toleranz gegenüber der islamischen Diaspora zeichnet, ist ersichtlich.

»Aber ich denke, *die Hauptverantwortung liegt bei der Mehrheitsgesellschaft* (Herv. – F. K.) und nicht bei der Minderheitsgesellschaft, ohne die Verantwortung der Minderheitsgesellschaft in Frage zu stellen. Überhaupt nicht. Aber von der Gewichtung her trägt die Mehrheitsgesellschaft viel größere Verantwortung, was die Ökonomie betrifft, was die soziale Lage betrifft, was die Gesetze betrifft, die Rahmenbedingungen betrifft, weil die Minderheiten nicht die Rahmenbedingungen bestimmen können. Rahmenbedingungen werden immer von der Mehrheitsgesellschaft festgelegt.«

Neuerdings wird in der Migrationssoziologie vorgeschlagen, mit einem mehrdimensionalen Integrationsbegriff zu arbeiten.[6] Danach wären zu unterscheiden:

1. *strukturelle* Integration als Eröffnung von Chancengleichheit für Immigranten auf der Ebene von Recht, Bildung und Arbeit;
2. *soziale* Integration als Eröffnung von Chancen auf der Ebene von »Kommensalität und Konnubium«, weiters auf der der Verflechtung in der Sphäre des Gruppen- und Vereinswesens, der primären und sekundären voluntary associations;
3. *kulturelle* Integration als Mitspielenkönnen der Immigranten auf der Ebene des kulturellen Verkehrs;
4. die Ermöglichung von *identifikatorischer* Integration auf der Ebene der Ausbildung von subjektiver Zugehörigkeit zur Aufnahmegesellschaft.

Hier ist die Frage aufzuwerfen, wie es um die vielbeschworene »Multi-Options-Gesellschaft« bestellt ist. Ist der europäische Okzident in Perspektive imstande, *strukturelle* und *soziale Integration*, vorrangig aber strukturelle, zu ermöglichen, ohne aber kulturelle und identifikatorische Integration zu fordern oder gar zu erzwingen und stattdessen auch Varianten *kultureller* und *identifikatorischer Segregation* zu respektieren? Anders gesagt: Entwickelt der europäische Okzident den mobilitätskonformen Geist, von assimilatorischer Integration abzusehen und auszuhalten, was Georg Simmel in seinem »Exkurs über den Fremden« (1908) für diesen freigelegt hat: die Ungewissheit, ob er bleibt oder geht? Diese Frage überschreitet den Horizont nationalstaatlichen Denkens zuallererst.

Islam im Westen als Provisorium auf ungewisse Dauer mag für den europäischen Okzident eine Zumutung sein. Aber eine religionssoziologisch angereicherte Migrationsforschung könnte helfen, den vielbeschworenen Pluralismus ernst zu nehmen, Heterogenität respektieren zu lernen – auch auf der Ebene der religiösen Kultur. Hieße denn Fremdenfähigkeit nicht auch, Moscheen ebenso wie Synagogen ertragen zu können? Fremdenfähigkeit hieße, Assimilation ebenso zu respektieren wie das Recht auf einen eigenen religiös-kulturellen Weg als islamische Diaspora – wenn hierfür von den Angehörigen der Diaspora optiert wird. Hier erst wird die Schwelle von fragmentierter Toleranz zur Fremdenfähigkeit überschritten.

Für *virulente Fremdenfeindlichkeit* finden sich in den Interviewfunden keine eindeutigen Anhaltspunkte. Dennoch ist entfaltete Fremdenfähigkeit – die Unbefangenheit und Gelassenheit, eine sozial sichtbare, auf eigenstrukturelle und eigenkulturelle Besonderheit bedachte, eine deutlich heterogene islamische Diaspora als Moment der Verkehrs- und Kommunikationsverhältnisse im urbanen Raum anzuerkennen, *das Fremde als Fremdes zu respektieren* – eher die Ausnahme. Der »österreichische Weg« der Regulierung des Verhältnisses von Staat und Religion eröffnet ein Spektrum von Möglichkeiten, wie an der Institution des islamischen Schulunterrichts sichtbar wird: von der Assimilation bis zur religiös-kulturellen Eigenkonstitution, deren Optionsfeld offen genug ist für mehrdimensionale Korrespondenzen – zwischen der Kultur der Herkunfts- und jener der Ankunftsgesellschaft, die so ohne weiteres »Aufnahmegesellschaft« zu nennen im Zeichen allemal restringierter Empfangsbereitschaft schwerfällt.

Fremdenfähigkeit – in der in diesem Projekt eröffneten Bedeutung – geht über die Simmelsche Figuration des Fremden, in der die *Nähe* zur jeweiligen Majoritätskultur betont wird, hinaus. Mit dem Versuch einer soziologischen Bestimmung von Fremdenfähigkeit soll darüber hinaus die *Ferne* betont werden. Damit ist eine Neuakzentuierung beabsichtigt: Der Sachverhalt von Fremdheit möge nicht von vornherein unter der stillen Option der Angleichung an die Majoritätskultur betrachtet werden; eine solche Angleichung ist stets gleichbedeutend mit der Ent-Fremdung des Fremden von sich selbst und von seiner Kultur und Religion. Demgegenüber wäre ins Licht zu rücken, was neulich der Direktor des Göttinger Seminars für Arabistik, Tilman Nagel, anlässlich der Eröffnung der Ausstellung »Begegnung mit Arabien – 250 Jahre Arabistik in Göttingen« herausgestellt hat: die für zeitgemäße Fremdenfähigkeit angemessene Idee der *Ebenbürtigkeit*.[7] Unter dem Titel »Über die Aufgaben orientalischer Lehre und Forschung in der Gegenwart« entwickelt Nagel eine dezidierte Kritik am soziologisch-politologischen Ticket-Denken, das alles und jedes am westlichen Universalisierungscode messe und ihm annivelliere. Vermisst wird von Nagel die Bereitschaft, der »Ebenbürtigkeit des Fremden« schon im Ansatz Genüge zu tun. An die Stelle der ernsthaften philologischen, auf das Fremde sich einlassenden Anstrengung sei seit einiger Zeit eine neue Spielart des »Diskurs-Imperialismus« getreten. Es werde das Fremde, hier der Islam, wie eine Bekannte der okzidentalen Kultur behandelt, verhandelt und abgehandelt, ohne sich der Mühe historisch-kritischer Arbeit zu unterziehen. Diese Ersparnis werde durch die generöse Rede vom Multikulturalismus kaschiert. Wer alles und jedes großzügig billige, werde gleichgültig für die Eigenart des Fremden. Respektlosigkeit sei die Kehrseite.

Dass der Arabist Nagel das von Politologie und Soziologie so geschätzte Wort »Toleranz« in seinem Vortrag nicht verwendet hat, lässt aufhorchen. Ubiquitäre Toleranz unitarischen Zuschnitts enthebt sich in der Tat der respektvollen Anstrengung des besonderen Verstehens. Dem setzt Nagel die *Philologie* des ebenbürtigen Fremden entgegen. Aus religionssoziologischer Sicht könnte die Nagelsche Formel »Philologie statt Soziologie« dann zu einem Zugewinn an Erfahrung und Realitätsnähe verhelfen, wenn die Sozialwissenschaften sich endlich anschickten, ihre Paradigmen vom Standpunkt der *Ebenbürtigkeit* aus zu zeichnen und das Fremde nicht schon von vornherein, ohne Philologie, kategorisch zurechtzustutzen, d. h. das Fremde als sortierbar Bekanntes darzustellen. Fremdenfähigkeit hieße demnach, dem Pawlowschen Reflex nach flinker Etikettierung, Rubrizierung, Katalogisierung und okzidental-systemischer Einverwandlung des Anderen fürs erste einmal zu widerstehen. Für eine zukünftige Soziologie des Islams im Westen bedeutete dies, die religiöse Dimension der Diaspora neu zu durchdenken und anders zu gewichten. Ob die Idee einer islamischen Diaspora mit der Prophetie vereinbar ist – dies zu beurteilen ist zuallererst eine innerislamische Angelegenheit. Ob jene Idee für die okzidental-europäische Kultur akzeptabel ist – diese Frage richtet sich zuallererst an die Majoritätskultur. Der Kontrastzustand zur Fremdenfeindlichkeit jedenfalls wäre: ohne Angst verschieden sein zu können.

Anmerkungen

Den stofflichen Kern der Exploration bildeten insgesamt 61 Interviews. Auf »islamischer Seite« wurden 23, auf »nichtislamischer Seite« 38 Personen interviewt. Befragt wurden Schulverantwortliche und Schulexperten, Lehrerinnen und Lehrer, Eltern sowie Vertreter der fünf im österreichischen Nationalrat vertretenen Parteien.

1 Kröll 1998.
2 Leggewie 1993, 272.
3 Hettlage 1991.
4 Freud 1905,1919.
5 Heckmann 1981, 20.
6 Heckmann 1998.
7 Niewöhner 1998.

Literaturverzeichnis

Abele, Hanns/Ewald Nowotny/Stefan Schleicher (Hg.) (1989). Handbuch der österreichischen Wirtschaftspolitik. 3. Auflage. Wien.

Ahmed, Khurshid (1998). Birmingham. Local initiatives to associate immigrants in the integration process. In: OECD (Hg.). Immigrants, Integration and Cities. Exploring the Links. Paris.

Alba, Richard/Johann Handl/Walter Müller (1994). Ethnische Ungleichheit im deutschen Bildungssystem. In: Kölner Zeitschrift für Soziologie und Sozialpsychologie, 46. Jg., 209–237.

Aldrich, Howard/Trevor P. Jones/David McEvoy (1984). Ethnic advantage and minority business development. In: Robin Ward/Richard Jenkins: Ethnic Communities in Business. London/New York, 189–210.

Althammer, Werner (1995). Die politische Bedeutung des Migrationsproblems in Deutschland, AWR-Bulletin. In: Vierteljahresschrift für Flüchtlingsfragen, Vol. 33, 38–43.

Anderson, Benedict (1991). Imagined Communities. Reflections on the Origin and Spread of Nationalism. London/New York.

Arbeiterwohlfahrt Hamburg (Hg.) (1991). Perspektiven der Ausländerarbeit in Hamburg. Das neue Ausländergesetz und seine Auswirkungen auf Migrationsverlauf, Zielgruppenentwicklung sowie Arbeitsansätze und Organisationsstrukturen in der sozialen Arbeit. Hamburg.

Atteslander, Peter/Bernd Hamm (1974). Materialien zur Siedlungssoziologie. Köln.

Auer, Wolfgang (1978). Sozialpsychologische Befunde zur Stadtplanung, zur Nachbarschaft und zum Wohnen. Dissertation, Universität Salzburg.

Auster, Ellen/Howard Aldrich (1984). Small business vulnerability, ethnic enclaves and ethnic enterprise. In: Robin Ward/Richard Jenkins: Ethnic Communities in Business. London/New York, 39–56.

Babchuck, Nicolas/Ralph V. Thompson (1962). The Voluntary Associations of Negroes. In: American Sociological Review, 27. Jg., 647–655.

Bade, Klaus J./S. Ilan Troen (Hg.) (1993). Zuwanderung und Eingliederung von Deutschen und Juden aus der früheren Sowjetunion in Deutschland und Israel. Bonn.

Bade, Klaus J. (1993). Auswanderer, Einwanderer, Wanderarbeiter ... Deutsche Erfahrungen in Geschichte und Gegenwart. In: Beate Winkler (Hg.). Zukunftsangst Einwanderung. München, 17–33.

Bade, Klaus J. (1994). Homo Migrans – Wanderungen aus und nach Deutschland. Erfahrungen und Fragen. Essen.

Bade, Klaus J. (1994). Ausländer, Aussiedler, Asyl. Eine Bestandsaufnahme. München.

Bade, Klaus J. (1996). Die multikulturelle Herausforderung. Menschen über Grenzen – Grenzen über Menschen. München.

Bade, Klaus J. (1996). Einwanderung und Gesellschaftpolitik in Deutschland. Quo vadis Bundesrepublik? In: Ders. (Hg.). Die multikulturelle Herausforderung. Menschen über Grenzen – Grenzen über Menschen. München, 230–254.

Bade, Klaus J. (Hg.) (1996). Migration – Ethnizität – Konflikt. Systemfragen und Fallstudien. Osnabrück.

Bahrdt, Hans-Paul (1969). Die moderne Großstadt. Hamburg.

Balibar, Etienne (1992). Es gibt keinen Staat in Europa. Rassismus und Politik im heutigen Europa. In: Institut für Migrationsforschung (Hg.). Rassismus und Migration in Europa. Hamburg/Berlin, 10–29.

Balke, Friedrich/R. Habermas/P. Nanz/P. Sillem (Hg.) (1993). Schwierige Fremdheit – Über Integration und Ausgrenzung in Einwanderungsländern. Frankfurt am Main.

Banton, Michael (1997). Ethnic and Racial Consciousness. 2. Auflage, Harlow.

Bari, Ahmad/Josef F. Bucek/Waltraud Mayer (1990). Fremdenangst und Ausländerfeindlichkeit – Gegenargumente. Wien.

Baringhorst, Sigrid (1992). Zehn Jahre danach – die Rassenkrawalle von 1981 und ihre Folgen für die britische Minderheitenpolitik. In: Informationsdienst zur Ausländerarbeit (IZA) 1/1992, 12–17.

Bauböck, Rainer (1991). Einwanderungs- und Minderheitenpolitik – Ein Plädoyer für neue Grundsätze. Österreichische Zeitschrift für Soziologie 3, 42–56.

Bauböck, Rainer (1994): Kulturelle Integration von Einwanderern. In: Journal für Sozialforschung, 34. Jg., Heft 1, 71–76.

Bauböck, Rainer (1997). Rechtliche und soziale Integration von Einwanderern. In: Andrea Wolf (Hg.). Neue Grenzen. Wien, 177–199.

Bauböck, Rainer/Dilek Çinar (erscheint 1999). Nationality Law and Naturalisation in Austria. In: Hansen, R./P. Weil (Hg.). Citizenship, Immigration and Nationality Law in the European Union. London: Macmillan.

Beckmann, Herbert/Werner Bernadowitz (1980). Zechensiedlung Brauck A, Stadt Gladbeck. Vorbereitende Untersuchungen nach StBauFG. Kommunalverband Ruhrgebiet, Essen.

Bender, Stefan/Wolfgang Seifert (1996). Zuwanderer auf dem Arbeitsmarkt: Nationalitäten- und geschlechtsspezifische Unterschiede. In: Zeitschrift für Soziologie, Nr. 25, 473–495.

Bender, Stefan/Wolfgang Seifert (1998). Lokale Arbeitsmärkte für ausländische Arbeitskräfte in Deutschland. Berufliche Veränderungsprozese am Beispiel dreier idealtypischer Arbeitsmarktregionen. In: Mitteilungen aus der Arbeitsmarkt- und Berufsforschung 9, 661–673.

Bender, Stefan/Wolfgang Seifert (1998). Migrants in the German Labor Market: Nationality and Gender-Specific Labor Market Opportunities. In: Hermann Kurthen/Jürgen Fijalkowski/Gert Wagner (Hg.). Immigration, Citizenship, and the Welfare State in Germany and the United States: Immigrant Incorporation. Stamford/London, 95–118.

Bernhardt, Nicola/Frank Merkel/Anja Schütte (1995). Ausländerfeindlichkeit in der Nordstadt. In: Michael Betz/Michael Krummacher (Hg.). Ausländerinnen und Ausländer im Stadtteil. Beispiel Dortmund-Nordstadt. Probleme-Konflikte-notwendige Reformen. Denken & Handeln. Beiträge aus Wissenschaft und Praxis. Schriftenreihe der Evangelischen Fachhochschule Rheinland-Westfalen-Lippe, 25, Bochum, 35–60.

Berthoud, Richard/Tariq Modood/Patten Smith (1997). Introduction. In: Tariq Modood/Richerd Berthoud/Jane Lakey/James Nazroo/Patten Smith/Satnam Virdee/Sharon Beishon (Hg.). Diversity and Disadvantage. Ethnic Minorities in Britain. London, 1–18.

Betz, Fritz (1996). Cultural Production and the Politics of Identity: On the Strategic Use of »Multiculturalism« in Two Austrian Cities. In: Innovation-The European Journal of Social Sciences, 105–117.

Bhabha, Homi K. (1994). The Location of Culture. London/New York.

Bielefeld, Ulrich (Hg.) (1992). Das Eigene und das Fremde. Neuer Rassismus in der alten Welt? Hamburg.

Biffl, Gudrun/Edwin Deutsch/Hedwig Lutz/Markus Marterbauer (1997). Ökonomische und strukturelle Aspekte der Ausländerbeschäftigung in Österreich. Österreichisches Institut für Wirtschaftsforschung, Wien.

Biffl, Gudrun (1997/98). Sopemi Report on Labour Migration. WIFO, Wien.

Billiet, Jaak/Rik Huys (1991). The social determinants of xenophobia in Belgium. Recherches Sociologiques, 22(3), 65–80.

Binswanger, Karl/Fethi Sipahioglu (1988). Türkisch-islamische Vereine als Faktor deutsch-türkischer Koexistenz. Benediktbeuren.

Birmingham City Council (1992). Key Facts about Birmingham's Black and Ethnic Minority Population. Birmingham.

Birmingham City Council (1993). Ethnic Groups in Birmingham. The 1991 Census Topic Report. Birmingham.

Blank, Thomas/Martina Wasmer (1996). Gastarbeiter oder Ausländer? Ergebnisse des Splits mit den reformulierten Gastarbeiterfragen im ALLBUS 1994. In: ZUMA-Nachrichten, 38, 45–69.

Blossfeld, Hans Peter/Karl Ulrich Mayer (1988). Arbeitsmarktsegmentation in der Bundesrepublik Deutschland. Eine empirische Überprüfung von Segmentationstheorien aus der Perspektive des Lebenslaufs. In: Kölner Zeitschrift für Soziologie und Sozialpsychologie, 40, 262–283.

Bocklet, Paul (Hg.) (1990). Zu viele Fremde im Land. Düsseldorf.

Böhme, Helmut (1988). Stadtgestaltungslehre versus Stadtplanungswissenschaft. Zu den Anfängen der wissenschaftlich begründeten Stadtentwurfslehre. In: Die alte Stadt, Nr. 16, 141–163.

Böltken, Friedrich (1994). Angleichung und Ungleichheit. Einstellungen zur Integration von Ausländern im Wohngebiet in Ost- und Westdeutschland drei Jahre nach der Einheit. In: Bundesforschungsanstalt für Landeskunde und Raumordnung (Hg.). Ausländer in der Bundesrepublik Deutschland – ein räumliches Problem. Informationen zur Raumentwicklung, 5/6, 335–362.

Bonacich Edna (1993). The Other Side of Ethnic Entrepreneurship: A Dialogue with Waldinger, Aldrich, Ward and Associates. In: International Migration Review, Vol. 27, Nr. 3, 685–692.

Bonacich Edna (1973). A Theory of Middleman Minorities. In: American Sociological Review, Vol.38, Nr. 5, 583–593.

Bonacker, Margit/Reinhard Häufele (1986). Sozialbeziehungen von Arbeitsmigranten in unterschiedlichen Wohnquartieren. In: Jürgen Hoffmeyer-Zlotnik (Hg.). Segregation und Integration. Die Situation von Arbeitsmigranten im Aufnahmeland. Forschung Raum und Gesellschaft, Mannheim, 118–142.

Borjas, George J. (1985). Assimilation, Changes in Cohort Quality, and the Earnings of Immigrants. Journal of Labor Economics 3(4), 463–489.

Bös, Mathias (1997). Migration als Problem offener Gesellschaften. Globalisierung und sozialer Wandel in Westeuropa und in Nordamerika. Opladen.

Bradburn, Norman M./Seymore Sudman/Galen L. Gockel (1971). Side by Side. Integrated Neighborhoods in America. Chicago.

Breitenbach, Barbara von (1978). Der Spanische Elternverein als Mittel zur Willensbildung und Selbstbestimmung spanischer Arbeitsemigranten in der Bundesrepublik Deutschland. Wiesbaden.

Breitenbach, Barbara von (1982). Italiener und Spanier als Arbeitnehmer in der Bundesrepublik Deutschland. Mainz/München.

Brubaker, Rogers (1994). Citizenship and Nationhood in France and Germany. Harvard.

Büchel, Felix/Gert Wagner (1996). Soziale Differenzen der Bildungschancen in Westdeutschland – unter besonderer Berücksichtigung von Zuwandererkindern. In: Wolfgang Zapf/Jürgen Schupp/Roland Habich (Hg.). Lebenslagen im Wandel: Sozialberichterstattung im Längsschnitt. Frankfurt am Main/New York, 80–96.

Bukow, Wolf-Dietrich (1993). Leben in der multikulturellen Gesellschaft. Die Entstehung kleiner Unternehmer und der Umgang mit ethnischen Minderheiten. Opladen.

Bundesminister für Arbeit und Sozialordnung (Hg.) (1996). Repräsentativuntersuchung 95: Situation der ausländischen Arbeitnehmer und ihrer Familienangehörigen in der Bundesrepublik Deutschland. Bonn.

Bundesministerium für Arbeit, Gesundheit und Soziales (1998). Ausländerbeschäftigung in Österreich. Manuskript zur Internationalen Migrationskonferenz. Baden.

Bundesministerium für Arbeit, Gesundheit und Soziales (1992/1993). Bericht über die soziale Lage in Österreich (Sozialbericht 1991 und 1992). Wien.

Bundesministerium für Inneres (1993). Zweiter Wanderungsbericht an den Nationalrat (November). Wien.

Bundesministerium für Inneres (1998). Das Österreichische Einwanderungsmodell. Manuskript zur Internationalen Migrationskonferenz. Baden.

Bürgerschaft der Freien und Hansestadt Hamburg, 8. Wahlperiode (1976): Mitteilung des Senats an die Bürgerschaft: Leitlinien für die hamburgische Ausländerpolitik, 2. 11. 1976. Drucksache 8/1990.

Bürgerschaft der Freien und Hansestadt Hamburg, 9. Wahlperiode (1980): Mitteilung des Senats an die Bürgerschaft: Grundsatzentscheidung des Senats und Sofortmaßnahmen zur Verbesserung der Lage ausländischer Arbeitnehmer und ihrer Familien in Hamburg, 10. 07. 1980. Drucksache 9/2431.

Bürgerschaft der Freien und Hansestadt Hamburg, 11. Wahlperiode (1984): Mitteilung des Senats an die Bürgerschaft: Lebenssituation der ausländischen Arbeitnehmer und ihrer Familien sowie Stand der hamburgischen Ausländerpolitik, 03. 09. 1984. Drucksache 11/2901.

Bürgerschaft der Freien und Hansestadt Hamburg, 13. Wahlperiode (1990): Mitteilung des Senats an die Bürgerschaft: Dringlicher Antrag: Bestellung eines Ausländerbeauftragten und eines Beauftragten für Behindertenfragen, 20. 03. 1990. Drucksache 13/5687.

Bürgerschaft der Freien und Hansestadt Hamburg, 14. Wahlperiode (1995): Mitteilung des Senats an die Bürgerschaft: Lebenssituation der ausländischen Mitbürgerinnen und Mitbürger in Hamburg, 17. 08. 1993. Drucksache 14/4595.

Bürgerschaft der Freien und Hansestadt Hamburg, 15. Wahlperiode (1996): Mitteilung des Senats an die Bürgerschaft: 1. Maßnahmen und Perspektiven zur Förderung der Gleichstellung und Gleichbehandlung ausländischer Mitbürgerinnen und Mitbürger in Hamburg. 2. Stellungnahme des Senats zu dem Ersuchen der Bürgerschaft vom 21. Juni 1995 »Arbeit und Berufsbildung«, 1. bis 6. Spiegelstrich (Drucksache 15/3448). 3. Stellungnahme des Senats zu dem Ersuchen der Bürgerschaft vom 21. Juni 1995 »Bundespolitische Rahmenbedingungen«, 1. und 4. Spiegelstrich (Drucksache 15/3448), 05. 11. 1996. Drucksache 15/6324.

Butz, Petra/Klaus Boehnke (1997). Auswirkungen von ökonomischem Druck auf die psychosoziale Befindlichkeit von Jugendlichen. Zur Bedeutung von Familienbeziehungen und Schulniveau. Zeitschrift für Pädagogik, 43(1), 79–92.

Campani, Giovanni (1993). Immigration and racism in southern Europe: the Italian case. Ethnic and Racial Studies, 16(3), 507–535.

Candappa, Mano/Daniele Joly (1994). Local Authorities, Ethnic Minorities and »Pluralist Integration«. A Study in Five Local Auhorities. Warwick.

Castles, Stephen/Mark Miller (1993). The Age of Migration. International Population Movements in the Modern World. London.

CCCS Race and Politics Group (1982). The Empire strikes back. London.

Chiswick, Barry R. (1978). The Effect of Americanization on the Earnings of Foreign-Born Men. In: Journal of Political Economy 86, 897–922.

Chouhan, Karen/Ummi Esmail/Joe Joseph/Kurian Mathai/Jeff Modayil (1999). Anti-Rassismus/»Black Empowerment« in Großbritannien. In: Anna Aluffi-Pentini/Peter Gstettner/Walter Lorenz/Vladimir Wakounig (Hg.). Antirassistische Pädagogik in Europa. Theorie und Praxis. Klagenfurt/Celovec.

Çinar, Dilek (Hg.) (1994). From Aliens to Citizens. A comparative analysis of rules of transition. In: Rainer Bauböck (Hg.). From Aliens to Citizens. Redefining the Status of Immigrants in Europe. Aldershot et al.

Çinar, Dilek (1999). »Geglückte Integration« und Staatsbürgerschaft in Österreich. In: L'HOMME. Zeitschrift für feministische Geschichtswissenschaft.

Çinar, Dilek (Hg.) (1998). Gleichwertige Sprachen? Muttersprachlicher Unterricht für die Kinder von Einwanderern. Innsbruck/Wien.

Çinar, Dilek siehe auch Bauböck, Rainer

City of Birmingham (1985). Independent Inquiry into the Handsworth Disturbances. Report by Julius Silverman. Birmingham.
Coleman, James S. (1990). Foundations of Social Theory. Cambridge Mass.
Collinson, Sarah (1993). Europe and International Migration. London/New York.
Coulon, Raymond (1997). The alien as a soft target for exorcising violence. International Journal for the Semiotics of Law, 10(28), 37–53.
Cross, Malcolm (1993). Migration, Employment and Social Change in the New Europe. In: Russel King (Hg.). The New Geography of European Migrations. London/New York, 116–134.
Csepeli, Gyorgy/Endre Sik (1995). Changing content of political xenophobia in Hungary. Is the growth of xenophobia inevitable? Hungarian Academy of Sciences, Institute of Political Science. Fullerton, M./Sik, E./Toth, J. (Hg.). Budapest.
Davy, Ulrike/A. Gächter (1993). Zuwanderungsrecht und Zuwanderungspolitik in Österreich. Journal für Rechtspolitik 1, 155–174.
Davy, Ulrike (1996). »Familienleben« und Familiennachzug. In: Journal für Rechtspolitik 4, 250–262.
Davy, Ulrike (Hg.) (1999). Politische Integration der ausländischen Wohnbevölkerung. Tagungsband.
Davy, Ulrike (1999). Rechtliche Instrumente der Integration: In welchem Kontext steht die Verleihung der Staatsangehörigkeit? In: Dies. (Hg). Politische Intergration der ausländischen Wohnbevölkerung.
Davy, Ulrike (1998). Schengen, Maastricht und Amsterdam: Konturen einer gemeinsamen Wanderungspolitik. Informationen zur Politischen Bildung 15, 75.
Davy, Ulrike (1997). Die Asylrechtsreform 1997. ecolex 708 und 821.
Der Ausländerbeauftragte (1992). Erster Bericht an den Senat: Die Arbeit des Ausländerbeauftragten und Vorschläge zur Verbesserung der Integration und Gleichstellung der nichtdeutschen Bevölkerung Hamburgs. Hamburg.
Der Ausländerbeauftragte (1995). Zweiter Bericht an den Senat: Zur Arbeit des Ausländerbeauftragten in den Jahren 1993 bis 1995. Hamburg.
Der Ausländerbeauftragte (1998). Dritter Bericht an den Senat: Zur Arbeit des Ausländerbeauftragten innerhalb seiner Amtszeit 1990 bis 1998 (Abschlußbericht) und Tätigkeitsbericht für die Jahre 1996 bis 1998. Hamburg.
Deutsch, Morton/Mary E. Collins (1951). Interracial Housing. Minneapolis.
Dittrich, E./A. Lentz (1994). Die Fabrikation von Ethnizität. In: Reinhard Kößler/Tilman Schiel (Hg.). Nationalstaat und Ethnizität. Frankfurt am Main.
Dollase, Rainer (1994). Wann ist der Ausländeranteil zu hoch? Zur Normalität und Pathologie soziometrischer Beziehungen in Gruppen. In: Wolfgang Heitmeyer (Hg.). Das Gewalt-Dilemma. Gesellschaftliche Reaktionen auf fremdenfeindliche Gewalt und Rechtsextremismus. Frankfurt am Main, 404–434.
Dornmayr, Helmut (1998). Dienstleistungen für private Haushalte – Möglichkeiten der Schaffung zusätzlicher Beschäftigung? AMS-Studie Nr. 5, Wien.
Dornmayr, Helmut (1998). Evaluierung des Projektes »JOBSTART« – Lehrlingsausbildung im trialen System. Forschungsbericht des IBE, Linz 1998.
Dörr, Silvia/Thomas Faist (1997). Institutional Conditions for the Integration of Immigrants in Welfare States: A Comparison of the Literature on Germany, France, Great Britain, and the Netherlands. In: European Journal of Political Research 3, 401–426.
Duymaz Ismail/Zentrum für Türkeistudien (1989). Türkische Unternehmensgründungen. Von der Nische zum Markt? Opladen.
Ebert, Jürgen/Gert Rich (1992). Deutsch-Ausländische Begegnungsstätten. Anspruch und Realität. In: standpunkt: sozial 1/1992. Hamburg, 72–78.
Echert, Josef (1993). Arbeitsmigration aus Afrika in die EG. Wuppertal.
Eichener, Volker (1988). Ausländer im Wohnbereich. Theoretische Modelle, empirische Analysen und politisch-praktische Maßnahmenvorschläge zur Eingliederung einer gesellschaftlichen Außenseitergruppe. Kölner Schriften zur Sozial- und Wirtschaftspolitik, 8, Regensburg.

Eichwalder, Richard (1991). Lebensbedingungen ausländischer Staatsbürger in Österreich. In: Statistische Nachrichten 2, 164–174.
Ekberg, Jan (1990). Immigrants – Their Economic and Social Mobility. In: Inga Persson (Hg.). Generating Equality in the Welfare State. The Swedish Experience, Oslo, 289–311.
Elschenbroich, Donata/Otto Schweitzer (1982). Die Heimat des Nachbarn. Gelnhausen.
Elwert, Georg (1982). Probleme der Ausländerintegration. Gesellschaftliche Integration durch Binnenintegration? in: KZSS 34, 717–731.
Erb, R. (1995). Die Diskriminierung von Minderheiten. Wie entstehen Vorurteile? In: Holger Lengfeld (Hg.). Entfesselte Feindbilder. Über die Ursachen und Erscheinungsformen von Fremdenfeindlichkeit. Berlin 1995.
Esser, Hartmut (1980). Aspekte der Wanderungssoziologie: Assimilation und Integration von Wanderern, ethnischen Gruppen und Minderheiten. Eine handlungstheoretische Analyse. Darmstadt.
Esser, Hartmut (1990). Nur eine Frage der Zeit? In: Hartmut Esser/Jürgen Friedrichs (Hg.). Generation und Identität. Opladen, 73–100.
Esser, Hartmut (1993). Ethnische Konflikte und Integration. In: Caroline Y. Robertson-Wensauer (Hg.). Multikulturalität – Interkulturalität? Baden-Baden.
Esser, Hartmut (1996). Ethnische Konflikte als Auseinandersetzung um den Wert des kulturellen Kapitals. In: Wolfgang Heitmeyer/Rainer Dollase (Hg.). Die bedrängte Toleranz. Ethnisch-kulturelle Konflikte, religiöse Differenzen und die Gefahren polarisierter Gewalt. Frankfurt am Main.
Esser, Hartmut (1988). Ethnische Differenzierung und moderne Gesellschaft. In: Zeitschrift für Soziologie, 235–248.
Esser, Hartmut/Stephan Ganter (1998). Ursachen und Formen der Fremdenfeindlichkeit in der Bundesrepublik Deutschland. Forschungsinstitut der Friedrich-Ebert-Stiftung, Bonn.
Europäische Kommission (1997). Die europäischen Institutionen im Kampf gegen Rassismus: ausgewählte Texte. Luxemburg.
Faist, Thomas (1993). Ein- und Ausgliederung von Immigranten. Türken in Deutschland und mexikanische Amerikaner in den USA in den achtziger Jahren. Soziale Welt 44(2), 275–299.
Faist, Thomas (1994). How to Define a Foreigner? The Symbolic Politics of Immigration in German Partisan Discourse, 1978–1992. In: Martin Baldwin-Edwards/Martin A. Schain (Hg.). The Politics of Immigation in Western Europe. Ilford/Portland, 50–72.
Fassmann, Heinz (1993). Arbeitsmarktsegmentation und Berufslaufbahnen. Ein Beitrag zur Arbeitsmarktgeographie Österreichs. Wien.
Fassmann, Heinz (1997). Is the Austrian Labour Market Ethnically Segmented? In: European Journal of Population 13(1), 17–32.
Fassmann, Heinz/Rainer Münz (1995). Einwanderungsland Österreich? Historische Migrationsmuster, aktuelle Trends und politische Maßnahmen. Wien.
Fassmann, Heinz/Rainer Münz (Hg.) (1996). Migration in Europa. Historische Entwicklung, aktuelle Trends, politische Reaktionen. Frankfurt am Main/New York.
Fassmann, Heinz/Münz, Rainer (1996). Europäische Migration – ein Überblick. In: Dies. (Hg.). Migration in Europa. Historische Entwicklung, aktuelle Trends, politische Reaktionen. Frankfurt am Main/New York, 13–52.
Freie und Hansestadt Hamburg, Behörde für Arbeit, Gesundheit und Soziales (BAGS) (1996). Deutsch-Ausländische Begegnungsstätten. 40 Jahre Einwanderung – 15 Jahre Begegnungsstättenarbeit. Hamburg.
Freud, Sigmund (1905). Der Witz und seine Beziehung zum Unbewußten. Frankfurt am Main, 4. korrigierte Aufl.
Freud, Sigmund (1919). Das Unheimliche. In: Ders. Gesammelte Werke. Werke aus den Jahren 1917–1920. Zwölfter Band, Frankfurt am Main, 6. Aufl.
Friedrichs, Jürgen (1977). Stadtanalyse. Soziale und räumliche Organisation der Gesellschaft. Reinbek.

Friedrichs, Jürgen (1978). Stadtentwicklungen in kapitalistischen und sozialistischen Ländern. Reinbek.

Friedrichs, Jürgen (Hg.) (1990). Interethnische Beziehungen und städtische Strukturen. In: Hartmut Esser/Jürgen Friedrichs (Hg.). Generation und Identität. Theoretische und empirische Beiträge zur Migrationssoziologie. Opladen, 305–320.

Frindte, Wolfgang/Friedrich Funke/Sven Waldzus (1996). Xenophobia and right wing extremism in German youth groups. Some evidence against unidimensional misinterpretations. International Journal of Intercultural Relations, 20(3/4), 463–478.

Fuchs, Dieter/Jürgen Gerhards/Edeltraud Roller (1993). Wir und die Anderen. Ethnoszentrismus in den zwölf Ländern der europäischen Gemeinschaft. Kölner Zeitschrift für Soziologie und Sozialpsychologie 45, 238–253.

Gächter, A. (1991). Illusionen einer Einwanderungspolitik. Österreichische Zeitschrift für Politikwissenschaften 4, 351–366.

Gaffney, John (1987). Interpretations of Violence: The Handsworth Riots of 1985. Warwick.

Ganter, Stephan (1995). Ethnizität und ethnische Konflikte. Konzepte und theoretische Ansätze für eine vergleichende Analyse. Arnold-Bergstraesser-Institut, Freiburg im Breisgau.

Ganter, Stephan (1997). Stereotype und Vorurteile: Konzeptualisierung, Operationalisierung und Messung. Arbeitspapiere (working papers), Mannheimer Zentrum für Europäische Sozialforschung, Arbeitsbereich III, Nr. 22, Mannheim.

Gehring, Annekatrin/Friedrich Böltken (1985). Einstellungen zu Gastarbeitern 1980 und 1984: Ein Vergleich. In: Zentralarchiv für empirische Sozialforschung-Information, 17 (November), 23–33.

Geißler, Rainer (1996). Die Sozialstruktur Deutschlands. Zur gesellschaftlichen Entwicklung mit einer Zwischenbilanz zur Vereinigung. Opladen.

Gilroy, Paul (1987). There ain't no Black in the Union Jack. London.

Glazer, Nathan/Daniel P. Moynihan (1975). Introduction. In: Dies. (Hg.). Ethnicity. Theory and Experience. Cambridge Mass., 5–27.

Goffman, Erving (1971). Verhalten in sozialen Situationen. Strukturen und Regeln der Interaktion im öffentlichen Raum. Gütersloh.

Gogolin, Ingrid (1997). Zum Abschluß des FABER-Schwerpunktprogramms der Deutschen Forschungsgemeinschaft. In: Newsletter Nr. 8, 2/97. Forschungsnetzwerk für ethnisch-kulturelle Konflikte, Rechtsextremismus und Gewalt, Bielefeld, 27–30.

Goldberg, Andreas (1996). Unternehmensgründungen von Ausländern in der Bundesrepublik Deutschland. In: Faruk Sen/Andreas Goldberg (Hg.). Türken als Unternehmer. Eine Gesamtdarstellung und Ergebnisse neuerer Untersuchungen. Opladen, 47–80.

Gomolla, Mechthild (1997). Institutionalisierte Diskriminierung in der Schule – ein organisationstheoretischer Ansatz. In: Newsletter Nr. 8, 2/97. Forschungsnetzwerk für ethnisch-kulturelle Konflikte, Rechtsextremismus und Gewalt, Bielefeld, 31–41.

Goulbourne, Harry (1998). New minority ethnic groups in British politics. In: Tessa Blackstone/Bikhu Parekh/Peter Sanders (Hg.). Race Relations in Britain. A developing agenda. London/New York.

Greer, Scott (1962). The mass society and the parapolitical structure. In: American Sociological Review, 27, 634–646.

Greiffenhagen, Martin (1997). Politische Legitimation in Deutschland. Gütersloh.

Gutzwiller, Peter Max/Urs L.Baumgartner (1997). Schweizerisches Ausländerrecht: Die Rechtsstellung der Ausländer in der Schweiz. Basel.

Haberfellner, Regina (1996). Partnerschaften zwischen Österreicherinnen und Griechen als Motiv zur Auswanderung nach Kreta. In: Heinz Pusitz/Elisabeth Reif (Hg.). Interkulturelle Partnerschaften: Begegnungen der Lebensformen und Geschlechter. Frankfurt am Main.

Haberfellner, Regina (1996). Aus Liebe und Abenteuerlust nach Kreta. In: Traude Horvath/Gerda Neyer (Hg.). Auswanderungen aus Österreich. Wien.

Habermas, Jürgen (1997). Die Einbeziehung des Anderen. Studien zur politischen Theorie. Frankfurt am Main.

Haerpfer, Christian/Cezary Milosinski/ClaireWallace (1999). New and old security issues in post-communist Europe. An 11 nation study. Europe-Asia Studies.

Haerpfer, Christian/Claire Wallace (1997) Attitudes to Migrants and Minorities in East-Central Europe in Central and Eastern Europe. Institut für Höhere Studien. Wien.

Hagedorn, Heike (1998). Wer darf Mitglied werden? Einbürgerungen in Deutschland und Frankreich. In: Dietrich Thränhardt (Hg.). Einwanderung und Einbürgerung in Deutschland. Jahrbuch Migration 1997/98, Münster, 15–63.

Hagedorn, Heike (1998). Falling Borders. Liberal Trends in German Naturalization Policy. Paper presented at the Conference on Nationality, Immigration and Integration in Europe and the United States. Paris, 25–27 June.

Hägerstrand, Torsten (1970). What about people in regional science? In: Regional Science Association Papers, 24, 7–21.

Hailbronner, Kay/Günter Renner (1998). Staatsangehörigkeitsrecht. München.

Hall, Peter (1988). Cities of Tomorrow. Oxford.

Hamm, Bernd (1973). Betrifft: Nachbarschaft. Verständigung über Inhalt und Gebrauch eines vieldeutigen Begriffes. Bauwelt Fundamente, 40, Düsseldorf.

Hamm, Bernd (1973). Betrifft Nachbarschaft. Gütersloh.

Hamm, Bernd (1982). Einführung in die Siedlungssoziologie, München.

Hammar, Tomas (1990). Democracy and the Nation State. Aliens, Denizens and Citizens in a World of International Migration. Aldershot.

Hammer, G. (1994). Lebensbedingungen ausländischer Staatsbürger in Österreich. Statistische Nachrichten 11, 914–926.

Häußermann, Hartmut (1995). Die Stadt und die Stadtsoziologie. Urbane Lebensweise und die Integration des Fremden. In: Berliner Journal für Soziologie, 5.Jg., Heft 1, 89–98.

Häußermann, Hartmut/Walter Siebel (1996). Soziologie des Wohnens. Weinheim.

Häußermann, Hartmut/Ingrid Oswald (Hg.) (1997). Zuwanderung und Stadtentwicklung. Leviathan Sonderheft 17, Opladen.

Heckmann, Friedrich (1981). Die Bundesrepublik: Ein Einwanderungsland? Zur Soziologie der Gastarbeiterbevölkerung als Einwandererminorität. Stuttgart.

Heckmann, Friedrich (1992). Ethnische Minderheiten, Volk und Nation. Soziologie inter-ethnischer Beziehungen. Stuttgart.

Heckmann, Friedrich (1998). Towards a Specification of Research Question. EFFNATIS Paper 1, Bamberg.

Heiss, Gernot/Oliver Rathkolb (Hg.) (1995). Asylland wider Willen. Flüchtlinge in Österreich im europäischen Kontext seit 1914. Wien.

Heitmeyer, Wilhelm (1992). Rechtextremistische Orientierung bei Jugendlichen. Empirische Ergebnisse und Erklärungsmuster einer Untersuchung zur politischen Sozialisation. Weinheim.

Heitmeyer, Wilhelm/Joachim Müller/Helmut Schröder (1997). Verlockender Fundamentalismus. Türkische Jugendliche in Deutschland. Frankfurt am Main.

Hemmer, Hans-Otto/Gerhard Leminsky (1974). Zur Arbeits- und Wohnsituation ausländischer Arbeitnehmer – Ein Erfahrungsbericht. Gewerkschaftliche Monatshefte, 25, 45–48.

Hettlage, Robert (1991). Diaspora: Umrisse einer soziologischen Theorie. In: Österreichische Gesellschaft für Soziologie, 3 (16).

Hill, Paul Bernhard (1984). Räumliche Nähe und soziale Distanz zu ethnischen Minderheiten. Zeitschrift für Soziologie, 13 (4), 363–370.

Hilton, J./W. von Hippel (1996). Steryotypes. Annual Review of Psychology 47, 237–271.

Hockenos, Paul (1993). Free to Hate. The Rise of the Right in Post-Communist Eastern Europe. London.

Hoerder, Dirk (1996). European Migrants. Global and Local Perspectives? Boston.

Hoffmann, Lutz/Herbert Even (1984). Soziologie der Ausländerfeindlichkeit. Zwischen nationaler Identität und multikultureller Gesellschaft, Weinheim/Basel.

Hoffmann-Nowotny, Hans-Joachim/Karl-Otto Hondrich (Hg.) (1982). Ausländer in der Bundesrepublik Deutschland und der Schweiz. Segregation und Integration: eine vergleichende Untersuchung. Frankfurt am Main/New York.

Hoffmann-Nowotny, Hans-Joachim (1996). Soziologische Aspekte der Multikulturalität. In: Klaus Bade (Hg.). Migration – Ethnizität – Konflikt: Systemfragen und Fallstudien. Osnabrück.

Hoffmeyer-Zlotnik, Jürgen (1976). Der Prozeß der Sukzession. Die Unterwanderung von Berlin-Kreuzberg. Dissertation, Universität Hamburg.

Holm, Kurt (1979). Das allgemeine lineare Modell. In: Ders. (Hg.). Die Befragung 6. München.

Holzer, Werner/Rainer Münz (1994). Wissen und Einstellungen zu Migration, ausländischer Bevölkerung und staatlicher Ausländerpolitik in Österreich. Institut für Demographie, Schriftenreihe Heft 11, Wien.

Hopf, Wulf (1994). Rechtsextremismus von Jugendlichen: Kein Deprivationsproblem? Zeitschrift für Sozialisationsforschung und Erziehungsforschung, 14(3), 194–211.

Hübschle, Jörg (1980). Wohnraumversorgung von Ausländern und Entballung überlasteter Gebiete durch städtebauliche Maßnahmen, Teil II: Kleinräumliche Analyse in Fallbeispielen. Basel/Berlin.

Huntington, Samuel (1996). Kampf der Kulturen, München/Wien.

Huntington, Samuel (1997). The Erosion of American National Interrests. In: Foreign Affairs, Nr. 76, Nr. 5, 28–49.

Huntington, Samuel (1997). The Clash of Civilizations and the Remaking of the World Order. New York.

Hüttig, Christian (1989). Regime in den internationalen Beziehungen. Zur Fruchtbarkeit des Regime-Ansatzes in der Analyse internationaler Beziehungen. In: Hans-Heinrich Hartwich (Hg.). Macht und Ohnmacht politischer Institutionen. 17. Wissenschaftlicher Kongreß der DVPW. Opladen.

Iglicka, Krystyna/Keith Sword (1998). The Challenge of East-West Migration for Poland. London/New York.

Institut für Demoskopie Allensbach (Hg.) (1982). Deutsche über Türken in Deutschland; allensbacher berichte, 11, Allensbach.

Institut für Höhere Studien (IHS) (Hg.) (1998). Einwanderung und Niederlassung II. Soziale Kontakte, Diskriminierungserfahrung, Sprachkenntnisse, Bleibeabsichten, Arbeitsmarktintegration und Armutsgefährdung der ausländischen Wohnbevölkerung in Wien. Wien.

Institut für Sozialforschung (Hg.) (1992). Aspekte der Fremdenfeindlichkeit. Beiträge zur aktuellen Diskussion. Frankfurt am Main/New York.

Ireland, Patrick R. (1997). Socialism, unification policy and the rise of racism in Eastern Germany. International Migration Review, 31(3), 541–568.

Jamin, Mathilde (1998). Die deutsche Anwerbung: Organisation und Größenordnung. In: Dies. Fremde Heimat. Eine Geschichte der Einwanderung aus der Türkei. Essen, 149–170.

Jenkins, Richard (1984). Ethnic minorities in business: a research agenda. In: Robin Ward/Richard Jenkins. Ethnic Communities in Business. London/New York, 231–238.

Jenkins, Shirley (Hg.) (1998). Ethnic Associations and the Welfare State. Service to Immigrants in Five Countries. New York.

Jordan, David, 1996: Die Neuerschaffung von Paris. Baron Haussmann und seine Stadt. Frankfurt am Main.

Just, Dieter/Peter Mülhens (1982). Ausländerzunahme: objektives Problem oder Einstellungsfrage? In: Martin Frey/Ulf Müller (Hg.). Ausländer bei uns – Fremde oder Mitbürger. Schriftenreihe der Bundeszentrale für politische Bildung, 186, 379–385.

Kammerer, Peter (1991). Some Problems of Italian Immigrants' Organisation in the Federal Republik of Germany. In: Robin Ostow/Jürgen Fijalkowski et al. (Hg.). Ethnicity, Structured Inequality, and the State in Canada and the Federal Republic of Germany. Frankfurt am Main u. a., 185–196.

Kaplitza, Gabriele (1982). Die Stichprobe. In: Holm, Kurt (Hg.). Die Befragung I. München.

Kapralski, Slawomir (1997). Identity building and the Holocaust: Roma political nationalism. Nationalities Papers, 25(2), 269–283.

Karazman-Morawetz, Inge (1996). Was macht Stadtbewohner unsicher? Unsicherheitserfahrungen in zwei Wiener Stadtvierteln und ihre strukturellen Hintergründe. In: Walter Hammerschick/Inge Karazman-Morawetz/Wolfgang Stangl (Hg.). Die sichere Stadt. Baden-Baden, 17–38.

Kaufmann, A. (1992). Einwanderung und Probleme der Wohnungspolitik in Österreich. In: Karl Althaler/Andrea Hohenwarter (Hg.). Torschluß. Wanderungsbewegungen und Politik in Österreich. Wien, 140–150.

Kennedy, Ruby Jo Reeves (1952). Single or Triple Melting Pot: Intermarriage in New Haven 1870–1940. In: American Journal on Sociology, 58. Jg., 56–59.

Kißler, Mechtilde/Josef Eckert (1990). Multikulturelle Gesellschaft und Urbanität – Die soziale Konstruktion eines innerstädtischen Wohnviertels aus figurationssoziologischer Sicht. In: Migration. A European Journal of International Migration and Ethnic Relations, 43–79.

Klages, Helmut (1968). Der Nachbarschaftsgedanke und die nachbarliche Wirklichkeit in der Großstadt. Stuttgart.

Klein, Kurt (1998). Bevölkerungsstände für Politische Bezirke und größere Gemeinden Ende 1996. In: Statistische Nachrichten, (1) 23–32.

Kleinhans, Helga (1980). Soziologische Erklärungen zum Verhalten von Arbeitsmigranten. Dissertation, Universität Bochum.

Klüter, Helmut (1991). Raum als Objekt menschlicher Wahrnehmung und Raum als Element sozialer Kommunikation. Ein Vergleich zweier humangeographischer Ansätze. Vortrag, gehalten in Wien am 21. 3. 1991, unpubliziertes Manuskript.

Knudsen, Knud (1997). Scandinavian neighbours with different character? Attitudes towards immigrants and national identity in Norway and Sweden. Acta Sociologica, 40(3), 223–243.

Korff, Gottfried (1985). Mentalität und Kommunikation in der Großstadt. In: Th. Kohlmann/H. Bausinger (Hg.). Großstadt, Aspekte empirischer Kulturforschung. Staatliche Museen Preußischer Kulturbesitz V/51, Berlin, 343–361.

Körner, Heiko (1990). Internationale Mobilität der Arbeit: eine empirische und theoretische Analyse der internationalen Wirtschaftsmigration im 19. und 20. Jahrhundert. Darmstadt.

Korte, Hermann (Hg.) (1984). Wohnsituation ausländischer Mitarbeiter der Ruhrkohle AG. Schriftenreihe Landes- und Stadtentwicklungsforschung des Landes Nordrhein-Westfalen. Wohnungsbau – Kommunaler Hochbau 3.033, Dortmund.

Kramer, Helmut (1997). Struktur- und Standortpolitik. Wien: Zukunftsforum/Bundeskanzleramt.

Krauth, Cornelia/Rolf Porst (1984). Sozioökonomische Determinanten von Einstellungen zu Gastarbeitern. In: Ulrich Mayer/Peter Schmidt (Hg.). Allgemeine Bevölkerungsumfrage der Sozialwissenschaften: Beiträge zu methodischen Problemen des ALLBUS 1980, Frankfurt am Main/New York, 233–266.

Kröll, Friedhelm (1974). Bauhaus 1919–1933. Künstler zwischen Isolation und kollektiver Praxis.

Kröll, Friedhelm (1977). Die »Gruppe 47«. Soziale Lage und gesellschaftliches Bewußtsein literarischer Intelligenz in der Bundesrepublik.

Kröll, Friedhelm (1987). Vereine im Lebensalltag einer Großstadt.

Kröll, Friedhelm (1995). Das Verhör. Carl Schmitt in Nürnberg.

Kröll, Friedhelm (1998). Verantwortung heute.

Kröll, Friedhelm (1998). Integration oder Fremdenfähigkeit. Islamischer Schulunterricht in Wien: Problempotentiale. Kulturelle Relationen. Forschungsbericht. Bundesministerium für Wissenschaft und Verkehr; Institut für Soziologie an der Universität Wien, Wien.

Krummacher, Michael (Hg.) (1995). Ausländerinnen und Ausländer im Stadtteil. Beispiel Dortmund-Nordstadt. Probleme-Konflikte-notwendige Reformen. Denken & Handeln. Beiträge aus Wissenschaft und Praxis, Schriftenreihe der Evangelischen Fachhochschule Rheinland-Westfalen-Lippe, 25, Bochum.

Kubicek, Herbert/Peter Wedde (1998). Telework and Fictitious Self-employment. In: Josef Hochgerner/Ferdinand Lacina (Hg.). Work and Employment in the Information Society. Wien, 90–107.

Kuhlbrodt, Ingo (1984). Ausländerintegration in Mittelstadt. Gemeinnütziges Wohnungswesen, 2, 75–79.

Landes, David (1998). The Wealth and Poverty of Nations: Why Some Are So Rich and Some so Poor. Norton.

Landeshauptstadt München, Referat für Stadtplanung und Bauordnung (1997). Lebenssituation ausländischer Bürgerinnen und Bürger in München. München.

Langewiesche, Dieter/Klaus Schönhoven (Hg.) 1981. Arbeiter in Deutschland. Studien zur Lebensweise der Arbeiterschaft im Zeitalter der Industrialisierung. Hamburg.

Langkau-Herrmann, Monika (1981). Probleme der räumlichen Konzentration von Arbeitern und Ausländern in Großstadtinnenstädten am Beispiel der Stadt Köln. Ansatzpunkte für Maßnahmen zur Vermeidung einseitiger Bewohnerstrukturen. Köln.

Layton-Henry, Zig (1992). The Politics of Immigration. Oxford/Cambridge/MA.

Lazarsfeld, Paul F. (1954). Interpretation of Statistical Relationships as a Research Operation. In: Ders. (Hg.). The Language of Social Research. Glencoe, 115–125.

Lega, G. (1993). Anmerkung zur empirischen Erforschung sozialer Vorurteile. In: Sozialwissenschaften und Berufspraxis, Jg. 16, Heft 3, 173–176.

Leggewie, Claus (1993). Der Islam im Westen. Zwischen Neo-Fundamentalismus und Euro-Islam. In: Religion und Kultur. Kölner Zeitschrift für Soziologie und Sozialpsychologie, Sonderheft 33.

Lester, Anthony (1998). From legislation to integration: twenty years of the Race Relations Act. In: Tessa Blackstone/Bikhu Parekh/Peter Sanders (Hg.). Race Relations in Britain. A developing agenda. London/New York.

Lichtenberger, Elisabeth (1984). Gastarbeiter – Leben in zwei Gesellschaften (unter Mitarbeit von Heinz Fassmann). Wien/Köln.

Light, Ivan (1987). Unternehmer und Unternehmertum ethnischer Gruppen. In: Kölner Zeitschrift für Soziologie und Sozialpsychologie, Sonderheft »Soziologie wirtschaftlichen Handelns«, 193–215.

Lindberg, Lori (1998). European and North American Approaches to the Employment Integration of Immigrants and Ethnic Minorities. Voluntary versus Legislative Measures. Final Conference Document of the Third Transatlantic Dialogue Meeting of the Migration Policy Group. Brüssel.

Lindner, Rolf 1990. Die Entdeckung der Stadtkultur. Frankfurt am Main.

Loeffelholz, Hans-Dietrich von/Dietrich Thränhardt (1996). Kosten der Nichtintegration ausländischer Zuwanderer. Düsseldorf (MAGS).

Lucassen, Jan (Hg.) (1997). Migration, Migration History, History. Bern.

Macdonald, Ian A./Nicholas Blake (1995). Immigration Law and Practice in the United Kingdom. London/Dublin/Edinburgh.

Markefka, Manfred (1995). Vorurteile, Minderheiten, Diskriminierung. Ein Beitrag zum Verständnis sozialer Gegensätze. (1. Aufl. Neuwied 1975), Neuwied/Kriftel/Berlin.

Matthes, Joachim (1992). Zwischen den Kulturen? Die Sozialwissenschaften vor dem Problem des Kulturvergleichs. Göttingen.

Matuschek, Helga (1985). Ausländerpolitik in Österreich 1962–1985. Der Kampf um und gegen die ausländische Arbeitskraft. Journal für Sozialforschung 2, 159–199.

Meer, Bernhard/Edward Freedman (1966). The impact of negro neighbors on white home owners. In: Social Forces, 45, 11–19.
Mehrländer, Ursula/Roland Hofmann/Peter König/Hans-Jürgen Krause (1981). Repräsentativuntersuchung 80 – Die Situation der ausländischen Arbeiter und ihrer Familienangehörigen in der Bundesrepublik Deutschland. Forschungsbericht im Auftrag des BMAS, Bonn.
Mielke, Rosemarie (1995). Der Bildungsgrad und die Einstellung gegenüber Ausländern. In: Universität Bielefeld (Hg.). Bielefelder Arbeiten zur Sozialpsychologie, Nr. 173. Bielefeld.
Mielke, Rosemarie/Hans-Dieter Mummendey (1995). Wenn Normen zu sehr wirken – Ausländerfeindlichkeit, Bildungsgrad und soziale Erwünschtheit. Bielefelder Arbeiten zur Sozialpsychologie 175, Bielefeld.
Migration News Sheet (1998). Monthly Information Bulletin on Immigrants, Refugees and Ethnic Minorities, No. 185.
Miles, Robert/Ann Phizacklea (1984). White man's country – Racism in British Politics. London.
Miles, Robert (1993). Racism after »race relations«. London/New York.
Miles, Robert/Dietrich Thränhardt (Hg.) (1995). Migration and European Integration. The Dynamics of Inclusion and Exclusion. London.
Miller, John J. (1998). The unmaking of Americans. How multiculturalism has undermined the assimilationist ethic. New York.
Moch, Leslie Page (1992). Moving Europeans. Migration in Western Europe since 1650. Bloomington u. a.
Müller, Hans-Peter u. a. (1998). Integrationsleitbild Zürich, Band 2: Beilagen. Zürich.
Münz, Rainer (1986). Leben mit Kindern – Wunsch und Wirklichkeit. Wien.
Münz, Rainer/Wolfgang Seifert/Ralf Ulrich (1997). Zuwanderung nach Deutschland. Strukturen, Wirkungen, Perspektiven. Frankfurt am Main/New York.
Münz, Rainer/Ralf Ulrich (1997). Changing Patterns of Immigration to Germany, 1945–1995: ethnic origins, demographic structures, future prospects. In: Klaus J. Bade/Myron Weiner (Hg.). Migration Past, Present Future. Providence/Oxford.
Münz, Rainer/Rainer Ohliger (1997). Deutsche Minderheiten in Ostmittel- und Osteuropa. Aussiedler in Deutschland. Eine Analyse ethnisch privilegierter Migration. Demographie Aktuell 9, Humboldt-Universität. Berlin.
Münz, Rainer/Peter Schuck (Hg.) (1998). Paths to Inclusion. The Integration of Migrants in the United States and Germany. New York/Oxford.
Münz, Rainer: siehe auch Fassmann, Heinz.
Muus, Philipp, J. (1996). SOPEMI – Netherlands – 1995. Migration, Immigrants and Policy in the Netherlands. Centre for Migration Research (CEMIO), Amsterdam.
Myrdal, Gunnar u. a. (1944). An American Dilemma. New York.
Najib, Ali (1994). Immigrant small businesses in Uppsala: Disadvantages in Labour Market and success in small business activities. Uppsala.
Nauck, Bernhard/Annette Kohlmann (1996). Family Networks, Intergenerative Transmission and Social Integration of Turkish Immigrant Families. Konferenzpapier für die Tagung: Migration and Ethnic Conflicts, Universität Mannheim, 19.–22. 6.
Niethammer, Lutz 1979: Einleitung. In: Ders. Wohnen im Wandel. Wuppertal, 6–10.
Niewöhner, Friedrich (1998). Das verfehlte Fremde. Protest gegen die soziologische Verformung der Orientalistik. In: Frankfurter Allgemeine Zeitung v. 10. Juni.
Nilsson, Ingrid/Bo Ekehammar/Jim Sidanius (1985). Education and socio-political attitudes. Scandinavian Journal of Education Research, 29(1), 1–15.
OECD (Ed.) (1998). SOPEMI. Trends in International Migration. Annual Report, Paris.
ÖSTAT (Österreichisches Statistisches Zentralamt) (Hg.) (1991). Das Schulwesen in Österreich 1989/90. Wien.
ÖSTAT (Hg.) (1997). Demographisches Jahrbuch Österreichs 1996. Wien.
ÖSTAT (Hg.) (1997). Statistische Nachrichten 7/1995, 9/1996. Wien.

ÖSTAT (Hg.) (1998). Statistisches Jahrbuch für die Republik Österreich 1997. Wien.
ÖSTAT (Hg.) (1998). Wohnverhältnisse nach der Staatsbürgerschaft. Manuskript, Wien.
ÖSTAT (Hg.) (1998). Wanderungsstatistik 1996. Wien.
Pannenberg, Markus/Ulrich Rendtel (1996). Documentation of Sample Sizes and Panel Attrition in the German Socio Economic Panel (GSOEP). Deutsches Institut für Wirtschaftsforschung, Diskussionspapier Nr. 137. Berlin.
Parekh, Bhikhu (1995). Minority Cultures and the Limits of Equality. Manuskript.
Parekh, Bhikhu (1996). Minority practices and the principles of toleration. In: International Migration Review, Vol 30/1, 32–65.
Park, Robert E./William I. Thomas/H. M. Miller (1971). Old World Traits Transplanted. New York (zuerst 1921).
Park, Robert E. (1950). Race and Culture. Glencoe (zuerst 1937).
Park, Robert E./Ernest W. Burgess (1925). The City. University Press, Chicago.
Park, Robert E. (1967). The City: Suggestions for the Investigation of Human Behaviour. In: Robert E. Park u. a. (Hg.). The City. University Press, Chicago, 1–45.
Peers, Steve (1998). Raising Minimum Standards, or Racing for the Bottom? The Commision's Proposed Migration Convention. In: Guild Elspeth (Hg.). The Legal Framework and Social Consequences of Free Movement of Persons in the European Union. London/Boston, 149–166.
Perchinig, Bernhard/Gerhard Baumgartner (1997). Minderheitenpolitik in Österreich seit 1945. In: Herbert Dachs/Peter Gerlich u. a. (Hg.). Handbuch des österreichischen politischen Systems. Wien.
Perchinig, Bernhard/Eugen Antalovsky/Karin König/Heinrich Vana (Hg.) (1998). Assoziierungsabkommen der EU mit Drittstaaten. Wien.
Perchinig, Bernhard (1999). Institutionelle Voraussetzungen des Miteinanderlebens – Erfahrungen aus Europa. In: Karl R. Wernhart/Helmut Niederle (Hg.). Wir und die Anderen – Islam, Literatur und Migration. Wien.
Pettigrew, Thomas F. (Hg.) (1980). The Sociology of Race Relations. New York.
Pettigrew, Thomas/Roel W. Meertens (1995). Subtle and blatant prejudice in Western Europe. In: European Journal of Social Psychology, 25, 57–75.
Pfeil, Elisabeth (1972). Großstadtforschung. Hannover.
Pichler, Edith (1997). Migration, Community-Formierung und ethnische Ökonomie. Die italienischen Gewerbetreibenden in Berlin. Berlin.
Piore, Michael J. (1978). Lernprozesse, Mobilitätsketten und Arbeitsmarktsegmente. In: Werner Sengenberger (Hg.). Der gespaltene Arbeitsmarkt. Frankfurt am Main/New York, 67–98.
Plasser, Fritz/Peter A. Ulram/Harald Waldrauch (1998). Democratic consolidation in East-Central Europe. Houndmills/New York.
Pohoryles, Ronald (1995). Politische Akteure und soziokulturelle Integration. Welche Rolle spielt Kommunalpolitik. In: Studien zum Multikulturalismus in Österreich.
Portes, Alejandro (1995). Economic Sociology and the Sociology of Immigration: A Conceptual Overview. In: Ders. The Economic Sociology of Immigration: Essays on Networks, Ethnicity and Entrepreneurship. New York, 1–41.
Puskeppeleit, Jürgen/Dietrich Thränhardt (1990). Vom betreuten Ausländer zum mündigen Bürger. Perspektiven der Beratung und Sozialarbeit, der Selbsthilfe und Artikulation und der Organisation und Integration der eingewanderten Ausländer aus den Anwerbestaaten in der Bundesrepublik Deutschland. Freiburg.
Putnam, Robert D. (1993). Making Democracy Work. Civic traditions in modern Italy. Princeton.
Putnam, Robert D. (1995). Bowling alone: America's declining social capital. Journal of Democracy, January, 65–78.
Radtke, Frank-Olaf (1992). Die Konstruktion des Fremden im Diskurs des Multikulturalismus. In: Johann Burger/Elisabeth Morawek (Hg.). Wir und die Anderen – Zur Konstruktion von Nation und Identität. Informationen zur politischen Bildung (BMUK), Nr. 3, Wien.

Rath-Kathrein, Irmgard (1997). Fragen der Aufenthaltssicherheit im FremdenG 1997. In: ecolex 1997, 713–718.
Reulecke, Jürgen (1985). Geschichte der Urbanisierung in Deutschland. Frankfurt am Main.
Rex, John (1991). Ethnic Identity and Ethnic Mobilisation in Britain. Warwick.
Rex, John/Robert Moore (1967). Race, Community and Conflict. London.
Rex, John/Yumas Samad (1996). Multiculturalism and Political Integration in Birmingham and Bradford. In: Innovation: The European Journal of Social Sciences 9/1.
Rex, John/Stephen Tomlinson (1979). Colonial Immigrants in a British City.
Rist, Ray C. (1980). Die ungewisse Zukunft der Gastarbeiter. Eingewanderte Bevölkerungsgruppen verändern Wirtschaft und Gesellschaft. Stuttgart.
Rodenstein, Marianne (1988). »Mehr Licht, mehr Luft.« Gesundheitskonzepte im Städtebau seit 1750. Frankfurt am Main/New York.
Rose, Arnold M./Frank M. Atelsek/Lawrence R. McDonald (1953). Neighborhood reactions to isolated negro residents. An alternative to invasion and succession. In: American Sociological Review, 18, 497–507.
Rose, P.I. (1974). They and We. Racial and Ethnic Relations in the United States. New York.
Rudolph, Hedwig (Hg.) (1993). Bridging States and Markets: International Migration in the Early 1990s. Berlin.
Rudolph, Hedwig (1996). Die Dynamik der Einwanderung im Nichteinwanderungsland Deutschland. In: Heinz Fassmann/Rainer Münz (Hg.). Migration in Europa. Historische Entwicklung, aktuelle Trends, politische Reaktionen. Frankfurt am Main/New York.
Rupnik, Jacques (1996). The Reawakening of European Nationalisms. Social Research, 63(1), 41–75.
Russel, Margo (1961). A Study of South African Interracial Neighborhood. Natal.
Sanders, Peter (1998). Tackling Racial Discrimination. In: Tessa Blackstone/Bikhu Parekh/Peter Sanders (Hg.). Race Relations in Britain. A developing agenda. London/New York.
Santel, Bernhard (1998). Töten für den Islam. Frankfurter Allgemeine Zeitung, 13.7.
Sassen, Saskia (1997). Migranten, Siedler, Flüchtlinge. Von der Massenauswanderung zur Festung Europa. Frankfurt am Main.
Saunders, Peter (1987). Soziologie der Stadt. Frankfurt am Main/New York.
Schilling, Jürgen (1980). Sind wir fremdenfeindlich, provinziell, vermufft oder gar rassistisch? In: Die Zeit, 21. 11.
Schlumm, Hans (1984). Eine neue Heimat in der Fremde. Die Entwicklung der griechischen Gastarbeiter zu Angehörigen einer Einwanderungsminorität in der Bundesrepublik. Frankfurt am Main.
Schmid, Josef (1997). Die dritte Generation. Die Doppel-Staatsbürgerschaft weist nicht den Weg in die Integration, sondern in das Chaos. In: FAZ Nr. 270, 20. 11.
Schmidt, Peter/Stefan Weick (1998). Starke Zunahme von Kontakten und Ehen zwischen Deutschen und Ausländern. Informationsdienst Soziale Indikatoren, Ausgabe 19.
Schmitter, Barbara E. (1979). Immigration and Citizenship in West Germany and Switzerland. Dissertation. Univ. of Chicago, Chicago.
Schmitter, Barbara E. (1980). Immigrants and Their Associations: The Role in the Socio-Political Process of Immigrant Worker Integration in West Germany and Switzerland. International Migration Review, Vol 14, 179–192.
Schnorr, Gerhard (1998). Ausländerbeschäftigungsgesetz mit EWR- und EU-Recht, Wien.
Schoger, Kristina (1994). Zuwanderer und Politik. Ein deutsch-französischer Vergleich. Berlin.
Schöneberg, Ulrike (1982). Bestimmungsgründe der Integration und Assimilation ausländischer Arbeitnehmer in der Bundesrepublik Deutschland und in der Schweiz. In: Hans-Joachim Hoffmann-Nowotny/Karl-Otto Hondrich (Hg.). Ausländer in der Bundesrepublik Deutschland und in der Schweiz. Frankfurt am Main/New York, 375–468.
Schöneberg, Ulrike (1985). Participation in Ethnic Associations: The Case of Immigrant in West Germany. In: International Migration Review, 19. Jg., 416–437.

Schöneberg, Ulrike (1993). Gestern Gastarbeiter, morgen Minderheit. Zur sozialen Integration von Einwanderern in einem »unerklärten« Einwanderungsland, Frankfurt am Main.

Schrammel, Walter (1995). Rechtsfragen der Ausländerbeschäftigung. Wien.

Schulz, Erika/Ulrich Rendtel/Jürgen Schupp/Gert Wagner (1993). Das Zuwandererproblem in Wiederholungsbefragungen am Beispiel des Sozio-Ökonomischen Panels (SOEP). Deutsches Institut für Wirtschaftsforschung, Diskussionspapier Nr. 71, Berlin.

Schulz, Wolfgang (1978). Sozialkontakte in der Großstadt. Institut für Stadtforschung, Wien.

Schulz zur Wiesch, Jochen (1982). Die Sozialstruktur im Sanierungsprozeß. In: Heide Becker/Jochen Schulz zur Wiesch (Hg.). Sanierungsfolgen, Schriften des Deutschen Instituts für Urbanistik, 70, Köln, 123–151.

Schulz zur Wiesch, Jochen (1982). Soziale Beziehungen. In: Heide Becker/Jochen Schulz zur Wiesch (Hg.). Sanierungsfolgen, Schriften des Deutschen Instituts für Urbanistik, 70, Köln, 259–279.

Schwarz, Thomas (1992). Zuwanderer im Netz des Wohlfahrtsstaates. Türkische Jugendliche und die Berliner Kommunalpolitik. Berlin.

Seifert, Wolfgang (1995). Die Mobilität der Migranten. Die berufliche, ökonomische und soziale Stellung ausländischer Arbeitnehmer in der Bundesrepublik – Eine Längsschnittanalyse mit dem sozio-ökonomischen Panel, 1984–1989. Berlin.

Seifert, Wolfgang (1995). Die Mobilität der Migranten. Die berufliche, ökonomische und soziale Stellung ausländischer Arbeitnehmer in der Bundesrepublik. Berlin.

Seifert, Wolfgang (1996). Berufliche, ökonomische und soziale Mobilität von Arbeitsmigranten zwischen 1984 und 1993. In: Wolfgang Zapf/Jürgen Schupp/Roland Habich (Hg.). Lebenslagen im Wandel: Sozialberichterstattung im Längsschnitt. Frankfurt am Main/New York, 240–263.

Seifert, Wolfgang (1998) Social and Economic Integration of Foreigners in Germany. In: Peter Schuck/Rainer Münz (Hg.). Paths to Inclusion. The Integration of Migrants in the United States and Germany. New York/Oxford, 83–114.

Seifert, Wolfgang: siehe auch Bender, Stefan; Münz, Rainer.

Sen, Faruk/Dietrich Thränhardt (erscheint 1999). Bestandsaufnahme der Potentiale und Strukturen von Selbstorganisationen von Mirgrantinnen und Migranten in Nordrhein-Westfalen. Umfrage des Ministeriums für Arbeit, Gesundheit und Soziales NRW. Institut für Politikwissenschaft, Universität Münster/Zentrum für Türkeistudien, Essen.

Senat der Freien und Hansestadt Hamburg (1990). Vertrauliche Senatsdrucksache 410 v. 13. 3. 1990. Fotokopie.

Senatsverwaltung für Stadtentwicklung, Umweltschutz und Technologie Berlin (1995). Migration. Berlin: Zuwanderung, gesellschaftliche Probleme, politische Ansätze. Fachliche Bearbeitung: Hartmut Häußermann, Andreas Kapphan, Rainer Münz. Berlin.

Sezer, Ahmet/Dietrich Thränhardt (1983). Türkische Organisationen in der Bundesrepublik. In: Karl-Heinz Meier-Braun/Yüksel Pazarkaya (Hg.). Die Türken. Berichte und Informationen zum besseren Verständnis der Türken in Deutschland. Frankfurt am Main, 119–154.

Shore, Chris (1997). Ethnicity, xenophobia and the boundaries of Europe. International Journal of Minority and Group Rights, 4, 247–262.

Siebel, Walter (1997). Die Stadt und die Zuwanderer. In: Hartmut Häußermann/Ingrid Oswald (Hg.). Zuwanderung und Stadtentwicklung. Leviathan Sonderheft 17/1997, Opladen/Wiesbaden.

Sievering, Ulrich O. (Hg.) (1985). Arbeitsmigrantenforschung in der Bundesrepublik Deutschland. Frankfurt am Main.

Simmel, Georg (1908). Exkurs über den Fremden. In: Ders. Soziologie. Untersuchungen über die Formen der Vergesellschaftung. Berlin, 6. Aufl.

Simmel, Georg (1984). Die Großstädte und das Geistesleben. In: Ders. Das Individuum und die Freiheit. Berlin, 192–204.

Solomos, John (1993) Race and Racism in Britain. Basingstoke/London.

Solomos John/Les Back (1995). Race, Politics and Social Change. London/New York.
Solomos John/Les Back (1996). Racism and Society. Basingstoke/London.
Soysal, Yasemin (1994). Limits to Citizenship: Migrants and Postnational Membership in Europe. Chicago.
Stahlberg, Dagmar/Dieter Frey (1990). Einstellungen I: Struktur, Messung und Funktionen. In: Wolfgang Stroebe/Miles Hewstone/Geoffrey M. Stephenson (Hg.). Sozialpsychologie. Eine Einführung. Berlin/Heidelberg/New York/London/Paris/Tokyo/Hongkong, 219–252.
Stanek, Eduard (1985). Verfolgt – verjagt – vertrieben. Flüchtlinge in Österreich, 1945–84. Wien/München/Zürich.
Statistisches Landesamt der Freien und Hansestadt Hamburg (1997). Statistisches Taschenbuch 1997. Hamburg.
Stefania, Alotta (1997). Italy and Spain in the face of immigration. La Critica Sociologica, 122–123 (July-Oct), 69–79.
Takolia, Ahmed Museji u. a. (1998). Breaking Through Programme Review. A Report on the Employment of Black and Other Ethnic Minority People in Birmingham City Council 1994–1998. Birmingham (Typoskript).
Thomas, Alexander (1996). Psychologie und multikulturelle Gesellschaft. Problemanalysen und Problemlösungen; Ergebnisse des 14. Workshop-Kongresses der Sektion Politische Psychologie (BDP) in Regensburg, Göttingen.
Thränhardt, Dietrich (1983). Ausländer im Dickicht der Verbände – Ein Beispiel verbandsgerechter Klientenselektion und korporatistischer Politikformulierung. In: Franz Hamburger u. a. (Hg.). Sozialarbeit und Ausländerpolitik. Neue Praxis, Sonderheft 7, Neuwied, 62–78.
Thränhardt, Dietrich (1988). Die Bundesrepublik Deutschland – ein unerklärtes Einwanderungsland. In: Aus Politik und Zeitgeschichte, B 24, 10.6., 11–13.
Thränhardt, Dietrich (1989). Patterns of Organization among Different Ethnic Minorities. In: Russell A. Berman/Azade Seyhan/Arlene Akiko Teraoka (Hg.). New German Critique, Nr. 46, Special Issue on Minorities in German Culture. New York, 10–26.
Thränhardt, Dietrich (1993). Fremdenfeindlichkeit und Rassismus in der Konkurrenzdemokratie. In: Leviathan, 21. Jg., S. 336–357.
Thränhardt, Dietrich/Renate Dieregsweiler/Martin Funke/Bernhard Santel (1994). Ausländerinnen und Ausländer in Nordrhein-Westfalen. Die Lebenslage der Menschen aus den ehemaligen Anwerbeländern und die Handlungsmöglichkeiten der Politik. Landessozialbericht Bd. 6, Düsseldorf.
Thränhardt, Dietrich (1995). Geschichte der Bundesrepublik Deutschland 1949–1984 (erw. Neuausgabe).
Thränhardt, Dietrich (1996). Japan und Deutschland in der Welt nach dem Kalten Krieg. Münster.
Thränhardt, Dietrich (1996). Kosten der Nichtintegration ausländischer Zuwanderer. Gutachten im Auftrag des Ministeriums für Arbeit, Gesundheit und Soziales des Landes Nordrhein-Westfalen, Düsseldorf.
Thränhardt, Dietrich (1998). Einwanderung und Einbürgerung in Deutschland. Jahrbuch Migration 1997/98, Münster.
Thränhardt, Dietrich (erscheint 1999). Regionale Ansätze und Schwerpunktaufgaben der Integration von Migrantinnen und Migranten in Nordrhein-Westfalen. Studie für das Ministerium für Umwelt, Raumordnung und Landwirtschaft NRW.
Thränhardt, Dietrich siehe auch Loeffelholz, Hans-Dietrich von; Puskeppeleit, Jürgen.
Thun-Hohenstein, Christoph (1997). Der Vertrag von Amsterdam: die neue Verfassung der EU, Wien.
Tomicich, Gabriele (1992). Einstellung zu Ausländern. Eine Untersuchung unter Berücksichtigung des persönlichen Kontaktes und des Ausländeranteils in Wiener Bezirken. Diplomarbeit, Universität Wien.

Treichler, Andreas (1999). Soziale Ungleichheit, Arbeitsmigration und Gewerkschaften. Münster 1999.

Tribalat, Michèle (1996). De l'immigration à l'assimilation. Enquête sur les populations d'origine étrangère en France. Paris.

Voss, Timm (1981). Die algerisch-französische Arbeitsmigration. Ein Beispiel organisierter Rückwanderung. Königstein.

Wagner, U./Andreas Zick (1996). Ausländerfeindlichkeit und Vorurteile. In: Hans-Werner Bierhoff/U. Wagner (Hg.). Aggression und Gewalt. Stuttgart.

Waldinger, Robert (1993). Ethnische Gruppen im Konflikt: Iren, Juden, Schwarze und Koreaner. In: Helmut Häußermann/Walter Siebel (Hg.). New York, Strukturen einer Metropole. Frankfurt am Main, 108–145.

Waldinger, Roger/Howard Aldrich/Robin Ward (1990). Opportunities, Group Characteristics, and Strategies. In: Dies. Ethnic entrepreneurs: immigrant business in industrial societies. Sage Publications, 13–48.

Waldrauch, Harald/Christopf Hofinger (1997). An index to measure the legal obstacles to the integration of migrants. In: New Community, 23, 157–172.

Waldrauch, Harald (1998). Institutionalizing horizontal accountability: How democracies can fight corruption and the abuse of power. Conference Report of the Third Vienna Dialogue on Democracy, Vienna, 26–29 June 1997. Reihe Politikwissenschaft Nr. 55. Wien.

Waldrauch, Harald (1998). Die berufliche Situation muttersprachlicher Lehrerinnen und Lehrer in Österreich: Ergebnisse einer schriftlichen Befragung. In: Dilek Çinar (Hg.). Gleichwertige Sprachen? Muttersprachlicher Unterricht für die Kinder von Einwanderern. Innsbruck/Wien.

Waldrauch, Harald siehe auch Plasser, Fritz

Wallace, Claire/Siykia Kovatcheva (1998). Youth in Society. The construction and deconstruction of youth in Eastern und Western Europe. London/New York.

Wallace, Claire/Christian Haerpfer (1998). Three Paths of Transition in Post-Communist Societies. Institut für Höhere Studien. Wien.

Wallace, Claire (1999). Xenophobia in Transition: Austria and Eastern Europe Compared. Final Report to the BMWV. Institut für Höhere Studien. Wien.

Wallace, Claire/Dariusz Stola (erscheint 2000). Central Europe – a new place for migration? London/New York.

Walterskirchen, Ewald (1998). Auswirkungen der EU-Osterweiterung auf den österreichischen Arbeitsmarkt. WIFO Monatberichte 8/98, 71. Jahrgang, Wien.

Wasmer, Martina/Achim Koch/Janet Harkness/Siegfried Gabler (1996). Konzeption und Durchführung der »Allgemeinen Bevölkerungsumfrage der Sozialwissenschaften« (ALLBUS) 1996, ZUMA-Arbeitsbericht, 96/08. Mannheim.

Watts, Meredith W. (1996). Political xenophobia in the transition from socialism: threat, racism and ideology among East-German youth. Political Psychology, 17(1), 97–125.

Weber, M. (1972). Wirtschaft und Gesellschaft. Grundriss der verstehenden Soziologie. Studienausgabe. Tübingen.

Werner, Heinz (1996). Integration ausländischer Arbeitnehmer in den Arbeitsmarkt in Frankreich, Deutschland, den Niederlanden und Schweden. In: Thomas Faist/Felicitas Hillmann/Klaus Zühlke-Robinet (Hg.). Neue Migrationsprozesse: politisch-institutionelle Regulierung und Wechselbeziehungen zum Arbeitsmarkt. Zentrum für Sozialpolitik, Arbeitspapier 6/96, Bremen, 43–56.

West Midlands County Council (1985). A Different Reality. An Account of Black People's Experience and Their Grievances before and after the Handsworth Rebellion of September 1985. Birmingham.

West Midlands Police (1985). Handsworth/Lozells, September. Birmingham.

Wiener Integrationsfonds (1995). Bericht über das Jahr 1994. Wien.

Wieviorka, Michel (1996). Racism in France. International Policy Review, 6(1), 19–23.

WIIW (Wiener Institut für Internationale Wirtschaftsvergleiche) (1998). Transition Countries 1997. Wien.

Willems, Helmut (1993). Fremdenfeindliche Gewalt – Einstellungen zu Konflikteskalationen. Opladen.

Willems, Helmut (1995). Right wing extremism, racism or youth violence? Explaining violence against foreigners in Germany. New Community, 21(4), 501–523.

Willms, Johannes (1988). Paris, Hauptstadt Europas 1789–1914. München.

Wilner, Daniel/Rosabelle P. Walkley/Stuart W. Cook (1952). Residential proximity and intergroup relations in public housing projects. In: Journal of Social Issues, 8, 45–69.

Wilner, Daniel/Rosabelle P. Walkley/Stuart W. Cook (1955). Human Relations in Interracial Housing. A Study of the Contact Hypothesis. Minneapolis.

Wimmer, Andreas (1997). Explaining xenophobia and racism: a critical review of current research approaches. Ethnic and Racial Studies, 20(1), 17–41.

Winkler, Beate (Hg.) (1992). Zukunftsangst Einwanderung. München.

Wirth, Louis (1974). Urbanität als Lebensform. In: Ulfert Herlyn (Hg.). Stadt- und Sozialstruktur. München, 42–66.

Wrench, John (1996). Preventing Racism at the Workplace. A Report on 16 European Countries. Loughlinstown/Dublin.

Yiftachtel, Oren (1998). Challenging Ethnocracy: Protest among Israeli Peripheries. Paper, Ben Gurion University of the Negev.

Zech, Harald (1992). Deutsch-Ausländische Begegnungsstätten. Zur Diskussion um Perspektiven. In: standpunkt: sozial 1/92, 77–78.

Zentrum für Türkeistudien Essen (Hg.) (1995). Das Bild der Ausländer in der Öffentlichkeit. Eine theoretische und empirische Analyse zur Fremdenfeindlichkeit. Studien und Arbeiten des Zentrums für Türkeistudien, 17, Opladen.

Zick, Andreas (1997). Vorurteile und Rassismus. Eine sozialpychologische Analyse. Münster.

Die AutorInnen

Martina Böse, geb. 1970, Juristin und Soziologin, derzeit Doktoratsstudium an der Universität Manchester. *E-Mail* m.boese@mmu.ac.uk

Dilek Çinar, geb. 1961, Sozialwissenschafterin am Europäischen Zentrum für Wohlfahrtspolitik und Sozialforschung. *Forschungsschwerpunkte:* Einwanderung und Integrationspolitik im europäischen Vergleich, Theorien zu Nationalismus und Rassismus. *E-Mail* cinar@euro.centre.org

Ulrike Davy, geb. 1955, Professorin für Rechtswissenschaft an der Universität Bielefeld. *Forschungsschwerpunkte:* Ausländerrecht, internationales Flüchtlingsrecht, europäische Wanderungspolitik, europäische Sozialpolitik, Staatsangehörigkeit.
E-Mail udavy@post.uni-bielefeld.de

Helmut Dornmayr, geb. 1965, Bereichsleiter für Sozialforschung am Institut für Berufs- und Erwachsenenbildungsforschung an der Universität Linz (IBE). *Forschungsschwerpunkte:* Arbeitsmarkt, berufliche Bildung, Jugend.
E-Mail dornmayr@ibe.co.at

Heinz Fassmann, geb. 1955, Professor für Geographie an der Technischen Universität München. *Forschungsschwerpunkte:* Migrations- und Arbeitsmarktforschung, Stadtgeographie, Ostmitteleuropa.
E-Mail heinz.fassmann@aon.at

Regina Haberfellner, geb. 1965, Soziologin am Zentrum für soziale Innovation. *Forschungsschwerpunkte:* soziale Ausgrenzung, Migration, Bildung.
E-Mail regina.haberfellner@magnet.at

Hartmut Häußermann, 1976–1993 Professor für Stadtsoziologie an den Univsitäten Kassel und Bremen. Seit 1993 Professor für Stadt- und Regionalsoziologie an der Humboldt-Universität zu Berlin. Mitherausgeber der Zeitschriften »Leviathan« und »European Urban and Regional Studies«. *Forschungsschwerpunkte:* u. a. Stadt und Migration.
E-Mail hartmut.haeussermann@sowi.hu-berlin.de

Josef Kohlbacher, geb. 1958, Studium der Soziologie, Ethnologie, Germanistik, Geschichte und Ägyptologie an der Universität Wien, seit 1988 wissenschaftlicher Mitarbeiter des Instituts für Stadt- und Regionalforschung der Österr. Akademie der Wissenschaften. *Forschungsschwerpunkte:* Migration und Arbeitsmarkt, Fremdenfeindlichkeit.
E-Mail josef.kohlbacher@oeaw.ac.at

Friedhelm Kröll, geb. 1945, seit 1990 Gastprofessor an der Universität Wien für Kultur- und Religionssoziologie. Gastdozenturen und -professuren an der Akademie der Bildenden Künste Nürnberg und den Universitäten Münster, Marburg, Kassel und Wien. *Forschungsschwerpunkte:* Kultur-, Literatur- und Religionssoziologie, Verbände- und Vereinsforschung.

Gustav Lebhart, geb. 1967, seit 1998 Mitarbeiter des Instituts für Demographie der Österreichischen Akademie der Wissenschaften. *Forschungsschwerpunkte:* Migration und Migrationspolitik, Bevölkerungsprognosen, Ausländer und ethnische Minoritäten und Fremdenfeindlichkeit.
E-Mail gustav.lebhart@oeaw.ac.at

Rainer Münz, geb. 1954, bis 1992 Leiter des Instituts für Demographie an der Österreichischen Akademie der Wissenschaften, seither Professor für Bevölkerungswissenschaft an der Humboldt-Universität zu Berlin. *Forschungsschwerpunkte:* internationale Migration und Bevölkerungsentwicklung, Sprachgruppen und Minderheiten, Familien- und Sozialpolitik.
E-Mail rainer.muenz@sowi.hu-berlin.de

Bernhard Perchinig, geb. 1958, Studium der Politikwissenschaft, Pädagogik und Soziologie in Wien, Klagenfurt/Celovec und Glasgow. 1992–1997 Grundlagenreferent des Wiener Integrationsfonds. Seit 1998 freiberuflicher Sozialwissenschafter. *Forschungsschwerpunkte:* Minderheiten und Migration.
E-Mail bernhard.perchinig@vienna.at

Ursula Reeger, geb. 1965, Studium der Geographie, Studienzweig Raumforschung und Raumordnung an der Universität Wien. Seit 1989 wissenschaftliche Mitarbeiterin des Instituts für Stadt- und Regionalforschung der Österreichischen Akademie der Wissenschaften. *Forschungsschwerpunkte:* Migration, Integration, Fremdenfeindlichkeit.
E-Mail ursula.reeger@oeaw.ac.at

Wolfgang Seifert, geb. 1959, wissenschaftlicher Mitarbeiter am Institut für Bevölkerungswissenschaft an der Humboldt-Universität Berlin. *Forschungsschwerpunkte:* berufliche und soziale Mobilität von Immigranten im internationalen Vergleich, Migrationspolitik.
E-Mail wolfgang.seifert@rz.hu-berlin.de

Dietrich Thränhardt, geb. 1941, seit 1980 Professor für Politikwissenschaft an der Westfälischen Wilhelms-Universität Münster. *Forschungsschwerpunkte:* Vergleichende Migrationspolitik, Politik und Geschichte der Bundesrepublik Deutschland.
E-Mail thranha@uni-muenster.de

Claire Wallace, geb. 1956, Professorin für Sozialwissenschaft an der Universität von Derby, Großbritannien. Wissenschafterin am Institut für Höhere Studien in Wien. *Forschungsschwerpunkte:* Ökonomische und soziale Veränderungen, Migration und Fremdenfeindlichkeit in Zentral- und Osteuropa. *E-Mail* wallace@ihs.ac.at

Harald Waldrauch, geb. 1970, Politikwissenschafter am Institut für Höhere Studien in Wien. *Forschungsschwerpunkte:* Migrations- und Integrationspolitik, demokratische Transition und Konsolidierung, Demokratietheorie. *E-Mail* waldrauc@ihs.ac.at

Anmerkung
Die wichtigsten Publikationen der AutorInnen finden sich im Literaturverzeichnis.

Die HerausgeberInnen

Heinz Fassmann, siehe AutorInnen.

Helga Matuschek, geb. 1943, Ass.-Professorin für Soziologie an der Universität Wien. *Forschungsschwerpunkte:* Migrationsforschung in den Bereichen Arbeitsmarkt, Gesundheit, Schule, Situation von Flüchtlingen etc. *E-Mail* helga.matuschek@univie.ac.at

Elisabeth Menasse-Wiesbauer, geb. 1954, Studium der Geschichte und Psychologie. Seit 1985 Mitarbeiterin der Abteilung für Gesellschaftswissenschaften im Bundesministerium für Wissenschaft und Verkehr, derzeit Betreuung des Forschungsschwerpunktes »Fremdenfeindlichkeit – Erforschung, Erklärung, Gegenstrategien«
E-Mail elisabeth.menasse@bmwf.gv.at

